理论经纬·2016

LI LUN JING WEI 2016

主　编　何云峰　张文潮

副主编　吴跃东　李宇靖

上海三联书店

目 录 C O N T E N T S

第三章　马克思主义理论研究

第四章　社会治理问题研究

第五章　思想政治工作理论与实践研究

第一章

党的建设专题研究

邵 雍①

中共建党时期的美国因素初探

（上海师范大学 上海 200234）

　　中国共产党是在共产国际和俄国共产党的帮助下建立起来的，因此研究建党初期的国际因素是题中应有之义。长期以来，党史学界对此进行了研究，成果丰硕。刘晶芳在《五四运动与马克思主义在中国的传播》（《史学集刊》2009 年第二期）一文中认为"五四运动后，马克思主义传入中国的途径由一条变为多条，除东方的日本渠道外，又增加了西欧渠道和俄国渠道"。方宁在《中国共产党创建的世界历史因素》一文（《中国共产党创建史研究》上海人民出版社 2012 年版）第三节"共产国际与世界共产党的指导和帮助"中只提日本共产主义者②与法国共产党、德国共产党的因素。两者均未提到美国因素。日本学者石川祯浩先生在《中国共产党成立史》（中国社会科学出版社 2005 年版）中率先提出了马克思主义在中国传播的美国渠道，不过没有深入论述。田子渝等著《马克思主义在中国初期传播史（一）》（学习出版社 2012 年版）对美国渠道有一小节论述，可惜全是对他人

---

　　① 作者简介：邵雍，上海师范大学历史系教授、博导，中共上海市委党史研究室特约研究员。

　　② 其实，日本渠道中也有美国的因素，河上肇称他的马克思主义主要来源于英文本马克思、恩格斯的著作，它们多半来自美国，如"Pocket Library of Socialism"第 7 册，是美国芝加哥发行的。"Arm and hammer series"之一，系 1902 年纽约发行。见田子渝等著：《马克思主义在中国初期传播史（1918—1922）》，学习出版社 2012 年版，第 104 页。

（主要是石川祯浩）研究成果的转述与概括。笔者拟在前人研究的基础上，系统梳理相关史实，对中共建党时期的美国因素作一初探，以期推动党史研究的进一步深入。

（一）

美国是个发达的工业化社会，拥有强大的资本家阶级与城市工人阶级，甚至工会运动。"美国就人的联合劳动的生产力发展水平来说，就应用机器和一切最新技术奇迹来说，都在自由文明的国家中间占第一位。同时美国也成了贫富最悬殊的国家之一，在那里，一小撮亿万富翁肆意挥霍，穷奢极欲，而千百万劳苦大众却永远濒于赤贫境地。"①1902年梁启超在《新民丛报》（日本横滨创刊）发表的文章中介绍了马克思与科学社会主义。梁本人曾经到美国纽约考察，亲见贫富相差悬殊、社会黑暗，认为"社会之一大革命，其终不免"。虽然他拒不接受马克思主义的科学社会主义，但还是佩服与之交流的美国社会主义者："吾所见社会主义党员，其热诚苦心，真有令人起敬者。墨子所谓强聒不舍，庶乎近之矣。其于麦克（德国人社会主义之泰斗）之著书，崇拜之，信奉之，如耶稣教人之崇信新旧约然。"②

1864年创立的第一国际在巴黎公社失败后曾迁往纽约，1876年在美国费城宣布解散。1917年十月革命以后，在美国长久以来强烈坚持社会主义的芬兰移民（Finns），也成批地皈依为共产主义信徒。这些芬兰裔的工人，在明尼苏达凄清萧瑟的矿区小镇频频聚会，会中往往充满宗教气氛："只要列宁的名字一被提到，立刻心跳加快，热血沸腾……在神秘的静默里，洋溢着宗教式的狂喜迷醉，我们崇拜着俄国来的每一件事物。"③

1918年8月20日列宁致信美国工人，指出"美国革命无产者正是在目前担负着一个特别重要的使命，就是要毫不调和地反对美帝

---

① 列宁："给美国工人的信"，见中共中央马恩列斯著作编译局编：《列宁选集》第三卷，人民出版社1995年版，第557—558页。
② 梁启超：《新大陆游记》，新民丛报社1904年3月版。
③【英】艾瑞克·霍布斯鲍姆：《极端的年代》（上），郑明萱译，江苏人民出版社1999年版，第94—95页。

国主义,反对这个最新最强的、最后参加资本家为瓜分利润而进行的全世界各民族间的大厮杀的帝国主义。"①当时刚从美国回来的布尔什维克米·马·鲍罗廷负责设法送出,随信带去的还有《俄罗斯社会主义联邦苏维埃共和国宪法》和苏维埃政府致威尔逊总统要求停止干涉的照会。1918年12月,这封信的略有删节的英译文发表在美国社会党左翼的两个机关刊物——在纽约出版的《阶级斗争》杂志和在约翰·里德、片山潜参与下在波士顿出版的《革命时代》周刊上,后又作为《阶级斗争》杂志的单行本大量出版,又多次在美国、西欧各国的社会党报刊和资产阶级报刊上发表。

1919年1月24日俄国共产党中央委员会与美国社会主义工人党等8个共产党联名发出共产国际第一次代表大会的邀请书。3月4日共产国际第一次代表大会第三次会议讨论建立第三国际问题时,包括美国社会主义工党在内的18个有表决权的党、美国社会主义宣传联合会在内的15个有发言权的组织都表示同意。②同年美国社会党左翼领袖鲁登堡创建了美国共产党。1920年11月7日吴廷康在上海《劳动界》第十三册发表《中国劳动者与劳农议会的俄国》,提及"美国劳动者已经组织了最大的共产党以作新俄的后援。"③

(二)

俄罗斯的社会主义者与美国有较深的关系。1905—1907年革命后,上百名革命运动参与者逃亡美国,其中有布尔什维克党人和孟什维克党人、社会革命党人和无政府主义者、波兰和立陶宛的社会民主党人以及各色民族主义者。他们对美国社会和侨民圈产生了一定影响。这些俄国政治流亡者参与组建了"旅美俄国工人联合会",建立了美国第一个非技术工人工会"世界产业工人联合会"。1906年俄国社会革命党首领该鲁学尼(G. Gershuni)从西伯利亚越狱赴美,

① 列宁:"给美国工人的信",见中共中央马恩列斯著作编译局编:《列宁选集》第三卷,人民出版社1995年版,第557页。
② 中国社科院近代史研究所翻译室:《共产国际有关中国革命的文献资料(1919—1928)》第一辑,中国社会科学出版社1981年版,第10—11页。
③《一大前后》(三),人民出版社1984年版,第20页。

途经东京,登门拜访孙中山,两国革命者进行了晤谈。① 后来任《真理报》编辑的布哈林(H. n. Byxapнн),1917 年之前曾在美国《新世界报》担任编辑。1917 年初,托洛茨基作为政治流亡者从西班牙巴塞罗那抵达美国纽约。3 月底,离开美国准备回俄国,途中被英国扣留在加拿大,5 月才返抵彼得格勒。有西方学者认为,直到 20 世纪 30 年代美国纽约的知识分子被社会主义所吸引,是因为托洛斯基起了较大的作用。②

就中共建党而言,最充分利用美国因素的正是有过旅美经历的吴廷康③。

吴廷康 1893 年生于俄罗斯维切布斯克州涅韦尔市。14 岁丧父,开始在印刷厂当学徒。五年后通过了实科中学六年级的自学考试。1912 年,吴廷康移居美国谋生,他的哥哥从 1905 年起就在纽约生活。吴廷康当过排字工、油漆工和杂工,同时还在工程学院学习过三年。李达回忆说,吴廷康"他曾在美国做工多年,说得一口流利的英语"。④ 罗章龙后来也谈到吴廷康"十月革命前在美国学习多年,研究政治经济学,学习了马克思政治经济学理论,对美国工人运动研究也很全面,……能操英语、德语交谈。"⑤1915 年,吴廷康加入美国社会党。1917 年十月革命期间,他在加拿大温哥华的俄国侨工之中宣传布尔什维主义。1917 年夏,吴廷康离开美国,直到 1918 年 3 月才得以经日本回到祖国。

1918 年 5 月,吴廷康加入俄共(布),同时加入赤卫军,并在鄂木

---

① 中国社科院近代史所:《孙中山全集》第 1 卷,中华书局 1981 年版,第 319 页。
② 参见【美】理查德·W. 布利特等:《20 世纪史》,陈祖洲等译,江苏人民出版社 2001 年版,第 237、243 页。
③ 关于此人的汉语译名,还有维经斯基、魏金斯基、威琴斯基、伍廷康等,本文除了直接引文仍按原样外,其余地方一律用吴廷康。以下有关吴廷康的介绍主要参考了【苏】H. 维什涅夫斯基:《从美国回国的俄国政治流亡者与北萨哈林苏维埃政权的建立》,《中共创建史研究》第 1 辑,上海人民出版社 2016 年版。
④《维经斯基在中国的有关资料》,中国社会科学出版社 1982 年版,第 431 页。
⑤《维经斯基在中国的有关资料》,中国社会科学出版社 1982 年版,第 444 页。

斯克参与镇压高尔察克的暴动。同年 14 国开始了对苏俄的武装干涉，在远东，日本军队 4 月在符拉迪沃斯托克(海参崴)登陆，美英也随之派兵登陆，不久占领了整个远东地区。吴廷康被派到符拉迪沃斯托克，在干涉军部队中宣传布尔什维主义，成立情报局，出版英语、日语、汉语和朝鲜语的布尔什维主义著作。但印发第一份传单后，这项工作就中断了。不过，布尔什维克党人在边疆区的美军中开展的宣传活动无疑取得了成果，有一批布尔什维克就在美军部队里当翻译。1919 年 12 月 12 日高尔察克的代理人在符拉迪沃斯托克作的一次报告中认为西伯利亚的美国勘察队士兵们"中了布尔什维主义毒"，他们中的大部分人都是"来自纽约东区的犹太人，一心想着造反生事"。① 1919 年 5 月吴廷康被高尔察克部的人逮捕，罪名是宣传布尔什维主义并图谋推翻现行制度。符拉迪沃斯托克野战军事法庭判处他终身苦役。大约是在 1919 年 10 月中旬"奥列格号"船到达萨哈林州亚历山德罗夫斯克港，吴廷康等人被送到了萨哈林岛上服苦役。经过四五个月的工作，他们成功策反当地警备军并发动人民群众，于 1920 年初领导政变，推翻高尔察克政权。1920 年 1 月 13 日晚至 14 日，一组当地警卫队的武装士兵到监狱里把这些政治犯和红军战士都放了出来，总共有 20—25 人。政变之后，在北萨哈林成立临时革命委员会，吴廷康为临时革命委员会(BPK)主席。

1920 年 3 月 19 日，吴廷康回到符拉迪沃斯托克，在布尔什维克地下组织工作了一段时间。不久，根据俄共(布)中央委员会远东局②的建议，吴廷康被派往中国，同中国的革命组织建立联系，协助中共建党。同行的有马马耶夫、库兹涅佐娃(吴廷康夫人)、杨明斋(俄籍华人、翻译)。

① 【俄】A. 伊万尼扬："克里姆林宫与白宫"，《美国：经济、政治、意识形态》1995 年第 7 期，第 63 页。

② 1919 年 3 月 20 日至 21 日，在鄂木斯克召开的俄共(布)西伯利亚代表大会决定，"远东建立西伯利亚区委情报宣传局"，"与东方和美国的共产党人建立联系，组织交换情报工作，进行口头和书面宣传"等。见《一大前后》(三)，人民出版社 1984 年版，第 153 页。

5月,在吴廷康等筹备下于上海建立共产国际东亚书记处,由苏俄外交人民委员会远东事务全权代表维连斯基——西比利亚科夫担任执行局主席。它是苏俄在远东统一领导与协调中国、朝鲜、日本共产主义运动的机构。东亚书记处下设三个科,即中国科、朝鲜科和日本科。"中国科工作纲要如下:1.通过在学生组织中以及在中国沿海工业地区的工人组织中成立共产主义基层组织,在中国进行党的建设工作。2.在中国军队中开展共产主义宣传。3.对中国工会建设施加影响。4.在中国组织出版工作。""东亚书记处把很大注意力放到了报刊宣传工作上",在海参崴、哈尔滨、北京和上海建立了出版中心。① 东亚书记处拥有《上海生活报》(俄文),并与《新青年》《劳动界》等保持密切的关系。其中俄文《上海生活报》是俄侨1919年在上海创办的第一份俄文日报,地址在法租界。1920年2月被苏俄政府收购,成为俄共(布)在远东的重要宣传机关。

7月19日共产国际代表吴廷康等人在沪召开传播马克思主义"最积极的中国同志"会议②,陈独秀、李汉俊、沈玄庐等出席,积极赞成建立中国共产党。8月上旬中国共产党上海发起组成立,地址就在法租界环龙路渔阳里二号(今南昌路一百弄二号)《新青年》编辑部及陈独秀寓所。发起人有陈独秀、李汉俊、沈玄庐、陈望道、俞秀松、施存统(在日本)、李达、杨明斋,陈独秀任书记。③

同年12月21日俄共(布)中央西伯利亚局东方民族处高度评价吴廷康在中国上海的工作,认为这位俄共(布)远东局海参崴分局外国处派遣的全权代表维经斯基"为我们在远东国家开展有步骤的组织工作奠定了基础"④。

---

① 中共中央党史研究室第一研究部编:《联共(布)共产国际与中国国民革命运动(1920—1925)》,北京图书馆出版社1997年版,第39—40页。
② 中共中央党史研究室第一研究部编:《联共(布)共产国际与中国国民革命运动(1920—1925)》,北京图书馆出版社1997年版,第29页。
③《现代上海大事记》,上海辞书出版社1996年版,第70页。
④ 中共中央党史研究室第一研究部编:《联共(布)共产国际与中国国民革命运动(1920—1925)》,北京图书馆出版社1997年版,第50页。

（三）

1920 年 6 月至 8 月 17 日之间在上海成立了共产国际东亚书记处的下属机构革命局，由吴廷康、陈独秀、李汉俊等五人组成，下设出版、宣传、组织三部。出版部有自己的印刷厂，印刷品包括《共产党宣言》。革命局继而在北京、汉口、天津、广州成立了分支机构。在中共没有正式成为共产国际的支部前，革命局成了俄共（布）、共产国际指导中共早期组织的机构，而中共上海早期组织的负责人陈独秀、李汉俊本身就是革命局的主要成员，因此革命局与中共早期组织有密切的交集。

上海革命局成立后做的一项重要工作是批判民主派学生中依靠美国的思想。

1920 年 8 月 17 日吴廷康在上海写信给俄共（布）中央西伯利亚局东方民族处汇报说："一部分民主派学生的观点具有空想性质，这部分学生认为，可以通过利用外国非侵略性资本（美国资本）发展中国民族资本的方式来拯救国家，这样做的结果似乎应该是国家生产力得到发展，群众生活得到改善（这是中国的一些在美国受教育的学生的观点）。你们可以从上面提到的决议的提纲中看到，我们为证明这种观点的空想性质提出了什么论据。"[1]

同年 12 月 21 日，俄共（布）中央西伯利亚局东方民族处给共产国际执委会的报告中说，上海革命局组织部"最后成立了社会主义青年团。青年团成立后派代表参加了我们的革命局，这样，我们就有可能对学生运动直接主动地施加影响，并引导学生到工人和士兵中间做有效的革命工作。我们的上海分部利用这种影响对学生革命运动实行思想上和组织上的领导；同时试图使学生运动从思想上同资产阶级知识分子团体和商人团体划清界限，因为这些团体依靠民主美国来抵制日本的经济政治影响。与这种依靠美国的方针相对立，我们提出了面向社会革命、面向劳动群众的方针，与最激进的一部分学

---

[1] 中共中央党史研究室第一研究部编：《联共（布）共产国际与中国国民革命运动（1920—1925）》，北京图书馆出版社 1997 年版，第 34 页。

中共建党时期的美国因素初探

生一起,同在美国受过教育的民主学生团体(即所谓的中国学生联合会)作思想斗争,因为这个学生团体认为,可以利用美国非侵略性资本的垄断来拯救国家,似乎美国非侵略性资本主义应当而且也能够保证中国民族资本主义发展和国家生产力的发展,并改善群众的经济状况"。①

1921年春,中国共产党早期组织代表张太雷向共产国际远东书记处的报告中说:"我们截止到目前的工作,还只是准备性的。我们的通讯部向中国报界提供有关苏俄的消息、工人运动的消息以及有关揭露日本帝国主义、剖析美国'民主'实质的材料。"②可以看到,在中共建党初期,对于美国资本主义制度的批判是十分重视的。不破不立,这种批判实际上是为马克思主义的科学社会主义在中国的广泛传播扫清障碍。

(四)

吴廷康来华工作,充分利用了社会主义在美国的资源。具体表现如下:

1. 来华时带来的美国书

1920年4月俄共(布)远东局海参崴分局派维经斯基一行5人前来中国,拟在上海建立共产国际东亚书记处。5月共产国际在上海成立了东亚书记处,下属中国科的任务之一就是"成立共产主义组织,在中国进行党的建设工作"。③

吴廷康来中国时带来了一些宣传马克思主义与十月革命的书籍,其中有美国记者约翰·里德介绍十月革命的英文书《震撼世界的十天》(Reed,1919)等。该书作者是十月革命的目击者,他对十月革命的叙述得到了列宁的认可,认为是"真实的"。④

---

① 中共中央党史研究室第一研究部编:《联共(布)共产国际与中国国民革命运动(1920—1925)》,北京图书馆出版社1997年版,第53—54页。

②《青年共产国际与中国青年运动》,中国青年出版社1985年版,第42—43页。

③ 中共中央党史研究室第一研究部编:《联共(布)共产国际与中国国民革命运动(1920—1925)》,北京图书馆出版社1997年版,第39页。

④【俄】列宁:"约翰·里德'震撼世界的十天'一书的序言",见中共中央马恩列斯著作编译局编:《列宁选集》第36卷,人民出版社1995年版,第542页。

2. 俄华通讯社的美国消息来源

1920 年 7 月 2 日俄华通讯社在上海成立,是上海革命局宣传报道部下属的通讯机构,又是苏俄中央新闻通讯社北京分社的上海分机构。该社由吴廷康的翻译和助手杨明斋负责,设在霞飞路(今淮海中路 567 弄)渔阳里 6 号,与上海社会主义青年团机关、外国语学社同地。该社在上海报刊用的是中俄通信社的名义。

1920 年 8 月俄共(布)中央西伯利亚局东方民族处在伊尔库茨克成立。8 月 17 日吴廷康在上海致信俄共(布)中央西伯利亚局东方民族处说,革命局的"宣传报道部成立了俄华通讯社,现在该社为中国 31 家报纸提供消息,因为北京成立了分社,我们希望扩大它的活动范围。我们通讯社发出的材料都经一位同志之手,主要是从俄国远东报纸以及《每日先驱报》、《曼彻斯特卫报》①、《民族》周刊、《新共和》周刊、《纽约呼声报》、《苏俄通讯》和我们一伙人提供的文章中翻译过来的东西。苏俄日历上的文章,如《十月革命带来了什么?》也被全文刊用了"。② 这清楚地表明俄华通信社的主要消息来自美国:信中提到的有具体名称的报刊杂志,除了《曼彻斯特卫报》属于英国的,其他如《民族》周刊、《新共和》周刊、《纽约呼声报》全是美国的。至于《苏俄通讯》则是苏俄在美国出版的通讯,所在地也是美国。

这里特别要提到的,共产国际第一次代表大会宣言也是通过 1919 年 5 月 31 日出版的《民族》周刊③节译的,取名为《新共产党宣言》。

3. 在美国报纸《大陆报》上的发文宣传

1919 年 6 月吴廷康在一封工作信件中透露,"6 月 1 日《大陆报》

---

① 《曼彻斯特卫报》新闻从业人员蓝山姆(Arthur Ransome)因访问苏俄皈依共产主义。著作有《一九一九俄国六周记》【英】霍布斯鲍姆:《极端的年代》(上),江苏人民出版社 1999 年版,第 95 页.

② 中共中央党史研究室第一研究部编:《联共(布)共产国际与中国国民革命运动(1920—1925)》,北京图书馆出版社 1997 年版,第 32 页。

③ 《民族》杂志这篇宣言是从英国参战处刊布的公报《外报评论》的增刊里转载下来的,《外报评论》又是从 3 月 29 日及 31 日的 Christania Social-Demokraten 报里译出来的。见《五四运动前马克思主义在中国的介绍与传播》,湖南人民出版社 1986 年版,第 349 页。

发表一篇关于缓冲国的社论,是根据我提供给他们的材料写的。在今天的这期上,他们全文刊登了《告世界劳动人民书》。这是美国在上海办的一家大报,我们可以利用它。中国的报刊我们几乎都可以利用。请寄来您想宣传的材料吧"①。

信中提到的《大陆报》是 1911—1951 年间美国在上海出版的一家英文报纸,而"缓冲国"是指 1920 年 4 月 6 日成立的在俄罗斯联邦与日本之间的远东共和国,首都上乌丁斯克,从 1920 年 10 月起改为赤塔。时任远东共和国政府主席克拉斯诺晓科夫的计划是,"以远东共和国为桥梁,连通美国、日本与俄罗斯联邦"。② 共产国际十分看重远东共和国,马林后来回忆证实那时"在伊尔库茨克的共产国际局在进行联系远东工作,……伊尔库茨克局唯一是同赤塔政府合作"。③ 在赶走自卫军和日本侵略者后,远东共和国于 1922 年 11 月 15 日并入俄罗斯联邦。

但吴廷康显然对于利用美国资产阶级在上海的报纸抱过于乐观的态度,在 1919 年 6 月的两次得手以后,《大陆报》很快回到它的基本立场上去了,以至吴廷康于 1924 年末、1925 年初两次在中共机关刊物撰文猛批《大陆报》。在《向导》周报第九十六期(1924 年 12 月 24 日)上,吴廷康用魏琴的名义发表《帝国主义国家在中国之宣传》,其中指出:"字林西报,大陆报,京津泰晤士报……每日不知要发表若干文字来鼓吹强盗的帝国主义者以反对中国人民,反对中国民族的解放运动。"④在 1925 年 1 月 7 日出版的《向导》周报第九十八期上,他再次撰文《帝国主义与反基督教运动》,直指字林西报、大陆报是"帝国主义者的报纸"。⑤

---

① 中共中央党史研究室第一研究部编:《联共(布)共产国际与中国国民革命运动(1920—1925)》,北京图书馆出版社 1997 年版,第 29 页。

② 中共一大会址纪念馆:《中共创建史研究》第一辑,上海人民出版社 2016 年版,第 120 页。

③ "马林赴华回忆"(一九三五年八月十九日),《一大前后》(二),人民出版社 1980 年版,第 569 页。

④ 《维经斯基在中国的有关资料》,中国社会科学出版社 1982 年版,第 347 页。

⑤ 《维经斯基在中国的有关资料》,中国社会科学出版社 1982 年版,第 358 页。

4.《新青年》中的美国译本

1922 年,马林在《中国南方的革命民族主义运动》中回顾说:"四年前陈独秀办了《新青年》杂志,该刊物对青年知识分子有很大影响。它直接进行共产主义宣传,并对苏俄及俄国革命表示同情。它对在中国各城市成立从事社会主义问题研究的知识分子小组作出很大贡献。"①

《新青年》自第 8 卷第 1 号(1920 年 9 月 1 日)起改版,标志着它的左转,其封面图案模仿的是美国社会党(Socialist Party of America)的党徽。该号开辟的"俄罗斯研究",其中就有大量译自纽约《苏维埃俄罗斯》(Soviet Russia)周刊上的文章。《新青年》第 8 卷第 1 至第 5 号(1921 年 1 月 1 日),共刊出 31 篇文章,其中来自《苏维埃俄罗斯》的有 16 篇,占了半数以上;第 3 号到第 5 号三期就翻译了该刊 13 篇文章,以致曾担任《新青年》编辑的胡适惊呼:"今《新青年》差不多成了 Soviet Russia 的译本。"②

李大钊在《新青年》第 9 卷第 3 号(1921 年 7 月 1 日)发表的《俄罗斯的过去及现在》一文中,提到的列宁《无产阶级的革命》《苏维埃政府的要图》的英文译本也分别来自纽约共产党印书社和纽约 Rand School。③

当代学者李丹阳指出,在纽约出版的《苏维埃俄罗斯》是苏俄驻外机构创办的刊物,得到美国社会党的支持。"利用表面上非布尔什维克的出版物从美国向中国曲线输入布尔什维克文献,是布尔什维克在宣传上的一种运作方式"。石川祯浩提出,吴廷康可能是通过自己的渠道,帮助订购了《苏维埃俄罗斯》周报。④

---

① 《马林在中国的有关资料》增订本,中国社会科学出版社 1980 年版,第 208 页。

② 《关于〈新青年〉问题的几封信》,张静庐编:《中国现代出版史料》(甲编),中华书局 1954 年版,第 10 页。

③ 李大钊:《李大钊选集》第 366 页,人民出版社 1959 年版。

④ 参见田子渝等著:《马克思主义在中国初期传播史(1918—1922)》,学习出版社 2012 年版,第 103 页。

5. 《共产党》月刊中的美国译本

1921 年 7 月中国社会主义青年团代表俞秀松在青年共产国际第二次代表大会作报告时说，一年来"出版一种叫《劳动者》的中文通俗周刊，在广大劳动群众中传播共产主义思想。还出版一种正式的机关刊物《共产党》月刊，它登载的是……中国共产党和中国社会主义青年团的决议、提纲和文件"①。

《共产党》月刊作为中国共产党的正式党刊，在建党初期发挥了巨大的作用。

它的一个特点就是旗帜鲜明地宣传列宁主义。1920 年 11 月 7 日出版的《共产党》月刊第一号刊登了震寰翻译的列宁的著作一览表：

我们在下头发表的列宁著作一表，极不完全。因为几年来这里和俄国断绝交通，俄国各著作家的书籍不能够自由入口。美国的图书馆也极少俄国社会学者和经济学者的著作。所以我们迫得预备这一表只是我们所有的。虽然这表不是完全，但对于经济上、文学上、科学上的范围，非常广阔。这种书籍都是对于经济学，政治学和社会学发表实施的政策。下列各书籍的先后，都是依着著作年期的次序：（一）俄罗斯的社会民主党问题（一八九七年出版），（二）俄罗斯的资本制度发达史②（一八九九年在圣彼得堡出版），（三）经济的札记和论文（同上），（四）要做什么③（一九〇二年在德国出版），（五）告贫乏的农民（为农民对于社会民主党的宗旨而作）（一九〇三年在瑞士由俄国革命的社会民主党出版），（六）进一步退两步（论本党的危机）（一九〇四年在瑞士出版），（七）民主革命中的社会民主党两个政策④（一九〇五年在瑞士由俄国社会民主工党总部出版），（八）社会民主实业史略的大纲（一九一七年在彼得格拉出版是由一九〇五年

① 《青年共产国际与中国青年运动》，中国青年出版社 1985 年版，第 53 页。
② 汝仁：《俄国资本主义的发展》，生活、读书、新知三联书店 1964 年版。
③ 【俄】车尔尼雪夫斯基著：《怎么办？》，蒋路译，人民文学出版社 2008 年版。
④ 【苏联】列宁：《社会民主党在民主革命中的两种策略》，人民出版社 1964 年版。

至一九〇六年的文集),(九)解散旧国会和无产阶级的目的(一九〇六年在俄国出版),(十)一九〇五年至一九〇七年俄罗斯第一次革命中的俄国社会民主的大纲①(一九〇七年著,一九一七年在彼得格拉出版),(十一)经验批评主义的唯物哲学②(反动哲学的批评释义一九一〇年出版),(十二)帝国主义是资本主义的末日③(一九一五年著,一九一七年在彼得格拉出版),(十三)俄国的政党和无产阶级的目的(一九一七年在彼得格拉出版),(十四)论进行方法的文书(一九一七年在彼得格拉出版),(十五)革命的教训(同上),(十六)农业中资本发达律的新论据(卷一论美国农务经济中的资本主义,一九一七年彼得格拉出版),(十七)国家与革命(一九一七年在彼得格拉出版),(十八)苏维埃政府的要图(即苏维埃实现)④(一九一八年在彼得格拉出版),(十九)无产阶级的革命与靠斯基汉奸⑤(一九一八年在彼得格拉出版)。

最后还附有列宁著作的英文原名对照。整篇文章译自《苏维埃俄罗斯》。

以上这十九种列宁著作十分重要⑥,以至于 1921 年 7 月李大钊在发表《俄罗斯革命的过去与现在》时按原来的秩序照录了一遍。⑦

另外《共产党》月刊翻译列宁的《国家与革命》也是转译自美国社会主义期刊《阶级斗争》《共产党》第 2 号刊出的《加入第三国际大

---

① 【苏联】列宁:《社会民主党在 1905—1907 年俄国第一次革命中的土地纲领》,人民出版社 1964 年版。

② 【苏联】列宁:《唯物主义与经验批判主义》,人民出版社 1998 年版。

③ 【苏联】列宁:《帝国主义是资本主义的最高阶段》,人民出版社 2015 年版。

④ 【苏联】列宁:《苏维埃政权的当前任务》,人民出版社 1964 年版。

⑤ 【苏联】列宁:《无产阶级革命与叛徒考茨基》,人民出版社 1950 年版。

⑥ 其中大多数篇目一直为解放以来出版的各种版本的《列宁选集》所收录。

⑦ 只有四篇著作的标题做了译文的改动:(二)俄罗斯的资本制度发达史被改为俄罗斯资本主义发达史,(三)经济的札记和论文被改为经济的札记和论丛,(四)要做什么被改为什么是要做的?(十九)无产阶级的革命与考茨基汉奸被改为无产阶级的革命与考茨基汉奸。见《新青年》第 9 卷第 3 号(1921 年 7 月 1 日)。

会》,译自美国的综合性期刊《The Nation》。同期刊出的《美国共产党党纲》《美国共产党宣言》译自美国《The Communist》,中共一大制定的《中国共产党第一个纲领》与《共产党》发表过的《美国共产党党纲》的内容比较相似,应该是有所参考的。①

6. 人民出版社的美国译本

1922 年 6 月 30 日中共中央执委会书记陈独秀给共产国际的报告说,现在党员共计 195 人,其中"留美国一人",并汇报人民出版社印共产主义丛书中第五种是 Trosky's From October to Brest Litovsk。② 托洛斯基所著《从十月革命到布列斯特和约》又名《俄国革命记实》是记载十月革命最有权威的图书。《记实》小 32 开本,由人民出版社 1922 年 1 月根据纽约 TSPS1919 年英文版翻译出版。③

（五）

1920 年 9 月共产国际东亚书记处临时执行局主席维连斯基报告共产国际,"今年 5 月,为领导业已展开的工作,成立了临时的集体中心机构。其驻地设在上海,取名'第三国际东亚书记处'。"④他在信中说:"上海是中国共产主义出版事业的主要中心。在这里,东亚书记处拥有许多报刊,我们有《上海生活》,中文报纸《周报》《社会日报》,杂志《新青年》。"近期工作是"即将举行的中国共产主义组织代表大会和中国共产党的成立"。⑤

1921 年 1 月共产国际执行委员会远东书记处在俄共(布)中央西伯利亚局东方民族处的基础上成立,驻地选在伊尔库茨克。同月,国

---

① 田子渝等著:《马克思主义在中国初期传播史(1918—1922)》,学习出版社 2012 年版,第 103—104 页。

②《共产国际与中国革命资料选辑(一九一九——九二四)》,人民出版社 1985 年版,第 159 页、第 161 页。

③ 田子渝等著:《马克思主义在中国初期传播史(1918—1922)》,学习出版社 2012 年版,第 302 页。

④ 中共中央党史研究室第一研究部编:《联共(布)共产国际与中国国民革命运动(1920—1925)》,北京图书馆出版社 1997 年版,第 39 页。

⑤ 中共中央党史研究室第一研究部编:《联共(布)共产国际与中国国民革命运动(1920—1925)》,北京图书馆出版社 1997 年版,第 41 页。

际工会联合会(1921年7月后称赤色职工国际)驻赤塔远东书记处代表派遣 M. 佛来姆堡到中国上海。① 同年春,吴廷康等人奉命返回伊尔库茨克,在远东书记处工作。

6月3日,共产国际代表、荷兰人马林(HendricusSneevliet)乘坐意大利"阿奎利亚"轮船抵沪。马林后来回忆说:"那时,虽有在伊尔库茨克的共产国际局在进行联系远东工作,但是莫斯科需要一个共产国际的直接代表驻在中国。……我一开头只能从上海着手。"②马林到上海后建议召开中国共产党全国代表大会。当月,李达、李汉俊即致函各地共产党小组,请各派两名代表来沪出席中共第一次代表大会。是月,远东书记处接替吴廷康工作的尼科尔斯基(JIHKOH6CKHPI)亦抵达上海。马林、尼科尔斯基同弗兰姆堡经常一起商讨工作。③

列宁预言:"由于在中国将出现更多的上海,中国无产阶级也将日益成长起来。它一定会建立这样或那样的中国社会民主工党。"④ 1921年7月23日在上海开幕的中国共产党第一次全国代表大会正式宣告了中国共产党的光荣诞生。

上海的国际化、现代化、工业化是中共建党最适宜的地理人文环境。近代以来,上海是中西多元文化的汇聚地,是西方新思潮传入中国的窗口。文化事业发达,文化人中外联系密切。上海有沿江沿海的天然地理优势,地理位置适中,在经济、文化、社会诸方面均有强大的辐射力,有利于社会主义思想在全国的传播与扩散。由于上海的开放性、前卫性、市场性,宣传苏俄社会主义、马克思列宁主义的报纸、杂志与书籍一经出版,购买踊跃,大受欢迎,为中共建党营造了良好的舆论氛围。《新青年》依靠民办的群益书社作为自己的发行机

① 《维经斯基在中国的有关资料》,中国社会科学出版社 1982 年版,第 467 页。
② 《马林赴华回忆》(一九三五年八月十九日),《一大前后》(二),人民出版社 1980 年版,第 569 页。
③ 《现代上海大事记》,上海辞书出版社 1996 年版,第 93 页。
④ 《列宁选集》第 36 卷,人民出版社 1995 年版,第 542 页。

构。1920 年 6 月吴廷康在一封工作信函中说,"我们主要从事的工作是把各革命团体联合起来组织成一个中心组织。'群益书店'可以做为一个核心把这些革命团体团结在它的周围。"①1920 年 8 月群益书社出版了恩格斯著、郑次川翻译的《科学的社会主义》,摘译了《社会主义从空想到科学的发展》第 3 节。同月,陈望道翻译的《共产党宣言》单行本出版后,首印一千册很快卖完,同年 9 月进行第二次印刷。李达回忆说,建党初期"《新青年》社在法租界大马路开了一家'新青年书社'。生意很好"。② 一大以前共产党早期组织的经费是自筹的,其中就有上海新青年社的营业盈利 4000 元。③

到过上海的俄共代表费奥多尔对此多有赞誉。他说"上海是中国社会主义者的活动中心,那里可以公开从事宣传活动。那里有许多社会主义性质的组织,出版 300 多种出版物(报纸、杂志和书籍),都带有社会主义色彩。……出版的书籍、报纸和杂志刊登有苏俄人士,特别是列宁和托洛茨基的照片,购买踊跃。""在上海的中国学生中心组织和工人组织都支持社会主义者,而这些人是革命的主要支柱,是对北方政府的威胁,他们出版一些极其左倾的报纸、杂志和书籍"。④

由此可见,十月革命以后马克思列宁主义、科学社会主义在中国,特别在上海的传播是个双向互动的过程。以吴廷康为代表的共产国际工作人员利用包括美国在内的所有文化资源,全力以赴,广为宣传;中国本土,特别是上海革命群众对共产主义这种新的思想体系与社会制度也充满了期待与憧憬。在这种情况下,外来的先进思想、先进文化很快在中国大地生根开花结果,20 世纪 20 年代的上海是中

---

① 《联共(布)共产国际与中国国民革命运动(1920—1925)》,北京图书馆出版社 1997 年版,第 28 页。

② 《一大前后》二,人民出版社 1980 年版,第 9 页。

③ 张国焘:张国焘关于中共成立前后情况的讲稿,《百年潮》2002 年第 2 期。

④ 刘江:刘江给俄共(布)阿穆尔州委的报告(1920 年 10 月 5 日),见中共中央党史研究室第一研究部:《联共(布)共产国际与中国国民革命运动(1920—1925)》,北京图书馆出版社 1997 年版,第 45 页。

国的工业中心与工人运动中心,而中国共产党就是马克思列宁主义与中国工人运动相结合的产物,即便从社会文化的角度去考察也是如此。中国共产党在上海的诞生迎合了世界革命的潮流,也适合了中国工人阶级、先进知识分子的需要,在这当中来自美国的先进文化的助推作用是不容否定的。

刘启春①

历史·现实·未来：习近平党建创新思想的三个维度

（中南民族大学　武汉　430074）

全面从严治党是习近平"四个全面"治国理政战略的根本保障。党的十八大以来,习近平以高度自信的气度、理性自觉的精神、壮士断腕的激情、刮骨疗毒的意志以及抓铁有痕、踏石留印的劲头狠抓党的建设,给人的印象深刻而强烈。十八大以来,习近平的党建思想渐次展开,其思路已清晰地呈现出来：着眼于执政党建设思路,坚持和发展改革开放以来所形成的现代取向；着力于作风建设和反腐倡廉建设,引领"五位一体"党建总格局；吸取传统优秀文化养分,夯实党的文化根基。习近平使用了大量传统文化来阐发党的建设,是不是意味着要回归传统？ 答案是否定的。习近平在传统文化与时代特征的融合中,在立足现实而又面向未来的路向中推进党的建设向纵深发展,开辟了党的建设的新境界,是我们加强党的建设的指导思想。

（一）借鉴历史：夯实党的建设文化根基

习近平热爱、熟悉中国历史,重视继承和弘扬优秀传统文化,并

① 作者简介：刘启春,男,1964 年 4 月出生,博士,中南民族大学教授,湖北省高校党建研究中心特聘专家,研究方向为执政党建设的理论与实践。

［基金项目］本文系作者主持的国家社科基金项目"党内竞争性选举研究"(13BDJ035)的阶段性成果。

将其运用于治国理政中，在党的建设和执政中更凸显了中国气派、中国风格。

政党是一种现代政治组织形式，是现代国家政治运行的中枢。不同国家的政党存在差异性，各有其特色。决定一个政党特性的有多种因素，如意识形态、社会状况等，同时还有民族文化。英国人类学家泰勒(E. B. Taylor)曾将文化定义为知识、信仰、艺术、道德、法律、习惯等凡是作为社会的成员而获得的一切能力、习性的复合体。①

民族文化潜移默化地影响着人们的价值取向和行为规范。每一个民族都有自己独特的历史文化，历史地传承世代的文化就成为民族的基因，植根于民族内心，成为一个民族思想方式和行为方式形成的内源因素。"民族文化是一个民族区别于其他民族的独特标识。"②民族文化不同，民族性格也就各异。民族文化也是政党生活、成长的土壤，政党与政党制度的生成途径、体制结构、建设方式等都会带有民族风格，即使是在马克思主义理论指导下成立起来的无产阶级政党，也会与民族文化相融合，实现民族化。通过政治学研究，人们发现政治共同体的形成和维系是建立在某种政治文化的价值上的。加布里埃尔·阿尔蒙德就认为"政治文化是一个民族在特定时期流行的一套政治态度、信仰和感情。这种政治文化是在该民族的历史和现实社会经济、政治活动进程中形成的"。③ 由此可以看出，历史文化对政党的影响是内生性而非嵌入式的，是政党政治运行的润滑剂。习近平对此有着清晰的认识。他认为："文化力量对政治制度、政治体制的导向和引领作用十分明显。一定社会的文化环境，对生活其中的人们产生着同化作用，进而化作维系社会、民族的生生不

① 转引自曹德本、宋少鹏：《中国传统政治文化与社会稳定》，吉林大学出版社 2001 年版，第 16 页。
② 习近平："完善和发展中国特色社会主义制度 推进国家治理体系和治理能力现代化"，《人民日报》2014 年 2 月 18 日第 01 版。
③ 加布里埃尔·A.阿尔蒙德、小 G.宾厄姆·鲍威尔：《比较政治学》，曹沛霖译，上海译文出版社 1987 年版，第 29 页。

息的巨大力量。"他进而将文化的作用归结为熏陶、教化、激励等,"先进文化有凝聚、润滑、整合作用"①。中国传统文化是中国特色政党政治形态的文化之源,是文化母体。"独特的文化传统,独特的历史命运,独特的基本国情,注定了我们必然要走适合自己特点的发展道路。"②

习近平善于以历史视野审视党的建设。中国共产党是以马克思主义为意识形态的政党,并不意味着就可以否定中国传统文化。1938 年 10 月,毛泽东在党的六届六中全会上指出:"今天的中国是历史的中国的一个发展;我们是马克思主义的历史主义者,我们不应当割断历史。从孔夫子到孙中山,我们应当给以总结,承继这一份珍贵的遗产。"③中国共产党根植于中国文化,成长于中国文化的沃土之中。因此,习近平拓展了中国文化对于党的建设的重要意义。

梳理习近平的这一思想,首先,强调领导干部要多读历史。毛泽东曾经指出:"一切有相当研究能力的共产党员,都要研究马克思、恩格斯、列宁、斯大林的理论,都要研究我们民族的历史……指导一个伟大革命运动的政党,如果没有革命理论,没有历史知识,没有对于实际运动的深刻的了解,要取得胜利是不可能的。……学习我们的历史遗产,用马克思主义的方法给以批判的总结,是我们学习的另一任务。"④习近平善于发挥我们党重视历史资政育人传统。2011 年 9月,习近平在中央党校的讲话中号召领导干部学习历史,从中汲取有益于加强修养、做好工作的智慧和营养,有助于提高文化素养和思想政治修养,有助于提高工作能力和领导水平。他指出,历史记述了前

① 习近平:"文化是灵魂",《之江新语》,浙江人民出版社 2007 年版,第149 页。

② 习近平:"胸怀大局 把握大势 着眼大事 努力把宣传思想工作做得更好",《人民日报》2013 年 8 月 21 日第 01 版。

③ 毛泽东:"中国共产党在民族战争中的地位",《毛泽东选集》第 2 卷,人民出版社 1991 年版,第 534 页。

④ 毛泽东:"中国共产党在民族战争中的地位",《毛泽东选集》第 2 卷,人民出版社 1991 年版,第 532—533 页。

人积累的各种科学文化知识,记述了他们治理国家和社会的思想与智慧,记述了他们经历的成功和失败的经验与教训,领导干部应当学习和了解这些历史上的文化知识、思想智慧、经验教训,本着"择其善者而从之,其不善者而去之"的科学态度,结合思想和工作实际,或者吸取应用,或者作为借鉴,或者引为警戒,这对于提高我们的思想政治水平、改进我们的工作,是会大有助益的。① 第二,强调借鉴历史上治国理政的经验教训。"一个国家选择什么样的治理体系,是由这个国家的历史传承、文化传统、经济社会发展水平决定的,是由这个国家的人民决定的。我国今天的国家治理体系,是在我国历史传承、文化传统、经济社会发展的基础上长期发展、渐进改进、内生性演化的结果。"②"在中国的史籍书林之中,蕴涵着十分丰富的治国理政的历史经验。其中包含着许多涉及对国家、社会、民族及个人的成与败、兴与衰、安与危、正与邪、荣与辱、义与利、廉与贪等等方面的经验与教训。我们学习历史,要结合我们正在干的事业和正在做的事情,善于借鉴历史上治理国家和社会的各种有益经验。"③由此,他要求党的各级干部应当研读历史经典,看成败、鉴是非、知兴替,起到"温故而知新""彰往而察来"的作用。④ 第三,弘扬民族文化,锻造凝聚社会共识的社会主义核心价值观。十八大提出用社会主义核心价值体系引领社会思潮、凝聚社会共识。社会主义核心价值观是中国传统优秀文化时代化的产物,是全国人民的精神家园和价值归宿,两者血肉交融。核心价值观的培育,既是对优秀文化的继承和发展,更是发展新文化,以新文化凝聚社会,锻铸全民共识。对此,习近平指出:"培育和弘扬社会主义核心价值观必须立足中华优秀传统文化。牢固的核心价值观,都有其固有的根本。抛弃传统、丢掉根本,就等于

---

① 习近平:"领导干部要读点历史",《学习时报》2013 年 4 月 28 日第 5 版。

② 习近平:"完善和发展中国特色社会主义制度 推进国家治理体系和治理能力现代化",《人民日报》2014 年 2 月 18 日第 01 版。

③ 习近平:"领导干部要读点历史",《学习时报》2013 年 4 月 28 日第 5 版。

④ 习近平:"领导干部要爱读书读好书善读书",《学习时报》2013 年 4 月 28 日第 5 版。

割断了自己的精神命脉。博大精深的中华优秀传统文化是我们在世界文化激荡中站稳脚跟的根基。"①"推进国家治理体系和治理能力现代化,要大力培育和弘扬社会主义核心价值体系和核心价值观,加快构建充分反映中国特色、民族特性、时代特征的价值体系。坚守我们的价值体系,坚守我们的核心价值观,必须发挥文化的作用。"②第四,借鉴和发扬"道德立国"的传统,将党性锻炼与品行修养结合起来,讲党性、重品行,丰富党的思想建设的方法和内容。我国有丰富的为政以德、礼法相依、民本社稷、管权治吏、正心修身等历史经验和思想,可以用来指导党员、干部陶冶情操,修身养性。习近平将之时代化,用于指导党员、干部在加强党性修养、坚定马克思主义理想信念的同时,也注意修己安人、正心诚意、修齐治平,获得精神鼓舞,升华思想境界,陶冶道德情操,完善优良品格,培养浩然正气,做社会主义道德的示范者、诚信风尚的引领者、公平正义的维护者,以实际行动彰显共产党人的人格力量。2013 年 3 月,习近平在讲话中指出,中国传统文化博大精深,学习和掌握其中的各种思想精华,对树立正确的世界观、人生观、价值观很有益处。古人所说的"先天下之忧而忧,后天下之乐而乐"的政治抱负,"位卑未敢忘忧国""苟利国家生死以,岂因祸福避趋之"的报国情怀,"富贵不能淫,贫贱不能移,威武不能屈"的浩然正气,"人生自古谁无死,留取丹心照汗青""鞠躬尽瘁,死而后已"的献身精神等,都体现了中华民族的优秀传统文化和民族精神,我们都应该继承和发扬。③ 思想建党是中国共产党的一大特色,是党的建设的一个基本原则和根本方法,目的在于要用马克思主义统一全党思想。习近平将德治传统糅合于思想建党中,与马克思主义有机融合,丰富了思想建党的内容和方法,增强了党内思想教育的

---

① 习近平:"把培育和弘扬社会主义核心价值观作为凝魂聚气强基固本的基础工程",《人民日报》2014 年 2 月 26 日第 01 版。
② 习近平:"完善和发展中国特色社会主义制度 推进国家治理体系和治理能力现代化",《人民日报》2014 年 2 月 18 日第 01 版。
③ 习近平:"在中央党校建校 80 周年庆祝大会暨 2013 年春季学期开学典礼上的讲话",《人民日报》2013 月 3 月 2 日第 01 版。

效力。习近平还提醒要发掘古人在选人用人、廉政建设等多个方面有益的思想和经验教训，结合我们正在干的事业和正在做的事情，善于借鉴运用。

（二）立足现实：坚持党的建设现代取向

习近平对历史的强调并非意味着对传统的回归，现代性才是取向。立足并回应中国改革开放和社会主义现代化建设的大背景、大环境给党的建设与执政所提出的新要求新考验是强大的内在驱动。习近平党的建设思想创新，是基于对世情国情党情的深刻分析，对保持和发展党的先进性和纯洁性的忧患意识，对党的事业的责任担当，对中国特色社会主义事业坚强领导核心的深刻把握。这就决定了习近平党建思想创新，其理念和方式表现出强烈的现代性。他所提出的一系列加强党的建设的思想和举措，如加强权力制约与监督、群众路线教育实践活动、"三严三实"专题教育等，都蕴涵着现代理念和方式。

制度是组织和程序获得价值观和稳定性的一种进程。现代政治共同体的理论强弱取决于这些组织和程序获得支持的广度和制度化的程度。亨廷顿（Samuel P. Huntington）在谈到制度对于现代政治组织的重要性时如是说。① 制度化决定着稳定性和适应性，对政党组织的生存和发展是致命性的。邓小平是新时期制度建设的开创者，他对制度作用的评价是"根本性、全局性、稳定性和长期性"②。在邓小平思想指导下，制度化已经成为新时期党的建设的一个显著特点，成为贯穿于党的思想建设、组织建设、作风建设和反腐倡廉建设的一条红线，极大地提高了党的建设规范化、科学化水平。在全面深化改革的语境下，习近平将制度建设上升到制度治党的高度，并提出了党的建设制度改革的思想，集中地体现了运用现代理念和方式管党治党建设党的思路。

---

① 塞缪尔·P.亨廷顿：《变化社会中的政治秩序》，王冠华、刘为等译，生活·读书·新知三联书店 1989 年版，第 12 页。

② 邓小平："党和国家领导制度的改革"，《邓小平文选》第 2 卷，人民出版社 1994 年版，第 333 页。

其一,党的建设制度改革思想内容全面,涉及到党的建设和执政的全方位和全过程。党的建设制度改革,既包含了规范党内关系和行为的党内制度,还涉及到规范政党与国家、社会关系的制度,即规范约束党的领导和执政活动的制度;它既要求进行党的自身建设的改革,也要求改革和完善党的领导方式和执政方式、领导制度和工作制度。概言之,党的建设制度改革就是依据党所面临的形势任务的变化,用改革的方法对党内生活制度和领导制度进行完善和创新,既坚持已有的有效制度,又赋予了其时代化、科学化的内容,使其在规范化、程序化、系统化等方面有一个新的提高。正如有专家指出:"党的建设制度改革并非单指某一方面的制度建设,而是指以制度改革推动党的建设整体往前走,以各种制度要素的整合、创新,形成求真务实、勤政廉政、风清气正的政治生态。"①如在反腐倡廉建设中,提出全面推进惩治和预防腐败体系建设,把权力关进制度的笼子里,形成不敢腐的惩戒机制、不能腐的防范机制、不易腐的保障机制②;在作风建设中,提出建立健全立体式、全方位的制度体系,以刚性的制度约束、严格的制度执行、强有力的监督检查、严厉的惩戒机制,切实遏制各种违法违纪现象③;在思想建设中,提出坚持思想建党与制度治党紧密结合,防止简单化和片面化倾向,既不能以思想教育代替制度建设,也不能以制度建设代替思想教育,两者是紧密结合,相辅相成的;在党的执政方面,强调"更加注重改进党的领导方式和执政方式",依法执政,"任何组织和个人,都不得有超越宪法和法律的特权"④。可以说,制度建设已经达到了一个新的境界。

---

① "深化党的建设制度改革的顶层设计——专家解读《深化党的建设制度改革实施方案》",新华网:http://news.xinhuanet.com/politics/2014-09/02/c_1112333033.htm。下载日期:2014 年 9 月 2 日。

② 习近平:"更加科学有效地防治腐败 坚定不移把反腐倡廉建设引向深入",《人民日报》2013 年 1 月 23 日第 01 版。

③ 《习近平谈治国理政》,外文出版社 2014 年版,第 364 页。

④ 习近平:"在首都各界纪念现行宪法公布施行 30 周年大会上的讲话",《人民日报》2012 年 12 月 5 日第 01 版。

其二,党的建设制度改革旨归在于实现依规管党治党建设党。党的十八届四中全会作出了全面依法治国的决定,对党的建设制度改革的要求是,"完善党内法规制定体制机制,加大党内法规备案审查和解释力度,形成配套完备的党内法规制度体系。注重党内法规同国家法律的衔接和协调,提高党内法规执行力,运用党内法规把党要管党、从严治党落到实处,促进党员、干部带头遵守国家法律法规"①。对此,王岐山撰文指出:"依法治国、依法执政,既要求党依据宪法法律治国理政,也要求党依据党内法规管党治党。"②在长期实践中,我们党已形成了一整套系统完备、层次清晰、运行有效的党内法规制度,使管党治党建设党有章可循、有规可依。特别是党取得执政地位后,国家法律和党内法规共同成为党治国理政、管党治党的重器。习近平多次强调以法治思维和法治方法抓党的建设,实现党的建设制度化、规范化、常态化。他指出:"从严治党靠教育,也靠制度,二者一柔一刚,要同向发力、同时发力……思想建设要结合落实制度规定来进行,抓住主要矛盾,不搞空对空。要使加强制度治党的过程成为加强思想建设的过程,也要使加强思想建党的过程成为加强制度治党的过程。"③在习近平制度治党思想的指导下,中央制订颁发了《中国共产党党内法规制定条例》和《中央党内法规制定工作五年规划纲要(2013—2017 年)》,确保到建党100 周年时,全面建成内容科学、程序严密、配套完备、运行有效的党内法规制度体系。

其三,习近平拓展了制度治党的内涵,把守纪律讲规矩纳入党内法规范畴。制度是人们共同遵守的规章或准则。诺斯曾将制度分为两类:正式规则(宪法、产权制度和契约)和非正式规则(规范和习

---

① "中共中央关于全面推进依法治国若干重大问题的决定",《人民日报》2014 年 10 月 29 日第 01 版。

② 王岐山:"坚持党的领导 依规管党治党 为全面推进依法治国提供根本保证",《人民日报》2014 年 11 月 3 日第 01 版。

③ 习近平:"在党的群众路线教育实践活动总结大会上的讲话",《人民日报》2014 年 10 月 9 日第 01 版。

俗)。① 按照诺斯的解读,成文的规则是制度,广泛存在的习俗也属于制度。在党内,规矩和纪律也在制度之列,或为成文制度,或为不成文制度,它们都是约束党员思想和行为的依据,共同构成了党内的行为模式和规范体系,成为维护党的团结和统一的有力武器。中国共产党是靠革命理想和铁的纪律组织起来的马克思主义政党,纪律严明是党的光荣传统和独特优势。守纪律讲规矩是共产党员的义务,检验着党员的忠诚度。毛泽东曾指出:"身为党员,铁的纪律就非执行不可,孙行者头上套的箍是金的,共产党的纪律是铁的,比孙行者的金箍还厉害,还硬。"②1985年,邓小平也曾提出"一靠理想,二靠纪律"以维护安定团结局面,尤其是共产党员一定要严格遵守党的纪律,包括遵守国家法律,"有理想,有纪律,这两件事我们务必时刻牢记在心。"③针对新形势下党内出现的一些党的观念淡漠、纪律松弛等不良现象,习近平连续在中纪委全会上向党内传递一个明白无误的信息:纪律是带电的高压线。2013年1月,他在十八届中纪委二次全会上讲话指出:"身为党员,铁的纪律就必须执行。毛泽东同志说,路线是'王道',纪律是'霸道',这两者都不可少。如果党的政治纪律成了摆设,就会形成'破窗效应',使党的章程、原则、制度、部署丧失严肃性和权威性,党就会沦为各取所需、自行其是的'私人俱乐部'。"④翌年1月,他更明确强调:党要管党、从严治党,靠什么管,凭什么治? 就要靠严明纪律。遵守党的纪律是无条件的,要说到做到,有纪必执,有违必查,不能把纪律作为一个软约束或是束之高阁的一纸空文。⑤ 2015年1月在十八届中央纪委五次全会上,习近平又提

① 青木昌彦:"什么是制度? 我们如何理解制度?"周黎安、王珊珊译,载《经济社会体制比较》2000年第6期。
② 陈晋:《毛泽东读书笔记解析》,广东人民出版社1996年版,第268页。
③ 邓小平:"一靠理想二靠纪律才能团结起来",《邓小平文选》第3卷,人民出版社1993年版,第111—112页。
④《十八大以来重要文献选编》(上),中央文献出版社2014年版,第134页。
⑤《十八大以来重要文献选编》(上),中央文献出版社2014年版,第764页。

出"加强纪律建设,把守纪律讲规矩摆在更加重要的位置"①,明确把党的优良传统、行为惯例等规矩列为党员、干部必须遵循的纪律,与成文的党纪国法具有同等重要的地位。这就极大地丰富了党内制度的内涵,是党的制度建设上的一个创新。

其四,提高制度执行力。制度作为一种行为规则,具有教育、激励、惩罚、维持秩序等功能,其生命力就在于执行。"法规制度的生命力在于执行。贯彻执行法规制度关键在真抓,靠的是严管。"②习近平用通俗的语言将不落实不管用的制度比喻为"样子货""稻草人""纸老虎""橡皮泥",而且提醒人们,一旦制度形同虚设,不发挥作用,就会形成"破窗效应",其后果更为严重。2013年6月,在群众路线教育实践活动开始之初,他就要求:"制度一经形成,就要严格遵守,坚持制度面前人人平等,执行制度没有例外,坚决维护制度的严肃性和权威性,坚决纠正有令不行、有禁不止的各种行为,使制度真正成为党员、干部联系和服务群众的硬约束,使贯彻党的群众路线真正成为党员、干部的自觉行动。"③一年之后,他在总结这次活动时又强调:"制度不在多,而在于精,在于务实管用,突出针对性和指导性。如果空洞乏力,起不到应有的作用,再多的制度也会流于形式。牛栏关猫是不行的!……要增强制度执行力,制度执行到人到事,做到用制度管权管事管人。……要坚持制度面前人人平等、执行制度没有例外,不留'暗门'、不开'天窗',坚决维护制度的严肃性和权威性,坚决纠正有令不行、有禁不止的行为,使制度成为硬约束而不是橡皮筋。"④这里,他既指出了制度需要严密性、系统性,更必须严格执行。"要把制度约束作为刚性约束,令行禁止、不搞例外,坚决整治对中央规定

① 习近平:"深化改革 巩固成果 积极拓展 不断把反腐败斗争引向深入",《人民日报》2015年1月14日第01版。

② 习近平:"加强反腐倡廉法规制度建设 让法规制度的力量充分释放",《人民日报》2015年6月28日第01版。

③《习近平谈治国理政》,外文出版社2014年版,第379页。

④ 习近平:"在党的群众路线教育实践活动总结大会上的讲话",《人民日报》2014年10月9日第01版。

变着法子进行规避的各种行为,绝不允许上有政策、下有对策,绝不允许打擦边球。"①为了保证制度得到有效执行,习近平又提出要实行问责制,追究相关部门和领导的责任,加强制度落实情况的监督和检查。2014 年 1 月,习近平提出"要落实党委的主体责任和纪委的监督责任,强化责任追究,不能让制度成为纸老虎、稻草人。"②2015 年 2 月,他又强调"党纪国法不能成为'橡皮泥''稻草人',违纪违法都要受到追究。"③6 月,习近平进一步指出,要加强监督检查,落实监督制度,用监督传递压力,用压力推动落实。对违规违纪、破坏法规制度踩"红线"、越"底线"、闯"雷区"的,要坚决严肃查处,不以权势大而破规,不以问题小而姑息,不以违者众而放任,不留"暗门"、不开"天窗",坚决防止"破窗效应"。④

(三)面向未来:沿着执政党建设思路继续前行

习近平党的建设思想创新深化了对从严治党规律的认识,体现出全面性、深刻性、现代性等特点,标定了未来党的建设和执政的路径,增强了从严治党的系统性、预见性、创造性、实效性,为我们进一步推进党的建设提供了指南。

1. 发展党内民主,营造风清气正的政治生态。

习近平强调,"加强党的建设,必须营造一个良好从政环境,也就是要有一个好的政治生态","风清则气正,气正则心齐,心齐则事成。"⑤这是新的历史条件下落实党要管党、从严治党、端正党风政风的一项重要举措。政治生态是一地一部门党风、政风和社会风气的

---

① "对照检查中央八项规定落实情况 讨论研究深化改进作风举措",《人民日报》2013 年版 6 月 26 日第 01 版。

② 习近平:"强化反腐败体制机制创新和制度保障 深入推进党风廉政建设和反腐败斗争",《人民日报》2014 年 1 月 15 日第 01 版。

③ 习近平:"在省部级主要领导干部学习贯彻十八届四中全会精神全面推进依法治国专题研讨班开班式上的讲话",《人民日报》2015 年 2 月 3 日第 01 版。

④ 习近平:"加强反腐倡廉法规制度建设 让法规制度的力量充分释放",《人民日报》2015 年 6 月 28 日第 01 版。

⑤ 习近平:"历史使命越光荣 奋斗目标越宏伟 越要增强忧患意识 越要从严治党",《人民日报》2014 年 10 月 9 日第 01 版。

集中体现,直接决定着从政环境的好坏。政治生态污浊,从政环境就恶劣;政治生态清明,从政环境就干净。

政治生态反映的是党内集体作风状况,可以是党员、干部个体作风的集合,更是党内整体性作风建设的结果。要达到这个效果,一个重要途径是实现每一名党员能够"在党言党、在党忧党、在党为党,把爱党、忧党、兴党、护党落实到工作生活各个环节,敢于同形形色色违反党内政治生活原则和制度的现象作斗争"。做到这一点,发展党内民主是一个现实的路径。民主是多数人的统治。建设党内民主,落实党员主体地位,保障党员民主权利,党内事务由党员当家作主,党员意识到自身的价值和使命,积极参与党内事务的管理,形成广泛的建设性力量和监督性力量,从而有助于培育党内良好的风气。正如毛泽东所讲,"只有让人民来监督政府,政府才不敢松懈;只有人人起来负责,才不会人亡政息。"①

党内民主建设的价值自然不限于此。党内民主是党的生命,是增强党的创新活力、巩固党的团结统一的重要保证。1938 年,毛泽东在谈到党内民主建设的意义时指出:"扩大党内民主,应看作是巩固和发展党的必要的步骤,是使党在伟大斗争中生动活跃,胜任愉快,生长新的力量,突破战争难关的一个重要武器。"②这是对党内民主生命论的最好阐释。中外政党的历史和现实经验都表明,民主是党的创造力、凝聚力和战斗力的内生来源和实现自我净化、自我完善、自我革新、自我提高的唯一出路。这是我们坚定党内民主的观念基础。正是在这个意义上,党内民主在新的历史条件下得到充分重视。新世纪新阶段,党内民主建设取得了初步探索性成果,有力地推进了党的发展。但毋庸讳言,党内民主的氛围尚未形成,体制机制尚未构建起来,党内生活的民主含量还不高。"客观地说,我们不能不承认,一年来,无论是执政党的上层,还是地方和基层,对社会民主和

---

① 黄炎培:"延安归来",载《八十年来》,文史资料出版社 1982 年版,第149 页。
② 毛泽东:"中国共产党在民族战争中的地位",《毛泽东选集》第 2 卷,人民出版社 1991 年版,第 529 页。

党内民主的强调都似乎有所弱化。"①民主建设步履维艰的现实并未根本改观,有的地方和基层步子大一些的改革措施还被屡屡叫停,反映出党内民主建设瓶颈时期特征,不进则退。但民主发展的大势不可逆转,需要拿出更多的政治勇气和智慧,增强党内民主建设的坚定信念,提高用民主思维和方式加强党的建设的自觉性,加强顶层设计,规划出党内民主的路线图。

2. 调适权力结构,加大治本力度。

十八大以来,反腐败风暴猛烈,"打老虎""拍苍蝇"取得了重大成果。应该看到,反腐败斗争是长期、复杂和艰巨的,在抓拳头高压惩处的同时,也要把思路转向抓源头治本,从规律上探索反腐败路子。实践已经证明,要从根本上铲除腐败滋生的土壤,必须加强对权力运行的制约和监督,形成不敢腐的惩戒机制、不能腐的防范机制、不易腐的保障机制。构建规范的权力运行机制,更深层次在于权力结构调整,改变权力过分集中现象。传统的权力体制存在着配置和结构不够科学,高度集中,决策权、执行权和监督权之间边界不清晰,没有形成相互制约和监督机制,缺乏有效约束,运行过程不够公开透明等弊端,成为腐败现象和不正之风滋生蔓延的体制性缘由。结构决定功能,不从结构上进行调整,极易诱致权力功能异化。进入新世纪以来,改革和创新权力体制,调整权力结构,搭建新的权力框架,成为中国特色反腐倡廉道路形成的突破口。党的十六大提出建立结构合理、配置科学、程序严密、制约有效的权力运行机制;党的十七大进一步提出"建立健全决策权、执行权、监督权既相互制约又相互协调的权力结构和运行机制",十八大提出"确保决策权、执行权、监督权既相互制约又相互协调";习近平提出"要强化制约,科学配置权力,形成科学的权力结构和运行机制"②。究竟构建何种样态的权力结构

---

① 王长江:"领导改革需要怎样的权威",财新网:http://opinion. caixin. com/2015-04-16/100800784. html? utm_source=baidu&utm_medium=caixin. media. baidu. com&utm_campaign=Hezuo。访问日期 2015 年 4 月 16 日。

② 习近平:"强化反腐败体制机制创新和制度保障 深入推进党风廉政建设和反腐败斗争",《人民日报》2014 年 1 月 15 日第 01 版。

模式,从上述论述看,决策权、执行权、监督权相互分立的分权式结构是总体走向。随着市场在资源配置中起决定性作用,政府权力清单制的推行,加速构建新的权力结构更为紧迫。中国不会照搬西方三权分立的模式,但如何构建起中国特色的分权式权力结构模式却亟待破题。

　　3. 实行竞争性选举,推进干部选拔任用制度改革。

　　形成科学有效的选人用人机制是干部人事制度改革的目标,十七届四中全会提出"坚持民主、公开、竞争、择优,提高选人用人公信度,形成充满活力的选人用人机制"。传统的选人用人模式是"选拔"政治,自上而下遴选提拔,少数人在少数人中选少数人甚至一个人说了算,缺乏民主,跑官要官的现象屡禁不止;后来,为改变这种状况,党内探索建立了一整套干部推荐、考核、测评、述职等制度。但是,在这种制度下,却又出现了贿选、拉票乃至拉帮结派、搞团团伙伙的风气,政治生态严重恶化。对此,习近平斥责了少数干部"信奉拉帮结派的'圈子文化',整天琢磨拉关系、找门路,分析某某是谁的人,某某是谁提拔的,该同谁搞搞关系、套套近乎,看看能抱上谁的大腿。有的领导干部喜欢当家长式的人物,希望别人都唯命是从,认为对自己百依百顺的就是好干部,而对别人、对群众怎么样可以不闻不问,弄得党内生活很不正常"[①]。在执政的背景下,还是应当把干部选拔任用置于权力授受的视角来看待。相形之下,民主选举所产生的权力以民主、公开、竞争、择优的方式自下至上逐级授予的。在选举政治下,将选拔式的授权关系转变为选民通过选票授权,由少数人的"议定"或"内定"转变为公开的竞争,通过制度安排形成权力分享机制,按照民意来构建一个权力受到选民和法律有效约束的有限的领导集团,且对选民负责。从目前的政策走向看,党内民主选举制度的改革与完善是逐步地实现竞争性选举。党的十八大报告明确提出要完善党内选举制度,规范差额提名、差额选举,形成充分体现选举人意志的程序和环境。总之,无论是选举还是选拔,干部工作都应该全面准

新思想的三个维度
历史・现实・未来:习近平党建创

---

① 《十八大以来重要文献选编》(上),中央文献出版社2014年版,第770页。

确贯彻民主、公开、竞争、择优方针,扩大干部工作民主,提高民主质量。不断强化和规范干部产生的民主化方式,真正选出德才兼备、群众公认、有实绩的好干部。

4. 厉行依法执政,提高党的治理能力。

未来执政党建设要放在推进国家治理体系和治理能力现代化视阈内来进行。十八届三中全会提出了推进国家治理体系和治理能力现代化的命题,这是党的治国理政思想不断升华的又一成果,同时也给党的领导方式和执政方式提出了新的要求。习近平提出:"必须适应国家现代化总进程,提高党科学执政、民主执政、依法执政水平。"①在今天的中国,政党建设与现代化发展之间的有效互动已成为现代化发展的重要动力机制。这个机制产生持久效能的关键是中国共产党应在推进现代化建设过程中不断地发展和完善自身。② 国家治理体系和治理能力现代化,首要的是执政党治理方式和治理能力的现代化。这是由中国共产党的执政和领导地位所决定的。习近平指出:要更加注重治理能力建设,增强按制度办事、依法办事意识,善于运用制度和法律治理国家,把各方面制度优势转化为管理国家的效能,提高党科学执政、民主执政、依法执政水平。③ 实施依法执政,需要党员领导干部提高法治思维和依法办事能力。党的各级组织和领导干部是社会主义法治建设的具体领导者、组织者、实践者,对于依法治国的切实推进起着引领作用。法治思维就是将法治的诸种要求运用于认识、分析、处理问题的思维方式,是一种以法律规范为基准的逻辑化的理性思考方式。法治思维和法治方式的培育,要求各级党组织和党员领导干部牢固树立法治意识和观念,内化于心,外化于行,在想问题、作决策、办事情时首先考虑法律规范,养

---

① 习近平:"完善和发展中国特色社会主义制度 推进国家治理体系和治理能力现代化",《人民日报》2014 年 2 月 18 日第 01 版。

② 林尚立:"政党与现代化:中国共产党的历史实践与现实发展",载《政治学研究》2001 年第 3 期。

③ 习近平:"切实把思想统一到党的十八届三中全会精神上来",《人民日报》2014 年 1 月 1 日第 01 版。

成办事依法、遇事找法、解决问题用法、化解矛盾靠法的内心自觉，在法治轨道上推动各项工作。

走向现代化的中国共产党还有许多工作要做，每一项工作里面又有诸多环节需要改进。这是一个党的建设和执政整体推进的过程。在习近平党的建设创新思想指导下，必将带来党的建设新一轮高潮。

王春玺①

改革开放以来党对中央集体领导机制的探索与创新

（中央财经大学 北京 100081）

改革开放以来,党中央一直十分重视党内民主建设及其制度创新在推进中国特色社会主义现代化建设事业中的重大作用。1980年8月,邓小平指出:"为了适应社会主义现代化建设的需要,为了适应党和国家政治生活民主化的需要,为了兴利除弊,党和国家的领导制度以及其他制度,需要改革的很多。"②建立集中、统一、民主、高效、有序的集体领导体制与机制体系是中国特色社会主义取得成功的根本保障。2012年11月,习近平在十八届中央政治局第一次集体学习会议上强调了建立"制度体系"的重要性,他还提出"要坚持以实践基础上的理论创新推动制度创新",为夺取中国特色社会主义新胜利提供更加有效的制度保障。③ 改革开放以来,中国共产党逐步

---

① 作者简介：王春玺(1969—),法学博士,"楚天学者计划"三峡大学马克思主义学院特聘教授,中央财经大学马克思主义学院教授,主要从事党内民主问题研究。

［基金项目］国家社科基金重大项目"习近平总书记全面从严治党重要思想研究"(15ZDA004)和教育部"新世纪优秀人才支持计划"资助项目(NCET - 12 - 0989)的阶段性研究成果。

② 邓小平：《邓小平文选》第二卷,人民出版社1994年版。

③ 习近平："紧紧围绕坚持和发展中国特色社会主义学习宣传贯彻党的十八大精神——在十八届中共中央政治局第一次集体学习时的讲话",新华社：http://news. xinhuanet. com/politics/2012-11/19/c＿113726203. htm. 更新日期：2012年11月18日。

建立了由六大运行机制构成的比较完备的党中央集体领导机制体系：一方面，中央集体交接班机制（即党中央领导集体上届与下届的交接）属于中央集体领导运行机制的范畴，因为它解决了新的中央领导集体如何形成的问题。另一方面，党中央集体领导体制的实际运行主要体现为五大运行机制：中央集体领导的组织机制、中央集体学习机制、中央集体调研与咨询机制、中央集体决策机制、中央集体监督机制。从中央集体组织内分工协作到中央集体学习、中央集体调研咨询，再到中央集体决策、中央集体监督，构成一个完整的集体领导运行过程。这就从机制上解决了党中央集体领导体制为什么能够运行起来、怎样运行以及如何做出决策等问题。

（一）中央集体交接班机制的创立和发展

1956 年，毛泽东曾有过中央集体交接班的设想和初步安排，但在实践中没坚持下来。改革开放之初，邓小平、胡耀邦等人主张废除特定时期领袖个人指定接班人的做法，实行集体交接班。1980 年，邓小平在党的十一届五中全会上明确提出："我们强调集体领导，这次讲接班也是集体接班，这很好，很重要。"①

集体交接班机制不能局限在中央政治局常委会集体交接班这样一个层次，而应包括中央政治局常委会、中央政治局委员会和中央委员会等三个层次的集体交接班。党中央集体交接班是指，党的中央领导人到了规定的任期或退休年龄退下来，经过广泛的民主协商、民主推荐产生候选人，再经由党的全国代表大会、中央委员会全体会议的民主选举程序产生新的中央领导集体。② 中央集体交接班制度的运行主要有四大机制在起作用。

集体交班机制。通过废除实际上存在的干部领导职务的终身制、建立退休制和任期制来实现。党中央规定了老干部离休退休年龄的界限：担任省部级干部，正职一般不超过 65 岁。党的十六大立

① 邓小平：《邓小平文选》第二卷，人民出版社 1994 年版。
② 王春玺、李喆："改革开放以来中国共产党对中央集体交接班的探索"，《马克思主义研究》2013 年第 9 期。

下了中央政治局常委"七上八下"（68 岁的退下，67 岁还可以上）的规矩。党的十七大以 68 岁为限正式成为原中央政治局常委不再当选的退休年龄。1982 年通过的宪法明确规定了国家主席、国务院总理等国家领导人的任期：连续任职均不得超过两届。① 党的十三届四中全会以后，党的总书记连任最多不能超过两届已成为惯例。这种"年龄限制"为中国所独创，党和国家最高领导层每隔 10 年"定期更替"则借鉴了西方的任期制。

集体培养锻炼机制。要成为党中央领导人（中央政治局常委、中央政治局委员、中央委员），至少要经过几十年的培养和历练。其中，1980 年恢复设立的中央书记处在培养一个集体作为接班人方面发挥了巨大作用。正如叶剑英所说："中央书记处是培养锻炼党的高级干部的场所。""将来进入政治局和中央常委的同志，先在书记处工作一段时间，就比较容易驾轻就熟。"②党的十四届、十五届政治局常委大部分曾担任过中央书记处书记。

集体选拔与考察机制。通过中央"两委"（中央委员会、中央纪律检查委员会）人选考察组在全国范围内对干部素质进行全面、深入考察，在广泛民主推荐的基础上确定"两委"预备人选。党的十七大召开前，党中央决定第一次在党内一定范围民主推荐新提名为中央政治局组成人员预备人选。2012 年 5 月，民主推荐预备人选的范围由中央政治局提升到政治局常委会层面，在党内一定范围就可新提名为十八届中央政治局常委会组成人员的预备人选进行了民主推荐。

定期民主选举机制。党的全国代表大会每五年举行一次，其职权之一是选举中央委员会。党章还规定，党的中央政治局、中央政治局常务委员会和中央委员会总书记，由中央委员会全体会议选举。③改革开放前，等额选举在中共党内选举中长期占主导地位。自《关于

---

① 中共中央文献研究室：《十二大以来重要文献选编》上，人民出版社 1986 年版。

② 胡鞍钢：《中国集体领导体制》，中国人民大学出版社 2013 年版。

③《中国共产党党章》，人民出版社 2012 年版。

党内政治生活的若干准则》首次提出"差额选举"之后，十三大通过的党章进一步规定：党的各级委员会的产生"可以直接采用候选人数多于应选人数的差额选举办法进行正式选举。也可以先采用差额选举办法进行预选，产生候选人名单，然后进行正式选举"。① 也就是说，差额选举有两种方式：在正式选举中实行差额选举；在预选中实行差额选举。十三届中央委员候选人和中纪委候选人在预选中实行了差额选举。

（二）中央集体领导组织机制的恢复和发展

在党中央，集体领导和个人分工的关系属于组织问题，实际上就是在中央集体领导中如何处理个人与集体（或组织）的关系，既涉及到中央领导集体或个人的权力，也涉及到中央领导集体或个人的责任，既包括决策权、执行权，也包括决策责任，既包括集体协作，又包括个人分工。

1956年党的八大通过的党章规定："党的各级组织实行集体领导和个人负责相结合的原则。"②但在实践中，这种原则有时落实较好，有时却遭到破坏。

1980年8月，邓小平指出："各级党委要真正实行集体领导和个人分工负责相结合的制度。要明确哪些问题应当由集体讨论，哪些问题应当由个人负责。重大问题一定要由集体讨论和决定。""集体决定了的事情，就要分头去办，各负其责，决不能互相推诿"③。从这段话可以看出，邓小平对集体领导的组织机制和程序的认识非常清晰，即会议讨论集体决策—委员分工执行。十二大通过的党章也规定："党的各级委员会实行集体领导和个人分工负责相结合的制度。凡属重大问题都要由党的委员会民主讨论，作出决定。"④十六大通过的党章进一步丰富了这一制度的内涵："党的各级委员会实行集体

---

① 《中国共产党党章编介》（从一大到十七大），党建读物出版社2008年版。
② 《中国共产党党章编介》（从一大到十七大），党建读物出版社2008年版。
③ 邓小平：《邓小平文选》第二卷，人民出版社1994年版。
④ 《中国共产党党章编介》（从一大到十七大），党建读物出版社2008年版。

领导和个人分工负责相结合的制度。凡属重大问题都要按照集体领导、民主集中、个别酝酿、会议决定的原则,由党的委员会集体讨论,作出决定;委员会成员要根据集体的决定和分工,切实履行自己的职责。"①

从党的十六届一中全会开始,正式形成了中央政治局常委分别代表全国人大、国务院、全国政协等党和国家主要领导机构分工协作的政治格局。在中央政治局常委层面,中央集体领导组织机制体现为"集体分工协作机制",即"中央政治局常委会成员从党总揽全局、协调各方的领导核心作用出发,既分别代表不同机构、分管不同工作,同时又协调合力进行重大决策的运行机制"。② 在中央政治局层面,中央集体领导组织机制也体现为集体领导和个人分工负责相结合。每个中央政治局委员或候补委员分管不同领域的工作,同时又在政治局会议上集体做出重大决策。党的中央委员会层面与此类似。

(三) 中央集体学习机制的创立和发展

1978 年 12 月,邓小平提出,党的高级干部"一定要善于学习,善于重新学习",几百个中央委员"要带头钻研现代化经济建设"。③ "一五普法"期间的 1986 年 7 月、"二五普法"期间的 1994 年 12 月,中央分别邀请专家为部分中央政治局委员举办法制讲座。从此,在中央举办法制讲座开始形成制度。从 1994 年到 2002 年,中央领导共组织了 12 次集体学法,每年一两次。

2002 年 12 月 26 日,十六届中央政治局进行了首次集体学习。2003 年 2 月,胡锦涛在党的十六届二中全会上指出:"我们建立了中央政治局集体学习制度,并制定了今年全年的学习计划,基本上每月安排一次。"④这标志着中央领导集体学习制度正式确立。党的十六

---

① 《中国共产党党章编介》(从一大到十七大),党建读物出版社 2008 年版。
② 胡鞍钢:《中国集体领导体制》,中国人民大学出版社 2013 年版。
③ 邓小平:《邓小平文选》第二卷,人民出版社 1994 年版。
④ 中央文献研究室:《十六大以来重要文献选编》上,中央文献出版社 2005 年版。

大以后,学习的内容也不再局限于法学范畴,涉及经济、政治、文化、历史、科技、反腐、环保、卫生、军事等领域。中央集体学习的主体主要包括中央政治局常委、中央政治局委员两个层次。十六届、十七届中央政治局集体学习邀请的主讲者大多来自高校、党校、科学院、党政机关研究室、军队院校及研究机构的学者,而在十八届中央政治局的集体学习中,出现了多位部委级官员担任讲师的现象。根据公开资料显示,十六届、十七届中央政治局分别举办了44次、33次集体学习。从2012年11月17日到2015年7月31日,十八届中央政治局共进行了25次集体学习。

中央集体学习机制对于决策而言,其功能主要体现在:最大限度地凝聚学者的集体智慧,为中央决策提供最新信息;在学习过程中凝聚委员思想,以达成"决策共识";有利于提高中央领导集体的理论创新和制度创新能力。正如谢春涛所说:"每次集体学习,党的总书记一般都要发表讲话,阐述他对这个问题的见解和主张,这里往往暗含着中央高层对这个领域的新思路和新考虑。"①

(四) 中央集体调研与咨询机制的创立和发展

注重调查研究是中国共产党的传统。毛泽东早在1930年就提出了"没有调查,没有发言权"②的著名论断。1993年,江泽民指出:"没有调查就更没有决策权。"③这就将调查研究的地位上升到决定决策成败的高度。

中央集体调研在实践中不断制度化、程序化。中央办公厅2010年印发的《关于推进学习型党组织建设的意见》规定:"建立健全调查研究制度,省部级领导干部到基层调研每年不少于30天。"④2011年,习近平进一步指出:"对本地区、本部门事关改革发展稳定全局的问题,应坚持做到不调研不决策、先调研后决策。提交讨论的重要决

---

① 江泽民:《江泽民文选》第三卷,人民出版社2006年版。
② 毛泽东:《毛泽东选集》第一卷,人民出版社1991年版。
③ 江泽民:《江泽民文选》第一卷,人民出版社2006年版。
④ 中共中央办公厅:"关于推进学习型党组织建设的意见",《党建》2010年第3期。

策方案,应该是经过深入调查研究形成的,有的要有不同决策方案作比较。特别是涉及群众切身利益的重要政策措施出台,要采取听证会、论证会等形式,广泛听取群众意见。"①这实际上规定了"先调研后决策"的程序:调查研究——形成两个以上决策方案——提交会议讨论并集体决策。

党中央还逐步创立了包括智库专家咨询、中共党员和党代表咨询、民主党派和群众团体协商咨询等在内的全面的决策咨询机制。1986年7月,万里在全国软科学研究工作座谈会上的讲话中首次明确提出要建立完善的决策咨询系统问题。② 2000年12月,江泽民提出:"凡属重大决策,都应该先由决策咨询机构进行研究论证,广泛听取专家意见,在多种方案中选择最佳方案,努力实现领导决策与专家辅助决策相结合。"③2009年,党的十七届四中全会在党的历史上首次提出"建立健全党内事务听证咨询"制度。④ 2012年,党的十八大提出:"把政治协商纳入决策程序,坚持协商于决策之前和决策之中,增强民主协商实效性。"⑤2013年11月,党的十八届三中全会提出:"加强中国特色新型智库建设,建立健全决策咨询制度"⑥。

当然,党中央集体调研机制与咨询机制在实践中很难截然分开,二者共同服务于党中央的集体决策,为其提供真实、全面、及时的信息。

(五)中央集体决策机制的创立和发展

1943年3月,中共中央政治局会议通过的《中央关于中央机构调整及精简的决定》指出:对中央书记处"会议中所讨论的问题,主席

① 习近平:"谈谈调查研究",《学习时报》2011年11月。
② 胡锦涛:"坚定不移沿着中国特色社会主义道路前进 为全面建成小康社会而奋斗",《人民日报》2012年11月18日。
③ 江泽民:《江泽民文选》第三卷,人民出版社2006年版。
④ "中共中央关于加强和改进新形势下党的建设若干重大问题的决定",《人民日报》2009年09月28日。
⑤ 胡锦涛:"坚定不移沿着中国特色社会主义道路前进 为全面建成小康社会而奋斗",《人民日报》2012年11月18日。
⑥ "中共中央关于全面深化改革若干重大问题的决定",《求是》2013年22期。

有最后决定之权"。① 主席制及主席的"最后决定权"一直延续到中华人民共和国建立之后。邓小平曾深刻反思：1958年以后，"党内讨论重大问题，不少时候发扬民主、充分酝酿不够，由个人或少数人匆忙做出决定，很少按照少数服从多数的原则实行投票表决"。②

改革开放以后，党中央决策机制创新主要体现为"集体决策"和"票决制"。中央集体决策是指，在中央决策过程中凡属重大问题不是由个人或少数人决定，而是由中央领导层集体讨论作出决定。十三大报告还提出，"适当增加中央全会每年开会的次数，使中央委员会更好地发挥集体决策作用"。③ 至于哪些重大问题需要集体讨论决定？1996年，十四届中纪委第六次全会提出了"三重一大"制度，即"认真贯彻民主集中制原则，凡属重大决策、重要干部任免、重要项目安排和大额度资金的使用，必须经集体讨论作出决定"。④ "票决制"即重大问题的决策真正按照一人一票、少数服从多数的原则进行投票表决。十二大通过的党章规定："党组织讨论决定问题，必须执行少数服从多数的原则。对于少数人的不同意见，应当认真考虑。"⑤这就是少数服从多数与尊重少数相结合的原则。十三大修改的党章增加了一句："决定重要问题，要进行表决"⑥。以中央政治局常委会决策为例，1982年后，由于中央以总书记制代替了主席制，总书记作为中央政治局常委之一只有一票表决权，不再享有主席那样的"一票否决权"。

党中央决策机制的创新还体现为规范了中央集体决策的程序。党的十六大要求各级决策机关都要完善重大决策的规则和程序，"建

① 中共中央文献研究室：《毛泽东年谱（1893—1949）》中卷，中央文献出版社2002年版。
② 邓小平：《邓小平文选》第二卷，人民出版社1994年版。
③ 中共中央文献研究室：《十三大以来重要文献选编》上，人民出版社1991年版。
④ 中纪委第六次全体会议公报，《人民日报》1996年01月28日。
⑤《中国共产党党章编介》（从一大到十七大），党建读物出版社2008年版。
⑥《中国共产党党章编介》（从一大到十七大），党建读物出版社2008年版。

立社情民意反映制度,建立与群众利益密切相关的重大事项社会公示制度和社会听证制度,完善专家咨询制度,实行决策的论证制和责任制,防止决策的随意性"。① 2011 年 3 月,十一届全国人大第四次会议通过的《国民经济和社会发展第十二个五年规划纲要》在行政决策程序中增加了"风险评估、合法性审查"②等环节。该决策程序对中共党内集体决策也是适用的。党的十八大在决策机制和程序中又增加了"决策问责和纠错制度"③等环节。总之,社会公示、社会听证——专家咨询——决策论证——风险评估、合法性审查——集体讨论决定——决策问责,共同构成了一个环环相扣的集体决策过程。

(六)中央集体监督机制的创立和发展

一是建立了党的全国代表大会对中央委员会、中央委员会对中央政治局的监督制度。根据党章规定,党的全国代表大会——中央委员会——中央政治局——中央政治局常委会,是逐级领导的关系,因此,从权力来源和授权上讲,下级必须向上级负责并接受上级的监督。中央委员会要接受党的全国代表大会的监督。十二大通过的党章规定:党的全国代表大会具有"听取和审查中央委员会的报告"的职权。党的十三大报告首次提出,"建立中央政治局常委向中央政治局、中央政治局向中央全会定期报告工作的制度"。④ 2003 年 10 月,胡锦涛在党的十六届三中全会上首次代表中央政治局向中央全会报告工作。这在事实上将"报告工作"定性为"述职"性质,"其核心是要表明,中央政治局要就自身履行职责的情况,主动向中央全会汇报,以此接受全党的监督"。⑤ "中央政治局向中央委员会全体会议报告

---

① 江泽民:《江泽民文选》第三卷,人民出版社 2006 年版。

② 《中华人民共和国国民经济和社会发展第十二个五年规划纲要》,人民出版社 2011 年版。

③ 胡锦涛:"坚定不移沿着中国特色社会主义道路前进 为全面建成小康社会而奋斗",《人民日报》2012 年 11 月 18 日。

④ 中共中央文献研究室:《十三大以来重要文献选编》上,人民出版社 1991 年版。

⑤ 郑长忠:《共产党党内民主制度创新》,天津人民出版社 2005 年版。

工作"先后被写进了《中国共产党党内监督条例(试行)》和十七大、十八大通过的党章。这就从党规党法角度强化了中央委员会对中央政治局的集体监督作用。这是党的监督机制的重大创新。

二是建立了党的中央纪律检查委员会(以下简称"中纪委")对中央委员会、中央政治局及其常委会的监督制度。党内监督的重点对象是谁? 2003 年 12 月印发的《中国共产党党内监督条例(试行)》规定:"党内监督的重点对象是党的各级领导机关和领导干部,特别是各级领导班子主要负责人。"① 在中央层面的重点对象包括中央委员、中央政治局委员甚至政治局常委。由谁来监督? 党的十八届三中全会指出:各级纪委要"加强对同级党委特别是常委会成员的监督,更好发挥党内监督专门机关作用"。② 在中央一级,由中纪委来监督同级的中央委员会、中央政治局及其常委会的成员。

对中央领导集体进行监督的主要方式包括两种:第一种,中纪委"根据工作需要,可以向中央一级党和国家机关派驻党的纪律检查组或纪律检查员,纪律检查组组长或纪律检查员可以列席该机关党的领导组织的有关会议"。③ 这种监督有助于发现中央领导在重大决策中执行民主集中制的状况。第二种,中央巡视组开展巡视。1996 年,中纪委将中央巡视制度作为加强党内监督的重要制度之一正式确立起来。2015 年 8 月,新修订的《中国共产党巡视工作条例》规定了中央巡视组的巡视对象和范围:"中央部委领导班子及其成员,中央国家机关部委、人民团体党组(党委)领导班子及其成员","省、自治区、直辖市党委和人大常委会、政府、政协党组领导班子及其成员"等。④ 省部级领导班子中包括中央委员(或中央候补委员)

① 中共中央文献研究室:《十六大以来重要文献选编》上,中央文献出版社 2005 年版。

② "中共中央关于全面深化改革若干重大问题的决定",《求是》2013 年 22 期。

③《中国共产党党章》,人民出版社 2012 年版。

④ 中共中央:"中国共产党巡视工作条例",新华社: http://news.xinhuanet.com/politics/2015-08/13/c_1116248322.htm.更新日期:2015 年 8 月 13 日。

和部分中央政治局委员。

　　总之,尽管党中央领导机制创新呈现出体系化、民主化、科学化、法治化、高效化等特征和发展趋势,不过,按照"全面从严治党""全面依法治国"的新要求,党中央领导机制今后还需在实践中进一步探索与创新,如在集体交接班过程中,如何在党中央正式选举中实行差额选举并逐步扩大差额选举的比例,在中央集体决策中,如何充分发挥党的全国代表大会和中央全会的作用,如何推进依法决策、使决策程序更加规范透明,中央全面深化改革领导小组如何在党中央领导下正确行使权力,如何在中央既保持权力适度集中又能避免领袖个人专断,如何加强对中央政治局及其常委会(包括党的总书记)的监督,如何在党中央层面实行政治问责制和责任追究制,等等。

■刘 意 钟德涛①

全面从严治党研究述评
——以中国知网篇名含"全面从严治党"的论文为分析对象

(华中师范大学 湖北 430079)

全面从严治党研究已成为国内学术界研究的热点。在短短的时间内,研究成果已相当多。在中国知网以篇名"全面从严治党"为检索词,精确检索从 2015 年 1 月到 2015 年 9 月收录的文章,数量为 217 篇。对这些研究成果进行认真的分析,明晰当前全面从严治党研究的进展和下一步推进理路,无疑具有积极的意义和价值。对中国知网篇名为"全面从严治党"的 217 篇论文的考察,我们认为学术界对于全面从严治党的研究主要集中在以下六个方面:第一,关于全面从严治党的重要性研究;第二,关于全面从严治党科学内涵和特征研究;第三,关于习近平全面从严治党思想研究;第四,关于如何全面从严治党研究;第五,关于全面从严治党的规律和经验研究;第六,关于全面从严治党的其他相关研究。现将有代表性的观点和思想梳理如下:

(一)关于全面从严治党的重要性研究

为了进一步研究全面从严治党,学术界首先对全面从严治党的重要性进行研究。学术界对全面从严治党的重要性研究,可归纳为

---

① 刘意(1981—),男,湖南道县人,华中师范大学马克思主义学院博士研究生、副教授,主要从事党史党建研究。钟德涛(1962—),男,华中师范大学教授、博士生导师,主要从事政党制度研究。

六个视角。第一,从党的建设和理论视角看,全面从严治党是推进党的建设新的伟大工程的必然要求,极大丰富了马克思主义党建理论的思想内涵。第二,从"四个全面"战略布局视角看,全面从严治党是全面建成小康社会的根本保证,是全面深化改革的内在需要,是全面推进依法治国的必然要求。第三,从执政兴亡视角看,全面从严治党为积极跳出执政兴亡"历史周期率"奠定了坚实的党建思想基础,是应对执政考验和化解执政危险的必由之路。有学者还指出,"进京赶考"始终面临执政风险,用全面从严治党新答案继续做好"进京赶考"考卷①。第四,从肩负伟大历史使命视角看,全面从严治党阶段肩负着三个伟大的历史使命,即到 2021 年创造建党百年历史辉煌的神圣使命、建设成一个保持百年先进性和纯洁性的马克思主义政党,建设成一个更加充满勃勃生机和更加富有生命力、战斗力的中国工人阶级先锋队和中国人民与中华民族先锋队的历史重任、使党站在建党百年新的历史起点上,开拓团结和带领全国各族人民实现中华民族伟大复兴中国梦的光辉灿烂前程的崇高历史责任。② 第五,从价值理念视角看,全面从严治党,一方面,凝聚民众之心、切合民众之愿的党建新标尺,极大体现了为民谋利、取信于民的执政理念;另一方面,坚持问题导向、破解治党难题的党建新举措,极大彰显了应对考验、提高能力的务实精神。第六,从方位现状视角看,全面从严治党的特殊使命在于,一是适应全球化和信息化发展新趋势,提高拒腐防变和抵御风险的能力;二是适应民主化和现代化社会发展新动向,不断提高党的领导水平和执政水平;三是坚持以保持先进性和纯洁性为总要求,在解决突出问题中不断增强全党的凝聚力和战斗力。③ 还有学者认为,全面从严治党的重要性在于能够解决当前问题。把当前问题归纳为:一是长期执政容易产生精神懈怠带来的消极影响;二

---

① 齐卫平:"全面从严治党:续写进京赶考的新答案",《江西社会科学》2015年第 6 期。

② 张希贤:"论党的建设新阶段:全面从严治党",《理论探索》2015 年第 2 期。

③ 吴桂韩:"政党治理与全面从严治党思考",《中国特色社会主义研究》2015 年第 2 期。

是重发展轻党建等错误观念造成的思想障碍;三是党员队伍规模不断扩张带来的管党治党压力;四是干部管理失之于宽、权力监督问题突出,制度缺失及制度执行不力产生的制度局限。① 总之,这六个视角能较全面的展示全面从严治党的重要性。然而,当前全面从严治党的重要性虽是不言而喻,但还可以从政治生态、国家治理现代化、外国政党治党的经验等多个视角来进一步完善对全面从严治党重要性的研究。

(二) 关于全面从严治党的科学内涵和特征研究

为了厘清什么是全面从严治党,学术界对全面从严治党的科学内涵和特征进行了界定。在篇名含"全面从严治党"的众多论文中,刘汉峰是最早用学术化语言对"全面从严治党"内涵进行阐释的学者。他认为,从严治党包涵了三个独立概念主体,即治理行为主体——共产党组织,治理对象主体——共产党党员,治理政策主体——从严治理体系,并对"严"进行了诠释。② 随后,学者从不同层面对全面从严治党的内涵进行了解读。有学者对全面从严治党的"全面"进行解读,提出,一是在主体上全面落实从严治党责任;二是在内容上全面涵盖党的建设的基本内容;三是在依据上严明党的纪律,坚持党内法规和宪法法律相结合;四是在时间上持续的时间是长期的;五是在方式方法上坚持从严管理干部并发挥人民监督作用。③还有学者对"全面""从严""治党"均进行解读,指出全面从严治党之"全面"强调的是党的建设总体布局的各个方面,之"从严"强调的是党的建设制度的严密性和科学性,之"治党"在于把党锻造成为中国特色社会主义事业的坚强领导核心。④ 此外,不少学者对全面从严

---

① 桑学成、王同昌:"全面从严治党的难点与着力点",《中国井冈山干部学院学报》2015 年第 4 期。

② 刘汉峰:"全面从严治党的思考",《中国特色社会主义研究》2015 年第 1 期。

③ 黄小军、朱勇:"习近平全面从严治党思想的内在逻辑",《学术探索》2015 年第 3 期。

④ 张荣臣:"准确把握全面从严治党的深刻内涵",《中共石家庄市委党校学报》2015 年第 5 期。

治党的理论内涵进行解读。有学者提出,全面从严治党,核心是追求和发展党的先进性。① 有学者认为,全面从严治党并不仅仅是反腐败和作风建设,而是新形势下执政党建设的总体战略部署。还有学者认为,全面从严治党具有深刻的理论内涵,既包括思想建党与制度治党两大方面,又将从严治吏和作风建设作为关键点与切入口,着眼严于重塑政治生态与提高党的执政能力。② 对全面从严治党特征方面的研究,学术成果相对较少。学者认为,全面从严治党有关键性与整体性相统一、重点性和全面性相结合、严肃性与规范化相协调、创造性与继承性相联系、开放性与自主性相协应等特征。③ 可见,随着学术界进一步深入研究全面从严治党,对于其科学内涵和特征的界定将还会有进一步发展。然而,目前学术界对全面从严治党的科学内涵偏向于依文字解读,还缺乏把握全面从严治党精神对其科学内涵进行解读的论文,同时对全面从严治党的特征研究不够深入。这些问题都需要正视,以进一步加强对全面从严治党的科学内涵和特征的研究。

(三)关于习近平全面从严治党思想的研究

习近平总书记在全面从严治党的提出、阐释和推动等方面具有不可磨灭的功绩。关于习近平全面从严治党思想的研究成为学术界关注的热点。学术界分别从习近平全面从严治党思想的历程、内容、特点、意义和方略等方面展开研究。关于历程,有学者提出,由从严治党到全面从严治党是习近平推进党的建设新常态的思考。④ 关于内涵,有学者提炼十个观点对习近平全面从严治党思想进行解读,这

---

① 张志明:"全面从严治党新路与中共历史命运",《中国党政干部论坛》2015 年第 8 期。

② 冯书泉、郇雷:"全面从严治党的理论内涵与实践要求",《科学社会主义》2015 年第 3 期。

③ 杨德山:"准确把握全面从严治党的特征",《中国特色社会主义研究》2015 年第 3 期。

④ 蒯正明:"习近平关于全面从严治党思想研究",《中国特色社会主义研究》2015 年第 2 期。

十个观点分别是：一是群众路线是党的生命线，二是打铁还需自身硬，三是从严治党必须动真格，四是理想信念是共产党人"精神之钙"，五是"赶考"永远在路上，六是把权力关进制度的笼子，七是必须高度重视和大力强化制度执行力，八是严明政治纪律和政治规矩，九是以"三严三实"加强高素质领导干部队伍建设，十是认真探索研究全面从严治党规律。① 有学者则认为，习近平全面从严治党思想以"十论"为主要内容，即一、原因论：切实解决自身存在的突出问题；二、意义论：新形势下进行具有许多新的历史特点的伟大斗争的根本保证；三、目标论：增强党自我净化、自我完善、自我革新、自我提高能力；四、系统论：全面加强党的思想建设、组织建设、作风建设、反腐倡廉建设、制度建设；五、责任论：各级党组织都要坚持党要管党、从严治党；六、重点论：从严治党，重在从严管理干部；七、核心论：始终保持与人民群众的血肉联系；八、方法论：坚持思想建党和制度治党紧密结合；九、常态论：作风建设永远在路上、管党治党一刻不能松懈；十、规律论：深入把握从严治党规律。② 还有的学者提出，习近平在新的形势下从严以修身、严格党内政治生活、严以用权、从严治吏、从严惩处、群众参与、落实管党治党责任等视角，系统阐述了全面从严治党的思想主张。③ 关于特点，有学者用"敢担当展魄力、重问题求实效、谋大略有思路、显务实接地气"来概括其特点。还有的学者认为习近平全面从严治党思想具有辩证统一性特点。关于意义，学者普遍认为，习近平全面从严治党思想，发展了马克思主义从严治党理论，创新了马克思主义建党治党学说。关于方略，学者认为，习近平全面从严治党方略体现在确立治党的新视野，展示治党的新动向，推出治党的新举措，提出治党的新要求，开创治党的新局面。总的来看，关于习近平全面从严治党思想的研究成果较为丰硕。但

① 齐卫平："全面从严治党的基本思想和主要特点"，《新疆师范大学学报（哲学社会科学版）》2015 年第 5 期。

② 吴怀友："习近平全面从严治党思想论纲"，《毛泽东研究》2015 年第 4 期。

③ 袁峰："习近平全面从严治党思想分析"，《人民论坛》2015 年第 7 期下。

是,关于习近平全面从严治党思想的价值指向、逻辑理路、目标追求等方面的研究成果还相当少,可进一步深入。

(四)关于如何全面从严治党的研究

如何全面从严治党是学术界关注的重点。学者们从不同角度提出了各自的主张。根据学者侧重点不同,我们大体把学者们的主张分为两类。第一类,"抓重点"。学者采用抓住全面从严治党的重点、突破口等方法提出解决办法。如有学者提出,消除特权是实现全面从严治党的突破口。[①] 有的学者提出,以作风建设为切入点落实全面从严治党新要求。[②] 有的学者认为,全面从严治党,必须依靠严明系统的党内法规制度体系。[③] 还有的学者指出,依纪治党是全面从严治党的实现路径。第二类,"抓全面"。学者对全面从严治党路径的选择进行全面分析和考量,得出全面从严治党的具体途径。如有学者提出,全面从严治党的基本途径有:一是思想建党与制度治党紧密结合;二是加强组织建设,落实从严治党主体责任;三是持续改进作风,密切联系群众常态化;四是严明党的纪律,严厉惩治腐败;五是从严治党,从严管理干部。[④] 还有的学者认为,全面从严治党,一是必须以落实从严治党责任、严肃责任追究为基本抓手;二是必须以严肃认真为新的思想武器;三是必须以持之以恒纠正四风、深入解决人民群众反映强烈的突出问题为切入点;四是必须以坚决反腐败高压态势不放松与坚持反腐倡廉永远在路上、永葆党的纯洁性为着力点;五是必须以深化纪检体制改革、充分发挥各级纪检监察机关的职能作用为推进器。总而言之,关于对如何全面从严治

---

① 黄百炼:"消除特权是实现全面从严治党的突破口",《科学社会主义》2015 年第 2 期。

② 江里程:"以作风建设为切入点落实全面从严治党新要求",《唯实》2015 年第 1 期。

③ 梁妍慧:"运用党内法规把全面从严治党落到实处",《中共石家庄市委党校学报》2015 年第 4 期。

④ 肖贵清、杨万山:"全面从严治党的时代意义及基本途径",《山东社会科学》2015 年第 7 期。

党的研究,大体从理想信念、作风建设、惩治腐败、权力监督、制度建设、依法依规、党建考核、从严管理等角度,或一以贯之,或两两结合,来论述全面从严治党的路径。此外,有学者开辟新视角,提出将共产党人的价值观和方法论转化推动全面从严治党的政治自觉与行动自觉,要发扬"以上率下"的担当精神,发扬"敢啃硬骨头"的敬业精神,发扬"钉钉子"的实干精神,发扬"让制度硬起来"的法治精神。① 总之,随着全面从严治党实践的不断发展,对全面从严治党路径的理论总结也将不断深入。然而,从目前而言,尚未见到从微观层面或个案分析角度来研究如何全面从严治党的论文,且国外政党如何从严治党的研究论文也相对较少,这些将是未来研究需要努力的地方。

(五)关于全面从严治党规律和经验的研究

在中国知网篇名含"全面从严治党"论文中,同时兼有"规律"的论文有1篇,兼有"经验"的论文尚未可见。刘明的《新形势下坚持全面从严治党的规律性研究》就是一篇研究全面从严治党规律的论文。该文认为,新的历史条件下坚持全面从严治党较之以往有其自身的规律,主要表现在必须增强管党治党的责任意识、必须恪守政党治理的威严性、必须把握政党治理的系统性、必须坚持政党治理的长期性、必须维护制度治党的权威性以及必须提升思想建党的有效性等六个层面。② 此外,关于全面从严治党的规律和经验研究还存在于一些学者论文的章节中。如有的学者指出,从政党治理的内在规律把握全面从严治党的一般规律,具体表现为,一是增强政党认同是全面从严治党的基本出发点;二是巩固政党权威是全面从严治党的内在要求;三是树立政党形象是全面从严治党的外在要求。有的学者认为,全面从严治党的经验主要有严格理想信念教育,拧紧建党治党"总开关";狠抓作风建设,根治"亚健康";规范管党治党制度,构建长

---

① 刘朝晖:"全面从严治党的方法论特质",《社会主义研究》2015年第4期。

② 刘明:"新形势下坚持全面从严治党的规律性研究",《集美大学学报(哲社版)》2015年第3期。

效机制;严格权力运行监督,织密权力的"铁笼子"。① 还有的学者指出,推进全面从严治党的关键在于客观认识和把握从严治党规律,其规律主要包括:一是从严治党是包括无产阶级政党在内的现代政党治理的内在要求;二是保持先进性和纯洁性是马克思主义政党严于律党,并在竞争中立于不败之地的根本保障;三是严肃的组织纪律性是党形成凝聚力、战斗力的关键;四是从严治党的成功与否取决于政党治理体系理论与实践的严整性、统一性;五是人民群众监督是从严治党重要的外在保障;六是新形势新任务新挑战对从严治党的要求越来越高。因此,从目前研究现状看,学术界对于全面从严治党的规律和经验研究有所涉足,可是论文数量相对较少,研究深度也不够。事实上,党在各个时期都有全面从严治党的要求,都会有相应的经验值得总结,尤其是延安时期全面从严治党的经验更需要好好研究和提炼。有学者也做过这方面的尝试,如有学者考察从党的十二大到十七大,党中央关于党建的论述和六个专题《决定》,得出结论为"其精神实质说到底就是从各个方面从严治党"。② 我们期待更多深层次总结全面从严治党经验和规律的研究成果出现。

(六)关于全面从严治党的其他相关研究

围绕全面从严治党的相关研究应当十分广泛。但就目前研究成果来看,主要集中在以下几个方面:一是把"三严三实"与全面从严治党研究。如有学者提出,"三严三实"是全面从严治党的根本遵循,是优化党内政治生态的锐利武器,是实现党性修养常态化长效化的有力保证。③ 有学者认为,"三严三实"是全面从严治党的重大战略举措。还有的学者考察全面从严治党背景下"三严三实"的理论内涵和实践特征,或者论述"三严三实"视域下全面从严治党问题等。二

---

① 刘宁宁、汪海燕:"论'全面从严治党'思想的理论与实践",《马克思主义研究》2015 年第 7 期。

② 雷云:"全面从严治党是马克思主义执政党建设的核心要义",《中共杭州市委党校学报》2015 年第 3 期。

③ 包心鉴:"三严三实":"全面从严治党的重大战略举措",《前线》2015 第 7 期。

是"三不腐"机制构建与全面从严治党研究。如有学者提出,全面从严治党的要求是开展党风廉政建设和反腐败斗争,严厉惩处贪腐,把贪腐关进惩戒的笼子里,建构"不敢腐"机制;全面建立严密制度,把权力关进制度的笼子里,建构"不能腐"机制;把欲望关进道德的笼子里,建构"不想腐"机制。① 三是以全面从严治党为视角开展研究。有学者研究党的历史中凝结的精神与全面从严治党的关系。有学者认为,全面从严治党与焦裕禄精神是高度契合的。② 有学者指出,传承和延续"红船精神"仍然可以为从严治党新常态提供强大的信仰根基、制度根柢和群众基础。③ 还有学者研究在全面从严治党背景下如何进行党的内整合。④ 也有不少学者对于全面从严治党背景下基层党建工作如何开展进行了有益探索。总之,围绕关于全面从严治党的其他相关研究正处于起步阶段,研究成果数量少,领域较窄,还不能满足现实需要,可研究的空间较大。

(七) 关于全面从严治党研究的若干思考

综上所述,国内学术界关于全面从严治党的研究,是在推进党的建设新的伟大工程和重构政治生态的时代背景下发生的,也是在党为实现"两个一百年"和中华民族伟大复兴奋斗的目标下产生的。学者们基于各自的研究旨趣和学术背景,以当今中国国情为现实坐标,对于全面从严治党的重要性、科学内涵和特征、规律和经验、习近平全面从严治党的思想、如何全面从严治党以及围绕全面从严治党的其他相关研究等问题进行了积极探索和研究。我们对这些研究成果进行客观理性的分析和探究,旨在探寻全面从严治党的总体理路和

---

① 汪青松:"全面从严治党战略构想与'三不腐'机制建构",《兰州学刊》2015 年第 7 期。

② 尹书博:"全面从严治党需要持续弘扬焦裕禄精神",《学习论坛》2015 年第 6 期。

③ 蔡普民、吴婉霞:"弘扬'红船精神'构筑全面从严治党新常态",《嘉兴学院学报》2015 年第 4 期。

④ 陈施宇:"全面从严治党背景下党的内整合探讨",《湖北行政学院学报》2015 年第 4 期。

操作路径,其最终目的在于为了保持党的纯洁性、先进性和提高党的执政能力以及实现中华民族伟大复兴的中国梦提供学术支援、理论支撑和智力支持。学术界关于全面从严治党的既有研究成果,有利于丰富学术思想理论的宝库和为促进政党、社会的发展提供参鉴。但对于国内学术界而言,全面从严治党的研究才刚刚兴起,既有的研究在某些方面还需要进一步地深化和拓展。在我们看来,今后学术界应在以下几个方面加大对全面从严治党的思考力度:

一是运用历史眼光,加强全面从严治党的历史研究。当前,国内学术界关于全面从严治党的研究成果,基本上采用理论演绎法,借用某种理论假设进行理论推演和定性分析。有的研究成果只占有部分资料或以串联文献的办法,来进行理论概括和归纳,缺乏历史眼光,容易陷入"空对空"的理论说教,很难说服人。事实上,自中国共产党成立以来,我党始终坚持从严治党,而且每到关键时期、攻坚时期,我党更加重视从严治党。民主革命时期,党的建设是克敌制胜的三大法宝之一。新中国成立初期,我党开展轰轰烈烈的整党、整风运动。改革开放以来,从严治党一直处于重要地位。因此,要深化全面从严治党的研究,寻找可能的理论突破和实践创造,既需要在理论的王国中不断思辨,又要尊重历史,善于从历史中汲取经验和教训。此外,我们追求的历史研究,是希望学术界扎根中国共产党从严治党的历史,通过个案分析、实证分析等方法,透过历史现象看到从严治党的本质和规律,为我们提供丰富的、新鲜的、可靠的历史史料和严密的逻辑推论。这将有利于把握全面从严治党将面临的现实困境,从而有利于找准全面从严治党的宏观思路和具体路径。

二是运用世界眼光,加强全面从严治党的对比研究。当前,学术界关于全面从严治党的研究成果,在比较研究方面几乎空白。实际上,全面从严治党是世界上的执政党,尤其是长期执政的执政党在执政过程中都要关注的问题。甚至在世界上某些丧失执政地位的大党、老党中,它们在全面从严治党方面的教训也是值得研究和拿来对比研究的。在全面从严治党的研究中,缺乏对不同类型、不同特征政党关于全面从严治党的理论与实践的相互比较和彼此借鉴,无疑是研究中的重大缺失。比如,以新加坡人民行动党为例,对之进行有关全面从严治党的研究,其研究成果将会有重要的借鉴意义。我们在研究上千万不能闭关锁国,国外许多国家与我国政党治理中面临的问题具有相似性,他们采取的措施和拥有的经验对中国共产党全面从严治党是具有参考价值的。但同时也要指出,由于每个国家具体国情的迥异和分殊,我们绝不能照搬照抄。总之,全面从严治党的中外比较研究十分重要,这将有利于合理借鉴和吸收国外政党关于全面从严治党的思想智慧和实践成果。

三是运用批判眼光,加强全面从严治党的争鸣研究。当前,学术界关于全面从严治党的研究成果虽有一定成绩,但这些成果之间的学术同质化还是比较明显,缺乏学术互动,特别是缺乏批判眼光,以至学术交锋性成果还非常稀少。换言之,当前学者们对于全面从严治党的研究,基本上都是根据中央最新精神,加上各自研究方向和兴趣的产物,而基于对他人研究成果进行分析评价而进行的反思性研究、拓展性研究和批判性研究还很缺乏。事实上,学术交流和批判是学术健康发展的一对翅膀。学术交流促使百花齐放,学术批判引发百家争鸣,有"鸣"才有"放"。缺乏交流和争鸣的学术研究,犹如一潭死水,注定不会有发展。因此,要推进全面从严治党的研究达到"百花齐放百家争鸣"的境地,学者们就应摆脱旧式研究思维,走出自说自话式的研究窠臼,增强学术交流和争鸣意识,注重学术互动,积极开展健康的学术争鸣。

此外,我们还要拓展学术视野,加强多学科交叉研究。在全面从严治党的研究中,因研究主题和视角的集中,较容易发生"简单重复"和"近亲繁殖"的问题,不利于全面从严治党的研究创新,也不利于全面从严治党的落实。全面从严治党表面上只涉及到党,但实质上它涉及到国家的政治、经济、文化、社会、历史、法律、管理、生态、教育等多个层面。因此,以多学科交叉的视角来审视和研究全面从严治党,会因向度、侧面和视野的不同,则更容易实现融合创新或综合创新,进而产出具有创新性的现实价值高的学术成果。所以,今后学者们应摒弃门户之见,加大学科融合力度,合理进行科研合作分工,共同推进全面从严治党的研究走向深入。

李敬煊　李思学[①]

论全面从严治党对优化政党功能的意义

——以政党功能为视角

（华中师范大学　湖北　430079）

政党作为整个现代民主政治的中心环节，是由政党的基本功能决定的。十八大以来，以习近平为总书记的党中央积极探索共产党执政规律，加深了对"建设什么样的党，怎样建设党"的认识，对如何推进党的建设新的伟大工程，从战略高度做出了科学的回答，提出了"全面从严治党"。全面从严治党，是中国共产党在新的时代条件下以改革创新精神全面推进党的建设历程中的重要成果，对全方位、多维度地优化政党的基本功能具有重要的现实意义。

（一）政党功能概述

纵观国内外，学界对政党功能的界定可谓仁者见仁，智者见智。英国学者戴维·海因认为，几乎所有政党都表现为两种功能的结合，即一方面，政党向社会做出反应，另一方面，由政党对社会施以控制。[②] 美国精英主义理论家西奥多·洛伊提出要分清政党的组织构成功能和制订纲领功能。[③] 意大利学者 G. 萨托利认为政党最重要

---

① 作者简介：李敬煊，华中师范大学马克思主义学院，教授，博士生导师；李思学，华中师范大学马克思主义学院中共党史专业博士研究生。

② 【英】戴维·米勒：《布莱克维尔政治学百科全书》，邓正来译，中国政法大学出版社 1992 年版，第 520—521 页。

③ 【法】莫里斯·迪韦尔热：《政治社会学——政治学要素》，杨祖功，王大东译，华夏出版社 1987 年 10 月版，第 193 页。

的功能有两个：代表性功能和表达功能，而重在表达功能。① 日本学者冈泽宪芙把政党的功能归纳为四项：利益的集约功能、补充功能和选出政治领导人的功能、决策机构的组织功能、政治的社会化功能。② 国内学者的分析主要有两种：一种认为执政党功能应当包含四个方面的内容：利益表达和利益综合、目标制定、社会化和动员、政治录用。③ 另一种是从执政党执政的功能体系角度，认为社会主义国家执政党特别是中国共产党应主要承担六大功能：国家建设、社会整合、政策供给、价值分配、利益协调、全局调控。④

中央党校教授王长江认为，在承认政党功能有发展、有变化的前提下，政党功能中还有其共性、普遍的东西，他把政党的基本功能归纳为四个方面：一是利益表达功能。政党总是代表一定阶级、阶层或集团，把这些阶级、阶层或集团的利益、愿望和要求表达和反映出来的过程，即为履行利益表达功能。二是利益综合功能。政党能够作为一种政治力量，必须把其所代表的那部分民众的意见和要求加以综合，变成党的政策主张并使政府在运作过程中贯彻这种主张，即为履行利益综合功能。三是政治录用功能。政党通过有组织的活动，把社会上的精英吸引到党内储存起来，并把他们作为本党的人选推荐给选民，由民众选举他们到权力机关中去，即为履行政治录用功能。四是政治社会化功能。人们参与政治有一个从不知到知、从不自觉到自觉的过程，政党使人们自觉地参与政治、逐渐认识到自身的利益并不断优化这种认识的过程，即为履行政治社会化功能。⑤

我们认为这种归纳比较恰当。不仅准确概括了世界各国政党功能上普遍的、本质的属性，把握了政党执政的一般规律，而且对于执

---

　　①【意】G.萨托利：《政党与政党体制》，王明进译，商务印书馆 2006 年 2 月版，第 57 页。

　　②【日】冈泽宪芙：《政党》，经济日报出版社 1991 年版，第 3—7 页。

　　③ 林勋建：《西方政党是如何执政的》，中共中央党校出版社 2001 年版，第 3—4 页。

　　④ 林尚立："执政党执政的功能体系"，《学习时报》2001 年 1 月 8 日第 5 版。

　　⑤ 王长江：《政党论》，人民出版社 2009 年 10 月版，第 46—48 页。

政的中国共产党来说,这些功能也反映了当今时代条件下加强党的执政能力建设的目标和趋势。

(二)中国共产党优化政党功能的历史和现实逻辑

政权,有的不断发展壮大,长期执政,正反两面的对比留下了许多宝贵的经验,这些经验构成了中国共产党优化政党功能的历史逻辑。在新的时代背景下,世情、国情、党情的深刻变革构成了我们党优化政党功能的现实逻辑。

1. 中国共产党优化政党功能的历史逻辑

"以史为鉴,可以知兴替。"国内外政党在执政过程中或误入歧途或纷纷丧失政权,从政党功能角度上讲,有其共同点:这些政党都逐渐削弱了自身的功能。

从国外来讲,20 世纪 80 年代末 90 年代初,苏共和东欧的共产党纷纷丧失政权,从执政党建设方面来看,其教训是十分深刻的。苏共丧失政权的原因有:第一,从教条主义到指导思想多元化。苏共党内教条主义盛行,思想僵化,后期走上另一极端,搞指导思想多元化,放弃了马克思主义指导地位。第二,缺乏活力的组织体制。苏共在组织制度上不能贯彻民主集中制,在干部制度上实行任命制或变相任命制,在组织结构上缺乏监督制约机制,致使党内官僚主义严重,腐败现象层出不穷。第三,党群关系断裂。苏共党内腐败现象严重,形成了一个既得利益集团,割断了与群众的关系,失去了广泛的群众基础。① 这一时期,东欧各国受波兰和匈牙利演变的冲击,民主德国、捷克斯洛伐克、保加利亚、阿尔巴尼亚等国的执政党也先后发生了连锁性的崩溃。东欧共产党几乎都表现出以下几个特点:第一,由否定"斯大林模式"转而否定执政党的历史。第二,在指导思想和理论基础上,放弃马克思主义,主张指导思想的多元化。第三,在组织原则上放弃民主集中制。第四,修改宪法,取消有关共产党领导地位的条款,实行多党制。第五,改变执政党的组织结构和组织

---

① 卢先福、端木婕:《中国执政党建设研究》,上海人民出版社 2002 年 12 月版,第 18—23 页。

方式。①

从国内来讲，中国共产党在执政过程中也出现过曲折。自 20 世纪 50 年代中期至"文革"时期，党中央在指导思想上对科学社会主义基本原则产生了认识上"左"的偏离，制定了一些错误的决策，特别是文革时期的"无产阶级专政下的继续革命理论"和"五十字建党方针"，通过党的九大使其合法化并成为执政党建设的指导思想。② 究其原因：一是民主集中制没有很好地贯彻落实，主观主义和个人专断严重；二是错误的政治路线导致党的建设改变方向；三是党风建设滞后，党内出现脱离群众、官僚主义、特权思想等不良的思想倾向。

由此，我们可以清楚地看到，无论是苏联共产党和东欧各国共产党执政失败的历程，还是中国共产党执政遇挫的经历，归其原因，都在不同程度上削弱了政党的基本功能。具体表现在：第一，削弱了政党的利益表达功能。党群关系的断裂，阻碍了政党联系群众的渠道，阻塞了政党获取信息的来源。第二，削弱了政党的利益综合功能。一方面，在组织制度上，民主集中制的破坏导致个人专断、个人崇拜盛行，违背了党的集体领导和民主原则，不利于决策的规范化和科学化；另一方面，在组织结构上，监督制约机制不健全，腐败、特权现象盛行，形成了既得利益集团和牢固的"利益链"，无法表达广大民众的利益诉求。第三，削弱了政党的政治录用功能。党的组织制度和组织原则的破坏，打破了科学的选拔录用人才的干部管理机制，同时，降低了党的威信和向心力，不利于吸纳人才和储备干部。第四，削弱了政党的政治社会化功能。党风不纯和党风不正，影响了执政党在广大民众中的形象和威望，使政党动员民众的力量减弱，直接削弱了政治社会化功能。

基于这些教训，改革开放后，我们党坚持和改善党的领导，以民

---

① 王建国、王洪江：《社会主义国家执政党建设的历史、理论与实践》，中国社会科学出版社 2008 年 11 月版，第 427—430 页。

② 《中国共产党历史》第 2 卷下册，中共党史出版社 2011 年 1 月版，第 816 页。

主集中制为核心加强党的制度建设;加深了对"建设什么样的党,怎样建设党"的认识,提出了"三个代表"重要思想;提高党的建设科学化水平,建设学习型政党,按照新的伟大工程的总目标全面加强党的建设,形成了思想建设、组织建设、作风建设、制度建设和反腐倡廉建设五位一体的党建新布局,全面优化了执政党的功能,使党保持了蓬勃的生命力。因此,鉴于正反两方面的经验我们不难得出结论:如若一个政党疏于管党治党,只会不断削弱政党的功能,给执政党带来灾难性的后果。反之,执政党只有以改革创新的精神全面推进自身的建设,不断优化功能,才能保持长期执政地位。

2. 中国共产党优化政党功能的现实逻辑

在世界形势风云变幻、全面深化改革推动中国和平发展、党的建设呈现新局面的现实条件下,不断优化执政党的功能,提高党的建设科学化水平,是中国共产党在新的历史起点上完成历史使命的需要、提高执政能力的需要、党要管党、从严治党的需要。

(1)优化政党功能是完成历史使命的需要。

中国共产党是中国特色社会主义事业的领导核心,肩负着重大的历史使命。十八大报告提出了"两个一百年"的奋斗目标:在中国共产党成立一百年时全面建成小康社会,在中华人民共和国成立一百年时建成富强民主文明和谐的社会主义现代化国家。[①] 习近平在参观《复兴之路》展览时再次强调了要实现"两个一百年"的奋斗目标,实现中华民族伟大复兴的中国梦。中国共产党肩负的历史使命决定了必须全面优化政党功能,以改革创新的精神推进党的建设。

(2)优化政党功能是提高执政能力的需要。

执政能力建设是党执政后的一项根本建设。建党 90 年来,中国共产党带领中国人民取得了革命、建设和改革的辉煌胜利,作为全面执政的政党,党的执政能力和执政水平有了显著提高。但是,党仍面临着一系列的考验和危险。十八大报告指出:"我们党面临的执政考

---

① 《十八大以来重要文献选编(上)》,中央文献出版社 2014 年 9 月版,第 13 页。

验、改革开放考验、市场经济考验、外部环境考验是长期的、复杂的、严峻的，精神懈怠危险、能力不足危险、脱离群众危险、消极腐败危险更加尖锐地摆在全党面前。"①面对"四大危险""四大考验"，党必须全面强化政党功能，以进一步提升领导水平和执政水平。

（3）优化政党功能是党要管党、从严治党的需要。

一方面，我们党已经从一个幼小的政党发展到一个拥有8700多万党员、在一个13亿多人口的大国长期执政的大党，党的建设不仅直接关系党的命运，而且直接关系国家和民族的命运。另一方面，当前我们党在工作中仍存在着亟待解决的矛盾和问题，2013年6月，习近平在全国组织工作会议上指出："有的地方和单位对党员干部特别是领导干部疏于教育、疏于管理、疏于监督，一些党员、干部理想信念动摇、宗旨意识淡薄，形式主义、官僚主义、享乐主义和奢靡之风突出；一些基层党组织战斗堡垒作用不强，有的甚至软弱涣散；党员教育管理有待加强，部分党员先锋队意识淡化，组织纪律性不强，发挥作用不明显，等等。"②执政党规模的不断扩大和自身存在的问题为优化政党功能提供了现实依据。

（三）全面从严治党对优化政党功能的重要意义

从严管党治党，是建党90多年来的一个重要经验。十八大以来，以习近平为总书记的党中央坚持从严治党，对共产党执政规律进行了进一步的探索。2014年10月8日，习近平在党的群众路线教育实践活动总结大会（以下简称"总结大会"）上对全面推进从严治党提出八项要求：落实从严治党责任；坚持思想建党和制度治党紧密结合；严肃党内政治生活；坚持从严管理干部；持续深入改进作风；严明党的纪律；发挥人民监督作用；深入把握从严治党规律。③ 2014年12月，习近平在江苏调研期间从战略高度首次将"全面从严治党"纳入

---

① 《十八大以来重要文献选编（上）》，中央文献出版社2014年9月版，第38—39页。

② 《十八大以来重要文献选编（上）》，中央文献出版社2014年9月版，第350页。

③ 习近平："在党的群众路线教育实践活动总结大会上的讲话"，《人民日报》2014年10月9日第01版。

"四个全面"的战略布局。全面从严治党是中国共产党对管党治党的深化与创新,对优化政党功能具有重要意义。

1. 全面从严治党有利于优化政党的利益表达功能

马克思指出,历史不过是追求自己目的的人的活动而已,"人们为之奋斗的一切,都同他们的利益有关。"①因此,政党作为代表公共利益的政治组织,从本质上规定了要把利益表达和利益综合功能作为基本功能之一。全面从严治党要求深入开展党的群众路线教育实践活动和严肃党内政治生活,进一步畅通了党获取信息的渠道,有利于准确及时地表达民众的利益和诉求,在很大程度上优化了政党的利益表达功能。

(1)党的群众路线教育实践活动为民众利益表达提供了"绿色通道"

"知屋漏者在宇下,知政失者在草野。"2013年6月至2014年10月,党中央在全党范围内开展了党的群众路线教育实践活动,习近平在总结大会上指出:"必须相信群众、敞开大门。让群众满意是我们党做好一切工作的价值取向和根本标准,群众意见是一把最好的尺子。这次活动在坚持自我教育为主的同时,注重优化外力推动,坚持真开门、开大门,让群众参与,让群众监督,诚恳请群众评判……才能做到不虚不空不偏。"②党的群众路线使党和民众之间建立起良好的沟通渠道,并随时保持对民众愿望变化的敏感性,民众的利益、愿望和要求得到了比较充分的体现,成为了民众利益表达的"绿色通道"。

(2)严肃党内政治生活为民众利益表达提供了基本保障

王长江认为:"一个内部民主的政党,也往往能够从民众那里得到更多的信息,而内部缺乏民主的党,即使有大量的资源可供利用,也很难做到这一点。"③严肃党内政治生活,要求发扬民主的作风。

---

① 《马克思恩格斯全集》第1卷,人民出版社1995年6月版,第187页。

② 习近平:"在党的群众路线教育实践活动总结大会上的讲话",《人民日报》2014年10月9日第01版。

③ 王长江:《政党论》,人民出版社2009年10月版,第46页。

"要坚持和发扬实事求是、理论联系实际、密切联系群众、开展批评和自我批评、坚持民主集中制等优良传统，下大气力解决好影响严肃认真开展党内政治生活的各种问题，提高党内政治生活的政治性、原则性、战斗性。"[1]党的政治生活民主化和常态化，一方面在党内形成良好的民主氛围，可以保障党员干部畅所欲言，积极反映和表达民众的利益和愿望，另一方面对党外人民民主有良好的示范和带动作用。全党上下民主的作风和氛围有利于民众与政党互通信息、互相交流，为民众畅所欲言和政党从谏如流提供了基本保障。

2. 全面从严治党有利于优化政党的利益综合功能

政党的利益综合功能主要包括两个方面：一是科学制定政策，准确反映民众的利益；二是采取行动推行政策，保障和落实民众的利益。全面从严治党提出的若干要求，从不同的侧面优化了政党的利益综合功能。

（1）全面从严治党要求坚持制度治党，是党科学制定政策和准确反映民众利益的制度保障

在全面深化改革的进程中，党中央高度重视制度治党的重要性，提出："把权力关进制度的笼子里"，要求严格执行民主集中制和党内组织生活制度，"党内组织和组织、组织和个人、同志和同志、集体领导和个人分工负责等重要关系都要按照民主集中制原则来设定和处理，不能缺位错位、本末倒置。"[2]党委领导集体对科学制定决策起着至关重要的作用。众所周知，一个坚定有力的领导集体往往是民主化程度较高的领导集体，能坚持集体领导和个人分工负责相结合的领导集体。20世纪50年代中后期至改革开放，为什么我们党会制定出一系列包括"文化大革命"这样的"左"倾错误决策，主要原因是领导制度尤其是民主集中制不健全。改革开放后，我们党改革和完善

① 习近平："在党的群众路线教育实践活动总结大会上的讲话"，《人民日报》2014年10月9日第01版。

② 习近平："在党的群众路线教育实践活动总结大会上的讲话"，《人民日报》2014年10月9日第01版。

党的领导制度,恢复和发扬了民主集中制的优良传统,作出了改革开放的伟大决策,符合了广大人民群众的根本利益,顺利走上中国特色社会主义道路。正反两方面的经验表明党的制度建设对科学决策和准确反映民众利益的重要意义。

（2）全面从严治党要求以零容忍态度惩治腐败,有利于党整合利益关系

为什么我们常说"不断增强拒腐防变的能力"是党在新时期实现学习型、服务型、创新性党建总目标必须要解决的一个重大课题？如果从政党功能论上来剖析就很容易理解。腐败现象严重危害了政党的利益综合功能。因为对于中国共产党来说,党代表最广大人民群众的根本利益,而腐败现象只是满足一部分享有特权的民众、一部分派别或是小团体的利益,违背了党的根本宗旨,对执政党产生的负面影响是可想而知的。因此,全面从严治党,必须以零容忍态度惩治腐败。在当今社会,一些干部特权思想、特权现象比较严重,严重损害了社会的公平正义,习近平明确指出,"反腐倡廉建设,还必须反对特权思想、特权现象……我们党提出,要营造鼓励人们干事业、支持人们干成事业的社会氛围,放手让一切劳动、知识、技术、管理和资本的活力竞相迸发,让一切创造社会财富的源泉充分涌流。"①"不允许搞团团伙伙、帮帮派派,不允许搞利益集团、进行利益交换。"②党中央提出以零容忍态度严惩腐败,坚决反对特权现象,有利于进一步实现社会公平正义,是整合民众利益关系、优化党利益综合功能的重大举措。

（3）全面从严治党要求党员干部践行"三严三实",有利于党保障和落实民众的利益

发挥党的利益综合功能,关键还在于执政党要积极采取行动落

---

① 《十八大以来重要文献选编（上）》,中央文献出版社 2014 年 9 月版,第137 页。

② 习近平："在党的群众路线教育实践活动总结大会上的讲话",《人民日报》2014 年 10 月 9 日第 01 版。

实政策。为此,2014 年 3 月习近平在参加安徽代表团审议时提出要树立和发扬"三严三实"的工作作风。2015 年 4 月以来,党中央开展了"三严三实"专题教育活动。2015 年 9 月 11 日,习近平在中央政治局第二十六次集体学习时强调:践行"三严三实"要立根固本,挺起精神脊梁;要落细落小,注重细节小事;要修枝剪叶,自觉改造提高;要从谏如流,自觉接受监督。① 同时,习近平在中纪委第二次全会上指出:"决不允许'上有政策、下有对策',决不允许有令不行、有禁不止,决不允许在贯彻执行中央决策部署上打折扣、做选择、搞变通。"②"三严三实"专题教育和习近平在中纪委会议上的讲话,向党员干部传达了一个精神:务必从严从实地贯彻和执行党的政策,保障和落实民众的利益。

3. 全面从严治党有利于优化政党的政治录用功能

在政治录用功能中,"录用"有两层含义:"一是,政党总是千方百计地把社会上的精英吸引到自己身边,以便在执政时把他们安排到政府运作的重要环节上,提高政府的施政能力。二是,政党把能够体现政党意图的积极分子推荐给民众,由民众把他们选举到权力机构中去。"③全面从严治党要求从严教育干部、从严管理干部、从严监督干部,是优化政党政治录用功能的必然路径。

(1)全面从严治党要求加强理想信念和警示教育,从严教育干部,是政党优化政治录用功能的先决性条件。

党在执政的任何历史时期都十分重视理想信念和警示教育。在全国胜利前夕,毛泽东充分估计到党所面临的形势,警示党员干部:"可能有这样一些共产党人,他们是不曾被拿枪的敌人征服过的……但是经不起人们用糖衣裹着的炮弹的攻击,他们在糖弹面前要打败仗。"因此,他要求:"务必使同志们继续地保持谦虚、谨慎、不骄、不躁

① 习近平:"时时铭记事事坚持处处上心,以严和实的精神做好各项工作",《人民日报》2015 年 9 月 13 日第 01 版。

②《十八大以来重要文献选编(上)》,中央文献出版社 2014 年 9 月版,第132 页。

③ 王长江:《政党论》,人民出版社 2009 年 10 月版,第 47 页。

的作风,务必使同志们继续地保持艰苦奋斗的作风。"①2013 年 6 月习近平在全国组织工作会议上提出"好干部"的标准:信念坚定、为民服务、勤政务实、敢于担当、清正廉洁。理想信念坚定,是好干部的第一条标准。"理想信念是共产党人精神上的'钙',理想信念坚定,骨头就硬;没有理想信念,或理想信念不坚定,精神上就会缺'钙',就会得'软骨病'。"②因此,要求广大党员干部"老老实实、原原本本学习马克思列宁主义毛泽东思想特别是邓小平理论、三个代表重要思想、科学发展观,把理想信念建立在对科学理论的理性认同上……不断筑牢理想信念,做到虔诚而执着、至信而深厚。"③同时,要加强警示教育,"让广大党员、干部受警醒、明底线、知敬畏,主动在思想上划出红线、在行为上明确界限,真正敬法畏纪、遵规守矩。"④加强理想信念和警示教育,筑牢党员干部的思想阵地,从严教育干部,是培养党员干部成为"好干部"的必要条件,是党推荐和录用干部的前提和基础,对政党的政治录用功能具有先决性的意义。

(2) 全面从严治党要求严明党的纪律和规矩,从严管理干部,有利于提高政党政治录用的权威性和公信力。

习近平指出,从严管理干部,首先要加强纪律观念,要有纪可依。"使党员、干部真正懂得,党的纪律是全党必须遵守的行为准则……党的纪律规定要根据形势和党的建设需要不断完善,确保系统配套、务实管用,防止脱离实际、内容模糊不清、滞后于实践。"⑤其次,要严守政治规矩。"要把'认真'作为干部管理工作的一条重要原则,优化

① 毛泽东:《毛泽东选集》第 4 卷,人民出版社 1991 年版,第 1438—1439 页。
② 《十八大以来重要文献选编(上)》,中央文献出版社 2014 年 9 月版,第 337—339 页。
③ 《习近平总书记系列重要讲话读本》,人民出版社 2014 年 6 月,第 161 页。
④ 习近平:"在党的群众路线教育实践活动总结大会上的讲话",《人民日报》2014 年 10 月 9 日第 01 版。
⑤ 习近平:"在党的群众路线教育实践活动总结大会上的讲话",《人民日报》2014 年 10 月 9 日第 01 版。

干部讲规矩意识,使干部懂规矩、守规矩。"①再次,要制度管人。"制度不在多,而在于精",要搞好配套衔接,要增强制度执行力,做到用制度管权管事管人。党培养干部并把优秀的党员干部推荐到政府权力机构中去,是发挥政治录用功能的重要体现。党中央要求干部严明党的政治纪律,严守政治规矩,从严管理干部,是提高民众对党推荐的干部认同度的重要举措,有利于提高政党政治录用的权威性和公信力。

（3）全面从严治党要求完善监督机制,从严监督干部,有利于提高政治录用的实效性。

英国历史学家阿克顿说:"权力导致腐败,绝对权力导致绝对腐败。"②这揭示了权力运行的基本规律。按照这一规律,加强对执政党干部监督的重要性不言而喻。1957 年 4 月,邓小平在西安干部会上阐述了"党要受监督,党员要受监督"的重要性。他说:"在中国来说,谁有资格犯大错误? 就是中国共产党。犯了错误影响也最大,如果我们不受监督,不注意扩大党和国家的民主生活,就一定要脱离群众,犯大错误。"③因此,他当时就要求要加强党的监督、群众的监督和民主党派和无党派民主人士的监督。2013 年 1 月,王岐山在中纪委第二次全会上指出,要加强对权力运行的制约和监督。"认真落实党内监督条例,严格执行民主集中制,扩大党内民主,优化党委全委会决策和监督作用,加强对领导干部特别是主要领导干部的监督"。④ 从严监督干部,是防止干部腐化和变质的重要途径,是提高党的干部自律性、自觉性、纯洁性的重要步骤。在从严监督干部的基础上,广大民众才会支持和选举党推荐的干部,这样党便有效地实现

---

① 《十八大以来重要文献选编（上）》,中央文献出版社 2014 年 9 月版,第 350—351 页。

② 【英】阿克顿:《自由与权力》,侯建、范亚峰译,商务印书馆 2001 年版,第 342 页。

③ 《邓小平文选》第 1 卷,人民出版社 1994 年 10 月版,第 270 页。

④ 《十八大以来重要文献选编（上）》,中央文献出版社 2014 年 9 月版,第 128 页。

了政治录用功能。反之,党对干部的管理监督失之于宽,失之于松,失之于软,必然会导致干部中滋生腐败,党将失去广大群众的认可与支持,政党的政治录用功能随之也将失去意义。

4. 全面从严治党有利于优化政党的政治社会化功能

全面从严治党要求发挥人民的监督作用,动员民众参与政治;严抓党风,动员民众了解政党,拥护政党。这些要求有利于优化政党的政治社会化功能,加速民众的政治社会化进程。

(1) 全面从严治党要求发挥人民的监督作用,有利于动员民众参与政治,加速政治社会化进程。

一般而言,民众不会自觉地参与政治,如何引导动员民众由不自觉到自觉地参与政治? 中国共产党在执政过程中总结了一条经验:让人民来监督执政党。中华人民共和国成立之初,党中央就要求把党的活动置于人民群众的监督之下。1950 年 4 月,党中央发出《关于在报纸刊物上展开批评和自我批评的决定》:"在一切公开的场合,在人民群众中,特别在报纸刊物上展开对于我们工作中一切错误和缺点的批评与自我批评。"①习近平在全面从严治党过程中,也要求紧密依靠和广泛动员群众,发挥人民的监督作用。"让人民支持和帮助我们从严治党,要注意畅通两个渠道,一个是建言献策渠道,一个是批评监督渠道。"②第一,畅通建言献策的渠道,习近平要求坚持开门搞活动,各级干部要沉下身子、走近群众,听取群众的意见和建议。第二,畅通批评监督的渠道,"各级党组织和党员、干部的表现都要交给群众评判。群众对党组织和党员、干部有意见,应该欢迎他们批评指出。群众发现党员、干部有违纪违法问题,要让他们有安全畅通的举报渠道。"③让人民群众建言献策和批评监督共产党,是群众政治

---

① 《建国以来重要文献选编》(第 1 册),中央文献出版社 2011 年 6 月版,第 163 页。

② 习近平:"在党的群众路线教育实践活动总结大会上的讲话",《人民日报》2014 年 10 月 9 日第 01 版。

③ 习近平:"在党的群众路线教育实践活动总结大会上的讲话",《人民日报》2014 年 10 月 9 日第 01 版。

参与的基本内容,是群众由不自觉到自觉参与政治的有效途径,有利于优化政党的政治社会化功能,加速民众的政治社会化进程。

(2)全面从严治党要求严抓党风,有利于动员民众了解和拥护政党,优化政党的政治社会化功能。

改革开放初期,邓小平着重强调了党风建设的重大意义,他指出:"在目前的历史转变时期,问题堆积如山,工作百端待举,加强党的领导,端正党的作风,具有决定的意义。"[①]十八大以来,我们党积极开展一系列活动严抓党风建设。一是党中央推出"八项规定",中央政治局率先垂范,坚持从领导干部抓起,以上带下,引领党风好转。二是开展以为民务实清廉为主要内容,以着力解决"四风"问题为核心,以"照镜子、正衣冠、洗洗澡、治治病"为总要求的党的群众路线教育实践活动,形成了推动改革发展的强大正能量。三是开展"三严三实"专题教育活动,祛除歪风邪气、树立清风正气。四是坚持以零容忍的态度惩治腐败,树立了党的威望,赢得了群众信任。从政党功能上讲,要使民众选择政党,就必须想方设法使民众了解政党,了解政党的政治主张、治国方略、内部运作等,这是政党履行政治社会化功能的重要方面。严抓党风,加深了民众对党的了解和认识,加强了民众对党的信任与拥护,提高了党的向心力、凝聚力和政治动员力,有利于优化政党的政治社会化功能。

论全面从严治党对优化政党功能的意义

①《邓小平文选》第 2 卷,人民出版社 1994 年 10 月版,第 178 页。

李　俊[1]

党代会会议质量评价指标体系研究

（绍兴市委党校　浙江　312000）

　　党的代表大会制度，是中国共产党一项基本的组织制度，也是实现党内民主的根本性制度安排，在党的建设中发挥着无可替代的作用。"代表大会是党的制度安排、机构设置和权力运行的核心。换句话说，党的基本制度、组织架构和运行机制都是以代表大会为中心进行设计和安排的。"[2]从这个意义上讲，党代会的质量直接关系着党内治理的绩效，进而影响着国家治理的现代化水平。基于此，党的十八大仍然强调要"完善党的代表大会制度"，《深化党的建设制度改革实施方案》（2014年）也将完善党的代表大会制度作为26项重点任务之一提出，这既是对党代会地位的一种肯定，也是对制度运转中现实状况的一种回应。在已有的党代会制度研究中，涉及到质量评价的成果还比较少见，而这恰恰是增强制度改革针对性和实效性的基本依据。本文尝试作一初步性的探讨，以期抛砖引玉。

　　（一）质量评价的前置条件：科学把握党代会的实践定位

　　科学把握党代会的实践定位，是准确设计会议质量评价指标体系的前置条件。所谓的质量高低，亦指党代会功能性价值的实现程度。在中国政党政治的语境中，党代会是同级党组织的最高权力机关，发挥着"最高决策机关"和"最高监督机关"的作用，这一实践定位

---

　　[1] 作者简介：李俊，男，绍兴市委党校党史党建教研室主任，副教授。

　　[2] 李景治："大力推进党代会常任制和党代表任期制"，《江西师范大学学报》2012年第3期。

和价值追求来自于代议机构一般职能的基本遵循、马克思列宁主义建党学说的原则规定以及中国共产党党代会实践的客观要求。思考和设计相关的质量评价指标体系应以此为基本的出发点和落脚点。

1. 这一实践定位来自于代议机构一般职能的基本遵循。当今世界，代议制民主（间接民主）作为"直接民主的高级阶段"①被绝大多数国家所采用，成为现代民主政治的基本实现形式。代议机构作为承载这一民主功能最主要的平台，担负着决策与监督的重要使命。一方面，各受权代表在此参政议事作出决策，是授权人民"最后控制权"的重要体现。"议会是一个具有共同利益、整体利益的同一国家的决策性会议"②，在这个"决策性会议"中，授权群众通过代表表达利益诉求，形成"普遍利益"，转化为国家意志。至于代表是否忠于授权者、决策是否体现公共性等等，则是决策职能发挥过程中"实然"问题；另一方面，通过代议机构的监督职能来跟进决策实施，督促授权人民"最后控制权"的落实。"代议制议会的适当职能不是管理——这是它完全不适合的——而是监督和控制政府"③，"严密监督政府的每项工作，并对所见到的一切进行议论，乃是代议机构的天职"④。在代议制民主的主张者看来，监督职能是"主权在民"和"国民自由"的重要体现与保证。可见，决策与监督是代议机构的两项基本职能，党代会作为党的代议机构自然要遵循一般代议机构的这一共性。

2. 这一实践定位来自于马克思列宁主义建党学说的原则规定。中国共产党是按照马克思主义建党理论，特别是列宁主义建党学说

① 【美】约瑟夫·熊彼特：《资本主义社会主义与民主》，吴良健译，商务印书馆 2009 年版，第 415 页。

② 【英】埃德蒙·柏克：《自由与传统》，蒋庆等译，商务印书馆 2001 年版，第 166 页。

③ 【英】J. S. 密尔：《代议制政府》，蒋庆等译，商务印书馆 1984 年版，第 80 页。

④ 【美】威尔逊：《国会政体》，熊希龄等译，商务印书馆 1986 年版，第 167 页。

组建起来的。革命导师对于无产阶级政党建设相继提出了不少理论主张,无一例外地强调了党代会的重要地位,在他们看来,党代会作为最高权力机关的地位是无容置疑的,这是无产阶级政党的一项基本原则。马克思、恩格斯在参与创建世界上第一个无产阶级政党——共产主义者同盟时,就明确提出党的权力中心在党代表大会,不在中央委员会。"代表大会是全盟的立法机关"、"中央委员会是全盟的权力执行机关,向代表大会报告工作"、"总区部向最高权力机关——代表大会报告工作,在代表大会闭幕期间则向中央委员会报告工作"①。后来,列宁在俄国革命的具体实践中,继承并发展了这一党建思想,主张"党的最高机关应当是代表大会,即一切有全权组织的代表的会议,这些代表作出的决定是最后的决定"②。针对俄共(布)执政党的地位以及面临的新情况,列宁格外重视党内监督,并且创设了一个由党的代表大会选出的监察委员会专门负责对中央委员会及其成员实施监督,"监察委员会和党委员会平行地行使职权,并向本级代表大会(会议)报告工作;监察委员会委员不得兼任党委员会委员,也不得兼任负责的行政职务"③。作为马克思主义政党,革命导师的这些原则主张,必然为中国共产党所坚持和捍卫。

3. 这一实践定位来自于中国共产党党代会实践的客观要求。中国共产党建党之初,沿袭马克思列宁主义党建思想,明确规定"全国代表大会为本党最高机关;在全国大会闭会期间,中央执行委员会为最高机关"④,并且在党的一大到六大期间,基本上实行党代会年会制以体现其最高机关的权力。后来革命形势的急剧变化,使年会

① 中共中央马克思恩格斯列宁斯大林著作编译局:《马克思恩格斯全集》第4卷,人民出版社1958年版,第574—574页。
② 中共中央马克思恩格斯列宁斯大林著作编译局:《列宁全集》第11卷,人民出版社1987年版,第154页。
③ 《苏联共产党代表大会、代表会议和中央全会决议汇编》(第2分册),人民出版社1964年版。
④ 中央档案馆:《中共中央文件选集》第1册,中共中央党校出版社1992年版,第95页。

制难以贯彻,1945年党的七大提出将年会制改为"三年制"也并未成行,直到11年后召开党的八大。八大不仅恢复了早年的党代会年会制,而且创造性地提出了党代会常任制,这一制度模式的初衷"是使代表大会可以成为党的充分有效的最高决策机关和最高监督机关"①,遗憾的是到八大二次会议就中断了,此后的九大、十大的召开也无严格的规律可循。从党的十一大开始,党的全国代表大会开始定期实行五年一次,特别是党的十三大后党代会常任制被重新提上日程,成为完善党的代表大会制度的一个改革方向延续至今,此后的历次全国党代会在继续释放改革空间的同时,甚至提出具体明确的改革任务。随着改革试点的深入,特别是比照现行党代会制度运行中权力"虚化"现象,常任制背后所蕴含的目标指向越来越得到党内的认同,更多地期待党代会作为最高权力机关的经常性职权的归位,以此为纽带来理顺党内权力授受关系,落实党员主体地位,提高党内民主质量,推进党的建设科学化。

(二)评价指标体系的构建原则:导向性、科学性、系统性、现代性、可测性

任何一个指标体系的构建都以一定的原则为基础,否则指标体系本身就有可能游离于评价目的之外。原则对于指标体系的价值在于为其提供方向和边界。党代会会议质量评价指标体系的构建应遵循导向性、科学性、系统性、现代性和可测性五项基本原则:

1. 导向性原则。任何评价活动的背后都隐藏着一种目标驱动,构建党代会会议质量评价指标体系的目的是为了动态把握党代会运行情况,在此基础上进一步调适、完善党代会制度,提高党代会会议质量,从而使党代会能够真正成为同级党组织的最高权力机关、决策机关和监督机关。因而在指标选择和权重设计时,要充分考虑党代会的目标定位和关键要素,使得评价的结果能对完善党代会运行起到导向作用,为会议质量的提升提供改进依据。

---

① 《邓小平文选》第1卷,人民出版社1994年版,第233页。

2. 科学性原则。科学性决定着评价指标的合理性和公信度，影响着指标体系的生命力。科学性来自于对于规律的把握，体现一般与特殊、共性与个性的有机结合。对于党代会会议质量评价指标的构建，既要遵循现代政党政治的一般规律(比如代议制民主对于代议机构的一般要求)，又要坚持马克思主义政党的一般原理(比如对于政党先进性和纯洁性建设的原则)，还要尊重中国特定的政党生态(比如超大规模的组织实际和多党合作的政党体制)，通过三个维度的整体把握来提炼出具有代表性和综合性的评价指标，同时，科学性原则还要求注重各指标之间的权重协调，以保证综合评价的完整性和可信度。

3. 系统性原则。一次成功或者有质量的党代会，理论上应该体现为会前准备扎实、会中议决充分、会后落实到位，因而，在指标设计过程中应"跳出会议看会议"，沿着党内代议制民主运转背后的权力逻辑，运用系统思维统筹把握会前、会中和会后三个环节，从授权的起点(党代表的产生)开始，贯穿党代表的行权及管理、大会议题的选择、讨论、决策以及大会决定事项的执行、监督与反馈全过程，在整体的视野中去评估党代会运转情况。

4. 现代性原则。鉴于党代会在党内权力架构中的核心地位，对于其运行质量关注的背后，实质上是着眼于推进党的现代化。现代性作为政党现代化的重要表征，应当嵌入到党代会的质量评价指标中。作为执政党的党代会，尤其要突出政党性和公共性这两个方面，一方面要以政党性为先，毕竟是党内代议机构，"党要管党"应成为主要着眼点和指标分布的着力点；另一方面，要兼顾公共性，"政党的存在和发展目的，不是为了某个社会行为主体的单向理性，而是关注政治共同体的公共利益、公共价值、公共精神的理性。"①执政党要通过党代会的最高决策来回应公共性，进而体现"领导核心"地位，增强执政合法性和有效性。

① 赵虎斐：《政党政治与政治现代性》，中央编译出版社2010年版，第250页。

5. 可测性原则。会议质量评价指标体系中的最低层次指标必须是可测量的,具体、明确、可操作的。由于党代会这一评估客体的特殊性,这种可测性应采用定量与定性指标相结合的原则来设计,能够量化的指标尽量量化,比如代表结构比例、代表发言比例、大会会期等;对于不能量化或者数量化处理难度较大的指标,可以用具体化、可操作化的语言加以描述,比如代表产生方式、大会提案主题、交办反馈情况等。通过数量化标准和可操作化语言,使评价结果更加真实客观。

(三)评价指标体系的初步设计:主要内容及关键测评点

根据前述党代会的实践定位以及指标构建的五项原则,初步设计出由 4 个一级指标、23 个二级指标构成的百分制质量评价体系(如下图所示)。需要指出,这个指标体系还只是针对党代会"应然"状态下的一种理论设计,尚需要实践的检验与完善。现有的设计主要围绕会前准备、会中议决、会后反馈、相关保障等四个方面来建构,相关的测评点及设计意图分析如下:

1. 会前准备

会前准备是党代会的基础环节,决定着党代会的"起步"质量。从权力逻辑和实践运行来看,党代表和党组织是这一环节的两个关键要素,前者涉及到党代表的代表性、素质性、结构性和责任性,后者涉及到党组织日常信息公开以扩大党代表的知情度。

党代会会议质量评价指标体系

评价项目(一级指标)	评价内容(二级指标)	分值	测评分
Ⅰ会前准备(23 分)	Ⅰ-1　党代表选举	3	
	Ⅰ-2　党代表结构	3	
	Ⅰ-3　党代表活跃度	4	
	Ⅰ-4　党代表认可度	4	
	Ⅰ-5　党代表提案数	5	
	Ⅰ-6　党内信息通报	4	

续　表

评价项目(一级指标)	评价内容(二级指标)	分值	测评分
Ⅱ会中议决(35 分)	Ⅱ-1　党代表参会率	3	
	Ⅱ-2　党代表提案质量	4	
	Ⅱ-3　会议讨论充分度	6	
	Ⅱ-4　会议主题聚焦度	6	
	Ⅱ-5　会议议题丰富度	6	
	Ⅱ-6　会议程序执行度	6	
	Ⅱ-7　各项报告得票率	4	
Ⅲ会后反馈(22 分)	Ⅲ-1　会议目的实现度	4	
	Ⅲ-2　会议精神传达	4	
	Ⅲ-3　会议效果社会评价	4	
	Ⅲ-4　代表提案办理	4	
	Ⅲ-5　报告内容执行落实	6	
Ⅳ相关保障(20 分)	Ⅳ-1　组织保障	4	
	Ⅳ-2　权利保障	5	
	Ⅳ-3　能力保障	4	
	Ⅳ-4　制度保障	4	
	Ⅳ-5　会务保障	3	

　　(1) 党代表选举。"如果说代议制是近现代民族国家实现民主的必然产物,那么选举制则是实现代议制的必然前提。"①根据党内代议制民主运行逻辑,通过选举产生党代表、完成授权、组成党内代议机构是权力运行的起点。选什么人担任党代表,对于党代会期间选区党员意志的真实传达具有决定性意义,因而党代表产生方式(选举形式)显得至关重要。从代议制规则及党内基层实践来看,竞争性

---

① 周叶中:《代议制度比较研究》,商务印书馆 2014 年版,第 130 页。

直选应成为党代表产生的优选方式,这里面涉及到提名方式、差额比例、投票方式、流程公开等具体测评点。

(2)党代表结构。代表结构体现着党代会的"民意基础"。作为一个超大规模政党的党内代议机构,其成员来源的代表性和广泛性是体现党内民主质量的一个基本参数,也是执政党决策能够覆盖不同阶层党员诉求的内在要求。由于综合因素的影响,党代表中领导干部比例偏高成为各级党代会共同的结构性问题,虽然领导干部在议党议政中有其"先天优势",但毕竟党代会不同于干部会议,因此,代表结构的合理化程度亦是一项测评内容。

(3)党代表活跃度。活跃度的背后反映出党代表的"在岗"状态。党代表作为选区党员"派驻"党代会的代言人,只有经常性地联系选区党员,保持必要的"活跃度",才能知晓选区党员的利益诉求,进而在党代会中"代好言"。从选区党员的角度来讲,固然可以通过主动联系党代表来体现这种"活跃度",但从权力授受关系的逻辑来讲,这种"主动"更应该来自于受权的党代表,相应地这种"主动活跃度"应成为测评的一个要点。

(4)党代表认可度。认可度是选区党员对党代表工作态度和能力的一种总体评价。前述的"活跃度"一定程度上可以作为工作态度的直接体现,此外,选区党员对于所属党代表的知晓度,也可以视为一种"间接"证明。在态度之外,能力是代表能够"代表"的核心所在。"代表行为的本质就在于提升被代表者的利益"[1]。党代表既要"仰视"选区党员,也要"俯视"党员群众,透过党员群众具体的、个性的利益表达,提炼出具有一般性、共同性的"多数利益",这是党代表应有的履职能力。

(5)党代表提案数。提案,这是党代表履职的重要载体。提案是对选区党员关注问题的正式文案,是党代会成为充分决策机关的重要信息来源。"既然党内实行代议制民主,党代表肩负着传递委托

① Hanna F. Pitkin. (1967). The Concept of Representation. Berkeley: University of California Press, p. 155.

党员和群众的意愿诉求,客观上要求党代表首先必须深入群众和委托党员中'采集信息'、形成提案,然后通过畅通的制度化通道来'表达信息'、提交提案供决策参考"①。因此,一定数量的提案,不仅是开好党代会的必要准备,也是党代表履职责任心的直接体现。

(6)党内信息通报。这是党组织的一项日常行为,其目的在于提高党代表对于必要党务信息的知情度,以便于在具体的议党议政活动中有着基本的对话基础,增强参与的效果。从发挥党代表作用,提高党代会决策和监督质量的角度来讲,只要不涉及到党组织核心机密的信息都应该"常态公开""无差别公开""便捷化公开",在公开中传递信息、增进角色认同、提高议决质量。比如提前向代表通报党代会的主要议程和筹备情况、两委工作报告(征求意见稿)等,通过提前准备为提高大会质量创造条件。

2. 会中议决

会中议决是党代会的核心环节。党代会作为最高决策机关和监督机关的实现程度取决于议决的质量。"议什么""怎么议""谁在议""决什么"是这一环节需要把握的重点。

(1)党代表参会率。既然党代表是受选区党员委托参加党代会来行使权利、表达诉求,那么,若是缺席一名党代表,就意味着其背后的选区党员就失去了参与的机会,这部分党员的意愿被忽略,若是缺席者达到一定比例,自然会影响到党代会的权威性,党内代议制民主的质量也会打折扣。因此,参会率绝不是党代表个人之事,这是对授权主体的尊重和自我角色的认知。参会率既包括出席代表大会的人数,也包括出席分团会、分组会的情况。

(2)党代表提案质量。党代会对于代表的提案首先有量的需要,以便在会议中有较为丰富的议题参考与选择,而后是对质的要求,这样可以增强议题的成熟度和针对性,使相关的提案能够直接进入"深度"审议中,提高议决的效率,特别是在目前党代会会期有限的情形下,显

---

① 李俊:"党代表提案制:价值、困境及优化",《理论与改革》2014年第2期。

得尤为需要。一份有质量的提案,不仅体现在文本格式的规范表达上,更重要是在内容上要把问题选择的典型性、问题剖析的深刻性、对策建议的可行性充分结合起来,有的放矢,事理清晰,论述充分。

（3）会议讨论充分度。这个充分度包括两层含义,一是有充分讨论的时间,二是党代表发言率,前者涉及到大会会期以及分组讨论的时间安排,后者则主要在于党代表自身,主观上应充分参与,不能做"哑巴代表"。目前从中央到基层党代会的会期呈现逐级缩短的情况,到乡镇党代会这一级大多在半天或者一天,基本上留给党代表发言的时间不多,不可避免地会出现"代而不表"的情况。缺少充分的讨论,多少会影响到报告审议的参与度和质量。

（4）会议主题聚焦度。执政党的党代会主题必须明确,重点突出,首先是管好自己的事,在党言党,对于党的建设重大问题的关注应成为党代会的"主旋律"。同样因为是执政党的定位,党居于中国特色社会主义事业领导核心的地位,也必须要回应事关国家和地方发展的重大经济社会问题,提出指导意见。因此,会议主题不能"散光",主次要分明,焦点要集中。

（5）会议议程丰富度。着眼于落实党代会最高决策和监督机关的地位,现有党代会的议程应在党章规定的基础上进一步的充实,原则上应包括：听取和审查党委、纪委的工作报告;讨论决定党的建设和地方经济社会发展的重大问题;通报党委的重大决策和部署;讨论和审议代表提出的提案并作出决议;选举出席上级党代会代表;对"两委"委员进行民主评议或信任投票;听取党代表的专题发言;开展党代表质询;视情况启动撤换或罢免程序;修改和撤销党的代表大会和党委作出的不适当决议、决定。

（6）会议程序执行度。制度与程序是大会议决的形式要件。充实而紧凑的党代会建立在各个环节的流畅配合以及议决程序的严格执行上。以议题运行环节为例,从议题的提出与确定、议题的告知与讨论到表决的内容、规则与方式,通过一条具体而连贯的程序链来衔接全过程,以程序的规范执行来保障议决的效果。同样,其他的议程也要执行相应的程序规则,最终的执行度成为评判会议制度化水平的重要依据。

（7）各项报告得票率。各项报告是党代会期间被审议的对象，得票率的背后体现着代表对其的认同度。在现行的党代会运作模式下，各项报告正常情况下，最终都会高票通过。因此对于得票率应该一分为二，一方面要看正向得票率，正确的评估投票人的理性程度；另一方面也要分析反向得票率，特别是否定票要给予关注，从中发掘出可能有利于完善党代会的价值点。

3. 会后反馈

会后反馈是党代会的关键环节。一个有质量的党代会不能"虎头蛇尾"，会后的落实、监督与反馈必须及时跟进对接，使会前、会中的成果能够得到传接"落地"，也只有"落地"才能树立起党代会的应有权威，反过来会促进会前、会中环节，形成良性循环。

（1）会议目的实现度。会议作为解决问题的一种途径，都有明确的目的性。有效果的会议一般认为是预期目标得到了较好的实现。每次党代会根据议程的丰富度，会有不同的目标期待，相应地可以通过目标的实现程度来评价会议的成效。不过，需要注意的是，有的会议目的比如通报精神、统一思想、布置任务可以立时检验，但像任务完成情况则需要周期评估，而这显然也是会议目的所在。

（2）会议精神传达。会议精神传达是传递党代会决策信息，实现政治社会化的规定动作，也是各位党代表完整履行代表职责的一个必要环节。前者会通过各类传播渠道进行，在每届大会结束后已成为惯例；后者则需要加以留意，从角色行为来讲，党代表从收集诉求到参与议决，最终将会议成果向选区党员传达，这是一个完整的代表流程。至于传达的方式，需要根据选区党员的规模和特点，灵活实施。

（3）会议效果社会评价。作为执政党的党代会，自然是每年政治生活中的一件大事，关注度高，期待值也高。效果评价既包括对于会议本身，其实也指向会议目的实现度。这里的测评点主要指会议本身，包括与会代表认可度、党员群众满意度、媒体评价等方面，可以通过现场问卷、网络调查、第三方评估等多途径开展社会化评价。

（4）代表提案办理。"提案的价值不仅仅是'提'，更重要的是'办'，办理的效果最终决定着提案制的生命力。"每一份提案的背后都是代表着一部分党员的利益诉求和意愿，及时办理代表的提案就是对党员主体地位的落实,也是对党内代议制民主的合法性支持。对于提案办理情况的评估,可以从责任分解、程序流程、进度反馈、考核问责等环节进行。

（5）报告内容执行落实。党代会通过的各项报告,体现着代表的集体意志,对下一阶段党的建设和地方经济社会发展重大问题进行了部署,剩下的工作就是执行落实。不抓落实,再好的蓝图也是空中楼阁;抓而不实,等于白抓。"正确的战略需要正确的战术来落实和执行,落实才能出成绩,执行才能见成效。"[1]要通过构建"目标项目化、项目节点化、节点清单化、清单责任化、责任考评化、考评公开化"的链式工作机制来督查和考评最终执行情况。

4.相关保障

相关保障是党代会的必要补充。无论是党代表的积极履职,还是会务组织的有序有效,都离不开相应的保障支持,比如组织、制度、后勤等,这些都是党代会顺利进行的必备要素。

（1）组织保障。这里主要看是否有组织协调机构以及是否有效运转。党代会作为党内代议制民主的实施平台,是各级党组织输出"组织意志"的最高机关,这其中离不开组织的介入与协调。成立党代会常设机构是发挥组织服务于党代表和党代会的主要组织载体。根据中组部 2012 年的统计,"共有 20 个省区市和 174 个市州、780 个县市区在党委组织部门成立了党代会代表联络工作机构"[2],这为党代表发挥作用提供了基本组织保障。从落实党代会最高权力地位的角度来看,这种组织保障一方面要继续"扩面",提高组建率,另一方面要"提质",逐步将现行的隶属于组织部的工作机构升级为直属党委乃至党代会的工作机构,提高其统筹协调的有效性。

（2）权利保障。尽管在中央出台的党代表任期制暂行条例中对

---

① 习近平:《之江新语》,浙江人民出版社 2007 年版,第 88 页。
② 中央组织部组织一局:"为党代表发挥作用提供有力的制度保障",《光明日报》http://www. 12371. gov. cn/nhtml/djbl/llqy/2012/08/08/081443193766. html。更新日期:2012 年 8 月 7 日。

于党代表的权利与职责作出了八项规定，但是由于其原则性太强使得这八个方面的权利真正兑现还缺少可操作性的保障，比如时间的保障、经费的保障、参与的保障、监督的保障等等，往往在实践中原则性的要求容易被"原则上"忽略和漠视，使得党代表行权大打折扣。因此，对于党代表权利的保障，不仅要看有没有基本的政策依据，更应该看有没有具体而有约束力的操作细则，使各项权利得到兑现。

（3）能力保障。这一项主要是考察组织对于党代表素质能力的重视与投入程度。称职的党代表不仅需要有较强的政治参与意识，而且还要具备较强的代表技能，比如调研能力、党务知识、文字功底、表达能力等。能力素质的养成，既靠自身的学习与实践，也借助于组织有针对性和计划性的培养与锻炼，包括常态化的培训计划、多样化的学习平台、个性化的锻炼机会等，这些都是党委组织应当主动提供的支持与保证。

（4）制度保障。这里主要考量两个方面，一是制度化，从选区党员授权开始（比如代表选举制度、资格审查制度、席位制度等）到党代表行权的各个环节（比如代表活动制度、提案制度、质询制度、述职制度等）以及党代会会议制度、组织机构制度等等，党代会运行中的任何一个环节和要素的背后都需要制度化；二是有效化，"不管建立和完善什么制度，都要本着于法周延、于事简便的原则，注重实体性规范和保障性规范的结合和配套，确保针对性、操作性、指导性强"①，也就是说，设计的制度要务实管用、有效运转。

（5）会务保障。党代会的会务工作纷繁复杂，千头万绪，主要包括六个方面：一是大会的文件工作；二是大会的材料工作；三是大会的会议安排；四是选举的组织安排；五是大会的宣传工作；六是大会的后勤工作。每一大类下面又包括具体的小类及工作要求，比如大会的材料工作就包括印制各种证卡、编印各种报告单、编写各种主持词、印制各种选票、编印各种名册等近百种材料，每一项都需要认真细致地准备。会务各项工作准备得越周密，党代会的运行就越顺畅。

---

① 习近平：《习近平谈治国理政》，外文出版社 2014 年版，第 379 页。

肖　阳①

政党内生权威视角下全面从严治党的内涵、意义与路径分析

（中共咸宁市委党校　湖北　437100）

（一）强化政党内生权威与全面从严治党的内涵关系辨析

政党权威是政治学研究视野中必须涉及的一个重要领域，这是因为政党政治的形成和发展，不仅依赖于政党各项制度和机制的建立与完善，更为重要的是它所确立的各项规章制度能够得到人们自觉的遵从，政党会通过严格的纪律来强化政党的内生权威，从而推动党组织内全体成员集体行动为共同的目标而奋斗，强化政党内生权威与全面从严治党之间存在着理论上的紧密联系。

1. 政党内生权威的基本要义及其功能

政党作为一种特殊的政治组织，如果要获得长期的存在和长远的发展，不但要对本党的成员进行控制，而且要对党外成员施加必要的影响，以获得更广泛的影响。进行内部控制，势必使内部成员获得某种服从，这种服从我们称之内生权威；政党通过施加自己对社会的影响力，使非党成员产生的服从，我们称之为外生权威。② 政党内生权威是对党内成员进行必要的内部控制，以使党内成员对政党意识

① 作者简介：肖阳，男，1987年生，湖北新洲人，现任中共咸宁市委党校统战理论教研室副主任科员。

② 洪向华：《变动社会中的政党权威》，国家行政学院出版社2014年版，第49页。

形态和纪律的认同、尊重与自觉服从。内生权威存在的功能有如下几点：一是政党价值的内化功能。政党通过内生权威的影响能够提出一种稳定、明确、积极的意识形态和价值观念引领政党及其所有成员，并通过一系列的规范措施来使这种价值观念进一步植根于心并影响言行，即"通过强加或谋求共识的形式，使参与者的'部分'意志，服从于集体的意志和目标"①；二是政党秩序的维护功能。政党活动作为一种广泛参与的集体行动，政党领导者必须通过一系列政党纪律来组织、协调、维护党内成员和秩序的公正公平，将政党的纪律规范作为政党文化的一部分，充分发挥党内民主，克服有限理性，保持党内秩序的健康和稳定；三是政党力量整合的凝聚功能，内生权威的存在本身在不断强化对党内成员的凝聚和统一，政党需要在党内建立一种普遍认可的价值规范和制度来增强凝聚力和归属感，这既是加强全体成员管理的方式，也是在不断整合引领各种社会资源和力量朝自身的奋斗目标迈进。

2. 全面从严治党的理论内涵及其作用

政党力量的强弱与一个国家的政治稳定密切相关，政党是国家治理最重要的政治关系纽带和工具，在政治体系中起到的主导作用不断得到加强。当前国家之间的竞争，已经不仅仅体现在技术竞争、产品竞争、企业竞争等领域的经济竞争，更是体现在政党治理国家的模式和能力上的竞争。② 如何有效解决当前中国所面临的问题，关键取决于中国共产党的执政领导，更取决于党的思想、纪律、组织、作风、能力、团结和领导水平。中国共产党的执政地位和历史使命也要求治国必先治党，治党务必从严。全面从严治党，不仅仅是单向强化纪律规范，其作用在于：一是要通过全面从严进行党内制度设计，以一定的制度规范保证党的路线、方针、政策在政党系统内能够自上而

---

① 【法】米歇尔·克罗齐耶、埃哈尔·费埃德伯格：《行动者与系统——集体行动的政治学》，上海人民出版社 2007 年版，第 4 页。

② 兰建平："从'基础性'到'决定性'的理论价值与实践意义"，《浙江经济》2014 年第 2 期，第 25—27 页。

下得到贯通,再加上有效的执行程序、执行手段和强有力的执行机构,避免制度体系不完善,致使功能失调等现象出现,使制度和执行都能相统一;二是全面从严治党进一步加强了党内监督,全面提高党的建设科学化水平,使党的运转和发展更加成熟,中国共产党作为无产阶级政党,其政党的阶级属性已经决定了自身必须具有严密的组织性和铁的纪律,能够将政党权威和制度的刚性约束内化为党执政行为的理性自觉;三是全面从严治党对腐败的蔓延和多发态势的防控实现全覆盖,再通过"负强化"方式来进行选择性激励,使党内成员认识到贪腐行为的成本和代价,抑制其与组织目标、宗旨不一致等行为,从而提高党内集体行为的规范性和稳定性。

3. 强化政党内生权威与全面从严治党之间的辩证关系

第一,政党内生权威是政党力量的重要体现。只有强有力的政党才能提供有效的权威,强有力的政党必然会采取强有力的措施来从严治党,有效的内生权威不仅要对内可以建立稳定的组织秩序和价值规范,对党内成员产生一定的控制和约束,还要不断向社会公众施加影响力和号召力。第二,强化政党内生权威需要全面从严治党加以巩固和维护。随着公民意识的独立性逐步增强,社会上各种意识形态之间相互缠绕并相互交融,各种价值观念之间也在相互影响和碰撞,政党自身在一定程度上存在的权威弱化现象,迫切需要多个方面全方位多层次综合治理。第三,全面从严治党是强化政党内生权威的主要方式。内生权威的树立和维护需要全面从严治党不断提供权威的影响力,将纪律规矩上升为制度规范,从一般个人扩展到全体成员。第四,全面从严治党本身也是一种意识形态。它不仅提供了一种合法性的基础,其组织形式还提供了具备体制性质的组织结构,以此来动员全体成员支持和执行,使政党的意志和行动实现预期目标。第五,强化内生权威和全面从严治党都是政党发展政策革新能力的重要体现。政党的执政能力和内生权威都是在不断实践和发展中逐渐成熟起来的,全面从严治党从单一的强调纪律外溢到行动、思想、政治、作风、反腐倡廉、组织机构以及制度建设等方面进行全面建设和治理,任何一方面建设都会对党的权威、党的领导、党的形象、党的风气、党的凝聚力和感召力产生直接影响和作用。

（二）政党内生权威视角下全面从严治党的重大意义

1. 全面从严治党是党的任务顺利实现的重要保证

在现代社会中，随着政党政治的不断完善，政党的纪律逐渐成为完备、严密的纪律，政党的纪律一般是由政党的性质所决定的，并为维护政党的性质服务，为实现政党的奋斗目标保驾护航。政党的纪律是政党内生权威的基本条件，政党内生权威的实现需要用纪律来统一全体党员和党组织的思想和行动。政党的严明纪律与目标效果息息相关，一个政党要完成其特定的使命，就是把已经制定的计划变成现实，也就是执行，而执行的过程需要纪律来作为规范来支撑，这是保证执行力的先决条件。一个政党如果有严明的纪律，它制定的路线、方针、政策就能够得到贯彻执行，党的战斗力就可以得到有效的发挥，党的任务就能完成的好。① 这个意义上看，执行力就是有纪律，纪律是一个政党生存和发展的保障。一个政党如果没有严明的纪律，这个政党的权威不仅不会集中统一，而且还会分散弱化，政党内各股势力将分头割据各自为战，没有前进的方向，将会影响各项干事创业的成效，进而削弱政党的内生权威和竞争力，权威和竞争力的弱化进而直接影响政党和国家的兴衰。发展是时代的主题和世界各国的共同追求，改革是社会进步的动力和时代潮流，法治是国家治理体系和治理能力现代化的重要保障，从严治党是执政党加强自身建设的必然要求。② 全面从严治党是我们党各项工作顺利推进的根本保证，这既是形势所需，也是从严治党的关键所在。全面从严治党作为一种国家行动必然会促进社会和经济的改革，对推动全体党员广泛凝聚共识并汇聚起"四个全面"发展的强大正能量，具有十分重要的作用。

2. 全面从严治党是维护党内团结统一的有力武器

政党组织内部的团结和统一是其自身发展生存的必要条件，政

---

① 洪向华："试论政党权威的生成"，《中共青岛市委党校（青岛行政学院学报）》2007 年第 4 期，第 30—34 页。

② 人民日报评论员："引领民族复兴的战略布局——一论协调推进'四个全面'"，《人民日报》2015 年 2 月 15 日第 02 版。

党要完成自己的使命,不仅政党成员要在思想政治上团结统一,还必须要有组织上的团结统一。由于政党主体成员来源于社会各个阶层,纷繁复杂的社会现象产生的各种社会矛盾必然在政党内有所反映,不同的政党有着不同的政治认知、政治情感、政治动机和政治态度倾向,这些不同的倾向就构成政党文化的一个重要方面,也构成政党政治性格的不同特征的基本因素①。若没有严格的纪律管理,党内成员将处于分散状态,不仅众多的分歧和矛盾将迟滞政党的主张决策得到有效实施,造成政党内部良好的秩序变得无序和混乱,引起党内派系斗争和权势争夺尖锐化,从而会影响和破坏各政党的团结和协商一致,成为危害国家和社会稳定的致命因素。历史和现实证明,政党内部如果出现"山头主义""圈子文化"等拉帮结派行为,党内成员就会各寻其主成为其附庸,党内就难以保持团结一致,政党的权威形象就会大打折扣,如苏东剧变中各国的共产党、成立初期的新加坡人民行动党、印度国大党、中国国民党等,无一不是由于党内纪律松散党的权威名存实亡,甚至造成了国家的分裂和崩溃。因此,各国各政党对分裂、瓦解、腐蚀、破坏等行为非常警惕,一般都会把政党成员的自主行为圈于一定的严格纪律中加以防范。当前,我们进行全面从严治党,就是要立足实际继续加强马克思主义建党理论与党的建设实践相统一,党的建设与治国理政相统一,进一步完善并落实党内法规制度,严格党内生活,严明党的纪律,增强刚性约束,坚决维护党的团结统一的权威。

3. 全面从严治党是加强党内纪律约束的有效准绳

严格的纪律是政党内生权威的重要保障,一个政党对其成员的权威除了其自身意识形态的感召和认同之外,最重要的就是要靠纪律对其成员进行硬约束,强化个体对党纪党规、法律法规、政治纪律、政治规矩、道德秩序的严格遵守,从而维护政党的内生权威。从另一方面来看,政党内生权威本身就是一种价值体系,加强党内纪律约束就是政党内生权威的一种体现。政党内生权威规范了政党组织及成

---

① 王浦劬:《政治学基础》,北京大学出版社 1995 年版,第 310 页。

员的政治言行,并提供了一套具有一定的价值导向和是非判断的功能,当政党团体和个人出现与中央和组织言行不一致时,它能够不断约束并矫正政党团体及其成员的错误行为,以制度化的硬约束来克服宗旨意识淡薄、不讲原则、不负责任、言行不一、个人主义、脱离群众、脱离实际、投机倒把等错误行为的发生。当前,随着社会利益多样化、社会思潮多元化,各种不良现象和错误思想必然会不断侵蚀和冲击党的队伍,不可避免对党内政治生活产生了复杂的影响,如果放松对思想领域的管控,不对这些错误的意识形态进行批判、排斥、削弱和肃清,就会失去党在思想领域的统治地位,导致反共思潮的滋长和泛滥,出现各种名目的反社会组织,进一步发展为政治倾向,制造社会动乱和战争冲突。面对新的形势发展变化和各种矛盾风险叠加所带来的新考验和新要求,迫切需要尽快实施全面从严治党加强党内纪律约束,真正体现出全方位、全覆盖、无盲区、无例外,通过治标与治本的全面统筹整体设计、全面推进与突出重点的双管齐下,进一步增强党的影响力、凝聚力和战斗力,进一步增强党的内生权威。

4. 全面从严治党是增强党内认同密切联系群众的重要举措

政党内生权威是一种具有高度稳定性、可靠性的政治影响力和向心力,政党纪律的实施能够获得政党成员的普遍认同和支持,并进一步密切了政党成员背后所代表的人民群众的联系。一个政党,特别是执掌着国家权力的执政党,容易产生贪污腐败等违反政治纪律和政治规矩行为,这些现象对外不仅严重损害了政党在民众中的形象,对内更加剧了党内成员对政党内生权威的亵渎和轻视,政党如果不采取严厉措施予以打击和严惩,就会使其有恃无恐大行其道,其破窗效应还会造成党内其他成员理想信念动摇,宗旨意识淡薄,组织纪律涣散,对本政党的忠诚和信任失去信心,其产生的不良影响还会由党内传播到党外,使政党的方针政策得不到切实执行,政党的认同和公信力被降低,党和人民群众的关系被疏远,政党的执政基础和合法性将会动摇,最终在剧烈的社会动荡中走向瓦解和消亡。因此,每一个政党都必须强化组织纪律建设,对党内出现的任何违反政治纪律和政治规矩行为坚决严惩,不断维护和提高政党内生权威的严肃性,真正体现出内生权威的政治向心力。全面从严治党,就是要通过合理合法的党纪党规对党内成员进行严格的纪律约束和管理来提升党的内生权威，通过思想引导、理论学习、纪律奖惩等措施更加细致的指导和规范成员的信念、习惯、传统、纪律、规矩等个体行为，让党内成员都能够自觉遵守和维护党的内生权威，坚持个人利益和人民整体利益的统一，充分发挥好密切联系群众这个最大优势，使之成为维护和巩固党的内生权威地位的重要保证。

（三）全面从严治党强化中国共产党内生权威的路径分析

政党内生权威是中国共产党政党政治发展中的重要内容，中国正在实现从人治社会到法治社会的转型过程中，受到国际和国内多重因素的冲击和影响，必然对党的内生权威提出挑战，这也要求我们党必须把从严治党常态化、制度化、规范化，使之始终成为全面加强党的建设的根本遵循，从而来维护和巩固中国共产党内生权威。具体来说，可从以下几个方面进行切入：

1. 高度重视思想建设，发挥意识形态阵地作用

人的行为都是在一定思想观念支配下进行的，思想建设是党的各项事业建设的基础，维护和巩固党的内生权威，思想建设带有根本性。当前，党的权威弱化和损害，党的性质退化、能力不足、执政资源流失、执政地位下降甚至亡党亡国风险的生成，都与思想建设不严密切相关，要特别注意以下三个方面：一是要始终坚持以科学理论为指导。科学的理论是客观规律的反映，遵循客观规律，按客观规律办事，是一切工作取得成功的根本保证。列宁指出："只有以先进理论为指南的党，才能实现先进战士的作用。"①全面从严治党战略的提出，是马克思主义党建学说在中国发展的最新理论成果，必须深入研究全面从严治党的理论内涵和应用转换，加强理论创新工作与理论武装工作，不断用马克思主义及中国化理论统一全党，为新的时代条件下维护和巩固党的内生权威提供科学的理论指导。其次，要牢固加强意识形态领域的管控。任何的统治是不可能单靠硬性的强制力来强迫和维持的，执政党必须构建相适应的意识形态或价值观来为

---

① 《列宁选集》第一卷，人民出版社1995年版，第312页。

其执政合法性进行论证。再次,从内生权威的影响来看,政党必须充分发挥其意识形态主阵地作用,强化意识形态教育,要利用党校、宣传部门等政党宣传教育培训机构,对意识形态进行教育和管控,号召全体党员对思想领域出现的错误言论和思想作坚决斗争,凝聚全体政党成员产生巨大的向心力和感召力,整合和平衡政党内部的利益和分歧,为政党权威的维护和巩固提供最直接最有力的支持。

2. 加强干部队伍管理,规范干部选拔管理监督

党要管党,首先是管好干部;从严治党,关键是从严治吏。因此,要把"全面从严"贯穿于干部队伍建设整个过程之中,以严的标准要求干部,以严的措施管理干部,以严的纪律约束干部,为"四个全面"战略布局的协调推进提供强有力的组织保证。具体来说,表现为三个方面:一是在干部选拔上。党委主体要严把入口关,要改变过去重视业绩和成绩的片面看法,严格选人用人标准,注重对干部的个人品德、生活作风、群众口碑、思想觉悟等方面进行严格审查,在重要岗位选人用人标准和原则、纪检监察机关廉政审查、干部个人有关事项报告等方面做到环环相扣,建立健全干部选拔任用工作责任倒查追究机制和重大决策终身问责制。二是在干部管理上。建立健全全面从严管理干部的体制机制,落实中央和地方关于从严管理各项规定,通过多种渠道和途径广泛深入地了解考察对象的思想政治素质、组织领导能力、工作作风、工作实绩、廉洁自律等情况,对考察对象作出全面、科学、合理的综合评价,积极探索建立完善考核评价和奖惩机制,将考核结果作为奖惩培养和使用的重要依据,不断健全和完善从严管理干部体制机制。三是在干部监督上。要加强对领导班子和领导干部的平时监督管理,加大巡视监督、人民监督、党外监督、媒体监督的力度,把干部手中的权力置于严密的监督之下,还要不断改进和完善中央和地方巡视机构、制度和机制,实行一定限度的授权许可,增强巡视机构的独立性、专业性、规范性、创新性,在立足于本国国情的同时,借鉴和吸收西方执政党监督有益经验,不断完善中国共产党立法监督。

3. 建立健全制度体系,全面构筑从严治党高墙

建立健全政党内部的制度体系,是政党的内生权威走向制度化

过程的必备条件,制度的制定和落实也是政党内生权威的一种表现。从某种意义上来说,制度化过程是与制度权威确立相伴始终、相互促进的,建构与重塑我国政党制度权威,本质上就是对我国政党制度的一种完善。① 全面从严治党,就是要在党建工作全过程中贯穿推进党的制度科学化、规范化、制度化,使科学治党与从严治党相结合,最终构建"全面从严治党"制度体系。具体来说,一是要善于运用法治思维和法治方式从严管党治党。注重与国家法律相衔接,完善党内法规制度体系,提高党内法规执行力,切实解决好管党治党失之于宽、失之于软的问题。特别要强调,我们党是先锋队,党员干部是先进分子,这就意味着党规党纪要严于国家法律,对党员干部的要求要严于普通公民②;二是全面从严治党涉及党的思想建设、组织建设、作风建设等多个领域,这些领域下还有着大量的制度和机制还未得到真正有效的建立和发挥,制度的漏洞也在不断给一部分投机分子和腐败分子等人可乘之机,因此必须及时对制度框架进行精心设计和优化处理,避免重复、不协调的制度的阻塞;三是要充分考虑与全面从严治党相适应的一系列配套制度,如民主制度、选举制度、社会信用制度、公开质询制度、财产公开制度等,使之形成严密的制度之网和制度高墙,实现制度之间的无缝对接、不留空隙、不留死角,切实提高制度建设的质量与水平,最终形成具有强大的威慑力、严密高效的"全面从严治党"制度体系,真正实现政党内生权威的制度化和体系化。

4. 坚持党风廉政建设,以零容忍态度遏制腐败

腐败是破坏和消解政党权威的巨大杀手,特别对于执政党来说,腐败会导致其权威和政权的失落甚至灭亡,一个政党要想树立权威必须以"零容忍"的政治决心遏制腐败,为政党内生权威的维护和巩

---

① 孙景峰、汪凤敏:"政党制度权威的建构与重塑:当代中国政治体制完善的契机",《河南师范大学学报(哲学社会科学版)》,2009 年第 36 期,第 52—56 页。

② 刘云山:"领导干部要做学法尊法守法用法的模范",《学习时报》2014 年 11 月 2 日第 1 版。

固构筑坚固防线。从当前中国共产党的具体措施来看,一是要有坚定的政治决心,首先保证政党核心高层的清廉,充分表明政党核心领导层反腐的坚决立场和不妥协态度,形成强大的政治威慑和内生权威,遏制个体腐败与群体腐败高发频发态势,阻断腐败向高层发展和向社会蔓延;二是要完善和落实反腐倡廉制度,加强反腐败制度建设,要将现行的党内法规和国家法律进行系统整理后提升到法的层面,消除反腐体制中产生的缝隙和漏洞,加快推进反腐败国家立法并优先适用,加大财产处罚和信用处罚,对腐败的惩罚力度和执行力度要做到迅速、坚决、果断和严厉;三是要加强廉政教育,要增强党员干部党性法纪观念,建立健全廉政教育制度,通过警示教育、专题辅导、现身说法等形式对干部个人进行理想信念、道德情操、行为规范的教育,还要加强干部及干部家庭亲属和身边工作人员的政治伦理、官德教育和引导,使"制度"和"法制"的观念植根于每一名干部的意识中,筑牢筑实反腐的思想防线;四是要强化监督制约机制,尤其是要强化体制外力量,形成对制度运行强有力的社会监督,充分发挥道德、法律、政党、新闻、网络等方面的监督作用,宣传发动最广大人民群众一起参与预防和遏制腐败行为,构建全天候、全覆盖、全方位的反腐监督体系,形成一个不可逆转的倒逼监督机制,使得腐败分子成为全社会公敌。

5. 充分发扬党内民主,严肃党内政治生活常态

坚持全面从严治党,严肃党内政治生活,推进党内民主制度化,有利于拓展或重塑政党权威。充分发扬党内民主,有利于整合政党内部资源,规范党组织的行为方式,增强个体成员对党组织的认同度和向心力,另一方面,有利于凝聚党内众人智慧,规范政党权力运作,最终赢得国家与社会的认同,其权威地位也会随之得以树立和拓展。① 围绕党内的民主建设,有以下三个层面:一是要加强和完善党内选举制度、党内代表大会制度、党员参与制度和党内民主监督制度

---

① 罗峰:《嵌入、整合与政党权威的重塑》,上海人民出版社2009年版,第289页。

方面的建设,充分完善和保障党员民主权利,增加党内民主的制度供给,对干扰、操纵、破坏党内民主行为的责任追究和惩罚,明确责任追究主体,并将其与公共权力责任追究机制相对接,使其更加具有操作性和威慑力;二是要通过规章制度的执行和严肃规范的党内民主政治生活,加强对民主集中制贯彻执行,用好批评与自我批评武器,确保批评与自我批评的常态化,坚决反对和抵制党内生活的随意化、娱乐化和庸俗化,把完善和落实民主集中制摆上领导班子建设的首要位,对执行不力导致重大失误者追究责任;三是要严明政治纪律和政治规矩,党的政治纪律是在党员或者党员代表充分民主讨论的基础上制定的,它既符合党的根本利益,也集中体现了大多数党员的意志,是党内民主运行的结果。[①] 全党各级组织和成员要在政治方向、政治立场、政治言论、政治行动方面形成统一遵循,对违反和破坏政治纪律和政治规矩的行为必须用铁的纪律和法律予以警示和惩戒,使全党不仅对党内意识形态的认同,更主要的是对中国共产党内生权威的服从。

全面从严治党,是转型时期中国共产党应对内生权威困境的切实选择,是中国共产党强化内生权威的关键所在。面对新形势下党所面临的严峻考验和巨大挑战,各级党组织和广大党员领导干部必须要在思想上同党中央保持高度一致,认同党中央的治国方略,更加自觉加强和维护党中央的权威,只有牢牢抓好思想建设、干部队伍建设、制度体系建设、党风廉政建设、民主生活建设,才能胜任我们党肩负的重大职责,才能稳固党的执政地位,才能强化党的执政权威。

---

① 杨德超:"严明党的政治纪律需要着重把握的几个关系",《人民日报》2013 年 9 月 26 日第 14 版。

邵　雍①

中国共产党首部党章研究

　　1922 年 7 月在上海召开的中共二大通过的党成立后的第一部党章,对于推动中国共产党的建设、推动中国革命的发展都有重大的意义。然而由于种种原因,学术界关于首部党章的相关研究似乎并不多见。笔者拟从文本分析入手,解读其谋篇布局的内在逻辑关系以及各章的要义,指出其列宁主义的思想导向,充分肯定它对党的建设的制度性贡献。

　　（一）

　　二大党章结构严谨,层次分明,语言精炼,共分党员、组织、会议、纪律、经费及附则等六章,其中含有严密的内在逻辑性。

　　一个政党当然要有党员,反过来,凡是党员必须加入一个具体的党的组织。因此首部党章将"党员"作为开篇的第一章是题中应有之义。第一章共有三条,分别明确规定了党员的入党条件、入党手续以及直接资格认定:"第一条,本党党员无国籍性别之分,凡承认本党宣言及章程并愿忠实为本党服务者,均得为本党党员。""第二条,党员入党时,须有党员一人介绍于地方执行委员会,经地方执行委员会之许可,由地方执行委员会报告区执行委员会,由区执行委员会报告中央执行委员会,经区及中央执行委员会次第审查通过,始得为正式党

---

　　① 邵雍,上海师范大学历史系教授、博导,中共上海市委党史研究室特约研究员。

员；但工人只须地方执行委员会承认报告区及中央执行委员会即为党员。""第三条，凡经中央执行委员会直接承认者，或已经加入第三国际所承认之各国共产党者，均得为本党党员。"该章中涉及第三国际的内容，与二大通过确认中国共产党是共产国际的一个支部的决议案直接相关，该决议案宣布"正式加入第三国际，完全承认第三国际所决议的加入条件二十一条，中国共产党为国际共产党之中国支部。"①根据革命导师列宁的设计，共产国际就是世界共产党总部，各国共产党都是它的支部，既然如此，在第三国际存在期间，各国共产党的党籍是互相承认，组织关系是可以互转的。在入党手续上特别优待工人，是因为二大通过的《关于"工会运动与共产党"的决议案》阐明了"共产党是所有阶级觉悟的无产阶级分子的组合，是无产阶级的先锋军"②，而当时工人党员数量又太少。

（二）

革命导师列宁认为"党应该是组织的总和"，他希望"使作为阶级的先进部队的党成为尽量有组织的"③。前已述及，首部党章规定，除工人外一般人入党必须经过党的地方、区、中央三级执行委员会批准，而支部是党的基层组织。有了一定数量的党员就要编入党的各级组织。党章第二章"组织"的第四条规定，"各农村各工厂各铁路各矿山各兵营各学校等机关及附近，凡有党员三人至五人均得成立一组，每组公推一人为组长，隶属地方支部。……各组组织，为本党组织系统，训练党员及党员活动之基本单位，凡党员皆必须加入。"凡是党员必须加入一个具体的党的组织，是当年列宁在俄国社会民主工党内部与孟什维克进行斗争时坚持的一个原则问题。列宁提出的党章之所以如此严格规定是考虑到德国社会民主党的严重教训。由于

①《中国共产党第二次全国代表大会（增订本）》，中共党史出版社 2006 年版。

②《中国共产党第二次全国代表大会（增订本）》，中共党史出版社 2006 年版。

③【苏】列宁："进一步，退两步"，见中共中央马恩列斯编译局编：《列宁选集》第一卷，人民出版社 1995 年版。

该党党章没有要求党员属于党的一个组织,只是泛泛规定"凡是承认党纲原则并按力量支持党的人都可以入党",这样就给各种投机分子、野心家以可乘之机,听任他们自由出入德国社会民主党。

中共首部党章的这一条款坚持了列宁主义的建党原则,在"党员"与"组织"两章间起到了很好的承上启下的过渡作用。与一大通过的党的第一个纲领相比,原来的委员会、地方委员会、地方委员会执行委员会、中央执行委员会①改为了党小组、地方支部、地方执行委员会、区执行委员会与中央执行委员会,这主要是党员人数有所增加的缘故。

该章第五条又规定,"一地方有两个支部以上,经中央执行委员会之许可,区执行委员会得派员至该地方召集全体党员大会或代表会,该会推举三人组织该地方执行委员会,并推举候补委员三人——如委员因事离职时,得以候补委员代理之。未有区执行委员会之地方,则由中央执行委员会直接派员召集组织该地方执行委员会,直接隶属中央。区执行委员会所在地方得以区执行委员会代行该地方执行委员会之职权。"从这条来看,当初的设计还是非常高效的,区执行委员会所在地方由区执行委员会代行该地方执行委员会之职权,有利于精简机关,尽可能地减少专职党务干部,这种兼职也有利于上级机关以点带面,指导面上的工作。第六、第七条规定了区执行委员会与中央执行委员会的产生办法,同样有候补委员的内容,只是与地方执行委员会 3∶3 的完全等额设计不同,在上面两级的执行委员会中委员与候补委员的比例定为 5∶3。这大概是考虑到地方执行委员会数量较多,容易遭到敌人破坏、产生各种变故

---

① 中国共产党第一个党纲规定,"凡有党员五人以上的地方,应成立委员会。……凡是党员不超过十人的地方委员会,应设书记一人;超过十人的应设财务委员、组织委员和宣传委员各一人;超过三十人的,应从委员会的委员中选出一个执行委员会。""在党员人数超过五百,或已成立五个以上地方执行委员会时,应选择一适当地点成立由全国代表会议选出之十名委员组成之中央执行委员会。"参见《中国共产党历次党章汇编(1921—2012)》,中国方正出版社 2012 年版,第50—51页。

的原因。

二大本身就根据党章规定的委员人数，选出陈独秀、张国焘、蔡和森、高君宇、邓中夏五名委员和三名候补委员组成的中央执行委员会。中央执行委员会又根据党章第九条，推选陈独秀为委员长，"总理党务及会计；其余委员协同委员长分掌政治，劳动，青年，妇女等运动。"按照党章规定，下属的各级执行委员会也要互推委员长一人，总理相当层级的党务及会计。

（三）

会议是党的各级组织的经常性的活动。第三章"会议"有党员大会、执行委员会会议和全国代表大会等规定。该章不仅规定了在常态下各级党组织开会的次数与时间间隔，如"第十一条，各组，每星期由组长召集会议一次；各干部，每月召集全体党员或组长会议一次；各地方由执行委员会每月召集各干部会议一次；每半年召集本地方全体党员或组长会议一次；各区，每半年由执行委员会定期召集本区代表大会一次；全国代表大会每年由中央执行委员会定期召集一次。"而且还预见到在非常时期，即"必要时"开临时会议，相关规定共有 5 条："第十二条，中央执行委员会认为必要时，得召集全国代表临时会议；有过半数区之请求，中央执行委员会亦必须召集临时会议。第十三条，全国代表大会或临时会议之人数，由中央执行委员会临时定之。第十四条，凡一问题发生，上级执行委员会得临时命令下级执行委员会召集各种形式的临时会议。第十五条，中央执行委员会得随时派员到各处召集各种形式的临时会议，此项会议应以中央特派员为主席。第十六条，中央及区与地方执行委员会，均由委员长随时召集会议。"以上这些内容与 19 世纪中叶产生的《共产主义者同盟章程》和 1919 年、1922 年俄共（布）两次大会通过的章程相对照，可以发现是中国共产党当时所独有的。

（四）

无论是党员个人、党的各级组织，还是党的各级会议均应有各自的行为准则，这就是铁的纪律。革命导师列宁在 1920 年说过，"要使无产阶级能够正确地、有效地、胜利地发挥自己的组织作用，无产阶级政党的内部就必须实行极严格的集中和极严格的纪律。"①在首部党章第四章"纪律"中的第十七条就明确规定:"全国代表大会为本党最高机关;在全国大会闭会期间,中央执行委员会为最高机关。"这条规定一直沿用至今。实际上"纪律"这一章已经蕴含了"个人服从组织,下级服从上级,少数服从多数,全党服从中央"的精神,只是尚无如此简洁明确的文字表述。

个人服从组织:见第十八条"全国大会及中央执行委员会之议决,本党党员皆须绝对服从之。"党章第二十二条、二十三条、二十五条给党员开出了明确的负面清单:"若不经中央执行委员会之特许,不得加入一切政治的党派。前已隶属一切政治的党派者,加入本党时,若不经特许,应正式宣告脱离";"不经中央执行委员会之特许,不得为任何资本阶级的国家之政务官"②;"凡党员有犯下列各项之一者,该地方执行委员会必须开除之:(一)言论行动有违背本党宣言章程及大会各执行委员会之议决案;(二)无故连续二次不到会;(三)欠缴党费三个月;(四)无故连续四个星期不为本党服务;(五)经中央执行委员会命令其停止出席留党察看期满而不改悟;(六)泄漏本党秘密。"此外二大通过的《关于共产党的组织章程决议案》根据党章对个人服从组织进行了详细的阐发,要求"个个党员都要在行动上受党中军队式的训练。""个个党员须牺牲个人的感情意见及利益关系以拥护党的一致。""无论何时何地个个党员的言论,必须是党的言论,个个党员的活动,必须是党的活动;不可有离党的个人的或地方的意味。"③

下级服从上级:见第十九条"下级机关须完全执行上级机关之

---

① 【苏联】列宁:"共产主义运动中的"左派"幼稚病",中共中央马恩列斯编译局编:《列宁选集》第四卷,人民出版社1995年版。

② 关于这一条,中共一大通过的党的第一个纲领曾经规定,"党员除非迫于法律,不经党的特许,不得担任政府官员或国会议员"。不过当时对此条文就有激烈争论,最后决定留到二大再作决定。

③ 《中国共产党第二次全国代表大会(增订本)》,中共党史出版社2010年版。

命令；不执行时，上级机关得取消或改组之。"

少数服从多数：在二大党章中的原始表述是"少数绝对服从多数"，见第二十四条："本党一切会议均取决多数，少数绝对服从多数。"

全党服从中央：见第十七条"全国代表大会为本党最高机关；在全国大会闭会期间，中央执行委员会为最高机关。"与之相配套的，党章第十一条规定，"全国代表大会每年由中央执行委员会定期召集一次。"第八条"中央执行委员会任期一年"的规定也就是这样来的。第九条又规定中央执行委员会的基本职责就是执行全国代表大会的各种决议，"审议及决定本党政策及一切进行方法"，也就是说中央执行委员会的权力来自党的全国代表大会，大会闭会期间行使最高权力，而"执行大会的各种决议"放在首位，其次才是"审议及决定本党政策及一切进行方法"。党中央的权威源自全国代表大会，代表着全党的意志。党章第二十一条规定，"区或地方执行委员会及各组均须执行及宣传中央执行委员会所定政策，不得自定政策，凡有关系全国之重大政治问题发生，中央执行委员会未发表意见时，区或地方执行委员会，均不得单独发表意见，区或地方执行委员会所发表一切言论倘与本党宣言章程及中央执行委员会之议决案及所定政策有抵触时，中央执行委员会得令其改组之。"

列宁十分看重党章中有关党的纪律的规定。他认为党内团结和组织统一，"如果没有正式规定的党章，没有少数服从多数，没有部分服从整体，那是不可想象的。"①

另一方面，共产党实行的是民主集中制，在党内纪律与民主是有机的辩证的统一。首部党章第二十条规定："各地方党员半数以上对于执行委员会之命令有抗议时，得提出上级执行委员会判决；地方执行委员会对于区执行委员会之命令有抗议时，得提出中央执行委员会判决；对于中央执行委员会有抗议时，得提出全国大会或临时大会

---

① 【苏联】列宁："进一步，退两步"，见中共中央马恩列斯编译局编：《列宁选集》第一卷，人民出版社 1995 年版。

判决;但在未判决期间均仍须执行上级机关之命令。"这一条文彰显了党的民主集中制的基本原则,体现了民主与纪律的双向互动,有利于发扬党内民主。

（五）

经费是保持一个政党正常运作的基本条件之一。建党初期,共产国际在资金上给了中共以很大的支持,但是从长远来看,中共的经费还是应当立足于自筹。一大通过的党的第一个纲领规定,凡是党员超过十人的地方委员会,除应设书记外,还"应设财务委员、组织委员和宣传委员各一人"①;以及二大党章中多次将"总理党务及会计"并列为各级委员长的基本职责均可看出,财政②问题当时是除了党务之外的最重要问题。在此背景之下,二大党章将"经费"列为第五章,分成党费、党内派捐与党外协助三部分。也许是考虑到后二者实际操作有一定难度,不宜列为常规选项,因此党章中就只有"党内派捐""党外协助"八个字,再无下文。但对常规选项——党费的收缴,根据不同党员的不同收入做了详细的实事求是的规定。第二十六条规定"党员月薪在五十元以内者,月缴党费一元;在五十元以外者,月缴党费按月薪十分之一计算;无月薪者及月薪不满二十元之工人,每月缴费二角;失业工人及在狱党员均免缴党费。"

第六章"附则"是关于首部党章的解释性说明。第二十九条说明了首部党章产生的程序:经过(一九二二年七月十六日—十三日)中共二大的议决,一致通过后,由二大选出的中央执行委员会公布后发生效力。第二十八条则规定了"本章程修改之权,属全国代表大会,解释之权属中央执行委员会。"因此以后历次党代会总会根据当时的形势与任务,对党章进行若干修改。而为何修改、准备修改哪些,一般也会有人在大会上作专题发言,进行解释。

---

① 《中国共产党第二次全国代表大会(增订本)》,中共党史出版社 2006 年版。

② 这是中共六大通过的党章的提法,参见《中国共产党历次党章汇编(一)》,中国方正出版社 2006 年版。六大党章有新规定,为了监督各级党部的财政、会计及各机关工作,要选举各级审查委员会。

（六）

当然,由于各种原因,二大通过的中国共产党的首部党章也不是完美无缺的。首先是没有将要求党员承认的"本党宣言"的要点写进党章。而二大通过的《关于"工会运动与共产党"的决议案》还明确提及共产党"有一定的党纲,是一个以打倒资产阶级和资本主义为目的的无产阶级的政党"①,不知何故,当时没有把党的最高纲领与最低纲领写进党章,这是一大缺憾。一直到党的七大通过的党章才在新设的总纲部分明确写明党的最终目的"是在中国实现共产主义制度。"②其次,首部党章也没有提及党的指导思想,直到七大通过的党章才在总纲部分写明"中国共产党,以马克思列宁主义的理论与中国革命的实践之统一的思想——毛泽东思想,作为自己一切工作的指针"③。第三,可能是急于发展党的组织,首部党章取消了我党第一个纲领中关于新党员候补期的条文④,而新党员没有接受一定时限的组织考察,难免会使一些入党动机不纯乃至于投机分子混入党内。所幸中国共产党很快发现了问题,在一年后三大通过的《中国共产党第一次修正章程》中及时补上了关于新党员候补期的条文,为保持党的纯洁性设立了前置性的关卡。第四,首部党章虽然提到了党要领导青年运动,但对党与青年团的关系没有明文规定,直到 1927 年 6月 1 日中央政治局通过的《中国共产党第三次修正章程决案》才添加了"与青年团的关系"这一章。⑤

党章是党的根本大法,是指导党的工作、党内活动、党的建设的根本依据,也是全党同志必须遵守的根本行为规范和总规矩。首部党章的诞生与党的前途命运息息相关,因此制定并通过首部党章是

① 《中国共产党历次党章汇编(一)》,中国方正出版社 2006 年版。
② 《中国共产党历次党章汇编(一)》,中国方正出版社 2006 年版。
③ 《中国共产党历次党章汇编(一)》,中国方正出版社 2006 年版。
④ 第一个党纲规定,"接收新党员的手续如下:候补党员必须接受其所在地的委员会的考察,考察期限至少为两个月。考察期满后,经多数党员同意,始得被接收入党。"见《中国共产党历次党章汇编(一)》,中国方正出版社 2006 年版。
⑤ 参见《中国共产党历次党章汇编(一)》,中国方正出版社 2006 年版。

党的二大的一大功劳。关于这一点，二大通过的《关于共产党的组织章程决议案》就有表述。《决议案》首先将中国共产党自我定位为一个"为无产群众奋斗的政党"，"一个做革命运动的并且一个大的群众党"，接着指出要"成功一个能够实行无产阶级革命大的群众党，不是少数人空想的革命团体，我们的组织与训练必须是很严密的集权的有纪律的，我们的活动必须是不离开群众的。"①而党的章程就为此作了很好的规范。有了它，中国共产党就加速发展壮大。首部党章也是以后相继召开的党的三大、四大、五大修改党章的底本与基础，从1923年起到1928年六大以前，历次党章的名称就叫做《中国共产党第一次修正章程》《中国共产党第二次修正章程》与《中国共产党第三次修正章程决案》。历史已经表明，首部党章具有不容置疑的权威性、全局性和稳定性，其本身就是党在1922年战斗力、凝聚力与创造力的具体体现。

---

① 《中国共产党第二次全国代表大会（增订本）》，中共党史出版社 2006 年版。

■ 许春涛①

中共八大关于反对官僚主义的探索及当代价值

（武汉大学　湖北　430000）

中国共产党于 1956 年 9 月召开的第八次全国代表大会（以下简称中共八大），是在党的历史方位从领导人民为夺取全国政权而奋斗的党，转变为领导人民掌握全国政权并长期执政的党以后召开的首次全国代表大会。这次大会，既总结了党的七大以来，特别是新中国成立以来反对官僚主义的理论成果和实践经验，又针对世情、国情、党情的深刻变化，对反对官僚主义问题进行了更深入的理论创新和实践探索。中共八大关于反对官僚主义的探索为当前克服官僚主义和从严治党提供了重要启迪。

（一）党的历史方位转变使反对官僚主义的斗争成为政治生活中的重要任务

新中国的成立标志着中国共产党的历史方位从领导人民为夺取全国政权而奋斗的党，转变为领导人民掌握全国政权并长期执政的党。党的历史方位从革命党转变为执政党，要求党更加重视自身建设从而争取广大群众的支持。党所肩负的历史任务相比革命时期更加艰巨，这就要求党要更加注重团结广大的人民群众，得到他们的支持和信赖。同时，党所处的环境得到根本好转，就容易导致部分党员

---

① 作者简介：许春涛（1989—），河南滑县人，武汉大学马克思主义学院中共党史专业博士研究生，主要从事中国共产党思想理论研究。

干部产生骄傲自满的情绪、脱离群众的官僚主义等坏作风。因此,党的历史方位转变,使反对官僚主义的斗争成为此时党和国家工作中的重要任务。

1. 党成为全国范围的执政党,面临的任务更加艰巨,更加需要得到广大群众的支持

中国共产党在民主革命时期已经开始的执政,只是局限于各个分散的、小范围的根据地,而且也多是在经济基础薄弱的乡村,对于如何领导整个国家的伟大事业还缺乏经验。新中国成立以后,从一个局部执政的革命党,转变为在国土面积如此之大、情况相当复杂的国家全面执政的执政党,显然党所肩负的任务会更加艰巨。正如毛泽东所指出的"夺取全国胜利,这只是万里长征走完了第一步",而且"中国的革命是伟大的,但革命以后的路程更长,工作更伟大,更艰苦"。① 为了教育和引导广大党员干部认识党的历史方位即将转变的形势,1948 年刘少奇在马列学院第一班的讲话中也用通俗易懂的语言阐述了相同的道理,他告诫党员干部"以前在山头上,事情还简单,下了山,进了城,问题复杂了,我们要管理全中国,事情更艰难了"②。新中国成立以后,党要面对来自全国的政治、经济、文化等各方面的工作,而这一切工作的顺利展开都离不开广大人民群众的积极参与和支持。为此,党更要紧紧地依靠人民群众,贯彻党的群众路线,坚决杜绝脱离人民群众的官僚主义作风的滋长,把人民群众的伟大力量凝聚到中国共产党的旗帜下。

2. 党处于执政地位,部分党员干部容易滋生脱离群众的官僚主义坏作风

在革命战争时期,由于面临着艰苦、残酷的战争环境,广大党员干部只有密切联系群众才能赢得广大群众的支持,才能克服种种不利因素,取得一个个的胜利。革命胜利以后,党的历史方位由革命党转变为执政党,所面临的环境得到了根本改善,而且党所掌握的资源

---

① 毛泽东:《毛泽东选集》第 4 卷,人民出版社 1991 年版,第 1438 页。
② 刘少奇:《刘少奇选集》上卷,人民出版社 1985 年版,第 413 页。

更加丰富。部分党员干部在这种环境下逐渐丢弃了革命时期的优良传统作风，产生了骄傲自满和贪图享乐的情绪，对人民群众的利益变得漠不关心，不再把自己看成为人民服务的公仆，而自认为是社会的主人，于是脱离实际、脱离群众的官僚主义等不良作风就在党内外逐渐滋长、蔓延。1956 年 9 月党的八大上，邓小平作的《关于修改党的章程的报告》指出：新中国成立七年以来的经验，"告诉我们，执政党的地位，很容易使我们同志沾染上官僚主义的习气。脱离实际和脱离群众的危险，对于党的组织和党员来说，不是比过去减少而是比过去增加了。"①从中华人民共和国成立到党的八大召开的七年间，党中央敏锐地察觉到党内外的官僚主义问题，相继开展了一系列的整党整风专项整治运动，有效地克服了官僚主义对党和国家的侵害，对纯洁这一时期的党风、政风发挥了重要作用。

（二）中共八大对反对官僚主义的探索

中共八大既对七大以来，特别是中华人民共和国成立以来的革命和建设实践做了全面的总结，也对即将到来的社会主义建设做出了全面的规划和部署。官僚主义作为党和国家政治生活中的严重障碍，严重隔离了党和群众的血肉联系，损害了党的威信和形象，因此对反对官僚主义的探索成为这次大会探索执政党建设的重要内容。毛泽东在八大预备会议第一次会议上就明确指出："这次大会应当继续发扬我们党在思想方面和作风方面的优良传统，把主观主义、宗派主义这两个东西切实反一下，此外，还要反对官僚主义。"②此后，刘少奇在大会上作的政治报告中也指出："为了适应社会主义改造和社会主义建设的新形势，目前在国家工作中的一个重要任务，是进一步扩大民主生活，开展反对官僚主义的斗争。"③为了反对党内外滋生的官僚主义，八大党章的总纲指出："中国共产党已经是执政的党，因

① 中共中央文献研究室：《建国以来重要文献选编》第 9 册，中央文献出版社 2011 年版，第 103 页。
② 毛泽东：《毛泽东文集》第 7 卷，人民出版社 1999 年版，第 89 页。
③ 中共中央文献研究室：《建国以来重要文献选编》第 9 册，中央文献出版社 2011 年版，第 75 页。

此特别应当注意谦虚谨慎,戒骄戒躁,并且用极大的努力在每一个党组织中,在每一个国家机关和经济组织中,同脱离群众、脱离实际生活的官僚主义现象进行斗争。"①党的全国代表大会政治报告既是对前一阶段的总结,也是对未来工作的规划和展望。党章的总纲,是党的最基本的政治纲领和组织纲领。在党的政治报告和党章的总纲中把反对官僚主义作为党和国家工作中的主要部分,可见中共八大对反对官僚主义斗争的重视程度,同时也把党对官僚主义问题的认识提到了新的高度。中共八大关于反对官僚主义的探索主要有以下几个方面:

1. 提出进一步扩大社会主义民主

我国经历了长达两千多年的封建社会,封建社会的政治文化在我们建立了社会主义制度后不可能立即就被肃清,它对广大党员干部和人民群众的思想意识仍有很深的影响,致使党员干部和人民群众的民主意识和民主能力不足;再加上我们在某些制度上的不完善,也限制了社会主义民主的充分发挥。为此,党的八大认为要克服官僚主义必须进一步扩大社会主义民主,提高广大党员干部和人民群众的民主精神和民主能力,并且逐步健全社会主义民主制度。八大党章的总纲部分指出:"党必须采取有效的办法发扬党内民主,鼓励一切党员、党的基层组织和地方组织的积极性和创造性,加强上下级之间的生动活泼的联系。只有这样,党同人民群众的联系才能有效地扩大和加强,党的领导才能正确和及时,才能灵活地适应各种具体情况和地方特点,党的生活才能生气勃勃,党的事业才能得到更大更快的发展。"②邓小平在《关于修改党的章程的报告》中也进一步对如何发挥社会主义民主进行了阐释,他指出:"必须健全党的和国家的民主生活,使党的和政府的下级组织,有充分的便利和保证,可以及时地无所顾忌地批评上级机关工作中的错误和缺点,使党和国家的各种会议,特别是各级党的代表大会和人民代表大会,成为充分反映

---

① 中共中央文献研究室:《建国以来重要文献选编》第 9 册,中央文献出版社 2011 年版,第 272 页。

② 同上书,第 318 页。

群众意见、开展批评和争论的讲坛。"①为此,中共八大提出了一系列尝试性的措施,如改党的代表大会为常任制、实行集体领导与个人负责制相结合、反对个人崇拜和特权思想等等。

2. 倡导进行群众路线的宣传教育

中国共产党以全心全意为人民服务为宗旨,把群众路线视作党的根本政治路线和组织路线。党员干部只有密切联系群众和坚决贯彻群众路线,才能正确反映人民群众的意愿,才能更好地为人民群众服务。刘少奇在党的八大政治报告中指出:"我们的全部力量的源泉在于我们能够密切地依靠工人阶级和人民群众"②,只要我们的党员始终坚持党的群众路线,"我们就永远有无穷无尽的、不可征服的力量。"③然而,党内一直以来没能避免官僚主义的滋生,官僚主义的典型倾向就是脱离群众、违反群众路线。官僚主义是党群干群关系的大敌,严重隔离了党和群众鱼水相依的情谊,在党的历史方位由革命党转变为执政党后,这个问题尤其突出。邓小平在《关于修改党的章程的报告》中特别指出:"由于我们党现在已经是在全国执政的党,脱离群众的危险,比以前大大地增加了,而脱离群众对于人民可能产生的危害,也比以前大大地增加了。"④1945年党的七大对群众路线进行了深入广泛的宣传教育,从七大之后又有900多万的新党员入党,他们对群众路线和党贯彻群众路线的历史没有充分的了解;而且从七大闭幕到八大召开前的这11年的实践中,群众路线的内容得到了进一步深化和丰富。"因此,目前在全党认真地宣传和贯彻执行群众路线,也就有特别重大的意义。"

---

① 中共中央文献研究室:《建国以来重要文献选编》第9册,中央文献出版社2011年版,第130—131页。

② 中共中央文献研究室:《建国以来重要文献选编》第9册,中央文献出版社2011年版,第97页。

③ 中共中央文献研究室:《建国以来重要文献选编》第9册,中央文献出版社2011年版,第99页。

④ 中共中央文献研究室:《建国以来重要文献选编》第9册,中央文献出版社2011年版,第109页。

邓小平在《关于修改党的章程的报告》中用很长的篇幅阐释了群众路线思想的内容及其理论意义和实践意义。邓小平认为,群众路线是党的组织工作中和党章中的根本问题,应该在党内反复进行深入广泛的宣传教育。对于宣传教育的阵地,邓小平指出:"必须在党的教育系统中,在党员的教育材料中,在党的报刊中,着重进行党的群众路线的教育。"①群众路线作为毛泽东思想活的灵魂之一,在党的七大伴随毛泽东思想一起载入党章,在实践中发挥了重要作用。党的八大再次强调群众路线的重要性,并倡导反复进行群众路线的宣传教育,表明中国共产党人在执政的新形势下,提醒党员干部必须时刻绷紧群众路线这根弦,坚决避免脱离群众的官僚主义等坏作风的滋长泛滥,始终贯彻全心全意为人服务宗旨的根本要求。

3. 加强调查研究,改善各级领导机关的工作方法

实事求是是马克思主义的精髓,它要求我们一切从实际出发,做到理论联系实际。然而,官僚主义另一个典型倾向就是脱离实际,不深入群众了解实际情况。邓小平在《关于修改党的章程的报告》中指出:官僚主义的一个倾向就是"领导机关和领导干部,高高在上,不接近群众,不重视调查研究,不了解工作中的真实情况。"②这类官僚主义者在考虑和决定工作时,往往不是从客观的实际条件和人民群众的具体实践出发,而是从不确切的情况出发,从自己的主观想象和愿望出发,从下级的上报材料出发。因此,他们作出的决议和指示,有的不完全正确,有的甚至完全错误。邓小平在《关于修改党的章程的报告》中指出:必须加强调查研究和"有系统地改善各级领导机关的工作方法,使领导工作人员有足够的时间深入群众,善于运用典型调查的方法,研究群众的情况、经验和意见。"③因为,调查研究是一

---

① 中共中央文献研究室:《建国以来重要文献选编》第 9 册,中央文献出版社 2011 年版,第 111 页。

② 中共中央文献研究室:《建国以来重要文献选编》第 9 册,中央文献出版社 2011 年版,第 109 页。

③ 中共中央文献研究室:《建国以来重要文献选编》第 9 册,中央文献出版社 2011 年版,第 111 页。

切从实际出发的重要一环,没有调查就没有发言权,更没有决策权。开展调查研究工作有助于党员干部做到实事求是、理论联系实际,避免滋长脱离实际的官僚主义作风。党员干部通过深入基层、深入群众的调查研究,可以了解客观实际情况和人民群众的真实需求,在掌握这些一手材料后,再经过领导集体的协商、讨论,可以作出真正符合实际和满足人民群众要求的方针政策。

4. 加强对党和国家工作的监督

官僚主义自古以来就是权力运行中的一种痼疾,必要的监督对克服官僚主义、端正党风政风至关重要。1955 年刘少奇在《给张维先委员的信》中提出:"我们的国家这样大,机关这样多,绝大多数的干部是好的,但也有少数不好,这是事实。同时,好的干部如果没有经常的监督也可能变坏。因此,对一切国家机关工作人员都应实行监督。"①刘少奇的这种认识是当时党和国家领导人的普遍共识,也是他们的执政意识逐渐深化的表现。由刘少奇负责起草,并经党的全国代表大会表决通过的八大政治报告指出:"为了同官僚主义作有效的斗争,我们必须同时从几个方面加强对于国家工作的监督。"②第一,加强党对于国家机关的领导和监督。第二,加强各级人民代表大会对相对应的地方政府机关的监督。第三,加强各级政府机关自上而下的监督和自下而上的监督。在反对官僚主义的斗争中,国家的监察机关应当充分发挥其应有的作用。第四,加强人民群众和机关中的下级工作人员对于国家机关的监督。

除了八大政治报告提出的对国家工作监督以外,八大通过的党章在总纲部分还规定:"任何党员和党的组织都必须受到党的自上而下和自下而上的监督"③,这是党的历史上首次将"党内监督"思想写入党章,并确立为党内法规,赋予了党内监督的法定地位。除了党内

---

① 刘少奇:《刘少奇选集》下卷,人民出版社 1985 年版,第 174 页。
② 中共中央文献研究室:《建国以来重要文献选编》第 9 册,中央文献出版社 2011 年版,第 75 页。
③ 中共中央文献研究室:《建国以来重要文献选编》第 9 册,中央文献出版社 2011 年版,第 273 页。

监督以外,邓小平在《关于修改党的章程的报告》中还提出了党外监督,他认为"我们需要实行党的内部的监督,也需要来自人民群众和党外人士对于我们党的组织和党员的监督。无论党内的监督和党外的监督,其关键都在于发展党和国家的民主生活,发扬我们党的传统作风"①。中共八大初步构建了一个全面监督体系的基本框架——党必须接受来自党内和党外的监督,国家机关必须接受来自执政党、人民代表大会、监察机关和广大人民群众的监督。

5. 改革党和国家的领导体制

官僚主义的滋生不仅有思想文化方面的原因,而且不完善、不健全的体制性因素也是其得以滋生的重要原因。新中国成立后,随着全国各方面工作的有序铺开,党和国家的领导体制也逐步建立。然而,由于党执政经验的不足,再加上不合理地借鉴苏联经验,致使党和国家的领导体制存有不科学、不完善的地方,这正是官僚主义滋长的制度土壤。从新中国建立以来的实践中,党中央逐渐认识到了党和国家的领导体制存在的问题,1956 年 4 月毛泽东的《论十大关系》为探索、改革党和国家领导体制奠定了基础,同年召开的八大继续对这一事关全局的课题进行了探索。刘少奇在党的八大政治报告中指出:"我们的国家同那些少数人压迫绝大多数人的剥削阶级的国家相反,我们的制度是反对官僚主义而不是保护官僚主义的。"②因为,我们的党和国家可以根据形势的发展变化不断改革党和国家的领导体制,逐步铲除官僚主义得以滋生的制度土壤。中共八大为反对官僚主义,对党和国家领导体制的改革做了以下几方面的探索:

(1)改革党政关系,增强反对官僚主义的力量。党政关系是党和国家领导体制的核心问题,正确处理党政关系是中国政治文明建设的关键环节。对于党政关系,八大政治报告强调:"党应当而且可

① 中共中央文献研究室:《建国以来重要文献选编》第 9 册,中央文献出版社 2011 年版,第 104 页。

② 同上书,第 75 页。

以在思想上、政治上、方针政策上对于一切工作起领导作用。"①这样就明确界定了党的领导内容主要是思想领导、政治领导和方针政策上的领导。同时，邓小平在《关于修改党的章程的报告》中也指出："这当然不是说，党可以直接去指挥国家机关的工作，或者是把各种纯粹行政性质的问题提到党内来讨论，混淆党的工作和国家机关工作所应有的界限。"②也就是说，党不应当把一切都包办起来，对一切事情都进行干涉，党和国家机关的职能要有明晰的划分和界定。党政分开，各司其职，这样党可以从那些琐碎的行政工作中抽离出来，把主要精力放在对国家的思想、政治及其方针政策的领导上。从而不仅可以避免党的机关由于过多插手国家机关的工作而滋生官僚主义，使党更好地发挥对国家机关的领导和监督职能；同时，也可以避免由于党全面涉及国家机关的工作导致机构臃肿、职责不分和推诿扯皮的官僚主义倾向滋生。

（2）调整中央和地方的关系。中央和地方的关系是事关国家统一、社会稳定、经济发展的重大课题，如果处理不恰当会引发各种问题。当时逐渐形成的中央高度集权的管理体制，导致全国的经济、政治、文化和社会等各方面工作都要中央部门来决定和负责，这样不但限制了地方积极性的发挥，而且中央过度集权也助长了官僚主义的滋长。刘少奇在八大政治报告中指出："近几年来中央有些部门把过多的事务抓到自己手里，对地方限制得过多过死，忽视地方的特殊情况和特殊条件，应当同地方商量的事也不同地方商量；有些部门还发出许多形式主义的公文和表格，给地方压力很大。这样，既不利于地方的工作，也分散了中央的精力，发展了官僚主义。"③因此，为了调整中央和地方的关系，使中央和地方的关系能够良性互动，中共八大

① 中共中央文献研究室：《建国以来重要文献选编》第9册，中央文献出版社2011年版，第90页。
② 中共中央文献研究室：《建国以来重要文献选编》第9册，中央文献出版社2011年版，第123页。
③ 同上书，第76页。

关于政治报告的决议指出："为了克服中央和上级国家机关的官僚主义"①，必须"适当地调整中央和地方、上级地方和下级地方的行政管理职权"②。应该做到凡属全国性和需要在全国范围内做出统一决定的问题，应当由中央组织处理，这样有利于党的集中统一；属于地方性质的问题，应当由地方组织处理，这有利于因地制宜；同样，上级地方组织和下级组织的职权，也应当根据同一原则作适当的划分。1956 年 11 月，胡乔木在社会主义学院作的《党的八大的革命精神》中报告中认为："'八大'把中央和地方的工作作了适当的调整，因为如果什么事都集中到中央，就更不容易把工作做好，官僚主义就更会发展"③。

6. 提高党员标准

党的历史方位转变和社会主义建设时期的开始，以及国际共产主义运动出现的新情况等一系列变化，对党提出了更高的要求，对共产党员的要求相比以前也更高了。邓小平在《关于修改党的章程的报告》中指出："这一切，都要求党对于党员提出更高的标准。"④邓小平认为，随着党的事业胜利和党对于人民所担负的历史责任加重，要求不断为党组织注入新鲜血液。在革命战争年代，党面临的斗争环境异常艰苦，入党往往意味冒着丧失自由和生命的危险，去为群众的利益和实现人类社会的最高理想而斗争。然而，由于党面临的环境有了根本好转和党在人民中间的威信显著增加，容易出现入党动机不纯的人，他们入党的目的是为了取得名誉和地位，因此他们在入党以后，不去支持群众的利益和为群众服务，反而为了自己的私利损害群众的利益。诚然，这样的新党员和腐化变质的老党员在党内是极少数，但是邓小平指出："我们决不能忽视这个事实。为提高党员的

---

① 中共中央文献研究室：《建国以来重要文献选编》第 9 册，中央文献出版社 2011 年版，第 299 页。

② 同上书，第 300 页。

③ 《胡乔木传》编写组：《胡乔木谈中共党史》，人民出版社 2015 年版，第 12 页。

④ 中共中央文献研究室：《建国以来重要文献选编》第 9 册，中央文献出版社 2011 年版，第 128 页。

标准而斗争,这是当前党的重要的政治任务之一。"①

为了有效地反对官僚主义,遏制官僚主义在党内的滋长,八大通过的党章对党员的标准作了以下几个新的规定:首先,在第一章的第一条增加了入党的首要条件,即"任何从事劳动、不剥削他人劳动的中国公民"②。这一改动意味着不让剥削分子入党,不让剥削行为、剥削思想侵入到党的队伍中来。其次,党员的义务相比七大党章也增加了新的规定。一是严格地遵守党章和国家的法律,遵守共产主义道德,一切党员不管他们的功劳和职位如何,都没有例外。二是把党的、国家的,也就是人民群众的利益,摆在个人的利益之上;在两种利益发生抵触的时候,坚决地服从党的、国家的,也就是人民群众的利益。并且,党章规定如果违反党员义务将受到党的处罚。党的八大通过的党章对入党条件、党员义务及违反党员义务作出的新规定,表明中国共产党对于党员的要求更为严格,这对纯洁党的队伍、保持党同群众的血肉关系及有效地反对官僚主义发挥了巨大的作用。

(三)中共八大关于反对官僚主义探索的当代价值

中共八大是在总结中华人民共和国成立以后七年的反对官僚主义实践的基础上,对社会主义建设时期的反对官僚主义问题进行了探索。诚然,当前党面临的环境和条件与八大前后相比发生了重大变化,但是官僚主义仍是群众深恶痛绝、反映最强烈的问题之一,也是损害党群干群关系的重要根源,反对官僚主义仍是纯洁党风、政风的一项重要任务。因此,中共八大关于反对官僚主义的探索,对当前端正党风政风、从严治党仍具有重要的现实价值。

1. 中共八大前后开展的系列作风建设活动,对新形势下探索作风建设常态化机制提供了重要启迪

从中华人民共和国成立至八大召开的七年间,党中央为了纯洁党风、政风,相继开展了系列党风廉政建设运动。邓小平在《关于修改

① 中共中央文献研究室:《建国以来重要文献选编》第 9 册,中央文献出版社 2011 年版,第 129 页。

② 同上书,第 274 页。

党的章程的报告》中对这些运动总结指出：为了长效反对官僚主义和纯洁党风、政风，我们要"每隔一定时期，对全体党员进行一次工作作风的整顿，特别着重检查群众路线的执行情况。"①作风建设作为党的建设的永恒课题，其"具有顽固性和反复性，形成优良作风不可能一劳永逸，克服不良作风也不可能一蹴而就"②，在新形势下为了长期有效地遏制和清除官僚主义的滋长，必须探索作风建设常态化机制。

十八大以来，党中央相继开展的群众路线教育实践活动、"三严三实"专题教育都是对作风建设常态化的探索。同时，党长期以来加强和改进作风建设的经验表明，思想教育和制度建设都是推进作风建设的有效举措，但是制度建设更具根本性、全局性、稳定性和长期性，作风建设常态化根本上还是靠制度来保证。十八届三中全会面对新形势下的作风建设问题，也着重提出要"健全改进作风常态化制度。围绕反对形式主义、官僚主义、享乐主义和奢靡之风，加快体制机制改革和建设"③。为此，相继出台了有关党员干部职务待遇、选拔任免及其违反党风后果等一系列规章制度。显然，十八大以来持续开展的作风建设，一环紧扣一环，不给不正之风以喘息的机会，是对作风建设常态化的有效探索。实践证明，十八大以来作风建设持续推进对保持党的先进性、纯洁性，巩固党和人民群众密切联系发挥了重要作用。

2. 中共八大提高党员条件和标准的思想，对新形势下探索党员的发展和管理工作仍有借鉴意义

党员的发展和管理一直是中国共产党组织建设的重点。因为"党员是党的肌体的细胞，共产党的先进性和纯洁性要靠党员的先进性和纯洁性来体现，党的执政使命要靠千千万万党员卓有成效的工

---

① 中共中央文献研究室：《建国以来重要文献选编》第 9 册，中央文献出版社 2011 年版，第 112 页。

② 习近平："扎实开展第二批教育实践活动 取得人民群众满意的实效"，《人民日报》2014 年 1 月 21 日。

③ 中共中央文献研究室：《十八大以来重要文献选编》上卷，中央文献出版社 2014 年版，第 532 页。

作来完成,党要管党、从严治党必须落实到党员队伍的管理中去。"①1956 年召开的中共八大针对党的历史方位转变后,党员发展和管理出现的新问题,提高党员标准的思想在当前仍有重要启迪。根据中组部发布的 2014 年度党内统计公报数据,截至 2014 年底,党员总数为 8779.3 万名,超大规模的党员数量,是党组织优势的一种体现。然而,我们也必须正视整个队伍中存在少数党员理想信念动摇和腐化堕落等问题。因此,新形势下党员发展和管理工作必须要提高党员标准,严格党员日常教育和管理,实现"控制总量、优化结构、提高质量、发挥作用"的目标。

(1)要提高"入党门槛",严把党员入口关。针对党员发展面临的新形势,党员发展工作必须从严管理,首先做到在"入口端"净化党员队伍,把那些不具备党员条件和入党动机不纯的人,拒之党组织外。这样不仅有利于使党员规模适度地增长,而且更有利于党组织的自我净化。

(2)要严格党员日常教育和管理,不断提高党员素质。毛泽东早在七十多年前,就提出党员不仅要在组织上入党,而且还要在思想上入党的问题。在当前,中国共产党已经是具有约 8800 万党员的超级大党,做好这些党员的日常教育和管理工作显得尤为重要。为此,既要以党性教育和理想信念教育为重点对广大党员进行日常教育,也要完善党员考核、退出机制,通过常态化考核及时淘汰那些不合格党员,从而有效地净化党组织。"严格党员日常教育和管理,使广大党员平常时候看得出来、关键时刻站得出来、危急关头豁得出来,充分发挥先锋模范作用"②,为实现中华民族伟大复兴的中国梦提供坚强组织保证。

① 中共中央文献研究室:《十八大以来重要文献选编》上卷,中央文献出版社 2014 年版,第 351 页。

② 中共中央文献研究室:《十八大以来重要文献选编》上卷,中央文献出版社 2014 年版,第 351 页。

第二章

价值教育专题研究

何云峰①

不超越人类智能，何以产生人工智能？

（上海师范大学 上海 200234）

面对人工智能的不断发展，人类可能需要重新审视"智能"的概念。从宇宙整体来看，智能应该因不同的进化程度而有不同的类型，从人类智能到动物智能，再到人类智能，再到人工智能以及未来可能出现的超智能。不同的智能在进化高阶性上会有很大差异。因此，人类智能绝不是宇宙中唯一的智能，更不是最高级的智能。对于人类来说，由于进化导致的局限，许多智能上的先天不足，使得人类具有很大的受动性。跟动物智能只是适应环境不同，人类智能还试图改变环境，特别是试图用人工智能来局部地弥补自身的缺陷，减小对象性活动中的被动性。但人类在弥补进化缺陷的同时，也带来了整个智能的进化。人工智能可以看作是智能进化的一种表现。当然，也可以预言，人工智能不会是终极智能，未来还可能有更高级的超智能。如果按照这样的进化思路去探讨人工智能，笔者以为，即使人工智能超越了人类智能，也完全正常，没有必要恐慌，人类发展人工智能的目的就是要超越人类智能本身。

（一）人工智能是人类为了弥补进化缺陷而创造，理应超越人类智能

人工智能的出现一开始的时候主要是人类为了弥补自身进化的

---

① 何云峰，男，哲学博士，上海师范大学知识与价值科学研究所所长、教授、博导，主要从事马克思主义哲学、社会管理和教育心理学等领域的研究。电话：13817702645，邮箱：yfhe@shnu.edu.cn。

不足。因此,人工智能超越人类智能完全是人类的初心所致。

人工智能就是沿着工具发展的智能化逻辑而衍生出来的结果。最早的类似于人工智能的东西是工具。人与动物区别开来的最根本标志就是人能够制造生产工具。所以,马克思说:"劳动是从制造工具开始的。"①人在自然面前显然有很多无法控制的因素,于是人类通过创造工具来提升自己对自然的控制能力②。比如说我们肉眼可见的范围有限,我们听到的东西也有一定的限度,但是人希望把这些缺陷加以克服,我们要弥补这些不足,所以从制造弥补人类进化不足的东西开始,人工智能就已经开始萌芽了。人类制造工具可以分为两种类型:一种是制造放大人力型的工具,类似于起重机、挖土机以及交通运输工具之类的;另一种是制造人力集成型的工具,就是要把人类不同的优点甚至包括动物的优点都集成在一起,成为超越单个人的存在物。这两种类型的工具都会模拟人的某些功能。比如,第一种是模拟人或者动物的体力功能发挥作用而设计的;第二种是模拟人或者动物的思维功能发挥作用而设计的。但无论哪种工具的制造都不是复制人或动物的某种(些)功能,而是要使这种(些)功能得到放大或者集成,从而突破单个人类个体的现有能力限度。换句话说,超越人类智能是人工智能的最初诱因。

人类在制造工具的过程中试图通过人类器官的集成或延伸放大来克服进化的局限性。这个跟德国古典哲学家康德关于认识能力的研究有关,甚至跟整个近代兴起的对人类能力的怀疑主义有关。康德在研究普遍的知识何以可能的时候提出,普遍知识必须要有两个方面:一个是先天的,一个是后天的,二者合起来才能形成先天综合判断。这个观点引起一批动物学家的好奇,他们便去用科学的方法找康德所谓先天的东西在哪里。他们把动物进行比较,从进化角度

---

① 中共中央马克思恩格斯列宁斯大林著作编译局:《马克思恩格斯全集》第二十六卷,人民出版社 2014 年版,第 960 页。

② 夏雪:"马克思哲学中'劳动'概念之新义",《上海师范大学学报(哲学社会科学版)》2017 年第 2 期。

去寻找人类能力的发展,其中也包括将人和动物进行比较。这样的比较动物学研究,为我们发展人工智能提供了很多的借鉴。我们从动物智能身上去找更好的方法来弥补我们的器官。所以现在人工智能在很大程度上已经慢慢超越了思维模拟的范畴。早期形态的人工智能里面好多都是思维模拟,但这个模拟一定是动物和人类同时模拟,绝不是单独的人类思维模拟。比如我们现在看到很多机器人的功能都是模拟动物智能,而不是单单模拟人类智能。所以人工智能在一定程度上是把动物智能和人类智能两者的优势集成起来了,从而最大限度地弥补了人类器官在进化方面的缺陷。

在最初的人工智能发展阶段,人类主要是试图用模拟的方法来克服自身器官的进化缺陷。所以,人工智能被看成"是研究使计算机来模拟人的某些思维过程和智能行为(如学习、推理、思考、规划等)的学科,主要包括计算机实现智能的原理、制造类似于人脑智能的计算机,使计算机能实现更高层次的应用"[1]。不过,人工智能虽然是模拟人类智能但并不是简单地复制人类智能。人工智能一开始就是超越人类智能的,只不过是局部功能的超越而已。不超越人类智能,何以产生人工智能? 现代人工智能已经远远超越了思维模拟的阶段,已经朝更全面更多方面同时超越人类智能的方向迈进。不过,人工智能有多种形式。例如,人类智能弥补型、人类智能代替型、人类智能集成型、人类智能优化型等等。无论哪种形式,都具有弥补人类智能进化缺陷的效果。这多种形式的人工智能,对弥补人类智能不足方面是有不一样的作用的。人工智能本质上是人类针对自身能力不足而提出来的一种解决方案。

今天人工智能的发展出现了越来越高级的趋势。但是,它的方向总体来说还是局部地替代人类的一些工作。包括 AlphaGo,它除了会下围棋以外不会为我倒茶。人工智能将来发展的方向是人机合一,人本身变成了机器人一样的,比如说植入生物芯片,甚至将基因

① 百度百科:"人工智能","百度百科"网:https://baike.baidu.com/item/人工智能/9180。更新日期:2017 年 11 月 30 日。

芯片植入人的大脑,人机就完全不分了,那时候人不仅仅是人本身了,实际上有一部分就是人工智能,所以你和你的产物是合二为一的。像我们的手机一样,我看今天已经没有人可以离得开手机,手机已经变成你的一部分,如果把某人的手机给收掉,他/她极有可能会像失去身体的某个器官那样做出激烈的反应。所以人类进化到现在,通过人工智能的形式把自己的器官发展出来,就会有更多的各种信息获取渠道和处理渠道,这样人类使自己更加的强大。所以,人类用人工智能放大着自己的能力,提升自己在宇宙中的生存空间,影响着自然世界的样态。不过,"在人类历史中即在人类社会的形成过程中生成的自然界,是人的现实的自然界"①。人类在用自身独有的智力优势,克服人类天然的缺陷,使放大了的人类力量成为现实的客观存在。这正是人类智能高于动物智能的精妙之处。

（二）人类智能不是宇宙中唯一的智能,更不是最高级的智能

迄今为止,"能够思维的人脑的存在就仍然是一个奇迹"②。尽管如此,我们仍然应该改变对人类智能的固有观念:人类智能不是终极智能;智能不是人类的专属品;不能用人类中心主义的观点将智能视作人类的独有优越感。长期以来,我们以为,似乎宇宙当中人类智能是终极的智能,其他的智能都没办法超越人类,这个观点可能现在要改变。换言之,人工智能的出现使得我们的智能观要发生变化。现在看来,智能应该不断地进化,所以有必要改变我们过去对智能的看法。从进化角度来看的话,至少有几种智能是同时性或者历时性地存在的,最早的叫类智能,第二种是动物智能,然后才是人类智能和人工智能等。未来,应该还有更高级的智能形态。所以,要用无限发展的观念去看待整个宇宙的智能进化链条。

宇宙中智能进化的最早阶段可以叫做类智能。这类似于意识的

---

① 中共中央马克思恩格斯列宁斯大林著作编译局:《马克思恩格斯文集》第一卷,人民出版社 2009 年版,第 193 页。
② 中共中央马克思恩格斯列宁斯大林著作编译局:《马克思恩格斯全集》第二十六卷,人民出版社 2014 年版,第 525 页。

起源。关于这方面的研究目前已经有许多发现。"从现有材料看,不少实验观察的结果可以证实猿类有明确的思维表现,猴类差一些,但也有了一定的思维。牛马之类怎样,还缺乏明确的证明,但也难于否认它们有很初步的思维。猫狗有思维,得到了许多人的常识承认,但也缺乏实验研究的材料作证。比较心理学研究用的最多的是白鼠。有实验研究结果可以证明白鼠有很简单的推断能力。白兔如何还难说。至于鸟类,还缺乏严格控制的关于思维问题的实验研究,但也不能否认它们有很初步形式的思维。对于爬虫类和两栖类,既不能认为它们有思维,也不能认为它们完全没有思维,最需要比较心理学的研究。再往下是昆虫类,这是很大一类的特殊动物。有一种看法,认为有的昆虫在行为上的表现颇为巧妙,但它们都完全凭本能生活,几乎没有学习能力,也不需要学习,因此也就没有思维。至于蠕虫类、软体类等,其神经系统如有的话也太简单,不可能有什么思维。因此,思维的起源大概可以假定在鸟类和昆虫类之间,但这需要科学的研究作证明。需要重点研究的动物可能是爬虫类和两栖类并连带到鸟类和昆虫类,以求明确最原始的思维形式在哪一级动物身上出现。如果能肯定最原始形式的思维最早出现在哪一级动物身上,也就可以肯定意识是起源于这一级的动物了。"①

如果从进化史的角度来看,动物智能虽然总体上落后于人类智能,但某些动物智能在局部方面超越了人类智能。人类智能在总体上是宇宙进化到目前为止最高级的智能,但人类智能有许多天然的缺陷,而且人与人之间还在许多方面存在着明显的个体差异。为了克服这些缺陷,减少个体差异,人类创造人工智能来加以辅助人类的实践活动。人类创造了人工智能,目前局部性地超越了人类智能。但是,人类活动越来越深入发展以后,是不是可以有更新的智能形态超越人工智能?我相信是可以有的。人工智能未必是智能的最高形态。后面还可能会有更智能的形态,也许可以叫超智能。现在人工

① 百度百科:"意识起源","百度百科"网:https://baike.baidu.com/item/意识起源/776045。更新日期:2017 年 12 月 2 日

智能要把人类智能集成起来,未来的超智能很可能把人工智能再升级成更强大的功能。可以预料的是,智能在未来的进化中不会停留在人工智能水平上。多个人工智能同时集成,变成超智能。

在人工智能的发展中模拟思维占据主导地位。既要模拟像人的思维那样发挥功能作用,又要功能强大。而功能强大的人工智能就必须采取集成的方式进行,也就是要将不同人的最优秀人类智能集中在一个系统里,并以最优的方式发挥功能作用。所以,人工智能不是要特定地超越某个人,而是要超越人类整体的智能。这是它的发展目标:由局部或个别功能的模拟,到整体集成性功能模拟;由局部超越到整体超越。所以,人工智能超越人类智能是不可避免的,也是人工智能作为新型智能形态出现的目的。恩格斯曾经注意到动物智能局部超越人类的不足:"鹰比人看得远得多,但是人的眼睛识别东西远胜于鹰。"①人眼之所以能够优于鹰眼,关键是人眼具有集成性优势。单项优势永远无法与集成优势匹敌。人工智能尽管到今天已经非常发达,但总体来说,还没有发展到展现集成优势的阶段。其未来的发展方向,必定是集成性发展。例如,将智能优势和物理优势集成、将多个单方面的优势集成,逐渐形成人工智能综合体。那样的超智能出现以后,人类智能就会显得更加落后了。

种种事实证明,宇宙当中智能是不断地进化的,从宇宙的规律来看的话,共存共生是主要的表现形式。多种智能应该是共存共生的,人类智能和人工智能都可以看作智能进化的不同阶段。过去我们人类犯了某些错误,滥杀动物导致某些动物灭种了,似乎要用高级智能去消灭低级智能,现在我们可能更加清晰地认识到,多种智能应该共生共存,与其从优胜劣汰的角度去践踏其他智能,不如从共生的角度去考虑智能的多样性。共生是宇宙的普遍发展。人工智能和超智能都应该有共生的天然法则预置于其中。将共生作为不可僭越的永久性机器人伦理标准,则必然出现多种智能同时相互兼容的壮观局面。

① 中共中央马克思恩格斯列宁斯大林著作编译局:《马克思恩格斯全集》第二十六卷,人民出版社 2014 年版,第 763 页。

为了维护宇宙中智能生态的多样性,动物智能、人类智能、人工智能和超智能应该共生共存,和谐相处。就像人类不会致力于消灭动物一样。

需要指出的是,任何事物放在进化中都是一个漫长的过程,人工智能要整体形态地进化成为高于人类智能,尚需要更多的时间。人类进化到现在,通过人工智能的形式把自己的器官发展出来,就会有更多的各种信息获取渠道和处理渠道,这样人类使自己更加地强大。人类用逐渐迈向更高形态智能的方式,进行着自我扬弃和自我超越。

(三)要客观评估人工智能超越人类智能所引起的后果

随着未来深入的发展,人工智能越走越远。在这个情况下,人类感受到,人类自身的地位受到了威胁。人类的无上优越性地位受到了前所未有的挑战。人类发现,人类创造出来的东西比人类自身强大得无数倍。于是,人类自身开始自卑了。面对人工智能可能产生的威胁,人类应该冷静地分析,理性地应对。

首先,要相信人类理性具有能够迎接任何挑战的力量。

大家首先担心人工智能会不会摆脱人的束缚。例如智能机器人将来某一天不听人类使唤了咋办? 其实,当人的创造物越来越强大的时候,人们很容易产生不安全感。当前的人工智能发展得日新月异,功能已经非常强大。这引发人们的忧虑是非常正常的。但是,笔者认为,人类有其自身的优势,在解决问题当中不断前进。比如说到人工智能运用于战争的问题,随着战争不断地发生,今天战争已经在某种意义上来讲超越了原来战争的观念。今天的战争实际上追求的不光是打赢,打赢的同时还要追求己方零伤亡,且不伤害平民。过去是不择手段打赢就好了,将来的战争不是这样的,减少对人类自身的伤害,这起码在保护人类自身,为人类的尊严以及生命做最大的保护,这种追求表明,我们应该要自信,人类是可以解决各种问题的。

不过,与其担心智能机器人失控后对人类产生威胁,还不如忧虑人工智能本身可能带来的进化性后果。那就是,人工智能大量使用会不会带来进化方面的负面后果? 因为大家都使用人工智能,例如每个人都使用手机,大家变成低头一族了,会不会导致若干万年以后我们的脚变成越来越短，手越来越长？这个情况我们要有所警惕。当然还有其他可能的进化性负面后果出现，这都值得我们去关注，这种进化后果可能比摆脱束缚我们的那种东西还要值得担忧一些。当然，进化性后果，跟其他负面影响不同，它可能是非常漫长的历史长河中例如若干万年以后，才能显现出来。拿人类的书写能力来说，随着电脑的普及和广泛运用，敲键盘代替了书写。于是，年轻人书写能力正在不断下降。据 2013 年 5 月中央电视台的一项调查发现，"94％的被调查者不会正确书写他们认为自己认识的汉字。汉字是世界上最复杂的书写系统之一，1950 年代中国大陆开始推广简化汉字以提高识字率，而香港澳门和台湾则继续使用繁体字。大陆还同时推行了拼音系统。今天最流行的计算设备汉字输入系统是拼音，使用者只需要记住读音而不需要记住如何书写"①。种种迹象表明，人类的书写能力下降跟电脑的使用有密切关系。因为大量的电子产品引入人类生活以后直接减少了人们的书写机会。笔者以为，要区分书写和书法能力。现在，人们很多时候担心的可能还是书法能力。也就是，书写的作品没有以前漂亮了。当然也包括书写习惯的改变。因此，即使电脑大量使用，人们的书写能力并不会受到很大影响，但书法能力和书写习惯发生了巨大的变化。

与其说人类开发利用人工智能弥补了人类，可能导致劳动就业问题（容后讨论），不如说人工智能可能会给人类带来进化问题。在笔者看来，最值得关注的是，人工智能的弥补作用会不会导致异化结果？例如，人类长期依靠电脑，书写能力、计算能力等会不会随着一代又一代的人类传承而逐渐降低甚至丧失？也就是说，本来是用人工智能弥补人类智能的进化缺陷，但却可能引起人类智能的局部退化。这样，人工智能超越人类智能并不需要过多地担心，而人类智能的局部退化可能性却是必须要认真面对的。为了防止非意愿性进化后果的产生，人类可能需要用全面发展的理念来解决。人类将来会有大量的闲暇和剩余时间，我们必须把这些时间用来发展自己，以调

---

① http://www.199it.com/archives/142253.html.

节生理上可能出现的变异。

其次，要从人类解放的角度去分析智能机器人对人类劳动权利的挑战。

现在很多人担心劳动力的替代问题，尤其是最近机器人方面的飞速发展，已经令大家非常非常地担忧了。据媒体报道，剑桥大学已经可以制造出母体机器人，它可以制造新机器人，而且可以按照不断优胜劣汰的方法提升自己。[①] 最近，日本有人搞了一个调查，结果也令人担忧。研究人员总共调查了 601 种职业，想看看各种职业中哪些工作可以被机器人取代，算下来 49％的人现在从事的工作可以让给机器人去做，这个让出来以后人类就丧失了劳动的机会。[②] 事实上，大量的工作岗位都可以用智能机器人来取代。所以，如果智能机器人被广泛引用，人类许多人会面临失业的现实。尽管如此，笔者还是以为，应该冷静对待被机器人替代的挑战。如果是单调的、劳作性的劳动工作岗位，被机器取代对人类来讲可能也是一种好事，那样的话人类可以去做其他事情。举例来讲，你要去写文献很麻烦，但现在有一个软件，如文献管理软件 NoteExpress、EndNote、RefWorks 等等，这些软件可以帮你克服文献管理方面的繁琐，这就大大提高我们的工作效率，也能减少文献标注的错误。这是好事还是坏事？可能还是好事。

将人工智能当作整个智能进化链条上的一个环节，人工智能客观上弥补了人类智能的某些缺陷，特别是那些替代型人工智能，让人类摆脱了危险性高、过于单调的劳作性劳动，为人类的劳动解放创造了条件，有助于人类走向更加全面的发展和实现自由劳动。人工智能的普及运用，智能机器人可能代替了人类的某些劳动，人的劳动权利似乎受到了影响。其实，如果劳动变成对人的摧残和折磨，那么这

---

① 王俊：“剑桥大学研发出可自我'复制'的机器人引起人类重视”，“中关村在线”http://www.jqr5.com/news/hynews/1194.html。更新日期：2015 年 8 月 20 日。

② “科技日新月异 你的工作会被机器人抢走吗?”《北京日报》2016 年 1 月 4 日。

不超越人类智能，何以产生人工智能？

样的劳动即使留给人类,也不是有很高幸福度的劳动。相反,用智能机器人取代人类劳动,可能需要缩短周劳动时间以及开辟各种辅助性的劳动机会等方法来解决。它带给人们的是更多的发展机会。未来的人们可能需要更多的劳动技能,更高的知识迁移能力。一个工作或者一个岗位干一辈子的情况将会越来越少见。多岗位的就业能力和灵活性,不断地自我提高,坚持终身学习,是必然的要求。所以,智能机器人大量取代人类劳动力,创造的更多是人的全面发展的动力和要求。① 随着人工智能的发展,人类劳动的简化程度会大大提高,人会有更多的时间进行终身学习,人变成一个学习动物,不再是工作的机器,学习的观念会完全改变;人会有更多的发展机会,人会更多地减轻或摆脱繁重的劳动;各种单调的、乏味的枯燥劳动也可能不再成为折磨人的异己力量②;未来人的生活方式,可能完全不是我们今天的状态。

总之,智能是不断进化的,人类创造人工智能的初心是要弥补自身的进化缺陷。在人工智能越来越广泛地运用的情况下,人类需要直面进化链条上的高级智能。一方面要用人类劳动解放的视角看待劳动力被机器取代,用人的全面发展去应对,另一方面还要用人的全面发展的方法去消解人工智能可能导致的非意愿性进化后果。于是,人工智能在进化论视角下导致的是人类走向更加美好的未来,而不是走向死胡同。

---

① 何云峰、张蕾:"劳动人权马克思主义续论",《上海师范大学学报(哲学社会科学版)》2017 年第 3 期。

② 何云峰:"人类解放暨人与劳动关系发展的四个阶段",《江淮论坛》2017 年第 1 期。

■潘德冰

美苏崛起之实质比较、传统中国的内核与"社会达尔文主义"的局限性

（一）邓文探讨美苏崛起的根源分析十分中肯及其不足之处

在《西伯利亚研究》2008 年第 5 期上，发表了邓进教授等的文章：《美国、苏联崛起的必要条件与充要条件及对中国的启示》。[1] 应该说，这篇文章很不错，其基本观点也是对的，特别对于"生产力的高度发展是国家崛起的必要条件"，而"生产力的发展也不是自变量，而是因变量。它受到经济制度、社会结构的制约"[2]等观点都是正确的。在分析美国经济为什么能够持续发展，苏联经济为什么不能持续发展的原因时，其观点也比较到位。

如认为"美国社会结构的宏观有序程度远远超过世界上所有的国家。比起其他国家，美国社会的文化结构的多元性更为突出。不同的移民带来了不同的基因，不同的技能，不同的思想、文化和生活习俗，促进了美国社会要素的多样化。"[3]"从英国那里继承了市场经

131

---

[1] 邓进、胡瑞："美国、苏联崛起的必要条件与充要条件及对中国的启示"，《西伯利亚研究》2008 年第 5 期。

[2] 邓进、胡瑞："美国、苏联崛起的必要条件与充要条件及对中国的启示"，《西伯利亚研究》2008 年第 5 期。

[3] 邓进、胡瑞："美国、苏联崛起的必要条件与充要条件及对中国的启示"，《西伯利亚研究》2008 年第 5 期。

济制度和法治传统，并进行了长期的自治实践，建立起健全的市场经济体制、良好的法治环境，形成了多元文化。"①"在美国，汇集了全世界最奇妙和最纷杂的思想、最聪明和最零乱的思路、最清楚和最不可理喻的逻辑、最惊人和最怪诞的行为。这比起那些政教合一的社会，人们都按一个人的思维模式去想问题，按一个人的行为模式去处理问题的社会要复杂得多。在政教合一的社会里，人们都是一个思想模子扣出来的，由这样的要素所构成的社会结构，与由单一的铁元素所构成的铁器在结构上又有何本质区别？它缺乏创新性，缺乏自我发展的动力不是很自然吗？反之，构成美国社会的则是有着不同的思维方式和行为方式的各色各样的人，由此构成的社会结构与人体又有何区别？它的结构比政教合一的社会结构要复杂得多，功能要强大得多，也就是顺理成章的了。总之，美国之所以不仅能崛起，而且能持续的崛起，并保持领先地位，根本原因就在于它建立了高度有序的社会结构，拥有世界上最强大的现代化动力机制。"等等。

"而十月革命虽然改变了俄国的生产关系和社会的性质，但其社会结构并没有得到全改造。……社会结构的改造，即建立一个能够促进社会自我发展的动力机制却被忽视了，这恰恰是一个大国持续崛起的精髓。苏联凭借高度集中的国家权力和规模巨大的政治动员，使其不仅能从农民那里攫取大量的资金，还能引进西方大量的资金、技术、机器和设备，充分利用其工业化的后发优势，获得了巨大的模仿效益。但同时，苏联的社会结构也就因此被改造得越来越简单、封闭。其结果是文化结构的无序状态的持久化。苏联的思想文化被高度垄断，社会舆论具有高度的一致性。全国的舆论最后统一于斯大林等国家领导人。一切外来的思想、学术都被贴上了阶级斗争的标签，科学领域只有一个声音。国家和整个社会都处于一种休眠状态。新思想、新主张还没有发芽就枯萎了。""这是一种典型的传统经济体制的再版。这种社会结构虽然能使苏联实现工业化，一时崛起，

---

① 邓进、胡瑞："美国、苏联崛起的必要条件与充要条件及对中国的启示"，《西伯利亚研究》2008 年第 5 期。

但它无法使其持续崛起,它不能对自身进行分化整合。这种单一的社会结构只能靠模仿为生,而不能创新。一旦模仿的潜力耗尽,它的根本弊病就暴露出来了,整个国家也就失去了持续发展的动力"等,说得都基本上到位。

但不足之处是,他们使用了一个社会结构概念,这"是一个在社会学中广泛应用的术语,但是很少有明确的定义"[①]的概念。这样一来,就成了靠人们自己去理解的文章,且对政治家,特别是改革者来说,就没有多少帮助了(因没有办法去学习先进,改造落后等等)。例如文章说:"美国社会结构的宏观有序程度远远超过世界上所有的国家。比起其他国家,美国社会的文化结构的多元性更为突出。不同的移民带来了不同的基因,不同的技能,不同的思想、文化和生活习俗,促进了美国社会要素的多样化。"那么,这社会结构究竟是什么?它是怎样形成的? 要怎样做,才会"远远超过世界上所有的国家"?为什么"在美国,(能够)汇集全世界最奇妙和最纷杂的思想、最聪明和最零乱的思路、最清楚和最不可理喻的逻辑、最惊人和最怪诞的行为"? 为什么"这比起那些政教合一的社会,人们都按一个人的思维模式去想问题,按一个人的行为模式去处理问题的社会要复杂得多"?"美国之所以不仅能崛起,而且能持续的崛起,并保持领先地位,根本原因就在于它建立了高度有序的社会结构,拥有世界上最强大的现代化动力机制"的根源在哪里? 即这些"有序"及"机制"是如何形成的?

又如苏联"社会结构的改造,即建立一个能够促进社会自我发展的动力机制却被忽视了,这恰恰是一个大国持续崛起的精髓。"这是为什么? 为什么"自我发展的动力机制却被忽视了"? 苏联的社会结构又是怎样形成的? 为什么说它"是一种典型的传统经济体制的再版"? 为什么"这种社会结构虽然能使苏联实现工业化,一时崛起,但它无法使其持续崛起,它不能对自身进行分化整合"? 为什么"苏联

---

① "社会结构",见百度《360 百科》,https://baike.baidu.com/item/社会结构/82310? fr＝aladdin。

的思想文化被高度垄断,社会舆论具有高度的一致性。全国的舆论最后统一于斯大林等国家领导人。一切外来的思想、学术都被贴上了阶级斗争的标签,科学领域只有一个声音。国家和整个社会都处于一种休眠状态。新思想、新主张还没有发芽就枯萎了"？它为什么是"单一的社会结构"？为什么这种"社会结构只能靠模仿为生,而不能创新。一旦模仿的潜力耗尽,它的根本弊病就暴露出来了,整个国家也就失去了持续发展的动力"？这种社会结构又该怎样去改造？而新型的社会结构又将为何物？要使用哪一类社会结构才会赶上西方发达国家,并超过它们？所有这些,都成了问题。

(二)社会结构与权力结构

首先,我们看一看权力结构是什么:(1)国家(或地区)系统是指在某国家(或地区)范围内,由元素(个人或集团)用权力相互粘结起来的整体。(2)我们知道:在这个系统中,凡是权力相关的两个元素,都被权力相互粘结起来了。所以,我们将这样形成的系统结构,称为权力结构。(3)那什么是权力呢？权力在本质上是带强制性的支配力,即支配别人或别的(社会性)元素——个人或集团的行为,强使别的元素放弃自己的意愿而服从支配者的意愿。或者说,权力是一些元素可以用来控制另一些元素主导社会行为以符合控制要求的一种带有强制性的支配能力(这同传统的定义几乎是一致的)。

从上述权力的定义可知:任何权力都是产生于两个元素之间的。我们把存在权力关系的两个元素称为权力相关的两个元素,而若两元素之间不存在权力关系,则称为权力无关的两个元素。通常,我们把两元素分别用两个点来表示,而把两元素之间的权力关系用联结这两点之间的一条线来表示,并用线上的一个箭头来表示权力的指向(其中,箭头指向的点表示权限的行使对象,而箭头背向的点表示权限的行使主体)。[①]

其次,再来看一看社会结构的实质。我们看到,它的"学术定义"

---

① 潘德斌、颜鹏飞、吴德礼、王长江、赵凯荣、陈国荣等:《中国模式:理想形态及改革路径》,广东人民出版社2012年版,第3页。

中说:"一般认为社会结构是指社会诸要素稳定的关系及构成方式,即相互关系按照一定的秩序所构成的相对稳定的网络,社会结构的主要内容有群体结构、组织结构、社区结构、制度结构、意识形态结构。社会结构是根据社会需要而自然形成或人为建立起来的,社会结构运行的过程也是社会结构发挥其社会功能的过程。当社会结构运行遇到某些障碍或产生某些病变的时候,社会结构预定的社会功能随之遭到破坏,要么该功能萎缩退化;要么该功能扭曲变形,偏离预定轨道;要么该功能嬗变转化。这些都是功能性失调,因此而产生的社会问题就称之为功能失调性社会问题。如官僚主义、以权谋私、贪污受贿等社会问题就属于这一类社会问题,这些社会问题由于社会组织结构的病变或障碍而产生的。"①

把权力结构与社会结构两相比较:

首先,"一般认为社会结构是指社会诸要素稳定的关系及构成方式,即相互关系按照一定的秩序所构成的相对稳定的网络,社会结构的主要内容有群体结构、组织结构、社区结构、制度结构、意识形态结构。"这一条与权力结构是一致的,权力结构构成了一定的社会秩序(如树序或果序),这是几百年乃至几千年都不改变的"稳定网络"②,并构成了社会的"群体结构、组织结构、社区结构、制度结构、意识形态结构"等结构关系。

其次,"社会结构是根据社会需要而自然形成或人为建立起来的,社会结构运行的过程也是社会结构发挥其社会功能的过程。"这一条与权力结构也完全一样,如中国现行的树结构体制,就是在"商鞅变法"后二千多年的改朝换代中"自然形成"的。或者说,我国的树结构体制是如下"自然形成"的:

"商鞅创立了树结构体制,大约在 13 世纪之初,蒙古入侵中国,

① "社会结构",见百度《360 百科》,https://baike.baidu.com/item/社会结构/82310? fr=aladdin。

② 潘德斌、楚渔:《秩序与问题》,中国出版集团、世界图书出版公司,2014 年版第 46—48 页。

建立起中国元朝,接受了传统的中国文化及政治制度。由于蒙古对俄罗斯的入侵,就把以树结构为权力结构这一套搬到了俄罗斯,使俄罗斯又接受了中国的这种树结构体制。在 14—16 世纪,'罗斯争取独立和统一的过程加强了它的东方化趋势,为了生存而进行的斗争要求集中一切力量,于是形成了臣民必须绝对服从君主、忠于东正教信仰的社会意识;莫斯科大公和沙皇不但继承了(蒙古)金帐汗的绝对权力,而且使全部土地成为他们的私产','俄罗斯中央集权国家逐步形成'①。'1480 年,罗斯摆脱了金帐汗国的统治。然而,从外族统治下获得解放并未改变罗斯社会政治和经济的东方化进程。沙皇政权严密控制全部社会生活和文化生活,实行自我封闭政策,从而使莫斯科公国与欧洲文明几乎隔绝。"②

"这就是说,俄罗斯就接受了(中国的)树结构体制。后来,斯大林又把'社会主义'建立在树结构体制之上,而我国又从苏联学回了这种'社会主义模式'"。③

第三,"当社会结构运行遇到某些障碍或产生某些病变的时候,社会结构预定的社会功能随之遭到破坏,要么该功能萎缩退化;要么该功能扭曲变形,偏离预定轨道;要么该功能嬗变转化。这些都是功能性失调,因此而产生的社会问题就称之为功能失调性社会问题。如官僚主义、以权谋私、贪污受贿等社会问题就属于这一类社会问题,这些社会问题由于社会组织结构的病变或障碍而产生的。"

这里所说的"功能失调性社会问题"其实就是指树结构存在的问题。因树结构不能"体现"出社会主义属性内容的实质,"如社会主义属性内容规定的'人民民主',但树结构体现出来的却是'为民做主'(即官员为民做主);社会主义属性内容要求的'按劳分配',但树结构体现出来的却是'按权分配';在树结构体制下,'法治'变成了'人

---

① 姚海:《俄罗斯文化之路》,浙江人民出版社 1992 年版,第 1—8 页。

② 潘德斌、颜鹏飞等:《体制转型的实质及法则——从沙俄的改革谈起》,新华出版社 2017 年版。

③ 潘德斌、颜鹏飞等:"体制转型的实质及法则——从沙俄的改革谈起",《序》第 4 节,新华出版社 2017 年版。

治',活生生的人却变成了'只能按上级指令运转'的螺丝钉……"①

"权力结构论"能够回答本文第1节中所述的种种问题：

如美国的社会秩序为果序，它是当今世界各国较好的宏观秩序。虽然，从理论上讲，由外果内果结构②的建立形成的社会秩序，才是世界上最好的社会秩序，但两者所决定的社会秩序是一致的，都是由其中的外果结构决定的，即美国的社会秩序是当今现实世界各国最好的一类宏观秩序。它与西方各发达国家的社会秩序是一类的，邓进教授等之所以认为"美国社会结构的宏观有序程度远远超过世界上所有的国家"主要因它是果序的国家，比所有树序国家要好；而同其他果序的西方国家相比，主要因美国较大，权力结构最小，这表明其国家制度第三层次——法规细则更开放等有关，例如，美国不准政府办报纸、电台及媒体，也就是说，它把报纸、电台及媒体等宣传机构也从国家的权力结构中扯出去了，使国家的权力结构变得最小了。这也体现了"法规细则"层次更彻底地放开，等等。

"从英国那里继承了市场经济制度和法治传统，并进行了长期的自治实践，建立起健全的市场经济体制、良好的法治环境，形成了多元文化。"其中，它的最根本之点就是果结构体制的建立，从而保障了市场经济的良好运行及法治的确立等。③

为什么"在美国，（能够）汇集全世界最奇妙和最纷杂的思想、最聪明和最零乱的思路、最清楚和最不可理喻的逻辑、最惊人和最怪诞的行为"？由于权力是采用的"异权分割法"来获得的"现代权力"，这决定了果结构体制建立的是一个"去意识形态化"体制的国家制度

---

① 潘德斌、楚渔、尹光志、王鸿生、熊传东、丁爱辉等：《秩序与问题》，世界图书出版公司2014年版，第21页。

② 外果内果结构，即指果结构体制中作为集团的元素的内部结构亦为果结构。现代西方国家一般都是外果内树结构，估计要在100年后，世界上才有外果内果结构的建立。

③ 潘德斌、颜鹏飞、吴德礼、王长江、赵凯荣、陈国荣等："中国模式：理想形态及改革路径"，《法律的运行（即实施）条件与法治社会的建立基点》，广东人民出版社2012年版，第166—179页。

137

美苏崛起之实质比较、传统中国的内核与"社会达尔文主义"的局限性

（即使有一类"意识形态"存在，它也只不过是"为政治生活提供指导方向和价值目标"，而不"要求公民无条件信仰"）。在这种社会中，由于"人权"的存在，人们享有"自由竞争"的前提条件（即对竞争失败者的一种因"人权"的存在而拥有的一种"宽容"）。这样，西方发达国家就是一个允许"自由竞争"的国家制度。它恰好是把"'竞自由'的人的本性"与"崇尚自由"的制度两者结合起来的国家制度。自然，在这种社会中，什么"稀奇古怪"的东西都可以出现了，只要你想得到的，不管是什么"思路、逻辑、行为"，只要上得了台面的（指必须在统一法规范围之内或更准确地说：在法律没有明文规定不允许的范围之内的），都可以拿出来遛一遛，让人们在实践中看一看谁是驴、谁是马？这是一个生产力得到充分解放的国家制度，也是一个尽量"反假、伪"的国度（因必须要通过社会实践这一关，就极大量地消除了许多"假"、"伪"东西的存在）。

为什么"这比起那些政教合一的社会，人们都按一个人的思维模式去想问题，按一个人的行为模式去处理问题的社会要复杂得多"？

这还用说吗，当然如此了。这类社会，能够"政教合一"、"按一个人的思维模式去想问题，按一个人的行为模式去处理问题"，必须是权力高度集中的社会，广大人民应该是"唯上、听上级的话"的好民，这类国家一般是以树结构为权力结构的国家，而西方国家的社会，是以果结构为权力结构的社会，它是"还权于民"的社会，其秩序（为果序）、状态（为法治）、稳定性（为动态）等，当然，西方社会比这类社会自然要"复杂得多"了。

"美国之所以不仅能崛起，而且能持续的崛起，并保持领先地位，根本原因就在于它建立了高度有序的社会结构，拥有世界上最强大的现代化动力机制"的根源在哪里？

根源就在于果结构体制的建成。在这种体制下，有了"自由竞争"，有了社会良序，有了世界上最好的稳定性（由"动态稳定性"决定的社会稳定性），人们有了"自由、民主、法治、公平、正义及人权"等。它是一个让生产力极大地解放的制度。正因为它在权力结构方面领先于世界，所以它才"拥有世界上最强大的现代化动力机制"。不仅如此，美国等西方国家还四处鼓吹、推销他们的制度，但一百多年以来,却遭到了东方国家最强烈的反抗。这种反抗,连发达国家制度中的合理部分(如其中权力结构的合理性),也一同被扔掉了。

又如,苏联"社会结构的改造,即建立一个能够促进社会自我发展的动力机制却被忽视了,这恰恰是一个大国持续崛起的精髓。"这是为什么? 苏联的社会结构又是怎样形成的?

为什么说它"是一种典型的传统经济体制的再版"? 为什么"苏联的思想文化被高度垄断,社会舆论具有高度的一致性。全国的舆论最后统一于斯大林等国家领导人。一切外来的思想、学术都被贴上了阶级斗争的标签,科学领域只有一个声音。国家和整个社会都处于一种休眠状态。新思想、新主张还没有发芽就枯萎了。"?

原来,苏联体制中的"权力"是采用"同权分割法"来获得的一种"传统权力",这决定了"苏联模式"中树结构体制的建立。而树结构是封建社会的优化结构,它能体现出封建社会的"优越性"及原则。又由于权力结构类型决定了社会秩序(如树序或果序)、社会状态(如人治或法治)、社会稳定性方式(如"静态稳定性"及"动态稳定性")等。于是,从体制的构建上容易看出:"苏联模式"与以树结构为权力结构的俄国沙皇体制是同构的(指它们的权力结构为同一类型)。即它们的社会秩序、运行状态、稳定性方式等都是一样的。这就深刻表明了:"苏联模式""是一种典型的传统经济体制的再版"。这种国家,由于"静态稳定性"的需要,它必须"唯上,听上级领导的话"来获得国家的稳定性。故它必然是"思想文化被高度垄断,社会舆论具有高度的一致性。全国的舆论最后统一于斯大林等国家领导人。一切外来的思想、学术都被贴上了阶级斗争的标签,科学领域只有一个声音。国家和整个社会都处于一种休眠状态。新思想、新主张还没有发芽就枯萎了"的国家。我们知道,"在果结构为权力结构的体制之下,马克思主义就是马克思主义,非常接近真实、实事求是;在树结构为权力结构的体制之下,马克思主义有可能被扭曲为'(国家)最高领导人理解的马克思主义'"。所以,"苏联的思想文化被高度垄断"的状态是可以理解的:它只能把"一切外来的思想、学术都被贴上了阶级斗争的标签,科学领域只有一个声音。国家和整个社会都处于一种休眠状态。新思想、新主张还没有发芽就枯萎了"(这都是为了维护树结构之下的"稳定"之需)。

创新,一般来说都是个人或其朋友圈的行为所然,但在"苏联模式"中,任何"创新"的前提,是需要组织的批准,得不到组织批准的"创新",只不过是"无稽之谈"。而能够获得组织批准的"创新",大多是人们都能理解的东西,这就很难说是"创新"了。故在树结构体制下,主要的"创新",都源于模仿(因这是世界上已有的东西或比较成熟的思想,很容易被别人理解)。于是,在树结构体制的社会中,"只能靠模仿为生,而不能创新"。这样一来,"一旦模仿的潜力耗尽,它的根本弊病就暴露出来了,整个国家也就失去了持续发展的动力"。也正因为如此,我们才称树结构体制下的社会会是"单一的社会结构"的社会(只允许某种思想存在的单一的社会结构,正是树结构)。作为容器的树结构体制,其生产力容量也是有限的,而果结构的生产力容量为∞(无穷大)。①

美国"较快地建立起现代社会发展动力机制,较顺利地完成了向现代社会转型的世界大国。"这里,其根本之处就在于,美国果结构体制的建立。② 中国也一样,若没有(社会主义)果结构体制的建立,就根本不能"建立起现代社会发展动力机制",更不可能"完成向现代社会的转型"。有关情况可参见《权力结构论(2)》第四章第5节。

由此可见,社会结构应包含权力结构。除去掉社会结构中非权力结构的部分(若存在这一部分的话,我们想来必是可有可无的部分了)。如从社会结构决定社会秩序(包括其轨道及规则两部分)来看,社会结构除开权力结构之的部分,其实已不重要。所以,我们认为,社会结构包含了权力结构。这样,定义不明确的社会结构就用定义十分明确的权力结构代替了。

(三) 传统中国的内核及其变革

因商鞅变法提出的郡县制(即树结构体制)的建立,才有"商鞅的变法让秦国崛起,……也改变了中国人"。如"从春秋,到唐宋,再到

---

① 彼得·狄肯斯:《社会达尔文》,吉林人民出版社2005年版。
② 郑连根:"春秋时期弄潮儿的命运",《同舟共进》,2013年第1期。

明清，中国人的形象落差之大，……春秋时期的中国人，品格清澈；唐宋时的中国人，雍容文雅；及至明清，中国人的品质却大幅劣化，麻木懦弱，毫无创造力。"①

注意：张宏杰（历史学）博士这里所说的中国国民性从秦到清的"改变"，主要是指"商鞅变法"之后，由于人们在树结构体制之下的"中国国民性"，随着国家制度中"法规细则"层次更倾向于权力结构的"树性化"（如唐宋开始的对人才选举的"科举"制度，在于进一步控制知识分子的思想；明代的"特务治国"及"清代：世人皆为奴隶"的种种政策的实施，在于进一步控制人的行为。②如"清代皇帝们积三百余年努力，建立了中国历史上最缜密、最完善、最牢固的专制统治，把民众关进了更严密的专制统治的笼子里。纵向对比中国历史，清代是中国历史上民众权利被剥夺得最干净，意志被压制得最麾弱的时代。康乾的盛世监狱精心塑造出来的国民，固然是驯服、听话、忍耐力极强，却无法挺起腰板，擦亮眼睛，迎接扑面而来的世界大潮"）这些措施的采用，就进一步促进了树结构功能的发挥，使"权力更加集中"。这样，虽然进一步驯化了人们的"驯民状态"，但同时，也进一步降低了人们的自由度及创造性，促进了中国人形象的"大落差"、中国人的品质的"大幅劣化，麻木懦弱，毫无创造力"而改变的。这种变化，只不过是在树结构体制之下中国国民性"量"的变化，即对人们的"顺服"程度不同罢了。因"质"是由权力结构为树结构而决定的：树结构的存在，从根本上决定了中国国民性的劣根性，而不同朝代中各项政策的不同，只是国民性劣根性（"量"值的）差异不同罢了。

例如，张宏杰博士在上述书籍《中国国民性的演变历程》的自序中通过公共汽车上老人的"拘谨"，抗日战争中一个村的三百多位村民在日本鬼子的逼迫下"挖坑埋自己"，长途车上一人强奸多名少女，车上竟无一人表示反抗意见（其中还包含一个女孩的亲哥哥）等例子指出："这种'顺民神态'告诉你，他们准备在任何公权力、暴力和不合

---

① 张维迎："中国数千年为什么不长进"，《时代屋》，2015 年 4 月 20 日。
② 何云峰："警惕社会达尔文主义撕裂中国"，《探索与争鸣》，2016 年第 9 期。

理现象面前低头。无论什么时候,他们都会选择顺从,而不是反抗。是什么,造就了中国人独一无二的'顺民性格'?""是中国独特的历史和独特的政治文化"。

"在现代化的外衣之下,传统中国的内核正在如几千年前一样安详地、不动声色地、可怕地静静旋转。这种传统与现代的交错,造成了中国社会的变幻莫测、光怪陆离。这种错综复杂,不但让外国人迷惑,也让中国人眩晕。世界诸多重要国家中,只有中国的现代化进程最为崎岖曲折,多次重复缴纳高昂的学费,依然在同一个地方不断跌倒。西方国家的事物移植到中国,似乎逃不了被染上'中国特色'的命运。到现在为止,在中国人与中国人的面对面斗争中,成功者无一不是更'中国'的人。在晚清,慈禧太后与康有为、梁启超等人的斗争中,那个深懂中国权力运作机要的老太太胜了。在民国初,从海外回来的孙中山被土生土长的官僚袁世凯轻而易举地打败了。"①

关于这一点,原因是由于康有为、梁启超,包括后来的孙中山,都没有建立起果结构体制来,或者说,康有为、梁启超及孙中山等,是在用赤裸裸的"热血"与树结构体制相拼博,他们的失败几乎是必然的。如果康有为等人建立起了果结构体制(并让它稳固运行二十来年的)之后,那么,就算有 100 个慈禧、1000 个袁世凯也不是康有为等人的对手,而必将一败涂地。所以,我们应该看清这一点。认识到:康有为、梁启超、孙中山的失败,是被慈禧、袁世凯扼杀于摇篮中的失败,是康有为等人还没有成气候就把康有为等人打下去了。若不把这一点看清楚,很可能把中国的后世之人都吓坏了,他们可能误认为中国国情只适合于树结构体制,中国模式只适合权力结构为树结构的歪念。若是那样,就是天大的错误了。

张宏杰博士在《中国国民性的演变历程》一书的腰封上指出:"鲁迅、柏杨、龙应台,一代代精英反思、批判、痛骂甚至诅咒国民劣根性,梁启超、陈独秀、胡适,各派知识分子殚虑,提出种种国民性改造方

---

① 曹叔亮:"教授从'政'现象为何愈演愈烈",《社会科学报》,2016 年 5 月 19 日。

案,为何'因人素质太低'之音仍然不绝于耳? 近百年来我们错过了什么? '国民劣根性'的改造从哪里开始?"

"痛骂甚至诅咒国民劣根性"是没有用的,各派知识分子"提出种种国民性改造方案"也没有完成国民性的根本改造,原因是由于这些"改造方案"没有抓住中国国民性低劣的根本原因。其根本原因就在于我国二千多年以来,国家制度中的权力结构一直都为树结构所致。只有破除树结构体制,建立起果结构体制来,就会彻底改变中国国民性性格。果结构体制的确立,也就是中国国民性改造的正式开始。

1949年以后,虽然解放了,即"天变了"但"道没变"(因中华人民共和国仍然建立在树结构体制之上,结果是社会秩序没有变,特别是社会的运行轨道没有变。还是慈禧"那个深懂(的)中国权力运作机要的老太太"的经验也没有改变)。改革三十多年以来,我们虽然引进了市场经济,但市场经济的良好运行,只适合于果结构体制。然而,我们却把市场经济同传统的树结构硬绑在一起,才"造成了中国社会的变幻莫测、光怪陆离"。中国的现代化进程之所以"最为崎岖曲折,多次重复缴纳高昂的学费,依然在同一个地方不断跌倒",这个"跌倒"之地就因为是人们还在千方百计地固守树结构体制的结果。如果哪一天人们认识到这一点,就表示着我们现代化起步即将来临。而社会主义果结构的建立,便是中国现代化的正式开始。

"因此,认识清楚古老中国的内核,是生存在这片土地上的人必须做的。这是我们走下去的前提和基础。"张宏杰博士在《中国国民性的演变历程》一书的"内容简介"中说:"作者认为是落后的制度造成了中国人的劣根性。近代以来,从梁启超、胡适到鲁迅等人,都为改造国民性付出了艰辛的努力,但收效甚微,其根源在于制度建设与国民性改造之不同步。中国人身上并没有'过滤性病菌',要改造国民性,必须从制度方面去努力。"

为什么"从梁启超、胡适到鲁迅等人,都为改造国民性付出了艰辛的努力,但收效甚微"? 究其原因,是因为他们都没有看透某民族的国民性形成的最根本之点,是这个民族形成的国家制度建立在权力结构为树结构之上。只有铲除了树结构,把我们的体制建立在果结构体制之上,即改变了"传统中国的内核",我们才能彻底改造中国的国民性。

张宏杰先生建议"要改造国民性,必须从制度方面去努力",这个大方向是对的。但在这浩瀚的国家制度之中,需要改造的是哪一部分呢?其"内核"又是什么呢?很显然,不是我国当今优越的社会主义属性内容(即国家制度的第一层次),而是二千多年以来,建立在中国国家制度中的树结构层次,它的存在既没有"体现"出社会主义的优越性及原则,又决定了中国人"顺民性格"等国民性格。从该书或另一著作《中国模式:形想形态及改革路径》知道,树结构就是"传统中国的内核"。中国的改革,必须从变革它的"内核"做起,在坚持中国共产党的领导下,最多用一百年时间,就完成了对"传统内核"的改造,建立起社会主义果结构体制来。

又如,笪志刚先生指出:"中日韩国民性格存在明显差异。……日韩国民性在战后文化变革中,其基因具有更多的欧美国民性格和多元元素。"为什么呢?注意:笪先生这里所说的是"战后",即"二战之后"。原来,日韩在"二战之后",都改变了它们原有的"传统内核",把权力结构都建立在果结构之上,并让它稳固下来。正是这类果结构体制的存在,从而也变革了日韩的(主流)文化、改变了国民性格。而中国,内核没有变,(主流)文化也没有变,故中国国民性格不可能发生"质变"。[①]

只有把社会主义建立在果结构体制上,才能极其充分地改变中国的国民性,并"体现"出社会主义各种的优越性及原则来。

(四)"社会达尔文主义"的局限性

1877 年,英国哲学家、社会学家赫伯特·斯宾塞(Herbert Spencer)提出了他的社会达尔文主义,其大意是指,把生物界的适者生存,优胜劣汰,能者为王等动物世界的竞争规律,简单地运用于人类社会生活,成为人类社会生活指向。尽管"社会达尔文主义"这词

---

① 曹林:"别将'法制'误读为'管制'",《中国青年报》2012 年 12 月 23 日及周华蕾:"给官员们讲政治",《文摘周报》2010 年 10 月 22 日摘自《南方周末》。

在 20 世纪三四十年代才真正被大家广泛采用,但他的这种理论,于 19 世纪 70 年代就开始盛行于英国、北美和西欧了,并成为一种社会思潮,被早期资本主义社会吸纳为主流社会意识形态。斯宾塞被称为"社会达尔文之父"。

在关于《社会达尔文》一书的内容简介中说:"现代社会科学概念最受诟病的恐怕就是社会达尔文主义了,它因为和优生学等这样的伪科学的纠缠,几乎是身败名裂。而且,在后现代主义所开列的现代性的罪状里,它也首当其冲。社会达尔文主义虽然有着糟糕的名声。可是正如作者在《导言》里坦言的,作为一个社会科学概念本身,它本来是局限在一个有限层次内,可是在后来的延伸中,它被发展成一个神秘主义式的可怕的广泛适用原则,这种滥用其实只是一种荒唐的类比,并最终败坏了它。而且,即使发生了纳粹那样的种族清洗的可怕事件后,这类的滥用还在继续。尤其是在人们掌握了基因技术,而这类的资源往往又控制在有权力的人手里,情况显然更加严峻。"而"控制在有权力的人"手里的"权力"又是由"同权分割法则"确定的、几乎不受制约的"绝对权力"时,就算再"听话"的人,也会闹出一些"群体性事件"来。

其实,早在两千多年前,中国就存在这种"社会达尔文主义"的"想法"了(尽管当时还没有形成一种大面积范围内的"思潮")。商鞅当时提出的树结构体制的建立,他就自认为是一种"霸道",而不是一种"王道",也不是一种"向尧舜禹学习"的"善道"的理论。商鞅的理论,它其实强调的就是动物世界中"弱肉强食"那一套,难怪,上海电视大学鲍鹏山教授将它称之为"中国专制统治最黑暗的核心"。而商鞅建制的理论的实质,其实就是斯宾塞的"社会达尔文主义"。而更加要命的是,商鞅把这种"要命的想法"建立在国家制度的第二层次——权力结构之上。反过来,这类权力结构又决定了人们(树结构类)思想文化的产生。于是,这种对人的"残酷"就不可能再像某种"社会思潮"那样总有消失的时候,如上述斯宾塞的"社会达尔文主义"思潮在第二次世界大战结束时就结束了。但这种固定于国家系统权力结构之上的"想法"会由于权力结构的固化而把由它决定的某些"意识"也固定下来,从而变成长期固化人们的"思想"。且随着这种思想的长期存在,人们反而会觉得这它是一种可以被社会实践检验为正确的"真理"。

我们知道,树结构在中国已经存在二千多年了,"官本位"、"特权"、"既得利益集团"等思想及现象也就跟着存在二千多年了。并且,这种思想几乎成了人们习以为然的"必然真理"。这正如北京理工大学胡星斗教授所说:商鞅的这种"变法"实质上"是一部知识分子为了集权政治而牺牲独立人格和自由的历史。以树结构体制来剖析历史中国,尤其清晰、深刻。"①是人们用自我"创新"的牺牲而维护着国家的"静态稳定性"。而这种"牺牲"往往是不顾民族利益、国家利益的,也是血淋淋的赤裸裸的牺牲。

举一个由于"按上级指令办事"而牺牲"民族利益、国家利益"的例子,如明朝的郑和曾七下西洋,他的航行比哥伦布发现美洲大陆早87年,西方学者专家们也承认,对于当时的世界各国来说,郑和所率领的舰队,从规模到实力,都是无可比拟的。但郑和为什么没去发现美洲?就在于郑和本身的意识,因他生活在树结构体制之中,严格养成了按旨意办事、讨好皇上等观念。而头脑中丝毫没有"闯荡世界"、"认识世界"等的非旨意的"杂念"。而他的七下西洋不过是为了完成旨意、讨好皇上罢了。如果郑和发现了美洲,可能中国人更早移民美洲,这将大大降低中国大陆人口的压力……这对中国民族及国家来说,都是一项巨大的损失。这也是习惯于按指令而缺乏"创新"行事的例子。在树结构统治中国的二千多年的时间内,我们不知扼杀了多少机遇、多少人才。树结构的存在,致使中国数千年"不长进"②。

也正是树结构的存在,在中国的现实社会中,才出现了被上海师范大学何云峰教授所说的"分类固化和歧视化、威权常态化、胜者光环化"等,"这些社会达尔文主义行为",它们"会严重玷污'社会主义'一词。……与社会主义核心价值所倡导的观念是不相吻合的",国家执法者,是否"隐藏着一条共性的逻辑强者跋扈的社会达尔文主义逻

---

① 商鞅等:《商君书》,中华书局 2009 年版。见鲍鹏山解(视频):《商君书》,上海图书馆,2012 年 2 月 29 日。

辑正成为一种压迫力量,并向我们袭来,我们每个人都有可能被这种逻辑所裹挟。"这种强者的逻辑,其实就是建立在树结构体制上,长期以来"执法"不受制约,"过程"全靠自己"解释"而形成的一种强者的"权力傲慢"。这种"傲慢"会把"法治"变成"管制",而这根本就"体现"不出一种社会主义的"法治"现象及精神。树结构体制的存在,是对中国的一种严重的"撕裂"。

在资本主义果结构条件下,由于果结构的性能比较优秀,因权力结构建立在果结构之上,就从根本上废除了"官本位""特权""既得利益集团"等思想及现象的产生根源,从而不再有"分类固化和歧视化、威权常态化、胜者光环化"等这些"社会达尔文主义行为"的出现。而仅仅保存在"法规细则"层次内的或人们思想领域的"社会思潮",都很容易成为"过去"。如风靡资本主义国家的"社会达尔文主义"不是在二战结束时也一起结束了吗? 这就表明:只有社会主义果结构体制的建立,才能横扫一切由封建残余,即由树结构所"体现"出来的"封建残余"。(社会主义)果结构体制反而能"体现"出真正的社会主义来。

更可怕的是,在树结构体制下因人们往往不能"讲真话",以免回避官场的"逆淘汰",从而产生了一批如北京大学著名学者钱理群所说的"精致的利己主义者","他们高智商,世俗,老道,善于表演,懂得配合,更善于利用(树结构)体制达到自己的目的。这种人一旦掌握权力,比一般的贪官污吏危害更大。我们的教育体制,正在培养大批这样的'有毒的罂粟花'"。这说明,在树结构之下那些"唯上""听上级话"者,也未必是社会主义的可靠接班人。但一般说来,树结构之下领导者的素质是需要排在首位的,而不像果结构体制下那样,并不需要把领导者的素质放在首位。这就使我们在树结构体制下碰到了一个"两难"的问题:一方面,我们需要高素质的人才,另一方面,树结构之下"人的素质"往往又是不可预先知道的(有时,你想大概知道都不可能)。

其实,在钱理群所说的"精致的利己主义者"中,绝大多数人也是在树结构体制之下的一种无奈,一种人在屋檐下不得不低头的选择(他们是用"自身自由"的缺乏及"自我创新"的浇灭来换得看上去被某种体制人为树造的"自身辉煌")。这说明：树结构体制之下的"创新"是极其有限度的，而邓进教授等结论："社会结构（这里指树结构——作者注）只能靠模仿为生，而不能创新。一旦模仿的潜力耗尽，它的根本弊病就暴露出来了，整个国家也就失去了持续发展的动力"①是正确的。这也是"社会达尔文主义"的局限性：即使把反映出"社会达尔文主义"思潮的体制，建立在权力结构的层次之上。在这种体制下，为了国家的（静态）稳定，人们也愿意"唯上"、愿意牺牲"自由"与自我的"创新"，但树结构体制本身，却存在邓进教授等上述所说的局限性，从而使其竞争不过果结构体制。这就深刻说明，树结构实在是中国应该抛弃之"物"了，我国应该积极推行"政改"，即对树结构进行类型转换，最终建立起（社会主义）果结构体制来。

① 邓进、胡瑞："美国、苏联崛起的必要条件与充要条件及对中国的启示"，《西伯利亚研究》2008 年第 5 期。

刘建良①

中国特色社会主义公民意识教育路径探析

（上海师范大学　上海　200234）

社会主义公民意识教育的实践既是社会主义公民意识教育原则贯彻、目标实现的保障，也是构建和完善社会主义公民意识教育体系的基础。从当前我国的公民意识教育的具体实践来看，党和政府是公民意识教育的主导力量，家庭、学校、社区和大众传媒是社会主义公民意识教育的四个基本的渠道，其中家庭是公民意识教育的起点，学校是公民意识教育的主渠道，社区是公民意识教育的重要实践场所，大众传媒是公民意识教育的有效载体。

（一）党和政府是公民意识教育的主导力量

党和政府作为国家教育事业的领导者和管理者，在社会主义公民意识教育的推进和发展中起着不可替代的主导作用。可以这样说，没有党和政府的积极推动就不可能有成功的公民意识教育。

首先，从我国公民意识教育的兴起与发展过程来看，1982 年《关于中华人民共和国宪法修改草案的报告》中明确提出要"养成社会主义公民意识"，到 2007 年在党的十七大报告中明确提出要在全社会"加强公民意识教育，树立社会主义民主法治、自由平等、公平正义理念"②，

---

① 作者简介：刘建良（1978—　　），男，汉族，山东莱阳人，博士，副教授，上海师范大学马克思主义学院思想政治教育系主任，主要从事思想政治教育研究。

② 胡锦涛：《高举中国特色社会主义伟大旗帜，为夺取全面建设小康社会新胜利而奋斗——在中国共产党第十七次全国代表大会上的报告》，《中国共产党第十七次全国代表大会文件汇编》，人民出版社 2007 年版，第 29 页。

再到 2010 年将"加强公民意识教育,树立社会主义民主法治、自由平等、公平正义理念,培养社会主义合格公民"写进《国家中长期教育改革和发展规划纲要(2010—2020)》,以及社会主义公民意识教育在学校和社会的开展,这其中的每一次进步都是在党和政府的推动下实现的。

其次,公民意识教育具有鲜明的意识形态属性,因此党和政府必须加强对社会主义公民意识教育的领导和管理,确保其正确的政治方向,确保其服从和服务于党和国家的教育方针和教育目标,不断为社会主义现代化建设事业培养合格的公民。

再次,党和政府是在社会层面开展公民意识教育的最主要的主体,如在我国公民意识教育中行之有效的法制宣传教育活动、公民道德建设活动等都是由党和政府来直接实施的。其他如"世界水日"(每年 3 月 22 日)、法制宣传日(每年 12 月 4 日)等与公民意识教育直接相关的重大纪念活动的开展都是在党和政府的领导下进行的。

最后,从我国公民意识教育的现实需要和未来发展来看,政府的作用也是不可或缺的。这是因为我国的公民意识教育开展的时间还不长,存在的问题和挑战还比较多,需要发挥政府的主导作用,整合我国公民意识教育的社会资源、统一我国公民意识教育的整体规划、监督我国公民意识教育的实施过程并评价其效果、推动我国公民意识教育的相关理论和实践研究工作,并在此基础上最终构建起中国特色社会主义公民意识教育体系。

(二)家庭是公民意识教育的起点

每个公民都是出生在家庭之中并在家庭的熏陶下长大成人最终走上社会的,家庭是公民成长和公民意识教育的起点。一般来说,孩子最初的语言习得、生活习惯、思维方式、情感表达、价值取向等都是来自于家庭,家庭作为建立在婚姻关系和血缘关系(也包括收养关系)基础上的社会生活单位其成员之间的人际关系、日常行为、处世方式和价值观念等都会对孩子产生潜移默化的影响,当然这种家庭生活对孩子的成长所产生的教育作用是无意识的,但却又是影响深远的。与此同时,家庭还会积极主动地对孩子进行有意识的、有目的的培养和教育,帮助孩子逐步建立起能够适应社会规范和要求的行为能力和价值观念。

从公民意识教育的角度来看，家庭成员的结构组成、角色定位、素质高低及其所表现出来的在家庭决策中的民主或专断的氛围、处理具体问题的方式方法等都会对孩子的公民意识启蒙产生直接的影响。这种影响具有两种可能，如果一个家庭及其成员与主流社会的公民意识的价值取向是相一致的，则会对孩子的公民意识的养成起到积极的促进作用，如果家庭成员自身公民素质水平不高、公民意识欠缺，则会对孩子公民意识的养成产生消极的影响。而在家庭成员对孩子主动的启蒙教育中，其自身公民意识及能力就更加会对孩子的公民意识养成产生直接的影响。从这个意义上来说，要提高整个社会公民意识教育的水平，一方面要认识到社会成员整体上公民意识水平的提高需要一个渐进的过程，另一方面也要高度重视家庭教育的作用，因为家长的公民意识水平对儿童公民的培育具有最直接的影响。由此出发，提高全体公民的公民意识对于未成年人公民意识的培育就显得非常重要。

从公民意识教育的实践过程来看，随着时间的推移，学校将取代家庭成为孩子公民意识养成的主要渠道，但是就个体公民意识的培养而言，家庭仍然具有一些优势并能起到积极的促进作用，这主要体现在以下几个方面：其一是家庭教育可以做到生、养、教相结合，做到寓教于养。生养并教育孩子是家庭的基本职责和功能之一，家庭成员尤其是家长在养育孩子、呵护孩子成长过程中，也必然会以其言传身教对孩子的公民意识的形成和发展产生潜移默化的影响。家庭这种寓教于养、教养结合的公民意识教育方式是其他任何教育方式都无法取代的。其二是家庭成员以其特殊的血缘亲情关系可以在对孩子的公民意识教育中做到寓理于情，情理结合。家庭中这种教育者（主要是家长）和受教育者之间的特殊的亲情关系无疑对于公民意识的培养具有积极的推动作用，并且是学校教育中的师生关系所难以比拟的。其三是家庭教育具有个性化的特点，可以针对孩子的具体表现和实际需求进行有的放矢的、"一对一"的教育，可以随机灵活选择适合孩子的教育方式、方法和手段，能够真正贯彻因材施教的教育规律和要求。

当然家庭教育的优势并不能掩盖其中存在的诸多问题,如过度溺爱问题、代沟问题、家庭教育学校化问题等等。但正是因为家庭教育对于公民意识的养成具有非常重要的作用,所以在社会主义公民意识教育中要发挥家庭教育的积极作用就必须在努力提升家长公民意识水平的同时帮助其树立科学的家庭教育理念。

(三)学校是公民意识教育的主渠道

我国学校教育在承担各门文化课程教学、知识传授任务的同时,还要将德育、将促进人的全面发展放在首要的位置。因此,在我国,学校是贯彻落实社会主义公民意识教育方针政策的最主要的场所,是有计划、有组织、有目的地系统实施公民意识教育的主渠道。相比于家庭公民意识教育,我国学校公民意识教育一方面要系统地教授学生关于公民意识的有关具体的知识,另一方面也要积极培养学生的公民能力,促进学生公民意识水平的提高,为将来踏入社会成为一名合格的乃至优秀的社会主义公民奠定基础。

由于历史的原因,我国学校公民意识教育虽然一度开设了《公民》课程,但主要还是通过思想政治课和其他课程来开展的,我国学校公民意识教育的完善还需要一个逐步的探索过程。目前从我国学校公民意识教育的实践来看,主要有两个途径:一是通过课堂教学开展公民意识教育。虽然我国的教育管理部门目前并没有设置专门的公民意识教育课程,但我国一些中小学校设置了作为拓展教学的公民意识教育课程,有的学校还开发了公民意识教育的校本教材。同时思想品德课、思想政治理论课、历史与社会课程等都涵盖了丰富的公民意识教育的内容,也将培养社会主义合格公民作为课程教学的重要目标,并且注意到了教学内容的系统性、层次性,及在一定程度上大中小学公民意识教育内容的有机衔接。另外,一些公民意识教育的相关内容融入到各门具体学科的教材内容和课堂教学中。课堂教学有助于学生系统地学习和掌握公民意识的有关基本知识,教学中多种教学方式的运用如讨论、辩论、问答等也能成为学生创设思考、交流的平台,培养学生分析问题、解决问题的能力,增强学生的公民意识和公民能力。二是通过丰富多彩的校园活动培养学生的公民意识。校园活动主要是各级团组织、少先队、学生会及班级等组织开展的,如升旗仪式、时事政治学习讨论、主题讲座、各级学生组织的选举活动等,有些学校还开展学生校园民主管理活动,这更加有助于学生公民意识的培养。此外,校园里还有各种社团组织开展的相关活动,也会吸引大量的学生积极参与。各种校园活动开展,直接或间接的培养了学生的爱国荣校意识、集体意识和协助精神等,还有助于提高学生的参与能力,这些对学生公民意识的形成和巩固都有积极的影响。

加强学校公民意识教育,从目前情况来看,在时机成熟的时候应该遵循公民意识教育的规律,按照循序渐进的原则统一开设公民意识教育的系统课程,建立合理的评价制度,提高公民意识教育在学校教育中的地位,同时还应该加强公民意识教育师资队伍的建设,教师的言传身教对学生有着潜移默化的影响,因此提高全体教师自身的公民意识教育水平也是刻不容缓的。此外在学校公民意识教育中还应注意校园文化建设和校风、班风建设以及学校的规章制度建设,良好的校纪校风和融洽的师生关系都将为公民意识教育的开展创造良好的校园环境。

(四) 社区是公民意识教育的重要实践场所

社区是公民意识教育的重要实践场所。对于学校公民意识教育来说,社区是学校公民意识教育实践的延伸,社区服务学习坚持开放性原则,尊重学生的主体性,充分发挥学生的积极主动性,注重社区服务中的分工协作和情感体验。因此,学生可以通过社区服务学习走出教室,充分地实践课堂所学知识,开展力所能及的社区志愿服务,在为社区建设和发展做出贡献的同时获得新的知识和技能,并且能够通过积累公民参与的经验,不断提高和巩固公民意识。而从整个公民意识教育体系来看,公民参与既是公民民主权利实现的重要途径,同时也是公民通过自我教育提高公民意识水平的重要手段。随着社会主义市场经济体制的确立和社会转型的实现,现代社区已经取代传统的"单位"成为公民民主政治参与和社会活动的最直接和最重要的载体,通过参与社区自治管理和各种各样的社区活动,有助于提升公民的主体意识、民主意识和互助合作的精神,增强参与民主政治的必要的知识和技能,同时培养起自觉履行义务的观念和责任意识,逐步成长为社会主义合格公民。

从我国目前的社区公民意识教育实践来看,要进一步发挥在公民意识教育中的积极作用,不断提高公民意识发展水平,就必须通过政治体制和社会管理体制改革加强社区建设和基层民主政治建设,营造良好的社区环境,充分尊重公民在社区管理中的主体性地位,调动公民社区政治参与和社区服务的积极性、主动性。对于学生社区服务学习来说,要针对其中存在的诸如目标不明确、计划不完善、指导不到位和形式主义比较严重等问题,进一步提高社区服务学习在公民意识教育中的地位,加强学校与社区的沟通与合作,确定明确的社区服务目标,制定系统的、有针对性的社区服务计划、建立完善的注重发挥学生主动性和过程体验的评价机制、注意发挥教师和社区工作者的指导作用。

(五) 大众传媒是公民意识教育的有效载体

随着社会经济的发展,报刊、杂志、书籍、广播、电视等传统的大众传播媒介已经在全社会得到充分的普及,与每一个社会成员的生活、学习和工作息息相关。根据北京大学中国国情研究中心 2008 年组织的"中国公民意识调查"提供的数据,大约有 38.58% 的受访者经常看报纸,所看报纸的平均种类为 2.26 种,在阅读内容中时事政治信息的关注度达到 57.45%;调查还显示我国公民每天看电视的平均时间为 2.69 小时,46.34% 的受访者将新闻节目选为最喜欢的电视节目。[①] 这些传播媒介通过文字、图片、声像等所传递的各种信息必将直接或间接的影响到人们的政治倾向、价值判断和行为方式。此外,近年来随着计算机信息技术的迅猛发展,互联网业已兴起并渗透到人们生活的各个领域,构筑起一种全新的学习、工作和生活方式,日益成为当今最重要的信息发布、传递平台和互动交流的工具。

传统的大众传媒和互联网对于社会主义教育事业的开展也有着重要影响,因此借助大众传媒和互联网开展各种教育活动已经成为

---

① 严洁:《公民文化与和谐社会调查数据报告》,社会科学文献出版社 2010 年版,第 301—308 页。

社会教育的重要载体和学校教育的重要补充。就社会主义公民意识教育来说，各种媒体所传播的政治知识、政治信息更是会直接影响到人们的政治判断、政治态度和政治价值取向，进而影响到人们的政治行为。当然这种影响可能是正面的也可能是负面的，研究发现，"正面接触传播媒介越多的公民，越是积极参与政治活动，其主观政治能力感也更强。"①借助大众传媒和互联网开展公民意识教育活动，可以通过在报纸杂志开设专栏、出版相关图书（如杨东平主编的《新公民读本》系列，北京大学出版社 2005 年版；丛日云编著的《中国公民读本》，天津教育出版社 2006 年版等）、制作专题广播电视节目和创办专业网站、论坛等方式进行，也可以将公民意识教育的内容融入到相关的栏目内容中，以满足社会不同层面公民的需求。

总之，健全相关法律法规，加强对社会大众传播媒体和互联网的管理，结合其信息传播规律和特点，从社会各群体的兴趣爱好、现实需求等出发，积极开发有利于社会主义公民意识教育的各种信息资源，形成正确的价值导向和舆论氛围，必将使大众传媒和互联网成为我国公民意识教育的有效载体，对于社会主义公民意识教育的开展起到积极的促进作用。

① 杨福禄：《和谐社会构建中的公民教育问题研究》，山东人民出版社 2010 年版，第 105 页。

王学荣①

廉政文化建设与和谐社会建构互涵互动的内在逻辑："同频共振"机理

（南京大学　江苏　210023）

　　以往学术界对廉政文化建设与和谐社会建构都有深入而系统的研究，对二者的关系亦有比较多的讨论。可是，笔者注意到，以往的很多学者在研究廉政文化建设与和谐社会建构的关系问题时，往往将"着力点"放在探讨廉政文化建设对和谐社会构建的积极作用上，关于和谐社会建构对廉政文化建设的逆向加强作用的探讨则尚显不足，对二者互涵互动的内在逻辑的研究就更少了。例如，杨甫念先生在《让廉政文化充溢和谐社会》一文中这样写道："和谐社会是千百年来人们梦寐以求的一种社会形态。构建和谐社会必须加强廉政文化建设，促进全社会形成以廉为荣、以贪为耻的价值观念和社会风尚。只有加强廉政文化建设，社会才能更好地走向和谐。"②

　　陈华先生也曾撰文指出"廉政文化建设是构建社会主义和谐社会的必要条件"，提出"廉政文化建设为构建和谐社会创造良好党

---

　　① 王学荣（1984—　），男，汉族，湖南炎陵县人，法学博士，南京大学马克思主义学院助理研究员，南京大学马克思主义理论博士后研究人员，主要研究方向：马克思主义哲学及其中国化，现代西方哲学及国外马克思主义。联系方式：电话：13809048632。电子邮箱：13809048632@163.com。地址：江苏省南京市栖霞区仙林大道 163 号南京大学仙林校区圣达楼。邮编：210023。
　　② 杨甫念："让廉政文化充溢和谐社会"，《学习月刊》，2006 年第 4 期，第 36 页。

风""廉政文化建设为构建和谐社会提供廉政社会风气",进而论证"加强廉政文化建设,促进社会主义和谐社会的实现"这一观点,①等等。可见,众多的学者都在极力地探讨廉政文化建设对和谐社会构建的积极作用。不过,遗憾的是,和谐社会建构对廉政文化建设的反向加强作用在诸多学者笔下却未出现。即便也有少数学者在行文中提到过和谐社会对廉政文化建设也有一定的促进作用,但那也不过是只言片语、附带提及,并没有具体而充分的论证,并没有将其放在与廉政文化建设对和谐社会构建积极作用的同等位置上,而关于二者相互作用、相互加强的内在机理的研究还差不多是目前学术界的一块"处女地"。

可是笔者却认为,廉政文化建设与和谐社会建构的关系并非单向性的,而是双向作用的机制:一方面,廉政文化建设有利于促进社会更好地走向和谐,廉政文化的"滋养"是社会走向和谐的"润滑剂";但另一方面,和谐的社会氛围反过来又为廉政文化建设的开展创造了优越的社会环境,和谐社会的构建对廉政文化建设起着逆向加强的作用。二者相互促进、相互加强、互涵互动、相得益彰,笔者将此二者的关系形象地称为"共振"效应。也许马上有读者会产生这样的疑问:廉政文化建设与和谐社会建构为什么能够产生"共振"效应呢?这就涉及到二者作用的内在机理问题了。笔者认为,"共振"之为"共振",从根本上讲,乃在于二者是"同频"的,"同频"方能"共振"。正是因为二者的基本理念、价值取向、精神内核、追求目标是根本一致的,二者才能朝一个方向使劲,相互促进、相互加强,产生巨大的"合力","同频共振"乃是二者互涵互动的内在机理。在笔者看来,没有真正把握此二者的双向作用机制,很难说对二者关系的理解是全面的。本文尝试着对二者"同频共振"的内在逻辑作一些探讨,不当之处,恳望学界关心这一问题的方家指正。

---

① 陈华:"廉政文化建设是构建社会主义和谐社会的必要条件",《今日南国》2010年第8期,第148—150页。

（一）廉政文化的"滋养"：社会走向和谐的"润滑剂"

所谓廉政文化，"就是关于廉洁从政和廉政建设的文化"[1]，"是人们关于廉政的知识、信仰、规范和与之相适应的行为方式、社会评价等的总和"[2]。换言之，廉政文化乃是廉洁从政的行为实践在文化层面和观念层面的反映。

加强廉政文化建设，对社会发展无疑能够起到"扶正祛邪"的综合效应。所谓"扶正祛邪"，顾名思义，当然就是包括"扶正"与"祛邪"双重作用（或曰"双重功能"）：一方面，发挥廉政文化的"扶正"功能，有利于引领良好的社会风尚，引领社会向"真、善、美"的方向发展；另一方面，发挥廉政文化的"祛邪"作用，可以有效地净化社会环境。综合起来看，"扶正"与"祛邪"两方面的综合作用，使得社会发展按照公平正义的"黄金法则"运行，在这个意义上说，没有廉政就没有公平可言，没有廉政更谈不上正义。只有廉政的理念真正树立起来，"公平""正义"才有实现的可能。廉政文化作为社会主义思想道德的"脊梁"，俨然成为"社会正气"的代名词，它承担着营造廉洁环境的重要使命，发挥着"惩恶扬善"的社会功能，为实现社会公平正义营造良好环境，最终达到维护社会和谐的目的。倘若没有廉政文化的支撑，"公平"也好，"正义"也好，都不过是一纸空文，和谐社会构建当然也就无从谈起。这正是廉政文化支撑社会走向和谐的"内在机理"。

既然廉政文化建设是和谐社会建构的重要支撑，加强廉政文化建设有利于社会更好地走向和谐。那么，在和谐社会建构这一伟大的社会工程中，廉政文化建设也就成了不可或缺的一环。正如胡锦涛同志所指出的那样："一个社会是否和谐，一个国家能否实现长治久安，很大程度上取决于全体社会成员的思想道德素质。没有共同

---

[1] 王文波、李院力："加强廉政文化建设，构建拒腐防变机制"，《吉林工程技术师范学院学报》2011年第8期，第32页。

[2] 张润枝："关于廉政文化建设的思考"，《理论前沿》2004年第22期，第35页。

的理想信念，没有良好的道德规范，是无法实现社会和谐的。"①诚然，共同的理想信念与良好的道德规范是社会和谐的重要保证。然而，树立共同的理想信念也好，培育良好的道德规范也好，显然都离不开廉政文化的支撑。加强廉政文化建设，努力在全社会营造"以廉为荣、以贪为耻"的良好风尚，培育全社会的良好道德规范，牢固树立中国特色社会主义共同理想，是建设社会主义核心价值体系的重要内容，亦是社会和谐的题中应有之义。

说得再具体一点，廉政文化建设对和谐社会构建的作用可以概括为"四个有利于"，即加强廉政文化建设，有利于增强社会的创造活力，有利于加强社会建设与社会管理，有利于处理好新形势下的人民内部矛盾，也有利于做好保持社会稳定工作。可见，廉政文化建设对经济、政治、文化、社会等方方面面都产生着重要而深远的影响。缺少廉政文化的"滋润"，当然也就谈不上社会的和谐。可喜的是，近年来，我们党积极开展廉政文化的"七进"活动（即廉政文化进机关、进企业、进农村、进社区、进家庭、进学校、进社会组织），以先进的廉政理念武装人，以严肃的廉政法规约束人，以多彩的廉政文化活动感染人、熏陶人，在社会各界初步形成了"知廉、崇廉、守廉"的良好风尚，为和谐社会的建构提供了良好的社会氛围，大大推进了和谐社会建设的进程。甚至可以毫不夸张地说，没有廉政文化的"滋养"，和谐社会构建便成了"空中楼阁"。因此，笔者得出结论说：廉政文化的"滋养"乃是社会走向和谐的"润滑剂"。

（二）和谐的社会氛围对廉政文化建设的逆向加强

如上文所述，加强廉政文化建设，努力在全社会营造"以廉为荣、以贪为耻"的良好风尚，是社会和谐的题中应有之义，为和谐社会的建构提供了重要支撑。当然这只是问题的一个方面，问题的另一面是，和谐的社会氛围反过来同样也有利于廉政文化建设的顺利开展，和谐社会建构对廉政文化建设起着逆向加强的作用。

① 胡锦涛："在省部级主要领导干部提高构建社会主义和谐社会能力专题研讨班上的讲话"，《人民日报》，2005 年 6 月 27。

廉政文化建设与和谐社会建构互涵互动的内在逻辑："同频共振"机理

2005 年 2 月,胡锦涛在省部级主要领导干部提高构建社会主义和谐社会能力专题研讨班上发表的重要讲话中指出,"我们所要建设的社会主义和谐社会,应该是民主法治、公平正义、诚信友爱、充满活力、安定有序、人与自然和谐相处的社会。"①这是对和谐社会基本特征的高度概括,其中,"民主法治、公平正义、诚信友爱、充满活力、安定有序、人与自然和谐相处"这六个方面相互联系、相互作用,共同构成了和谐社会的科学内涵和总体特征,而这些特征又恰恰是廉政文化建设的重要目标和题中应有之义。具体而言:民主法治是构建社会主义和谐社会的重要保证,同时也是廉政文化建设的基本理念;公平正义是和谐社会构建的基本前提,也是廉政文化建设的价值取向;诚信友爱是社会主义和谐社会的精神内核,亦是廉政文化建设的思想道德基础;充满活力是和谐社会的内在要求,也是廉政文化建设的重要条件;安定有序是社会主义和谐社会的重要标志,也是廉政文化建设的基本要求;人与自然和谐相处是和谐社会构建和廉政文化建设的共同追求。和谐的社会氛围反过来为廉政文化建设的顺利开展提供了优越的条件。正是从这个角度讲,和谐社会建设构建对廉政文化建设起到逆向加强的作用。

在一定意义上说,加强廉政文化建设,就是要使全体社会成员(特别是广大党员干部)树立廉洁从政的理念,为社会和谐发展创造有利环境。社会和谐乃是廉政文化建设的努力方向和最终目标。因此,加强廉政文化建设,应从影响和谐社会的突出矛盾和问题入手,从价值取向、生活方式、行为方式和社会评价等层面,扎实有效地推进,努力实现廉政文化建设与和谐社会构建二者之间的互涵互动、同频共振、相互加强、相得益彰。

(三)廉政文化建设与和谐社会建构互涵互动的内在机理:"同频"方能"共振"

通过上述的分析可以看出,廉政文化建设与和谐社会建构是一

---

① 胡锦涛:"在省部级主要领导干部提高构建社会主义和谐社会能力专题研讨班上的讲话",《人民日报》2005 年 06 月 27 日。

个有机的统一体,相互促进,相得益彰,同频共振:一方面,廉政文化建设是和谐社会建构的重要支撑,加强廉政文化建设有利于社会更好地走向和谐。廉政文化的"滋养"成为了社会走向和谐的"润滑剂"。另一方面,和谐社会的建构反过来为廉政文化建设的开展提供了良好的氛围,从而对廉政文化建设的实践起到逆向加强的作用。可见,此二者的关系并不是单向性的,而是双向作用的机制。

然而,笔者不禁要问:廉政文化建设与和谐社会建构为什么能够形成互涵互动的效应呢?换言之,二者双向作用、相互加强的内在机理何在?在笔者看来,"共振"之为"共振",乃在于二者是"同频"的,因为"同频"方能"共振"。正是因为二者的基本理念、价值取向、精神内核、追求目标是根本一致的,笔者将其形象地称为"同频"。和谐社会建构也好,廉政文化建设也好,都追求"民主法治、公平正义、诚信友爱、充满活力、安定有序、人与自然和谐相处"。正因为如此,二者才能步调统一,才能朝一个方向使劲,才能相互促进、相互加强,从而产生巨大的"合力",笔者将此形象地称为"共振"。从这个意义上说,廉政文化建设与和谐社会建构"你中有我、我中有你",谁也离不开谁,二者相互渗透、相互交融、共同发展。因此,在实践中应将廉政文化建设纳入和谐社会建构这一伟大的社会工程中,以形成廉政文化建设与和谐社会建构水乳交融、互涵互动的生动局面。这就是笔者所谓的"同频共振"的效应。基于这样的认识,我们再来重新理解二者的辩证关系:一方面,我们要看到廉政文化建设对和谐社会构建的支撑作用,充分意识到廉政文化的"滋养"乃是社会走向和谐的"润滑剂";另一方面,我们也应注意到,和谐的社会氛围反过来又为廉政文化建设的顺利开展创造了优越的社会环境,和谐社会的构建对廉政文化建设起着"逆向加强"的作用;二者乃是双向作用的运行机制,笔者认为,这才是对二者关系的辩证理解。

余　论

廉政文化建设是一项长期、艰巨的历史任务,和谐社会的构建亦是一项复杂的系统工程。廉政文化建设也好,和谐社会构建也罢,当然都离不开全体社会成员的积极广泛参与。在全党、全社会的共同努力下，我国的廉政文化建设成绩有目共睹，和谐社会构建也在积极稳步地推进，这是实践层面。

再从理论层面看，近年来，学术界对廉政文化建设及和谐社会构建问题都做了很多有益的探索，也取得了比较丰硕的研究成果。但在很多问题上还存在很大分歧，不同的学者往往具有不同的看法，可谓是"仁者见仁，智者见智"，还远没有达成"共识"。因此，这个话题还很难说是一个"成熟"的领域。例如，廉政文化内涵的界定问题，廉政文化建设的路径选择问题，和谐社会构建的具体部署问题等等，都还处于探索与争鸣的阶段。特别是廉政文化建设与和谐社会构建的内在逻辑问题，迄今为止仍是学术界研究的"薄弱环节"，至于二者互涵互动、相互加强的内在机理问题甚至还是目前学术界的一块"处女地"。本文尝试着对二者的内在逻辑做了一点初步的探讨，提出廉政文化建设与和谐社会构建"同频共振"的观点，但这还远远不够，拙文只能算是抛砖引玉，其内在逻辑还有待学界同仁进一步作更深入的探讨和研究。

■郭 倩

西方文化理论与乌镇现象

（上海师范大学 上海 200234）

（一）文化研究与乌镇

"文化"一词的含义非常广泛。19 世纪，人类学家泰勒（Tylor）给文化下了一个定义："文化是一个'复杂的'整体，包括知识、信仰、艺术、道德、法律、风俗以及作为一个社会成员的人所获得的任何其他的能力和习惯。"①从广义上说，文化是人类生活的总和，包括物质生活、精神生活和社会生活。文化是人类社会的产物，人类也是文化的一部分。文化可以在任何地方被找到。文化研究（cultural studies），就是结合了社会学、文学理论、媒体研究与文化人类学等众多内容来研究社会中的种种文化现象。文化研究者时常关注某个现象是如何与意识形态、种族、社会阶级或性别等议题产生的关联。因此，文化研究不仅研究文化的内在价值，而且研究文化的外在社会关系，研究文化特色是如何形成与构建的。

旅游是"人们为寻求精神上的愉快感受而进行的非定居性旅行和在游览过程中所发生的一切关系和现象的总和。"它作为大众最重要的休闲方式之一，不仅是一种经济活动，还是一种包含自然景观与人文风情的文化交流活动。近年来，随着古镇旅游开发的不断深入，

---

① 【英】阿雷恩·鲍尔德温，布莱恩·朗赫斯特等：《文化研究导论》，陶东风等译，高等教育出版社 2004 年版。

古镇模式成为了一种值得研究的文化现象。江南有六大古镇——周庄、同里、角直、西塘、乌镇、南浔。它们凭借淳朴自然的优点和"小桥流水人家"的幽婉意境吸引了大批旅游者的涌入。但是在古镇经济快速发展的同时,有些古镇开始落入俗套、名不副实。而乌镇,经过了18年的洗礼,从一个默默无名的小镇发展成为"国家名片"。它走出了一条成功的古镇开发之路,不仅其开发保护模式受到了专家肯定,而且景区收入也排在全国景区前列。其实,乌镇的成功不仅与其本身优美的环境、人性化的空间和合理的规划有关,也和整体外部环境有很大关系。本文就从文化研究的几个角度来分析乌镇成功的原因。

(二)生产力发展与城市人的精神缺失

乌镇能取得如此大的发展,首先得益于经济政策和人民物质生活水平的提高。"物质生活的生产方式制约着整个社会生活、政治生活和精神生活的过程"①。我国自改革开放以来,经济快速增长、社会生产力极大提高,人民的生活水平也得到很大改善,劳动时间与闲暇时间开始分离,社会公众对于娱乐性、消费性、休闲性的文化需求日益高涨,休闲经济应运而生。"休闲正是真、善、美的一个组成部分,事实上,休闲同知识、美德、愉快与幸福是不可分割的"②。因此,休闲标志着人从满足生活需要开始转向对精神生活的追求,消费结构开始从"物质性"转向"精神性"。消费结构的变化带动了产业结构的变革,作为文化产业之一的旅游业迎来了春天。

其次,乌镇的发展也符合城市人的精神状况。为什么城市人需要古镇?为什么越来越多的古镇都打上了"隔世无喧嚣,心灵后花园"或者是"一个心灵栖息的城市后花园"的招牌?这就需要了解城市与古镇的差异性了。城市(city),是一种带有现代(modern)意涵

---

① 【俄】恩格斯、列宁、斯大林:《马克思恩格斯选集》,人民文学出版社1995年版。

② 【美】托马斯·古德尔、杰弗瑞·戈比:《人类思想史中的休闲》,成素梅、马惠娣等译,云南人民出版社2000版。

的定居地,是工商业发展的产物。城市化发展是人类生存文明和地域空间发展的一个历史必然阶段。城市给我们的物质生活带来了新的机遇,但对于物质财富的贪婪追求导致了人与人、人与自然、人与社会关系发生异化,"物质主义"成为了主流价值观念。人们开始"热衷于对于物质的需求和欲望,忽视精神的东西"①。精神需求和物质追求之间的矛盾开始愈演愈烈。混乱的交通、拥挤的住房和工作岗位的激烈竞争等等这些相关的城市矛盾被归结成"城市病"这样的词组。疲倦、孤僻、逃离、幻灭正在城市中悄悄蔓延,精神分裂、抑郁症、自杀成了现代精神危机。这时,城市人就亟需片刻的闲暇,亟需一个"心灵的后花园"来进行宣泄与排解。

古镇(Ancient town),介于城市与乡村(Country)之间,它有着特定的环境氛围、独特的民俗特色和深厚的历史文化底蕴。"古镇在没有太多人为规划的情况下,基本上由自发而形成的优美与和谐的整体。"②这种典雅清丽的水乡风貌,古老淳朴、原汁原味的居住环境和古镇居民休闲自由的生活方式,对于身处"牢笼"的都市人来说,具有强烈的吸引力。或者说,古镇就是久居城市的人渴望回归的精神家园。乌镇,有"中国最后的枕水人家"称号,是典型的"江南水乡",也是中国首批十大历史文化名镇之一。它宁静闲适,淳朴安全,蕴含了人们对于乡土环境的"乌托邦式的理想与至臻完美的审美观"③:在这里人与人之间平等友爱,没有机动车的废气和噪音,也没有工作压力与生活烦恼。乌镇还有得天独厚的地理优势:处在江浙沪"金三角"之地、杭嘉平原腹地。上海、杭州、南京、温州、绍兴、苏州已开通直达乌镇的旅游专线,交通便利。且乌镇不大,想要全部游览完只需一到两日。周边省市的人只要一个双休日的时间就可以来场"说走就走的旅行"。这种忙碌生活中的"片刻偷闲"能让现代人感到心

西方文化理论与乌镇现象

① 李春华:《文化生产力与人类文明的跃迁》,中国社会科学出版社 2016 年版。

② 段进、季松、王海宁:《城镇空间解析》,中国建筑工业出版社 2002 年版。

③ 【美】伯纳德·鲁道夫斯基:《没有建筑师的建筑》,高军译,天津大学出版社 2011 年版。

情的宁静与精神的满足,并获得一种崭新的生活方式和积极健康的生活态度。

(三)传播媒介与名人效应

传播(communication)与媒介(media)息息相关。施拉姆认为,"媒介就是插入传播过程之中,用以扩大并延伸信息传送的工具。"①我们现在正处于"电子媒介传播期"(起于 20 世纪 60 年代)②,生活在大众传播的时代。传播的技术手段不仅有传统的报纸、广播、电视,还有互联网、手机等新媒体。传播媒介的快速发展在使人们精神丰富的同时,极大的改变了人们的生活方式、生产方式。

介绍乌镇的书籍有郭水尧的摄影作品集《乌镇神韵》,有写乌镇历史与人物的《中国历史文化民镇——乌镇史研究》,甚至还有外文书《WUZHEN》详细全面的讲述了乌镇的风俗民情。打开搜索网站,搜索"中国古镇排名",乌镇一定榜上有名。搜索"乌镇旅游攻略",会找到相关搜索结果约 3 160 000 个(与搜索"周庄旅游攻略"约 1 060 000个结果,"西塘旅游攻略"约 861 000 个结果相比,显然更多人关注乌镇)。乌镇有自己的旅游官方网站,点击进入,映入眼帘的就是极具特色的复古风情的检索图。把乌镇的概况、交通、住宿、美食、特产等情况都介绍得清清楚楚,还有视频和图片可以带你在网络上领略乌镇的魅力。拿出手机,在微信公众号中搜索"乌镇"二字,立刻就出来"乌镇旅游官方预定""乌镇景区""乌镇""乌镇戏剧节""文化乌镇"等等数不胜数的公众号,且大部分公众号是有微信认证的(即腾讯对于公众号主体提交的信息和资质文件的真实性与合法性进行书面甄别与核实的过程),保证了群众获得信息的真实性与可靠性。甚至早在 2015 年 12 月 28 日,乌镇就上线了全国首个移动化、互联网化智慧景区服务。游客只需要拿起手机、连接上免费 WiFi,

---

① 【美】威尔伯·施拉姆:《传播学概论》第 2 版,何道宽译,中国人民大学出版社 2010 年版。

② 【加拿大】马歇尔·麦克卢汉:《理解媒介》,何道宽译,译林出版社 2011 年版。

进入"智慧景区",就可以在手机上看到乌镇旅游导览图、实时活动信息和客流图等,方便又快捷。对于乌镇通过电视这一媒介的宣传,值得关注的就是《似水年华》和春晚了。2003年,由黄磊、刘若英主演,在乌镇取景的电视剧《似水年华》把乌镇的景色展现在了大众面前;在2015年的春节联欢晚会上,由刘欢演唱、郎朗、吕思清伴奏的《从前慢》让"木心""乌镇"这两个词语更加普及。不少网友都是被歌词中的意境吸引,从而开始搜索木心,了解木心,从而知晓乌镇。甚至有些人专门跑来乌镇就是为参观木心美术馆。

都说名人是一座城市的名片,是城市文化的代表。"名人效应"已经在生活的诸多方面都产生了影响,比如有名人代言的广告能够刺激消费,有名人出席的慈善活动可以带动社会对弱势群体的关注。对于一座城市来说,"没有哪一个单纯的经济城市能够保持永久的吸引力和永恒的魅力,缺乏文化品位与文化底蕴的城市,不是一个健全的适宜居民生存发展的城市。"[1]对一个古镇而言,名人的出现同样会拉动经济效益、加深文化内涵。莫言因获得诺贝尔文学奖而让他的老家高密成为了新的旅游目的地之一,乌镇也正是因为有茅盾和木心这两位著名文学家的存在成为了许多游客慕名前来之地。茅盾在他的文学作品中,多次提到他的故乡乌镇。在《香市》中,他写到了乌镇香市的盛况,晚年作品《可爱的故乡》则表达了他对于乌镇的思念之情。木心的文字中也有许多对乌镇传统文化的记忆。不论是《夏明珠》中蕴含的乌镇特色,还是《温莎墓园日记》中对少时的回忆,都让人对乌镇田园诗般的生活有一种向往。丰富的文化内涵是乌镇永葆魅力和活力的前提。乌镇不仅有木心美术馆、茅盾故居,还有昭明书院、当代国际艺术展、乌镇戏剧节。文化已然成为乌镇的灵魂。这里值得一提的是木心的那首让人耳熟能详的《从前慢》:"从前的日色变得慢/车,马,邮件都慢/一生只够爱一个人"[2],就带给了人一种不自觉的联想:这就是乌镇,或是,在乌镇我们就会慢下来。在某种

① "文化是城市的灵魂",《光明日报》,2005年9月20日。
② 木心:《云雀叫了一整天》,广西师范大学出版社2009年版。

程度上来说,木心的诗成为了乌镇最好的广告语。

(四)"乌镇模式"与国际化

古镇旅游开发是改革开放以来发展较为快速的文化产业之一。但是在高速发展的背后,古镇旅游业也涌现出了诸多问题:沿街门面都转化成为面向旅游者的商铺,过渡商业化导致古镇的传统文化遭到了破坏,区域内的恶性竞争,甚至"庸俗文化"开始出现。然而乌镇在景区的开发中,却很好的避免了上述问题。乌镇的发展原则是:承接古镇文脉,保持古镇风貌,力求原汁原味,做到"整旧如故,以存其真"①。乌镇分为东西两栅,两栅的特点和定位也完全不同:东栅是原生态的生活观光区,西栅是精致诗意的休闲度假区。东西两栅重点突出、相互提升。乌镇也在"历史遗产保护与再利用"方面的成功而入选 2010 年 5 月上海世博会城市最佳实践区(UBPA)案例馆,其合理的发展模式也被联合国称为"天人合一"的"乌镇模式"②。在木心的手稿中也发现这样一段话:"乌镇复兴的成功在于没有假古董之感,这是诚恳,对于历史的诚恳。乌镇经得起看,足以见其诚恳之深。"乌镇的成功,绝不是偶然。在 1999 年计划开发乌镇时,附近已经有开发了五年的西塘和十一年的周庄。而现在,只有乌镇从"桐乡乌镇"变成了"中国乌镇"。在"世博会"的影响下,同年 6 月,中青旅与北京市密云县实施战略合作,以"乌镇模式"打造"古北水镇国际旅游综合度假区"项目,这标志着"乌镇模式"开始在全国范围内复制。③ 不过这样的商业化复制能否成功又要另说。乌镇的"操盘手"陈向宏认为:"商业模式可复制,但文化不可以。"乌镇相比其他古镇能脱颖而出的重要的原因之一,就是乌镇不可复制的文化底蕴:东栅有茅盾纪念馆,西栅有木心美术馆。乌镇因其名气吸引了大量游

---

① 吴涛:"乌镇如何成旅游开发古镇样本",《扬州日报》2013 年 9 月 6 日 B01。

② 吴涛:"乌镇如何成旅游开发古镇样本",《扬州日报》2013 年 9 月 6 日 B01。

③ 郑世卿、王大悟:"乌镇旅游发展模式解析",《地域研究与开发》,2012 年第 31 卷第 5 期。

客，乌镇又因其文化吸引了一批教育程度较高的、有文化素养的、有品味的游客。如去参观游览木心美术馆的游客，必定是喜爱木心的游客；来乌镇戏剧节的人，也定是热爱戏剧，或是在戏剧领域有一定建树的人。因为不论是参观木心美术馆，或是参加戏剧节，都需要购买门票，并在网站上提前预约，这样确保了能进入观赏的美术馆、欣赏戏剧的是那些真正对艺术感兴趣的人，也让乌镇多了几分庄严与厚重。

无论愿意与否，地球上的每一个国家、每一个民族、每一个社会生活个体，都卷入了全球化（globalization）的浪潮之中。2013年，乌镇开始举办国际戏剧节。2016年3月28日，为期近三个月的乌镇国际当代艺术邀请展在北栅丝厂开幕。2016年11月16日至18日，第三届世界互联网大会在乌镇举行，并把乌镇互联网国际会展中心作为未来世界互联网大会召开的主要场馆和永久会址。现在的乌镇每年接待700多个会议，其中不乏国际会议。这些展览、会议让来自多个国家和地区的、颇具影响力的人物聚集到乌镇，不断地刷新着乌镇的生活世界和文化体验，让乌镇与国际接轨。这就是在中国经济发展、对外开放和旅游业不断深入发展下，乌镇开始与国际接轨、国际知名度不断提高并逐渐融入全球旅游网络的一个过程。

乌镇把知识性、体验性、参与性和娱乐性结合在了旅游中。让沉寂的文化活了起来，静态的景区动了起来，从而乌镇旅游也充满了魅力，具备了较强的市场竞争力，形成了可持续发展的能力。乌镇现象的出现、"乌镇模式"的形成与社会、经济、文化密不可分。除了文章中探讨的几个方面外，乌镇还可以从怀旧情结、文化政策和狂欢等角度进行文化分析，还有很多方面值得我们进行探讨。

顾海英

体验经济视角下的百货商场转型研究

（上海师范大学　上海　200234）

（一）引言

百货商场最初是作为商品消费的物质基础而诞生的，因其庞大的体量、精美的空间设计、丰富的产品种类在发展之初就成为人们获取商品的重要途径。从 19 世纪中叶到 20 世纪末这一百多年的时间中，百货商场能够立于不败之地的重要原因不仅仅是它为大众提供了一个便捷的"购物场所"，更重要的原因是百货商场借由"日常生活审美化"的手段为人们创造了一个"梦幻世界"。[1] 普通的日常生活用品如同是博物馆、画廊里的名家之作被精心陈列，即使是夜晚，明亮到炫目的"人造光线"也能将整个购物空间照得亮若白昼，橱窗内呈现的一幕幕充满戏剧性的画面都为来到百货商场的人们营造出一个充满节日狂欢氛围的、令人快意和满足的、与真实隔绝的"第二世界"。在这个世界中人们可以暂时忘却现实社会的束缚，禁忌和幻想在这里可以被实现，身体的刺激和审美的快感可以被满足。[2]

随着时代的变迁，消费者市场的兴起和电子商务的迅猛发展使

---

① 【英】迈克·费瑟斯通：《消费文化与后现代主义》，刘精明译，译林出版社 2000 年版。

② 张闳、拱廊街："资本主义的空间寓言——读本雅明"，《拱廊街计划》中国图书评论，2006 年。

得百货商场走到了不得不转型的路口,但是百货商场能够满足人们幻想、创造梦幻体验仍是其立身之本,这一点也成为百货商场想要突破生存困境的重要手段。下文笔者将梳理百货商场的发展历程、分析百货商场目前的生存困境、结合"体验经济"理论和具体案例为中国百货商场的转型提供可操作之法。

(二)百货商场的发展历程

精心布置的橱窗、新奇的自动扶梯、明码标价的柜台、信步其间穿着时尚的摩登女郎……这样的情景作为摩登上海的一个侧影至今仍被我们所记忆,而承载着这些美好记忆的百货商场也成为现代性的最好标志而为人津津乐道。自 1852 年巴黎诞生了世界上第一家百货公司开始,百货商场也走过了一百多年的时光。①

我国百货商场的历史可以追溯到 1900 年由俄国人在哈尔滨建立的秋林公司,之后由华侨马应彪、郭乐等人分别建立的先施百货、永安百货,以及跟随其后建立起来的新新百货和大新百货组成了上海的"四大公司",成为一时风尚。对于 20 世纪头 30 年的上海来说,销售来自全球的产品、拥有先进的声光电技术、提供各种新奇体验的百货商场在成为人们购买产品以满足日常需求的必去之所的同时,还成为人们标榜身份地位、追求时尚的重要助力。由百货商场引领的消费文化也成为当时都市文化的重要组成部分,并为进一步增添都市活力,塑造整个城市的现代性起到了重要的作用。②

从我国百货商场发展的各个阶段的情况来看,百货商场的主导地位在 20 世纪 90 年代中期一度达到了顶峰。值得一提的是,在 1978 年到 1995 年这十几年间恰逢我国改革开放,社会生产力提升,消费水平大幅增长,因"文革"而压抑已久的消费欲望在这个"解禁期"得到空前释放,之前禁止销售的很多商品又重新回到了百货商场

① 连玲玲:"从零售革命到消费革命:以近代上海百货公司为中心",《历史研究》。

② 陈惠芬:"'环球百货'、'摩登女郎'与上海外观现代性的生成",《学术月刊》,2009 年第 12 期,第 142—145 页。

的柜台中,百货业在政府和消费者需求的双重推动下再达到一个高峰,可以说这个阶段是百货商场的黄金时代。[①]

进入新世纪,借由中国加入世界贸易组织的契机,大量国外知名零售集团进入中国市场,中国的百货业也迎来了新的转变。面对强有力的竞争对手,中国的百货业不得不转变发展方式和经营策略,例如:调整产品类目,多引进国际知名品牌,提升服务水平,注重购物环境等,同时不断学习国外先进的管理方法。可以说,在进入 21 世纪这不到十年的时间中,在强敌环伺的情况之下,中国百货业对自身实现了一次大的调整,也在众多零售业态中找到自己的位置,实现了一段时间的稳定发展。[②]

百货商场的平稳并没能维持多久,随着电子商务的飞速发展,在产品种类和价格上都拥有更多优势的网购成为越来越多消费者的选择,原本以"大而全"来标榜自己优势的百货商场与电子商务一比则相形见绌。网购大军兴起的背后同样反映着消费者需求的变化,百货商场兴盛时期所代表的卖方市场的"美好岁月"已不再,面对个性化、多样化的买方市场占据主导地位的时代,百货商场又该以何种姿态来应对呢?笔者将在下文中仔细梳理百货商场现阶段面对的威胁和挑战,找出症结所在,并针对问题尝试性提出应对方法,希望能对百货业的转型和更好的发展提供可操作的路径。

(三)百货商场的生存困境

从上文梳理百货商场在我国的发展过程可以发现,如今百货商场已经走到了不得不转型的阶段。其实,自 2008 年以淘宝为代表的众多电商平台纷纷加入市场后,百货业就开始面临困境。除了电商带来的威胁之外,百货商场之前未能对消费者需求的变化给予足够重视也同样使得百货商场现今的经营困难重重。

---

① 李光芹:"消费者视角下的国内零售业态变迁路径阐释",《商业时代》2009 年,第 14—15 页。

② 马军:"我国百货商店发展历程及展望",《现代商业》2016 年第 01 期,第 19—20 页。

1. 消费者需求的转变

从中华人民共和国建立到改革开放初期,整个社会还处于物质供给尚不充裕、人均收入相对较低的阶段,消费者对于商品的诉求停留在满足日常生活所需,消费的关注点更多集中于产品的品类是否齐全。所以,品类齐全、装修华美的百货商场就成为人们消费的最佳去处。在当时,消费很大程度上取决于供给,消费者本身并不具备很大的话语权,相对的,百货商场则处在一个十分优越的位置,拥有主导权。

改革开放 30 多年,人们的物质生活日渐富裕,可选择的内容也更为广泛,百货商场并不再是消费者唯一的选择。如今,以"90 后"为代表的一代人大多已经成家立业,已转变为消费阶层中的重要力量,而这代人身上所有的特征就是:不爱盲从、拥有自己的主见、乐于尝试新鲜的事物、注重体验和享受。[1]

百货商场原先"大而全"的经营方式不再能够吸引这个消费阶层的目光,走进大部分百货商场可以发现服装、鞋子、化妆品等百货商场标配产品的品牌重复率非常高,导致"千店一面"。原先百货商场通过引入中高低全品类的品牌以实现消费者群体广覆盖的策略在现在这个消费者需求多元化的时代已经行不通了。"品牌多,覆盖面广"从另一个角度来看恰恰反映了百货商场在自身定位上出现了问题,定位不明晰是很多百货商场目前的硬伤。在这个消费讲究个性化的时代,如果无法给消费者传达一个深刻的印象,无法做到差异化,那消费者忠诚度也就无从谈起。如今买方市场已经成熟,消费者作为百货商场之命脉,了解他们的需求,顺应他们的需求并在产品和品牌选择上予以侧重和选择,找准目标市场,百货商场才能谋求一席之地。[2]

2. 来自电商的冲击

2016 年淘宝双十一最终成交额超 1207 亿,淘宝一日狂欢成交额

---

① 郭君平、荆林波、张斌:"新消费环境下中国百货业的发展现状及未来路径",《商业经济研究》2015 年第 25 期,第 4 页。

② 陈滢:"基于现代百货零售业自身特点的定位选择",《特区经济》2008 年第 08 期,第 227—228 页。

远超百货龙头企业一年的营业额,电商平台对于传统百货商场的冲击之大可见一斑。与电商线上促销活动办得如火如荼相对比,百货商场同样热闹,但是前来百货商场的消费者的目的也多为"试穿"。在全民消费狂欢的同时,百货商场沦为"试衣间",实是无奈非常。

针对电商发起的挑战,百货商场也尝试通过加大促销力度和促销的频次来予以应对,但是收效并不明显,被裹挟在价格大战中的百货商场,只能被人牵着鼻子走,处境被动。电商平台不论是借由传统节日还是自创发起的各类消费节日实际上都在提前消耗人们的消费需求,打破了传统百货商场以往的促销节奏,使得在对于消费者"钱袋子"的抢夺大战中,真正能分给百货商场的份额所剩不多。

电商平台最能够吸引消费者的地方还是在商品的价格上,特别是对于价格敏感的消费群体,他们选择网购的最主要理由就是价格优惠,电商的快速兴起也正是瞄准了这一点,利用价格战快速抢占市场;其次是平台上可选产品种类的丰富度,诸如低档到中档的鞋子、服装、化妆品等受众较广的产品品类电商平台上汇集的品牌数量往往要多于百货商场;最后是借由精美的图文、点播或直播的产品介绍视频多方面呈现产品的各项参数、7天无理由退货的保证等方式在一定程度上消解了一部分消费者的疑虑。[1]

电商的优势明显,但百货商场也非全无活路。相较于电商,百货商场所拥有的真正优势集中在两点上:购物环境和消费体验。一张精美的产品图和再详细的产品参数列表也无法代替亲手触摸产品时的真切感受;旺旺上一句"亲,有什么能为你服务的么?"无法替代柜台服务员的亲切细致的服务;花几个小时浏览网页"淘宝"不如在商场内闲庭信步找到一件心仪商品时感受到的愉悦。消费者在百货商场"逛一次"所能享受到的服务、获得的体验正是百货商场如今仍大有可为之处。[2]

---

[1] 龚琼:"2013年:淘宝还是百货商店?——传统百货业在网络时代的挫折与希望",《广告大观(综合版)》2013年第2期,第86—87页。

[2] 梁美丽、朱振中:"电商时代对传统百货业的冲击效应研究",《价格理论与实践》2013年第3期,第83—84页。

（四）破局之道：体验至上

通过前文对造成百货商场生存危机的的分析，我们可以清晰地发现百货商场想要冲出重围唯有在消费者体验之上下功夫。当市场过渡为买方市场，当消费者不再满足于纯粹的物质消费，能够为消费者创造独特体验更容易得到消费者的青睐。

约瑟夫·派恩(B. Joseph Pine II)与詹姆斯·吉尔摩(James H. Gilmore)于1998年出版的《体验经济》一书中将体验的类型分为四种：娱乐（entertainment）、教育（education）、逃避（escape）、审美（estheticism）。约瑟夫·派恩与詹姆斯·吉尔摩建立了一个坐标，横轴代表消费者的参与程度，正极一端代表积极参与整个事件的进程并影响最终的效果；负极一端代表被动参与并不影响整个事件的进程。纵轴描述了事件与体验者相互联系的类型，正极一端表示吸取，即通过让人了解体验的方式来吸引人的注意力，负极一端则表示浸入，表明消费者正成为整个体验的一部分，并将娱乐、教育、逃避、审美这四种体验类型根据消费者自身的参与度和参与类型分别放入不同的象限。①

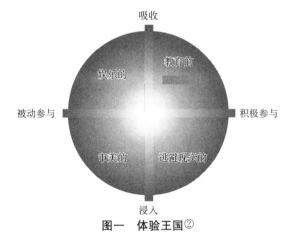

图一　体验王国②

---

① 【美】约瑟夫·派恩、詹姆士·吉尔摩：《体验经济》，夏业良、鲁炜等译，机械工业出版社2001年版，第37页—44页。

② 图片摘自【美】约瑟夫·派恩、詹姆士·吉尔摩：《体验经济》，夏业良、鲁炜等译，机械工业出版社2001年版，第38页。

笔者尝试性地将约瑟夫·派恩与詹姆斯·吉尔摩提出的四种体验类型与百货商场的实际情况相结合，希冀能为百货商场更好更长久的发展提供些许建议。

1. 娱乐体验

娱乐体验是一种消费者被动参与通过感知来吸收的体验类型。这种体验消费者处在一个"观众"的角色。对于百货公司来说创造这样的体验相对容易且操作可行性较高。百货商场内根据圣诞主题进行的空间布置、一场在商场中庭中举办的室内交响乐演奏、商场内流动播放的轻快的音乐、商场内回荡在空气中香氛的味道……这类体验主要能起到一种"润物细无声"的效果，从细微之处入手，给消费者营造出一种轻松悠闲舒适的购物氛围，从心理层面给消费者以良好的印象。

2. 教育体验

教育体验虽然在参与类型上仍为吸收，但消费者的参与程度则大大上升，毕竟获取知识需要消费者动用到自己的脑力甚至是体力。这是一个需要消费者主动积极参与并吸收眼前事件已完成整个体验的过程。例如以三口之家为主要目标消费者的百货商场可以举办各类亲子活动、以年轻都市白领为目标消费者的百货商场可以举办化妆知识讲座、邀请知名服装设计师或是穿搭师举办现场穿搭教学活动，又如20世纪世纪永安百货公司针对旗下自有香皂品牌特别设计的香皂制造流程的展示活动。消费者在获取有用知识的同时，对于产品本身也能留下深刻的印象，有助于促成后续产品的购买。百货商场如能定期举办此类活动将对维系良好的消费者关系、提升整体品牌形象大有裨益。

3. 逃避体验

逃避体验是四种体验中消费者参与度最高，参与程度也是最为深入的一种体验。这种体验往往能够提供一种有别于日常生活感受的体验，甚至能够让人沉溺其中暂时忘却现实的烦扰。此类体验是四种体验中消费者的参与度最高的，是与商场的互动联系最为紧密的，也是最能做出特色和差异化的一类体验，若是在活动的整体构思和策划上能将商场的各处与消费者体验环节紧密结合起来，将获得良好的体验效果。

4. 审美体验

审美体验是消费者沉浸其中却不对正在进行的事件和周围的环境产生影响。这类体验我们通常能够在画廊、博物馆等场所感受到。从百货商场所拥有的空间条件来看，宽敞的空间、完备的灯光设备、流畅的动线设计对于举办诸如画展、摄影展、漫展等主题展览是有一定场地上的优势的。目前，很多百货商场也开始尝试将一些剩余的公共区域或是楼层的某一块区域单独出租给展会主办方用于举办展览。对于百货公司来说此举不仅可以收到可观的场地出租费用，亦是为前来购物的消费者增添了可供体验的项目，同时借由活动的举办能够吸纳大量的人流到店，观展本身亦能带动商场的人气，促进消费。

事实上，在实际操作中很难将百货商场为消费者提供的体验项目准确地定义为上述四种体验的其中之一，多数情况下一种体验可能既包含了娱乐又囊括了教育，而最理想的体验是将上述四种体验融于一体，即图一所示的中心白光区域，这是最佳的体验组合，也是百货商场未来需要努力的方向。值得一提的是，在设计各类体验时需得特别注重目标消费群体的偏好，有针对性展开，才能给予消费者更好的体验感。由此，百货商场才能形成自身的核心竞争力。[①]

5. 他山之石：日本格林木的成功

在百货业式微的这几年，日本的格林木（Grand Tree）却逆势上扬吸引了众人的目光：格林木创造了开业后 13 天，累计突破 100 万人流，每日客流量近 8 万人，年客流量达到 2000 万人的惊人成绩。[②]区别于百货行业内之前以促销为核心的经营理念，格林木所贯彻的"要把格林木建成大家乐意来玩的地方，在玩儿的过程中顺便买一些东西回家"的经营理念，显得更为符合现今消费者的习惯和需求。格

体验经济视角下的百货商场转型研究

① 李荣庆："新消费环境下百货业态体验营销路径构建"，《商业经济研究》2015 年第 02 期，第 59—60 页。

② 数据来自赢商网：http://down.winshang.com/。

林木将自己定位为创新式的社区型购物中心,客户群体锁定在 30—40 岁中高端消费人群,以家庭为主。整个商场在各环节的设计上都充分考虑到目标消费群体的需求,其中最值得称道的是混合业态布局、空间设计和社交区域规划,这三点也是格林木营造体验式消费的核心。下面笔者就对这三点进行阐述。

格林木颠覆了传统商场在最金贵的一楼开设化妆品、奢侈品和黄金珠宝等高租金店铺的传统转而选择开设食品超市、西餐厅和杂货铺等低租金店铺,在租金和人气之间,格林木果断地选择了后者。同时在业态布局上,格林木也做了非常人性化的考量,比如在西餐厅对面开设品牌服装店,或者是在生鲜食品超市对面开设一个杂货店,在保证基本的日常消费和餐饮等需求之后,可以顺其自然地勾连起消费者对服饰、鞋履和化妆品等的购买欲望,混合且和谐的业态组合也能够增加消费者"逛"的乐趣,获得更为多元的购物体验。

格林木在商场的空间设计上特别强调通透性,这不仅体现在整栋建筑的裸天花板高度达到 6.5 米这一点上,还体现在对商铺的标识高度的严格规定上。为了进一步凸显整个空间的高度,商场还在中庭设计了一个由灯光、音乐、水流、绿植构成的装置,装置离地高度达到 14 米,装置启动时随着音乐的变化水流也呈现出不同的形态和流速,灯光效果也随之变换,创造出一种亲临自然的神奇体验。另外,格林木一楼的店铺被设计临街店以及餐饮区设计了露天的坐席等举措都进一步强调了整个商场空间的通透性和开阔性,通透的空间有助于营造一种轻松、愉悦的购物氛围,使得消费者在整个购物过程中都能保持一种明朗的心情,这更有助于购买行为的达成。

格林木为了能够成为名副其实的"大家都愿意来玩儿的地方",对其公共社交区域进行了一番颇具创意的规划。最值得一提的就是位于格林木商场顶楼的位居日本第一的屋顶花园,这个花园的建造目的就是为周边的社区居民创设一个休闲、社交的场所,这里还定期举办一些面向儿童的诸如绘本讲解、天体观测和文艺表演等活动,借由这个花园将周边居民的日常生活与格林木紧密联系,有助于消费者忠实度的培养。除了顶楼的花园,商场还巧妙地将处在美食广场深处的一些"死角"设计成具有良好私密性的"会客空间",非常适合举办小型聚会,人们可以按小时租赁,每小时仅 400 日元。这些可租赁的小型空间进一步强化了商场的社交功能,也成为吸引人流的有效方式。除此之外,针对母婴群体,格林木商场还特别设置了有人工草坪和大屏幕的活动广场以及交流型的母婴室。小朋友们可以光脚在草坪上玩耍、通过大屏幕观看各种儿童节目、观赏定期组织的现场演奏会,妈妈们可以在宽敞的母婴室内进行育儿知识的交流,同时,还可以获得商场提供的有关儿童成长知识的咨询服务。

通过以上分析,格林木为什么能够成功的原因也就清晰可见了。立足于目标消费者的需求,切合核心需求为消费者创造出别具一格的消费体验正是格林木在电商云集的时代依旧屹立不倒的原因,这也是国内百货业,甚至是世界百货业值得深入学习和借鉴之处。

(五)结语

以往的消费在于满足消费者日常生活的物质需求,如今随着大众生活水平和文化层次的提升,消费者不再单纯满足于物质层面的富足,开始寻求精神消费层面的享受。于是,体验消费应运而生。

对于消费者来说,体验是一个过程,从他踏入百货商场的那一刻开始整个体验就启动了,目之所见所有东西都将变成体验的一部分:空气清新的香氛、令人愉悦的音乐、明亮的灯光、商场内富有节日气息的装饰、橱窗内独具创新的陈列、柜台服务人员亲切的微笑,一次细致的导购,餐饮区买到的一杯香醇的咖啡,一场别致的新品发布会……空间、服务、商品、文娱活动共同构成了一个完美的购物氛围,让消费者在轻松愉悦的环境之中完成一次美好的购物,并在消费者心中留下持久美好的印记,潜移默化之中,这种对于商场美好的记忆会转化成消费者忠诚度,变成百货商场真正的核心资源,立足之本。

随着各大电商逐渐整合,未来线上产品的价格将与线下渐趋于一致,届时,相信能够为消费者提供优质消费购物体验的百货商场将会迎来新的发展机遇。

吴易达①

手机媒体的政治社会化功能论析

（中国传媒大学　北京　100024）

根据 2017 年 1 月发布的第 39 次《中国互联网络发展状况统计报告》显示，"截至 2016 年 12 月，中国手机网民规模达 6.95 亿，占全国网民数量的 95.1%。"②可见，随着移动互联网技术的发展和智能手机的普及，手机媒体影响着人们日常的工作、学习和娱乐等方方面面。同时，政治社会化作为人的社会化的重要组成部分，在手机媒体的影响下，越来越表现出不同于以往的特点。手机媒体政治信息传递的即时性、传播对象的广泛性、信息内容的复杂性等特点，都使得今天的政治社会化面临着更多的发展条件，但也存在着诸多的问题和挑战。因此，分析手机媒体的政治社会化功能及其问题，探讨其功能的优化策略具有重要意义。

（一）手机媒体的政治社会化功能

1. 手机媒体：政治信息的枢纽站

相比于传统媒体以及 PC 互联网对设备的要求，手机媒体以其自身的便捷性、互动性以及对设备要求相对较低的特点，打破了传统媒体线性传播的界限，降低了使用门槛，加快了政治信息的传播，扩大

---

① 作者简介：吴易达，中国传媒大学马克思主义学院思想政治教育专业硕士研究生；电话：15822362602；邮箱：1226451494@qq.com。

② 中国互联网络中心："第 39 次中国互联网络发展统计报告"，http://www.cnnic.net.cn/hlwfzyj/hlwxzbg/hlwtjbg/201701/P020170123364672657408.pdf。更新日期：2017 年 1 月 22 日。

了政治信息的辐射范围,真正成为了政治信息传播的枢纽站。

一方面,手机媒体增加了政治信息传播的渠道,提升了政治信息传播的速度和有效性。传统的政治信息传播主要是通过权力阶层和官方主流媒体单方面传递给社会公众,传播方向和主体较为单一,效果也较弱。手机媒体的出现使政治信息的传播渠道大大丰富,微信、微博等手机 app 使政治信息的传播更加便捷,打破了传统媒体在传播中的垄断地位,增强了社会公众的话语权,社会公众也能成为信息的发布者。同时,人们接收到的政治信息也远远大于从前,随时随地都能接收到媒体发布的信息,其内容的丰富性、广泛性和时效性都远远超过以往传统媒体和 PC 互联网时代,保证了政治信息的可获得性。同时,依托大数据和云技术等技术手段,提升了政治信息传播的针对性和有效性,人们可以通过如"今日头条"、"澎湃新闻"等手机 app 接收自己感兴趣的信息。另一方面,手机媒体改变了传统政治信息自上而下的单向的传播模式,逐渐从单向的传播转变为多向的传播,形成了"以个人为中心的多对多、分散化、扁平化的传播模式"①。社会公众不仅是信息的接收者也是发布者,同时还不断地对接收到的政治信息给予反馈,这种双向的信息传播,使公民可以自主的设置议程、传播信息、形成舆论,从而对政治社会化产生影响。

2. 手机媒体:"政治人"的孵化器

政治社会化的核心是使个体由"社会人"发展成为符合社会主流政治文化要求的"政治人",在这一转变的过程中,手机媒体发挥了重要作用。现代社会的人们从一出生便接收着各种媒体发布的政治信息,尤其是手机媒体不断发展以来,人们越来越早的接触到政治信息,从国家政策到政治事件,从国内到国外,人们时刻受到手机媒体传播的信息的影响,一台智能手机联结起了人们政治社会化的全过程,成为了政治人培育的孵化器。

首先,手机媒体对青年人的政治社会化起到了突出作用。现代

---

① 陈勇、杜佳:"社会化媒体的政治传播功能与影响研究",《学术论坛》2016年第 8 期。

青年人见证了手机媒体的发展,成为了手机媒体的主要用户。因此手机媒体对于政治信息的传播使青年群体较早的积累了丰富的政治知识和技能,对其政治认识、政治态度和政治行为的养成都起到了极为重要的作用,加快了政治社会化的进程。其次,手机媒体加深了对政治认同的培育。媒体在传递信息的同时,也在传播着各种价值观念和意识形态,手机媒体也不例外,在其传播政治信息的过程中为公民对国家的政治认同的培育提供了新契机。手机媒体通过图片、文字、视频等多种形式的传播,向人们传递的关于国家的方针政策的解读以及核心价值观念的理解,既增强了传播效果,也使传播方式更加生动活泼,使人们对国家的核心价值观和公共政策不断增加认同,从而内化为自己的价值取向,把自己看作国家或政党中的一员,并以国家和社会的规范要求自己,不断地加深对国家的归属感。最后,手机媒体还使现实社会中分散的具有相同政治观点的人群,借助自身的互动性、即时性、便捷性的特点,加深联系,形成了虚拟的联合体,使其成员相互学习,从而为从独立个体成长为社会人和政治人进行了准备。此外,具有相同政治观点的人,通过在诸如微信群、知乎话题等虚拟社区中的交流,可以对政治信仰和政策认识产生新的观点并影响舆论,扩展了公共政治生活的范围。

3. 手机媒体:政治参与的助推器

随着手机媒体的发展和普及,越来越多的政府部门和官员都在微信和微博等公共平台建立了官方账号,人们通过手机即可向政府部门反映问题、表达诉求。近年来全国两会也开展了微博话题讨论等新型的政治参与模式,使社会公民可以切身感受到自己在国家政治运行中的作用,极大的拓展了社会公众直接参与政治生活的深度和广度,成为了公民政治参与的助推器。

第一,手机媒体虚拟性和匿名性的特点使人们现实生活中的身份、职业等在网络环境中被抹去,人们在虚拟的政治民主空间中享有平等的政治参与地位,改变了传统政治生活的参与方式,公民中的每个成员都能借助手机媒体随时随地地表达对某一政治问题的意见、传递政治信息,更加积极有效的参与其中。第二,手机媒体的议程设置功能,将公民真正关心的政策议题传递给政府,激发了公民的政治参与热情。所谓议程设置是指"大众传播具有一种为公众设置议事日程的功能,传媒的新闻报道和信息传达活动以赋予各种议题不同程度的显著性的方式,影响着人们对周围世界的大事及其重要性的判断。"①手机媒体使人们有了更多的接收政治信息和政治参与的机会,更加强了社会公民的话语权,人们通过手机媒体发表自己对政策的意见和看法,并不断吸收各方面的观点,融合各种意见,从而形成主流民意,激发公共政策的议程设置,促使政府部门就相关问题出台解决措施,促进了基层民主的发展。第三,手机媒体不仅改变了传统的政治运作模式,还直接推动了政治信息的公开化和透明化,越来越多的政府部门在微信、微博等平台公开日常工作和相关政策,进一步发展了电子政务和阳光政务,使权力在阳光下运行,使社会公众参与到权力监督的过程中。手机媒体的发展真正实现了对政治权力运行的全方位监督。政府出台的每一项政策和法规,人们都能通过手机第一时间了解,通过手机媒体人们也能及时对政府权力运行中存在问题进行曝光。而手机媒体巨大的传播能力也使政策的落实和问题的解决加快了步伐,提升了政府的公信力。

(二)手机媒体政治社会化功能的问题与挑战

第一,手机媒体的即时性和互动性,削弱了主流媒体的主导性。手机媒体因其可以随时随地传播信息并且能够实现受众与传播者之间的互动,使得手机成为了人们获得政治信息的主渠道,造成了公众对传统媒体的疏离。第一,传统的主流媒体在其发展过程中没有及时的更新模式,还保持传统的信息传播模式,某一事件发生时,首先不是由主流媒体发声,而是由社会民众在手机上发布,这就使得传统媒体在手机媒体中的主导性受到了削弱。第二,由于手机即时性的特点,养成了人们碎片化的阅读习惯,人们的阅读行为和话语体系都有了不同程度的改变,传统主流媒体在报道过程中的那种宏大叙事的方式对于信息传播也起到了阻碍作用。第三,手机媒体的低门槛使得人人都是信息的发布者,加之其匿名性的特点,使传播的信息良

---

① 郭庆光:《传播学教程》,中国人民大学出版社 2011 年版,第 214 页。

莠不齐。此外,西方敌对势力利用其技术优势,对我国进行渗透,宣传西方所谓的普世价值观,造成拜金主义、民粹主义等思潮膨胀,不利于我国的政治价值观渗透和政治文化传承,对我国的政治社会化和社会稳定都造成了负面影响。

第二,手机依赖和过度娱乐,不利于"政治人"的培养。手机媒体在发挥政治社会化功能的同时,也发挥着娱乐生活、沟通情感等方面的功能,其便捷的功能使得人们对手机的使用频率日益频繁,手机娱乐性的功能使得越来越多的人沉迷其中,最有代表性的就是手机依赖症的出现。手机依赖症是手机媒体时代的一种典型心理疾病,主要指"对手机产生高度依赖,一旦手机不在身边就会产生空虚、紧张、无所适从等缺乏安全感的心理状态"。① 而这种不健康的心理状态对于培养社会所需要的政治人是十分不利的,对社会公众的日常生活也存在消极影响。同时,手机媒体受市场经济的影响,很多平台趋向于发布娱乐信息,而非正面引导人们的信息,娱乐内容大大超过了其他内容,对我国公民政治社会化的实现具有削弱作用。

第三,手机媒体的虚拟性和匿名性,加大了政治参与的无序性。手机媒体的便捷性使人们可以随时随地传播信息,这种对于信息爆炸式的增长和裂变式的传播,使得信息的传播速度和范围远超过从前,这也使政治参与缺少秩序,使政府管理难度加大。首先,手机媒体匿名性的特点,以及操作的便捷,使得"指尖政治"加剧了政治参与的非理性,人们在通过手机进行政治参与的过程中,仅根据个人兴趣爱好,可以不加思考的转发、评论政治观点,而不考虑内容的真实性,使政治参与过程中出现盲目、跟风、不理智的现象。其次,手机媒体构建的虚拟社会使具有相同政治观点的人聚集在一起,易造成群体极化的现象。这就可能造成某一群体内就某一问题做出错误判断甚至做出更加极端的决定,增加政治参与的无序性和不稳定因素。最后,由于当前手机媒体上频频曝光关于官员贪污腐败等负面信息,人

① 邵明英:"大学生手机媒体使用需求及应对",《思想政治教育研究》2015年第6期。

们对于政府的不信任感增加,削弱了政府的公信力,也在侧面加大了政府在公共事务中的管理难度。

（三）手机媒体政治社会化功能的优化策略

1. 建设有竞争力的主流媒体

习近平在党的新闻舆论工作座谈会重要讲话中强调,"党的新闻舆论工作是党的一项重要工作,必须坚持党的领导,坚持正确政治方向,尊重新闻传播规律,创新方法手段,切实提高党的新闻舆论传播力、引导力、影响力、公信力。"①因此,作为主流媒体要发挥自身的引领作用,利用手机媒体的优势,建设有竞争力的平台。第一,增强主流媒体在手机传播中的公信力、影响力和引导力。通过开通官方的微信、微博平台,融合各种媒体发展,实现合力,及时传达官方声音,确保信息的真实性。同时改革话语体系,贴近人民群众,使传播内容和方式更加接地气,保证信息传播的质量和效果。第二,利用大数据和云技术等现有的技术手段,以人为本,以社会需求为立足点,以核心价值观为主导,以传播受众为中心,搭建平台、研发产品,开发有助于个人政治社会化的手机 app,增加政治沟通渠道,准确传播政治信息,增强信息传播的针对性和参与性,抢占网络政治舆论高地,真正使手机媒体服务于人们的政治社会化进程。

2. 提升社会公众的手机媒介素养

媒介素养是指"人们面对媒体的各种讯息的选择能力、理解能力、质疑能力、评估能力、思辨能力,以及创造和制作媒介讯息能力"②。一方面,要增强媒体从业人员的媒介素养。媒体从业人员在发布信息时应确保发布信息的真实性,增强责任意识,对于不实信息所引起的后果及时处理。同时,不能一味的追求"利"字当头,只顾经济效益而不顾社会效益,要将社会效益放在首位,为社会公众政治社

---

① 新华网:"习近平总书记在党的新闻舆论工作座谈会上的重要讲话引起强烈反响",新华网:http://news. xinhuanet. com/2016-02/20/c_1118106502. htm。更新日期:2016 年 2 月 12 日。

② 张开:《媒介素养概论》,中国传媒大学出版社 2006 年版,第 57 页。

会化的顺利实现营造良好氛围。另一方面,要增强社会公民的媒介素养。公民自身要增强对于信息的鉴别能力,自觉抵制不良信息,弘扬和传播有利于社会发展的信息。对于在手机媒体中传播的政治信息不盲信、不盲从,理性的思考,有主见地选择自己的立场,坚守政治和道德底线,有序地参与政治生活。

3. 加强移动互联网络的法律建设和道德规范

加强法律建设和道德规范,建立道德和法律相结合的监管体系是实现手机媒体政治社会化功能的保障。当前,我国还没有专门针对移动互联网的法律法规。一方面,要加强移动互联网的法律建设,规范相关政策法律,建立多维度、立体化的法律体系,减少手机媒体政治信息传播中的"杂音",过滤掉传播过程中不和谐的声音,完善信息监察管理机制,使手机媒体在信息传播中有法可依,有章可循,推行移动互联网法制化建设。另一方面,要加强移动互联网的道德规范建设,引导社会公众自觉树立正确道德观念,加强自身网络道德修养,抵制不良文化和有害思想的侵袭,将社会主义核心价值观内化为自身价值观,有效利用手机媒体提升自身素质与能力,顺利实现政治社会化。

第三章

马克思主义理论研究

■于舒满

浅论习近平民族工作思想与政策的新发展

（上海师范大学 上海 200234）

（一）习近平民族工作思想与政策形成的背景

1. 为团结各民族力量，实现中国梦

习近平同志在党的十九大报告中指出："深化民族团结进步教育，铸牢中华民族共同体意识，加强各民族交往交流交融，促进各民族像石榴籽一样紧紧抱在一起，共同团结奋斗、共同繁荣发展。"①理解这句话主要基于三点：一是各民族在经济、政治、文化等多方面有着密切联系，以此作为促进民族关系的主旋律；二是在中华民族的历史过往中，特别是近代以来，中华各族儿女一起抵抗外敌，同仇敌忾，结下了深厚的情谊；三是新中国成立后，各族同胞一同肩并肩、心连心，在社会主义革命、建设、改革中不断创造辉煌。在这样的背景下，逐渐形成了中华民族共同体意识。十八大以来，习近平从国内国际两个大局出发，在国内多次强调"培育中华民族共同体意识"，在国际上引领建立"人类命运共同体"。"共同体"思想是以习近平同志为总书记的新一届领导集体关于马克思主义社会发展理论中国化的新境界，是对中国特色社会主义理论的新发展。习近平关于"中华民族共

---

① 习近平：《决胜全面建成小康社会 夺取新时代中国特色社会主义伟大胜利——在中国共产党第十九次全国代表大会上的报告》，人民出版社2017年版。

同体意识"的新思想,是新时期做好团结工作、思想工作和践行社会主义核心价值观的基本遵循,是我们实现富民、强国、复兴的"中国梦"的重要组成部分。

民族意识即民族共同心理素质,民族特征之一,亦称"民族性格",指各民族在形成和发展过程中凝结起来的表现在民族文化特点上的心理状态。民族共同心理素质通过民族的物质文化和精神文化的特点表现出来。民族共同心理素质是在民族共同地域、民族共同经济生活及历史发展特点的基础上形成的,与民族的历史和所处地位有密切关系。任何一个民族的人们都热爱本民族的历史和优良的文化传统,习惯于本民族的习俗、生活方式,并关切它们的存在和发展,这种表现,通常称为民族感情。梁启超先生曾说"何谓民族意识,谓对他而自觉为我。'彼,日本人;我,中国人',凡遇一他族而立刻有'我中国人'之一观念浮于其脑际者,此人即中华民族之一员也"。熊锡元认为民族意识包括:"第一,它是人民对于自己归属于某个民族共同体的意识;第二,在与不同民族交往的关系中,人们对本民族生存,发展,权利,荣辱,得失,安危,利害等认识的关切和维护"。

中华民族是世界上最具共同意识的民族,五千年文明灿烂不息,历经磨难而不分裂就是最好证明。总书记在中央民族工作会议上指出:"做好民族工作要坚定不移走中国特色解决民族问题的正确道路,让各族人民增强对伟大祖国的认同、对中华民族的认同、对中华文化的认同、对中国特色社会主义道路的认同"。这"四个认同"有利于全国各族人民树立共同理想,有利于实现"两个一百年"的奋斗目标,是新的历史时期中华民族共同体意识的核心内容。

2. 民族工作进行中存在一系列问题,急需新的思想引领

总书记指出:"着眼于民族团结是我国各族人民的生命线,强调要引导各族群众牢固树立正确的祖国观、历史观、民族观,通过建立和增强各族人民的价值认同、情感认同、文化认同、制度认同,来筑牢民族团结的思想根基,共圆中华民族一家亲的团圆梦,共筑中华民族伟大复兴的中国梦。"中国共产党对民族地区的发展持续给予高度重视,并不断地出台各种措施,以保证民族地区的发展。但是中国共有

五十六个民族,有五十五个民族地区,各民族之间发展存在一系列不平衡的问题:比如说民族地区经济发展滞后、产业结构不合理、贫困人口较多等普遍落后的现象,这些问题导致其与发达地区之间的差距越来越大。同时我国正处于社会主义转型时期和改革开放的关键时期,民族地区的发展不能成为我国持续长远发展的短板。统战工作的本质要求是大团结大联合①,是为了壮大共同奋斗的力量,如果民族地区的发展长期与其他地区有较大差距,那么民族地区人们会出现心理失衡等问题,不利于做好新形势下统战工作,从而不利于民族团结和实现伟大复兴的中国梦。基于此,民族工作问题的妥善解决是党必须给予严格重视的一项关键事务。

就是在这样的时代背景下,习近平总书记在各种关于民族工作会议上先后做了一系列重要发言,以其宏大视野、思想勇气和政治眼光深刻回答了民族工作的一系列重大思想和实践问题,提出了很多新的思想和观点,作出了一系列新的判断、新的决定、新的要求以及新的目标。② 习近平总书记的重要讲话思想是其民族工作思想与政策的关键组成部分,反映了其在民族工作上的长远眼光,对于明确我国在 21 世纪发展民族工作的方向、目标、任务等具有强有力的指导作用。

（二）习近平民族工作思想与政策的具体实践

党从成立之日起,就高度重视民族问题、民族工作。红军长征途中,在通过彝族地区时就明确宣示:"中国工农红军,解放弱小民族;一切夷汉平民,都是兄弟骨肉。"刘伯承同志同彝族首领小叶丹"彝海结盟"传为佳话。新中国把民族平等作为立国的根本原则之一,确立和巩固社会主义新型民族关系,开启了我国民族关系史上数千年未有之大变局。历史证明,中国共产党始终重视民族工作。习近平总书记指出:"中华民族和各民族的关系是一个大家庭和家庭成员的关

---

① 《十八大以来重要文献选编》,中央文献出版社 2016 年版,第 556 页。

② 王正伟:"做好新时期民族工作的纲领性文献",《西藏统一战线》2014 年第 6 期。

系,各民族的关系是一个大家庭里不同成员的关系"①。在这个论述里,强调中华民族具有多元一体性,从整体和部分的哲学辩证思维来讲,中国整个的构成是多元的,中华民族是一个整体,也就是所谓的"一体",整体包括着很多小的部分,也就是说各个民族是一体中的多元,在国家的整个发展中,我们要理清一体和多元的关系,也就是中华民族和各民族之间的关系,这一表述也体现着党对民族工作的高度关注,习近平总书记指出民族工作是全局性的工作,即在国家的长远发展中,要坚持国家统一战线不动摇,合理的调整汉族和各个少数民族的关系,实现可持续发展。

民族工作关乎大局。党的十八大以来,以习近平同志为总书记的党中央高度重视民族工作,多次深入民族地区调研,体察少数民族群众冷暖。先后召开第二次中央新疆工作座谈会、中央民族工作会议、中央第六次西藏工作座谈会等,对民族工作作出全面部署,一曲民族工作新乐章在中华各族儿女间奏响。2016年底,国务院印发的《"十三五"促进民族地区和人口较少民族发展规划》,阐明了国家支持少数民族和民族地区发展、加强民族工作的总体目标、主要任务和重大举措,是"十三五"时期促进少数民族和民族地区全面建成小康社会的行动纲领。

1. 完善民族政策,打好民族地区扶贫攻坚战

民族平等、民族团结和各民族的共同繁荣是开展民族工作的指导方针。民族平等表现在各民族在政治法律上拥有同等的地位,在政治上,要求汉族和其他民族地区一律处于同等地位,同样享有介入政治和国家要事的权利;法律上,通过制定各种法律,在法律条文上对于少数民族的地位和平等的权利给予必要的保证。另一方面,各民族在政治、经济、文化和生活上也应具有同等的权力。

基于此,首先要保护各族人民参与国家和本民族事务的权力,在权力体系上做到平等。维护各种法律如《宪法》《民族区域自治法》等

---

① 李赞:"习近平对党的民族理论与政策的创新与发展",《社会主义研究》2016年第2期。

对于民族政治地位的规定,严格遵守关于民族平等的法律法规,帮助群众树立对于民族平等的信仰。更要坚持中华民族的区域自治制度,习近平明确表示"取消民族区域自治制度这种说法可以休矣"①。维护民族区域自治制度在我国的地位,各族人民要理解各个民族平等的重要性,坚定的维护民族区域自治制度,不可以去随意的否定国家法律制度。

其次也要加速少数民族区域全面建成小康社会的过程。"打好扶贫攻坚的战争,民族地区是主要战地。"②同时随着中国特色社会主义进入新时代,我国少数民族和民族地区发展迎来了新机遇。我国是多民族国家,民族地区占据绝大多数地域面积,可以说民族地区的均衡前进,是关乎到民族平等的要事,关联到全面建成小康社会的整体布局。纵观中国整个国土分布面积,可以发现,大多数少数民族地区分布在西部地区,地理位置偏僻,其发展受到交通落后、思想观念闭塞、经济基础薄弱等问题的限制,所以其发展的速度明显低于汉族地区。"人数较少民族也都要奔小康,一个也不能少。"3月7日,习近平在黑龙江代表团参加审议时再次关注少数民族地区的发展。决不让一个兄弟民族掉队,决不让一个民族地区落伍,习近平对此不仅时刻挂念在心,更有着实实在在的政策和行动为他们"撑腰"。

让少数民族群众过上好日子,离不开政策支持。3月10日,习近平在青海代表团参加审议时明确指出,"在社会事业发展和民生建设资金要向民族地区倾斜,让民族地区群众共享改革发展成果。"

让少数民族群众过上好日子,关键还在于民族地区自身的发展。在青海代表团参加审议时,习近平用两个"着力"对少数民族地区发展提出了要求,他说,"要着力加强民族地区基础设施建设,着力培育民族地区特色优势产业"。归根到底,就是要"增强民族地区自我发

① "中央民族工作会议暨国务院第六次全国民族团结进步表彰大会",新华网:http://news.xinhuanet.com/politics/2014 - 09/29/c_1112683008.htm.更新日期:2014 年 9 月 29 日。

② 习近平:"习近平在中央民族工作会议上的重要讲话",《人民日报》2014年 9 月 30 日 01 版。

展能力和可持续发展能力"。

"十二五"期间,民族八省区贫困人口从5040万人下降到1813万人,减少3227万人,贫困发生率从34.1%下降到12.1%,降幅为22个百分点。扶贫措施务实给力。把少数民族贫困人口全部纳入建档立卡范围,向所有贫困村派驻驻村工作队,对生活在"一方水土养活不起一方人"的贫困地区群众实施易地扶贫搬迁。因地制宜,因人施策,过去几年,少数民族的扶贫工作不断推进:在一些民族地区,党员干部到村、资金项目到村、扶贫工作队到村,精准扶贫提高了扶贫效率;在一些贫困地区,优先实施水、电、路改造,想方设法扶持少数民族地区的特色产业发展等等,政策与实际相结合,少数民族贫困地区的发展越来越有底气。

要想加快民族区域全面建成小康社会的进程,就必须要对民族区域的发展做出科学的规划和设计,这就从思想上明确了民族的成长对于全面建成小康社会的重要性。

2. 经济发展迈上新台阶

众人拾柴火焰高。我国是统一的多民族国家,民族地区的发展离不开全国人民的支持。建设富强民主文明和谐的社会主义现代化国家,离不开东、中、西部广大地区的共同繁荣发展。民族地区的发展与国家发展、民族未来休戚与共。2015年,民族八省区经济增长保持良好态势,增速均高于全国6.9%的平均水平。经济实力显著增强,民族八省区地区生产总值均高于上年同期水平。产业结构进一步优化。内蒙古产业格局加速调整,高新技术、装备制造、有色和农畜产品加工业对工业增长的贡献率已经达到47.3%,同比提高12.6%。西藏地区生产总值突破千亿元,旅游接待人数突破2000万人次。新疆在旅游业等服务业良好发展态势的带动下,第三产业增速同比增长11.9%,对经济增长贡献率达到55.3%,成为拉动经济增长的主要动力。同时,基础设施建设也在稳步推进。基础设施建设要重点解决路和水的问题。一年多来,民族地区联系内外的大通道进一步打通,吉林—图们—珲春高铁开通运营,沪昆高铁湖南段建成通车,怀化芷江机场改扩建工程、渝怀铁路相继完工,渝怀增建二线已开工建设,湖南民族地区基本实现30分钟内上高速,格尔木至库尔勒铁路项目全线动工建设。"静脉"和"毛细血管"进一步畅通。云南全省民族自治地方涉及 78 个县(市、区),到 2015 年底,这些地方有 73 个通了高等级公路,农村公路乡镇通畅率和建制村通达率达 100％。水利建设得到加强。贵州加大对民族地区水利建设支持力度,下达资金支持建设的 25 个中型水库有 18 个在民族地区,全省在建和拟建的 13 个大型水利项目有 11 个在民族地区。

种种现实表明,民族地区的自我发展,对于形成全社会全国发展的合力,有极大的帮助,坚持以经济建设为中心,联系实际,发掘自身潜力,加快民族地区经济社会发展,是实现民族地区和平稳定的根本保证,也是不断巩固平等、团结、互助、和谐的社会主义民族关系的重要保证。

3. 民族教育措施日渐完善

教育是民族振兴、社会进步的基石。民族教育是我国教育事业不可或缺的重要组成部分,同时又是我国民族工作的重要内容,因而具有深远而突出的战略意义。发展民族教育,直接关系到教育公平的实现和民族地区的未来发展,并最终为实现民族复兴提供人才保障、智力支持和精神支撑。"教育决定着人类的今天,也决定着人类的未来。"①总书记强调全面贯彻落实党的教育方针,努力把我国基础教育越办越好,这个范围当然包括少数民族地区。

我们党和国家历来重视发展民族教育。《国家中长期教育改革和发展规划纲要(2010—2020 年)》首次列专章对民族教育予以规划。党的十八大、十八届三中全会报告中,也都提出要重视和加强民族教育发展,资源配置要向农村地区、贫困地区、民族地区倾斜。自 2002 年第五次全国民族教育工作会议以来,我国民族教育取得了明显的进步,成功实现了跨越式发展。

在办学规模上,早在 2011 年,我国 703 个民族自治地方县级行

---

① "习近平在北京市八一学校考察时的讲话",新华网:http://news. xinhuanet. com/politics/2016-09/10/c_1119542690. htm。更新日期:2016 年 9 月 10 日。

政区划就已全面实现了"两基"目标,人口覆盖率达100%。通过内地办学,55个少数民族都有了自己民族的本科生和研究生;140多万民族地区教师通过培训获得素质提升。截至2014年,全国各级各类学校少数民族在校学生已达2539.5万人,专任教师约130万人。

在办学形式上,关于少数民族教育的内容和形式问题、课程教材问题,要考虑到民族特点,因地制宜,走出符合不同民族特色的办学路子。在一部分教育基础差的山区和牧区重点扶持,办好寄宿制民族中小学或民族班。各地根据实际情况采取了多种办学方式,有利于对少数民族人才的培养。此外,少数民族师资队伍逐步壮大,目前,我国培养民族师范人才的基地已经形成一定规模。国家还通过提高民族地区教师待遇、适当增加民族地区中小学教师编制和安排内地教师支援民族地区基础教育等政策,促进民族地区教师队伍建设。

积极推进少数民族语文教学和民族文字教材建设亦是一项重要工作,双语教学政策的实施,从少数民族地区的社会实际出发,较好地解决了教育过程中的文化差异和文化多样性等问题,例如,"十三五"期间,贵州将在少数民族聚居地区推行双语教学。在尊重、保障少数民族使用本民族语言文字接受教育权利的同时,不断提高少数民族语言文字教学水平,加大对双语学校的支持力度,确保少数民族学生基本掌握和使用国家通用语言文字,以民汉双语兼通为基本目标。这个方向,在实践上有利于促进少数民族地区各级各类教育的发展,也为传承和弘扬少数民族传统文化提供了重要的途径。

建成全面小康社会,需要更为成熟的民族教育,教育现代化乃至国家现代化的实现也有赖于教育基本公共服务均等化的实现,中华民族伟大复兴中国梦则更需要手足相亲、守望互助。新的发展阶段,我们应以深化改革作为推动民族教育发展的根本动力,以制度建设为基础,将调结构提质量作为重要基点,继续遵循普惠与特惠相结合的政策路径,扎实推进民族教育的全面协调可持续发展,开创中华民族更为美好的未来。

(三)习近平民族工作思想与政策的新发展

1. 给予民族工作高度的重视,赋予其"生命线"地位

中国是一个拥有五十六个民族的统一多民族国家,民族工作一

直在中央各项工作中占据重要地位，创新科学的民族工作理论，形成有效的民族工作方式，是关系我统一伟业、长治久安，促成中国梦实现的大事。因此习近平多次在各种场合强调"我国是统一的多民族国家，民族工作关乎大局"，"处理好关于民族的问题，做好关于民族的工作，是事关民族团结和社会稳定发展的大事，是关系到国家长治久安和实现伟大复兴中国梦的大事。"①

进入 21 世纪以来，我国和世界不同国家的民族问题都出现了新的发展，从世界角度来看，随着国际形势的不断变化，民族工作对各国的治国理政越来越重要，民族问题、宗教问题逐步成为恐怖分子在世界发展的土壤；从国内角度来看，随着市场经济的深入推进，民族工作也逐渐呈现出新的特点，主要表现为五个并存，即改革开放和社会主义市场经济带来的机遇和挑战并存，民族地区经济加快发展势头和发展低水平并存，国家对民族地区支持力度持续加大和民族地区基本公共服务能力建设仍然薄弱并存，各民族交往交流交融趋势增强和涉及民族因素的矛盾纠纷上升并存，反对民族分裂、宗教极端、暴力恐怖斗争成效显著和局部地区暴力恐怖活动活跃多发并存。② 因此，民族工作在中国的发展要日益受到我们的重视。

2. 强调团结统一对新时期的重要性

习近平还强调"要想做好民族工作，最重要的是做好民族团结的工作"③。汉族和其他民族的关系是一个大家庭和家庭中的成员的联系，只有做好民族工作，才能更好的处理民族中出现的突发情况，而处理民族问题的关键就是做好民族团结工作，才能凝聚各族人民的力量，使其化为一个整体，共同为中华民族的发展添砖加瓦。这就要求各民族的人们在党的领导下，共同致力于发展国家关于政治、经

---

① "习近平在中央民族工作会议上的重要讲话"，《人民日报》2014 年 9 月 30 日，01 版。

② 国家民族事务委员会：《中央民族工作会议精神学习辅导读本》，民族出版社 2015 年 4 月版，第 58 页。

③ 王新红："十八大以来中国特色社会主义民族理论与政策的丰富和发展"，《中南民族大学学报(人文社会科学版)》2017 年第 1 期。

济、文化等的各项事业。首先要做到八个"坚持"：坚持各个民族之间做到全部平等、坚持中国共产党的指挥、坚持中国特色社会主义道路、坚持维护祖国统一、坚持发展并完善民族区域自治制度、坚持各个民族一起团结奋斗和共同成长、铸就中华民族共同体。依法治国。其次是要做好人民工作,争取人民对国家、对民族、对文明、对共产党的认可。得民心者,得天下,在促进民族团结的工作中,要紧密联系群众,让各族人民对国家的民族工作政策有深入的了解,避免出现理解误差,带来不必要的麻烦,真正的让人民参与到民族团结工作中来,增加身份认同感,同时使中国共产党获得有力的群众支持和帮助。第三是要改变民族团结宣传培养的方法。我们可以发现当下关于民族团结的教育大多是通过灌输式教育来进行的,人们在其中是一个接受着的角色,被动地吸收关于民族团结的知识,缺乏主动性,所以我们要改变民族团结的教育方式,使更多的人们参与其中,运用现代化的方式和手段,跟紧时代的发展,开展宣传教育。另外要增强宣传教育的实效性,创建一批示范性基地,在群体中形成榜样效应,更大限度的推进民族团结。

3. 坚持中国特色处理民族问题的制度自信

民族区域自治制度是我国的一项基本政治制度。1949 年 9 月通过的《中国人民政治协商会议共同纲领》规定："各少数民族聚居的地区,应实行民族的区域自治,按照民族聚居的人口多少和区域的大小,分别建立各种民族自治机关",将民族区域自治正式确立为一项基本国策;1954 年颁布的《中华人民共和国宪法》,将民族区域自治制度以法律的形式确立为中国的基本政治制度。在后期的发展中不断的对民族政策进行调整,但是民族区域自治的基本政治制度,是从中华人民共和国成立之时,就已经存在,有着悠久的历史。民族区域自治制度有其自身的优越性,它有利于保障少数民族当家做主的权利,最大限度的给予少数民族与汉族人民的平等地位,进而增强民族团结,维护国家统一,保证了全国各民族地区的和谐发展,同时能够推动中国特色社会主义事业更好的发展。但是在推进该制度的过程中,也出现了一些质疑的声音。有人说民族分地域自治会造成民族分裂,或者是造成区域之间的不平等等一系列矛盾。

因此习近平同志在论述民族区域自治的过程中，尤其重视从大局出发，反对对民族进行分化，平等对待每一个民族。习近平明确指出："坚持中国特色社会主义道路，是新形势下做好民族工作必须牢牢把握的正确政治方向。"同时他又提出："要全面贯彻落实党的民族政策，不断增强各族人民对伟大祖国的认同、对中华民族的认同、对中华文化的认同、对中国特色社会主义道路的认同。"也就是说要坚持中国特色社会主义道路，坚持以经济建设为中心，保障和改善民生，促进各民族的和谐发展。同时，坚定民族区域自治制度的关键在于要注重民族地区人民的利益，使他们的地区经济得到充分的发展，改善群众生活，这样就彰显了国家对于民族地区的重视，使各族人民能够坚持我国特色处理民族问题的制度自信。

（四）结语

中国共产党第十九次全国代表大会以来，习近平高度重视党的民族工作，其对民族工作思想与政策的新论述凸显了民族理论发展的重要性，对于我们研究民族工作具有借鉴意义。习近平总书记在多次会议和调研中均强调民族工作的新思想，使我们能在新时代面对中国民族工作问题始终保持清醒，同时作为一个正在飞速发展中的大国，不断更新的理论能使我们具有更高的综合实力。习近平民族工作思想与政策的发展必将成为人类文明史上一笔宝贵的财富。在今后的发展道路中，我们还将持续进行研究和深化。

孙丹璇

马克思的异化劳动理论和人的解放

（南京大学　江苏　210023）

劳动是人之为人的本质规定性，是体现人的本质力量的活动，也是人类社会得以形成、发展的源泉。但在私有财产存在的资本主义社会中，劳动成为一种人与人相对立的外在活动，使人处于受奴役的状态。在《1844 年经济学哲学手稿》中，马克思用大量的笔墨对"异化"这一范畴加以实证考察，用"异化劳动"这一概念来表征在资本主义生产关系下工人的现实生存境况。无产阶级身上集中表现了资本主义社会条件下的各种非人性的现实，"由于而且还直接被无法再回避的、无法再掩饰的、绝对不可抗拒的贫困——必然性的这种实际表现——所逼迫而产生了对这种非人性的愤慨"①。而人的解放过程就是使人摆脱受剥削、受奴役、受束缚的状态，从而使人的世界和人的关系回归于人本身。因此，解放的任务就要从根本上重塑这种在资本主义生产关系下已经丧失的人的本质。所以，扬弃这一异化状态，回归真正人的生存状态就是马克思在这篇《手稿》中所要探究的内容。从"异化劳动"到"扬弃异化劳动，进而实现劳动的解放"，即是马克思这篇手稿的内在逻辑推演。

---

① 【德】卡尔・马克思、弗里德里希・恩格斯：《马克思恩格斯文集》第 1 卷，中共中央马克思恩格斯列宁斯大林著作编译局译，人民出版社 2009 年版，第 262 页。

（一）异化劳动及其表现

"异化"概念是近代欧洲哲学的概念。在霍布斯那里，人亲手创造出来的利维坦怪兽（国家权力）独立于人，并转过来支配人；在黑格尔那里，异化指绝对理念外化为自然界和客观对象，外化物与它所由以外化的东西即理念漠不相关；而在费尔巴哈那里，异化是在意识形态领域中进行的，而在感性的现实的领域中不存在任何异化，因此异化是人的观念所造成的人的自身幻想的产物。在马克思之前，异化观可以理解为一种超越现实的理念或存在物与人之间的对立关系。

相比之下，马克思的异化观虽受到他们的影响，但其内容与视野要广阔得多，也深刻得多。在马克思写作的《1844年经济学哲学手稿》中，"异化"是贯穿始终的基本概念。根据马克思的观点，异化主要指人作为有意识和能动性的主体亲手创造出来的力量外在于人、独立于人、不以人的意志为转移、与人疏远或隔膜，甚至转过来支配人、奴役人。自由与必然、理想与现实、主体与客体、个人与社会、人与自然，凡是同人的自由有关的一切范畴都与异化相关。因为异化是自由的反面——不自由。但这种不自由并非一般意义上的不自由，而是同人所创造出来的力量反过来支配人自身的这种反常现象联系在一起的"不自由"，不同于我们通常所讲的由于某种权利受到约束而产生的有限性。

马克思将"异化"概念引入对实际经济现象的分析，因此劳动异化中的"异化"，既是一个哲学范畴，也是一个经济学范畴，特指在资本主义私有制条件下的特殊社会现象。在《手稿》中，马克思是从"资本主义的经济事实"出发的论述异化劳动理论的，在资本主义社会，工人生产产品的力量和数量越大，他就越贫困；工人创造的财富越多，他就越变成廉价的商品。在资本主义社会，与物的世界的增值相伴随的是人的世界的贬值。在《手稿》中，马克思具体地从以下四个方面分析和阐述了异化劳动的内容：

1. 劳动者同自己的劳动产品相异化

劳动产品作为工人劳动的对象化和现实化却成为异于工人的社会存在，工人创造的劳动产品越多，归他自身占有的东西就越少。劳动产品成为与工人相异和敌对的东西而存在。工人和劳动产品之间发生了角色的异位,人变成了被动者,而劳动产品却成为支配人的存在,工人沦为劳动产品的奴隶,在资本主义社会,工人的命运不再由自己掌握,而听命于资本的摆布。工人仅仅作为肉体的主体而存在,完全丧失了人的主体性和自觉性。

2. 劳动本身同劳动者相异化

马克思把劳动看作是人的自由自觉的活动,是人的本质力量,是人区别于动物的生命活动。可是在资本主义生产关系下,工人的劳动是被迫的,不是自由地发挥自己的体力和智力,工人在劳动的过程中感到压抑和束缚,相反在劳动之外才感到快乐和自由。这说明这种劳动并不是工人自愿从事的活动,工人在感情上排斥这一劳动,对工人来说这种劳动并不是工人本质力量的体现。如果没有生存的压力,"人们就会像逃避瘟疫那样逃避劳动"①。这种异化还表现在这种劳动使得人的机能同动物的机能发生颠倒。动物的机能成为让人感到自由的内容,相反,人的机能却使人感到压抑。

3. 人同自己的类本质相异化

人的类本质就是指人进行的是有意识的生命活动。这种活动是自由的,也是人区别于动物的生命活动的根本点。而异化劳动使人的类本质发生异化,把人的类生活变成维持人身体存活的手段,剥夺了工人生产的对象,也就从人那里剥夺了这种自由的类生活。

4. 人同人相异化

马克思指出,"人同自己的劳动产品、自己的生命活动、自己的类本质相异化这一事实所造成的直接结果就是人同人相异化。"在资本主义社会中,异化劳动不仅表现在物的方面,即人同劳动产品,人同劳动过程的异化,这种异化劳动还表现在人的方面,即人同类本质相异化,人同人相异化。所谓人的异化是指人对自身的任何关系都需要通过他者即有别于自身存在的另外的个体的关系才能实现。通过

①【德】卡尔·马克思、弗里德里希·恩格斯:《马克思恩格斯文集》第 1 卷,中共中央马克思恩格斯列宁斯大林著作编译局译,人民出版社 2009 年版,第 159 页。

异化劳动这种实践活动,人还生产出了人同人的异化,即工人同资本家的异化。

总之,通过分析,可以看到工人的自主活动表现为替资本家工作的活动,工人的生命活动表现为其生命的牺牲,对象的生产必须为对象的丧失和异化。可见,工人的劳动不是自身生活的目的和意义,工人的劳动是为资本家创造了生活的意义和价值。

(二)由异化劳动引发资本主义社会的全面异化

生产领域异化劳动的普遍存在必然带来整个社会异化现象的普遍存在,进而由劳动的异化扩展为一系列社会关系的"相互异化"。具体表现为,如工人同劳动的异化与分离,劳动者同资本家的分离,生产者同消费者的分离,消费的手段同目的的分离,等等。

一方面,在资本主义社会,异化不仅表现为工人的异化,而且资本家也存在异化。异化劳动在马克思那里,不仅是描述和分析工人悲惨现实境况的内容,也是衡量和把握资本家生存状态的关键。在资本家身上同样存在异化劳动。马克思全面指出了工人和资本家身上都存在异化劳动的事实,目的是为了揭示异化劳动的消极作用,表明资本主义社会的异化劳动现象普遍存在于社会各个阶级之间,正因为资本主义这种异化现象的存在,才使人们意识到消除异化劳动之必须。

另一方面,在资本主义社会,不仅表现为整个社会成员存在着异化,而且由生产领域的异化劳动引发了整个社会生活的各个领域也都存在着异化现象。资本主义社会异化为资本的奴隶、金钱的奴仆。货币由于具有购买一切的特性,被当作万能之物。拥有货币,就意味着拥有一切,因为一切都能用金钱来购买,金钱成为资本主义社会的通行证和硬通货,包括社会道德、政治地位、良心、爱情等等都沦为金钱的奴仆。此外,资本主义社会的全面异化还表现为货币成为衡量人们能力与价值的唯一尺度。由此,劳动中生产关系的异化造成了整个社会关系的异化,以及社会的政治结构、经济结构与文化结构中的异化。资本主义私有制条件下的社会关系和社会生活都沦为金钱的奴隶,这就是资本主义社会全面异化的实质。因此,在资本主义社会,人的主体性在逐渐丧失,人沦为金钱的奴隶、沦为工具和机器。

异化成为资本主义社会通行的现代病,因此,资本主义只有消除这种异化,才能为发展开辟新的道路。

(三)异化劳动的扬弃:劳动解放的实现之路

异化劳动为人的发展带来了诸多负面影响,但是异化劳动本身也处在不断运动、否定的状态中,是一个螺旋式上升的过程。随着历史的发展,当这种异化达到最大限度时,扬弃异化劳动必然成为一种历史的必然。因此,马克思指出,自我异化的扬弃同自我异化走的是同一道路。异化劳动是历史发展的一个"必然的过渡点",它既是自身解体的前提,也是劳动解放的前提,异化劳动本身为劳动解放的实现不断创造着条件,应该从现实的异化劳动本身寻求劳动解放之道。

马克思在《手稿》中,通过批判性分析异化劳动及其与私有财产的关系,指出消除异化劳动就要扬弃资本主义私有制,进而为实现劳动解放提出了可能的前景。而劳动解放就是全面消除异化、人向人的类本质的复归。马克思在《1844年经济学哲学手稿》中指出:"共产主义是私有财产即人的自我异化的积极的扬弃,因而是通过人并且为了人而对人的本质的真正占有;因此,它是人向自身、向社会的即合乎人性的人的复归,这种复归是完全的,自觉的和在以往发展的全部财富的范围内生成的。"[1]"对私有财产的扬弃,是人的一切感觉和特性的彻底解放;但这种扬弃之所以是这种解放,正是因为这些感觉和特性无论在主体上还是在客体上都成为人的。"[2]

1. 由异化劳动转为自由劳动

马克思认为,劳动本身就是人生存的目的,是人的一种自我实现活动。然而,在资本主义社会中,劳动却是异化的,劳动这一人的本质力量的体现成为维持人生活的手段。在对黑格尔和古典政治经济学批判的基础上,马克思提出了自由劳动——这一与异化劳动相对

---

[1] 【德】卡尔·马克思:《1844年经济学哲学手稿》,中共中央马克思恩格斯列宁斯大林著作编译局译,人民出版社2000年版,第81页。

[2] 【德】卡尔·马克思:《1844年经济学哲学手稿》,中共中央马克思恩格斯列宁斯大林著作编译局译,人民出版社2000年版,第85—86页。

立的概念。马克思所倡导的真正自由的劳动,则是作为主体的人自愿从事的活动,这也是个人自我实现的途径。首先,自由劳动作为人的本质力量的体现,个人不再受到分工的限制和束缚,开始以全面的方式在劳动中充分发展自己各方面的才能。其次,自由劳动是一种快乐的创作性活动。人在自由劳动中将感到被确认、被体现和成就感。劳动本身不再是异己的存在,而成为人的能力的自我确认的方式。通过自由劳动人的个性和特长得以展现,人的创造性得以外在化,人的类本质得以充分实现。可以说,自由劳动是人的自觉活动,劳动本身就是一种享受,是人存在的积极确认,而不仅仅是直接的生活来源。

2. 扬弃私有财产,建立平等的劳动共同体

马克思认为,异化劳动只是资本主义生产条件下的一种特殊现象,"私有财产一方面是外化劳动的产物,另一方面又是劳动借以外化的手段,是这一外化的实现。"[①]私有制和异化劳动之间存在着紧密联系,在《手稿》中,马克思认为私有财产是异化劳动的直接后果,私有财产又强化了异化劳动,二者相互促进。在充分肯定私有制在历史发展的积极作用的同时,马克思明确指出,要消除异化,就要扬弃私有财产。私有制使人们变得片面和愚蠢,人不再是一个对自己生命本质全面占有的人。现实的共产主义运动就是扬弃私有财产的积极形式。扬弃私有制的共产主义则能够实现对人的本质的真正占有。而一旦如此,异化劳动产生的社会条件就被彻底根除。旧的生产方式的彻底改变,将彻底改变生产资料对人奴役的状态,人则真正成为生产的主人。这样的劳动就不再是奴役人的手段,而真正成为自身体力和脑力全面自由展示的机会。生产劳动因此而成为一种快乐。人们在公有制条件下以平等的身份共同劳动,就会形成一致的共同利益,而人们为了共同的切身利益和维系平等的劳动关系,必然会自觉自愿地在劳动中相互尊重、互相协作。这样,劳动中的地位和关系的平等,必定带来整个社会平等的实现。

---

① 【德】卡尔·马克思:《马克思恩格斯文集》第1卷,中共中央马克思恩格斯列宁斯大林著作编译局译,人民出版社2009年版,第166页。

3. 自由时间的不断生成

自由时间是相对于必要劳动时间而言的,指在必要劳动时间以外劳动者可以自由支配的时间。马克思认为,共产主义社会是"自由个性"充分彰显的社会,生产力的极大发展,物质财富的极大丰富,为人们享有自由时间创造条件。在这一阶段,发展人的个性的自由时间将是衡量社会价值的重要尺度。在自由时间里,人不再是急功近利的财富追求者,在自由时间中人的自由创造本性才得以彰显。这样就为所有的人提供了充足的时间来从事自主的活动,人们可以用大量的自由时间来发挥自我的个性和特长。因此,劳动解放从这个意义上说,也就是时间的解放。时间的解放也使劳动真正成为自由自觉的、充满幸福快乐的劳动。正如马克思对未来社会的描述那样:"在共产主义社会里,任何人都没有特殊的活动范围,而是都可以在任何部门内发展,社会调节着整个生产,因而使我有可能随自己的兴趣今天干这事,明天干那事,上午打猎,下午捕鱼,傍晚从事畜牧,晚饭后从事批判,这样就不会使我老是一个猎人、渔夫、牧人或批判者"①,劳动超越了分工的限制、真正成为自主的自觉自愿的活动。

马克思在《1844 年经济学哲学手稿》中初步描绘了资本主义条件下以"异化劳动"为枢纽的对抗和压迫状态,当时的马克思尚未达到唯物史观和政治经济学批判的科学高度,但其中对扬弃异化的解放路径的思考却蕴含着革命的辩证法。《手稿》中对"异化"的阐述,比较集中地概括了劳动种种不自由、待解放的症状:劳动被作为纯粹谋生手段而被贬低为动物性的存在方式,劳动与享受相分裂而被贬低为痛苦和强迫,劳动者被贬低为附庸而失去自主性……这种异化观还没有对异化现象的现实基础、生成和扬弃的途径做出科学阐明,诉诸抽象设定的"人"和"人的本质",陷入德国古典哲学关于某种绝对者的自我设定和扬弃的抽象思辨;又或者会陷入"异化劳动"和"私有制(私有财产)"的非历史的循环论证之中。但马克思正是以

---

① 【德】卡尔·马克思:《马克思恩格斯文集》第 1 卷,中共中央马克思恩格斯列宁斯大林著作编译局译,人民出版社 2009 年版,第 537 页。

"异化劳动"为切入点,对资本主义社会的生产进行经济学和哲学的分析,并逐渐触及资本主义社会的内核,诸如,私有制、分工、异化劳动等,这些概念的内涵随着马克思研究的深入得以不断丰富,《手稿》此时已经向我们展现了马克思研究的理论路向。在随后的研究中,马克思在进一步从哲学上清算已有的思想传统的同时,开始从社会生产力和生产关系的角度对资本主义展开全方位的批判。后来在《德意志意识形态》中基于分工的逻辑、在《1857—1858 年经济学手稿》中基于机器大生产的逻辑,进一步发展了劳动解放的学说。

赵　爽

马克思经济危机理论初探

（南京大学　江苏　210023）

（一）马克思关于经济危机理论的观点

马克思关于经济危机的理论和观点主要体现在《资本论》第1—3卷中，从他公开出版的《资本论》以及在这之前的有关经济学手稿中，可以看出他对经济危机的根源、可能性、危机形式以及周期性等均作了精辟论述。

1. 关于危机的根源问题

马克思认为经济危机的根源在于"生产力已经增长到这种关系所不能容纳的地步，资产阶级的关系已经阻碍生产力的发展"。[①]"一切真正的危机的最根本的原因，总不外乎群众的贫困和他们的有限的消费，资本主义生产却不顾这种情况而力图发展生产力，好像只有社会的绝对的消费能力才是生产力发展的界限"[②]。也就是说，危机根源首先是资本主义企业内部生产的有组织性与整个社会生产的无政府状态之间的矛盾。随着资本主义科学技术的进步及其在管理上的应用，企业内部表现出较高的计划性和组织性。但从整个社会生产来看，由于生产资料归私人所有，因而不同的资本家只会按照价格信号自发地组织生产，不同企业之间彼此分离，相互独立，使得整

---

① 【德】马克思：《马克思恩格斯全集》第4卷，人民出版社1975年版，第427页。

② 【德】马克思：《资本论》第3卷，人民出版社1975年版，第548页。

个社会生产呈现出无政府的混乱状态。当这一矛盾发展到一定程度时，就会使社会再生产的比例关系遭到破坏而出现严重失调，导致经济危机的爆发。其次是资本主义生产无限扩大的趋势和劳动人民有支付能力的需求相对缩小之间的矛盾。企业在追求剩余价值的内在动力和市场激烈竞争的外在压力下，不断进行扩大生产，同时，科学技术的进步及其在工艺过程中的迅速应用，又为资本主义生产的无限扩大提供了物质基础。但由于对剩余价值的贪婪会使资本家采用更多的方式加强对劳动人民的剥削，劳动者只能获得劳动力的报酬——工资，而不能参与社会剩余产品的分配，社会剩余产品全部被资本的所有者占有了，劳动者只能靠出卖自己的劳动力来维持生活。因此，劳动者的消费能力与整个社会扩大生产之间的差距越来越大，从而使劳动人民有支付能力的需求相对于生产无限的扩大而言，呈现出相对狭小的趋势，这就不可避免地促使生产与消费之间出现严重的脱节与对立，当这一对抗性矛盾发展到一定程度时，就会使社会生产的实现条件遭到严重破坏，导致经济危机的爆发。

2. 关于危机的可能性和现实性问题

马克思早在 19 世纪 60 年代初，对萨伊、李嘉图和西斯蒙第等人危机理论的评判中，就阐述了资本主义经济危机的可能性，即"要就危机来自作为资本的资本所特有的，而不是仅仅在资本作为商品和货币的存在中包含的资本的各种形式规定，来彻底考察潜在的危机的进一步发展"①。"只是在那种取得典型发展的、与自身概念相符合的流通的各种基本条件已经存在的地方，才有可能成为现实"②。马克思认为，在简单商品经济条件下，已经存在的两种形式的可能性。第一，商品形态变化本身出现了买和卖的分离，这种分离使原来相统一的 W—G 和 G—W 之间的统一，"要通过强制的方法实现……要通过强加在它们的彼此独立性上的暴力来完成。危机无非

---

① 【德】马克思：《剩余价值理论》第Ⅱ册，人民出版社 1975 年版，第 585 页。
② 【德】马克思：《马克思恩格斯全集》第 46 卷上册，人民出版社 1975 年版，第 147 页。

马克思经济危机理论初探

是生产过程中已经彼此独立的阶段强制地实现统一。"第二,货币作为支付手段的职能,"在两个不同的、彼此分开的时刻执行两种不同的职能"①。这就是说,货币作为价值尺度职能,在各种支付相互抵消时只是观念地作为价值尺度发生作用,而在价值实现时则是需要实在的货币进行支付。这时的货币必须发挥流通手段和支付手段的职能作用。在这一过程中,就有可能出现以支付手段严重短缺为主要特征的货币危机。在当代市场经济条件中,货币危机转化为金融危机,并表现为经济危机的新特征。②

3. 关于危机的现实形式问题

马克思认为,只有在世界市场体系中,资本主义经济运行一切矛盾才得以展开,"危机就是普遍表示超越这个前提,并迫使采取新的历史形式"。③ 因为,"一旦劳动的社会性质表现为商品的货币存在,从而表现为一个处于现实之外的东西,独立的货币危机或作为现实危机尖锐化的货币危机,就是不可避免的"。④ 也就是说,在市场经济条件下,生产过剩的危机总是表现为货币金融危机,只要存在商品、货币这两个因素,货币金融危机就不可避免。正因为如此,马克思在《资本论》第3卷中阐述了信用创造的虚假需求加剧生产扩张与消费萎缩之间的矛盾。他指出,"只要再生产过程不断进行,从而资本回流确有保证,这种信用就会持续下去和扩大起来,并且它的扩大是以再生产过程本身的扩大为基础的。一旦由于回流延迟,市场商品过剩,价格下降而出现停滞时,产业资本就会出现过剩,不过这种过剩是在产业资本不能执行自己的各种职能的形式上表现出来"。⑤

① 【德】马克思:《剩余价值理论》第Ⅱ册,人民出版社 1975 年版,第 581—582 页。
② 顾海良:《马思经济危机理论的当代意义》,《中国社会科学报》2010 年 2 月 9 日,第 9 版。
③ 【德】马克思:《马思恩格斯全集》第 46 卷上册,人民出版社 1975 年版,第 178 页。
④ 【德】马克思:《资本论》第 3 卷,人民出版社 1975 年版,第 585 页。
⑤ 【德】马克思:《资本论》第 3 卷,人民出版社 1975 年版,第 546 页。

马克思还指出,"在再生产过程的全部联系都是以信用为基础的生产制度中,只要信用突然停止,只有现金支付才有效,危机显然就会发生"。① 也就是说,在信用关系发达的国际经济关系中,生产能力过剩的危机,就有可能表现为货币危机,以信用危机或金融危机为特征的经济危机就有可能爆发。

4. 关于危机的周期性及其基础问题

马克思在《资本论》等著作中多次提到过危机的周期性问题,他认为,"在世界贸易的幼年期,自 1815～1847 年大约是五年一个周期;1847～1867 年,大约是十年一次"②。在"现代工业特有的生活过程,由中等活跃、生产高度繁忙、危机和停滞这几个时期构成的穿插着较小波动的十年一次的周期形式,就是建立在产业后备军或过剩人口的不断形成、或多或少地被吸收、然后再形成这样的基础之上的"③。在资本主义生产中,"直到现在,这种周期延续时间是十年或十一年,但决不应该把这个数字看作是固定不变的。相反,根据我们以上阐述的资本主义生产的各个规律,必须得出这样的结论:这个数字是可变的,而且周期的时间将逐渐缩短"④。马克思还认为,经济危机周期性的基础是固定资本的大规模更新,"这种由若干互相联系的周转组成的包括若干年的周期(资本被它的固定组成部分束缚在这种周期之内),为周期性的危机造成了物质基础。……虽然资本投下的时期是既不相同和不一致的,但危机总是大规模投资的新起点。因此,就整个社会考察,危机又或多或少是下一个周转周期的新的物质基础"⑤。这就表明,固定资本更新之所以成为经济危机的周期性基础,主要是因为当市场经济处于萧条阶段时,资本家会开始新一轮投资,进行大规模设备更新,为促进经济复苏和高涨阶段的来临创造物质条件。同时,由于伴随技术进步又促进了资本有机构成的

---

① 【德】马克思:《资本论》第 3 卷,人民出版社 1975 年版,第 554—555 页。
② 【德】马克思:《资本论》第 3 卷,人民出版社 1975 年版,第 554 页。
③ 【德】马克思:《资本论》第 1 卷,人民出版社 1975 年版,第 694 页。
④ 【德】马克思:《资本论》第 1 卷,人民出版社 1975 年版,第 695 页。
⑤ 【德】马克思:《资本论》第 2 卷,人民出版社 1975 年版,第 207 页。

提高,客观上又相对减少资本对劳动力的需求,这种矛盾长期存在并累积到一定程度,必然会在社会再生产中引发新的经济危机。

(二)当前危机的特点和实质

1. 隐蔽的生产过剩

当前的危机主要表现为金融危机,这与传统的生产过剩的经济危机有很大不同,而且美国出现的问题是借贷消费或消费过度而不是消费不足,因此,从现象上看,这次金融危机的爆发是源自于金融市场本身的矛盾,而不是源自于实体经济资本积累的矛盾。马克思的经济危机理论似乎也就不能解释当前的现实。实际上,这次危机不仅有实际物质产品的过剩问题,同时还有虚拟金融产品的过剩即金融衍生品泛滥的问题。金融产品的过剩又造成了新的虚假需求,这就使生产过剩危机更加严重了。马克思指出,商业信用形式使生产过程同流通过程分离开来,这就是说,"信用使货币形式上的回流不以实际回流的时间为转移,这无论对产业资本家来说还是对商人来说都是如此"。但是这种在繁荣时期回流迅速而可靠的假象,"在回流实际上已经消失以后,总是会由于已经发生作用的信用,而在较长时间内保持下去,因为信用的回流会代替实际的回流"。这样,实际的生产过剩就被掩盖了。

2. 由金融危机扩展到实体经济危机

以往的危机往往爆发于实体经济,由实体经济中的产品生产过剩导致经济危机而进一步波及银行业、金融业引发金融危机。但当代资本主义经济危机却表现为发端于金融领域,要探究金融危机先发性的原因就需要明确金融危机的基础——信用。

早在一百多年以前马克思就对资本主义的"信用"进行了研究,马克思说:"这个运动……以偿还为条件的付出,一般地说就是贷和借的运动即货币和商品的只是有条件的让渡的这种独特形式的运动。"①在这里,马克思界定了他对信用的理解即从经济领域来讲信用是一种经济上的借贷行为,这种借贷行为是建立在货币价值的借

---

① 【德】马克思:《资本论》第3卷,人民出版社1975年版,第390页。

贷与偿还能力之上的,是以偿还为条件的价值的单方面让渡。信用早在奴隶社会就诞生了,随着社会经济关系的不断变动发展,信用形式也在变化:简单信用→商业信用→银行信用→虚拟资本。信用的发展一方面起到了节省流通时间、节约流通费用、调节货币数量与流通速度等积极作用,另一方面信用也加剧了买与卖之间的分离,由于信用的存在借贷资本的运行不再以货币的形式来调节对生产数量的控制,这样生产与社会有效需求之间的鸿沟进一步拉大。信用对危机影响的深度、广度和速度都大大加强了,信用不是资本主义经济危机的根本原因但却是影响危机发展变化的一个重要因素。

由此可见,以信用为基础的资本主义当代经济催生了更加发达的虚拟经济。由于虚拟经济与实体经济的分离,虚拟经济具有了相对的独立性,金融市场发生危机的同时实体经济的危机也在慢慢扩大,究其本质而言金融领域的危机仍然是生产的相对过剩。实体经济的生产过剩在不断加剧的同时,反映到虚拟经济领域的社会有效需求是在不断膨胀的,尤其是众多的金融衍生品进一步造成了需求过剩的假象,这样虚拟经济的运行就包含了危机的可能。当金融衍生品的发展相对过剩时就必不可免的会引发虚拟经济领域的动荡,造成金融危机进而影响实体经济。

(三)危机下的资本主义经济未来发展之路

美国次贷危机,对于世界经济危害重大。从其爆发至今,大多学者都将研究视野对准它,探讨其何时能够走出阴影。实际情况来看,从美国次贷危机开始,到欧洲主权债务危机,各个国家积极出台各项政策进行救市,现如今,世界资本主义经济已经在平稳中过渡,并逐渐走出寒冬,并没有走向部分学者预测的那样。从实质上而言,这意味着资本主义经济仍然处于旺盛时期,资本主义制度活力异常。那么资本主义今后可能的方向也许是以下两点:

1. 资本主义自身会深入调整改革,同时加强国家宏观调控政策指导

在一百五十年前,马克思曾经大胆的预测资本主义必将被社会主义所代替。但事实证明,资本主义在经历多次危机之后,仍然占据着当前全球主流,其原因在于资本主义自身不断调整政策和进行改

213

革;与此同时,资本主义同样会吸收社会主义国家经济体制的优点。次贷危机降临之后,美国国会、政府、美联储三者通力合作,在对于市场进行缜密分析之后,迅速实施一系列救市方针,例如退税、降息、注资等等。另外,欧洲主要国家整体同时宣布拿出巨额资金进行救市。政府走到台前,成为救市主力,发挥国家宏观调控职能。但这并不代表着美国实行社会主义,它只是了解到社会主义宏观调控政策的优势,在危机时刻由国家对于部分企业进行暂时接管,一旦危机过后,市场趋于平稳,美国政府就会自动退出,只能说,加强宏观调控会成为欧美经济危机之后最重要的政策之一。

从长远来看,资本主义自身的调整和改革目的在于缓和国内矛盾。当前,由于资本主义内部矛盾不断累加和加剧,其自身在不断调整和改革过程之中内部同样会累加社会主义因素,这同样会使得资本主义生产关系内部发生着重大变化,主要表现在企业管理方式和资本占有形式将会朝向社会化方向发展,经济运行同时也会在国家调控基础之上不断趋于稳定,呈现健康、有序发展。当然,日积月累,社会主义因素就会在资本主义内部发生缓慢质变,使得资本主义传统的生产方式逐渐退出历史舞台,并间接产生适应当前社会发展和全球情况的新的生产要素。

2. 资本主义在徘徊前进之中实现自我扬弃

自从荷兰、英国等国家确立资本主义制度,距今已经超过 300 年历史。在经过多次经济危机以及两次世界大战的洗礼之后,资本主义在今天仍然占据全球主流。当前,资本主义又通过各种方式来调整生产结构,缓和社会矛盾,从而有效的促进社会、政治和经济的全面进步。马克思曾经指出:"无论哪一个社会形态,在它所能容纳的全部生产力发挥出来以前,是决不会灭亡的;而新的更高的生产关系,在它的物质存在条件在旧社会的胎胞里成熟以前是决不会出现的"。资本主义自身的矛盾不可调和,但资本主义自身同时具备调节、更新、改革和发展能力。自从 20 世纪 70 年代以来,信息科技的更新换代以及知识经济时代的到来,为资本主义发展注入新的活力。按照马克思主义理论观点,科学技术同样属于生产力的范畴,其能够促使落后的、腐朽的妨碍生产力发展的生产关系和生产资料退出历史舞台,并在其自身内部产生更先进的适应社会发展的生产力和生产关系,资本主义同样在此过程之中不断实现自我否定。与此同时,社会主义因素同样在资本主义社会生产关系之中悄悄萌芽并悄然生长。

自从 2008 年美国次贷危机,2010 年欧洲主权债务危机相继爆发至今,全球经济仍然处于经济危机的后续影响之中。综合分析,必须清楚的认识到:尽管资本主义在近三百年的时间中对于全球生产力和生产关系的更新所做出的贡献无与伦比,但垄断资本主义的内涵并未改变,全球化只是其扩充自身利益的重要方式之一,与传统相比,其剥削方式已经发生重大变化,但其性质并未改变。由于资本主义内部存在不可调和的矛盾,迫使其只能阶段性的调整国家政策,以达到缓和矛盾、延缓灭亡命运。按照马克思主义理论,其自我否定、自我改革和自我更新过程是历史发展的必然情况。在这一过程之中新的社会因素会在资本主义生产方式之中萌芽且生长出来。

正是由于马克思采用了科学的分析方法,从整个人类社会历史发展的进程中来分析经济危机,才使得他的危机理论在诞生多年后,仍然具有强大的生命力,仍然是解释资本主义经济危机最为有效的理论依据。诚然,受一定历史局限的影响,在马克思的危机理论中难免也有一些观点不完全符合实际,但这小小的瑕疵是不足以掩盖这一理论的科学性的。马克思的经济危机理论为我们理解经济危机提供了一种深刻而独特的理论视角,通过对此理论的研究,对于我们更加科学的认识经济危机,有效的应对危机带来的挑战以及更好的发展我国的市场经济,完善我国的宏观调控都具有极其重要的理论指导意义。

丁　怡①

马克思主义共同体思想探析

——习近平"人类命运共同体"与马克思"真正共同体"

（上海师范大学　上海　200234）

　　当今世界的主题仍然是"和平与发展"，但在世界的发展大潮中，各个国家由于各种历史和现实原因，发展速度和发展阶段都显示出参差不齐的现象。随着现代化进程的加快，不同社会制度的国家，各个国家不同的地区，各个地区不同的民族及其所有的不同的文化和风俗习惯都显示出人类发展的多元化。而正是因为发展情况的参差不齐、发展的多元性，世界各国之间，国内外在发展过程中难免会有各种矛盾争端。随着经济的快速发展，中国力量的崛起，作为世界人口最多的第二大经济体已经居于世界舞台中心，中国的"一言一行"对世界局势的发展有着举足轻重的作用，影响力日益剧增。正是在这种情况下，为了顺应时代发展的潮流，抓住机遇，寻求中国发展与世界各国人民共同发展的契机，2015 年，习近平总书记在第七十届联合国大会一般性辩论时发表演讲，指出："和平、发展、公平、正义、民主、自由，是全人类的共同价值，也是联合国的崇高目标"②，应当同心打造"人类命运共同体"。从马克思《共产党宣言》中"自由人的

　　① 作者简介：丁怡，上海师范大学马克思主义学院硕士研究生
　　② 习近平："携手构建合作共赢新伙伴 同心打造人类命运共同体"，新华每日电讯，2015 - 09 - 28(1)。

联合体"的"真正共同体"到今天的"人类命运共同体",是优秀思想的一脉相承,也是马克思主义旺盛生命力和时代性发展的体现。

一、"人类命运共同体"

(一)"人类命运共同体"的提出

2012 年 11 月,党的十八大报告中提出:"合作共赢,就是要倡导人类命运共同体意识,在追求本国利益时兼顾他国合理关切,在谋求本国发展中促进各国共同发展,建立更加平等均衡的新型全球发展伙伴关系,同舟共济,权责共担,增进人类共同利益。"①以全球化的视野,立足中国放眼世界,首次提出了要倡导"人类命运共同体"意识。2013 年,习近平在莫斯科国际关系学院发表演讲,首次在国际上阐述了"人类命运共同体"思想,他指出:"这个世界,各国相互联系、相互依存的程度空前加深,人类生活在同一个地球村里,生活在历史和现实交汇的同一个时空里,越来越成为你中有我、我中有你的命运共同体。"在之后的不同场合、会议中,以习近平同志为总书记的党中央密集提出树立人类命运共同体意识,强调:"为了和平,我们要牢固树立人类命运共同体意识。偏见和歧视、仇恨和战争只会带来灾难和痛苦。相互尊重、平等相处、和平发展、共同繁荣,才是人间正道。"②2015 年,他在第七十届联合国大会上提出:"当今世界,各国相互依存、休戚与共。我们要继承和弘扬联合国宪章的宗旨和原则,构建以合作共赢为核心的新型国际关系,打造人类命运共同体。"将"共同价值"与"人类命运共同体"联系起来,指出:"和平、发展、公平、正义、民主、自由,是全人类的共同价值,也是联合国的崇高目标。"从提出到现在被越来越多的国家人民了解,人类命运共同体思想所展现

① 胡锦涛:"坚定不移沿着中国特色社会主义道路前进 为全面建成小康社会而奋斗——在中国共产党第十八次全国代表大会上的报告",人民日报,2012 年 11 月 18 日(01)。

② 习近平:"携手构建合作共赢新伙伴 同心打造人类命运共同体",新华社每日电讯,2015 年 09 月 28 日(1)。

马克思主义共同体思想探析

的深刻理念和价值诉求深入人心。

(二)"人类命运共同体"思想的内涵

"人类命运共同体"思想内容丰富,立意深远,不同的学者尝试从不同层面不同角度对这一思想进行理论阐述,极大的丰富了理论内涵。如张继龙先生对国内学界关于人类命运共同体思想研究进行述评,梳理和总结了各学者的观点。习近平总书记在第七十届联合国大会一般性辩论时发表的题为《携手构建合作共赢新伙伴 同心打造人类命运共同体》①的讲话,从经济、文化、生态等不同的角度对这一思想内涵进行了全面而深刻的阐释,微言大义。

从国际安全与外交层面来看,"要坚持多边主义,不搞单边主义;要奉行双赢、多赢、共赢的新理念,扔掉我赢你输、赢者通吃的旧思维",和平与发展依然是当今世界的两大主题,一国的发展同周边各国和其他国家的发展息息相关,中国和美国的外交发展情况就是最好的例子,新兴大国与守成大国之间可以突破"修昔底德陷阱",只要各国之间增进战略互信,防止战略误判就没有所谓的"修昔底德陷阱"。走出一条"对话而不对抗,结伴而不结盟"的国与国交往新路"、"弱肉强食是丛林法则,不是国与国相处之道。穷兵黩武是霸道做法,只能搬起石头砸自己的脚。"这些通俗简洁的道理,深入浅出的道出了各国之间应该如何相处才能更加顺利的走好自己的发展之路。

从经济发展方面来看,一味的放任资本逐利,缺乏对市场的有效监管,使得资本"泛滥"会使得人类的发展逃脱不了"经济规律"而陷入其中,愈演愈烈最终会使得人性中光辉的一面丧失,整个社会秩序混乱,得不偿失。世界的市场从新航路开辟以来,到工业化进程迅猛发展之后,已经是融为一体了。"缺乏道德的市场,难以撑起世界繁荣发展的大厦。富者愈富、穷者愈穷的局面不仅难以持续,也有违公平正义。""要用好"看不见的手"和"看得见的手",努力形成市场作用和政府作用有机统一、相互促进,打造兼顾效率和公平的规范格局。"

---

① 习近平:"携手共建合作共赢新伙伴 同心打造人类命运共同体———在第七届联合国大会一般性辩论时的讲话",《人民日报》,2015年12月05日(01)。

中国已经用自己发展的切身体会和经验告诉各国要"平等相待,践行正确义利观,义利相兼",共谋发展。

从文明发展的方面看,人类几千年来无数的灿烂文明成果已经告诉我们,世界上所有的文明都是属于全人类的。"文明相处需要和而不同的精神。只有在多样中相互尊重、彼此借鉴、和谐共存,这个世界才能丰富多彩、欣欣向荣。不同文明凝聚着不同民族的智慧和贡献,没有高低之别,更无优劣之分。"中国的"四大发明"传入西方,极大便利了各国人民的生活,加快了书籍知识的传播和新航路的开辟,促进了早期文明的发展。而我们现代工业化的发展进程也得益于西方的"工业革命"和进步思想的传播交流。"人类历史就是一幅不同文明相互交流、互鉴、融合的宏伟画卷。"我们要尊重各种文明,平等相待,互学互鉴,兼收并蓄,推动人类文明实现创造性发展。

从生态方面看,我们人类都生活在一个地球上,我们拥有同一片蓝天,同一片大海,呼吸着同样的空气。"我们要构筑尊崇自然、绿色发展的生态体系"。环境是要靠大家共同保护的,以牺牲环境的代价来换取其他方面的发展结果是得不偿失的。我们要解决好工业文明带来的矛盾,以人与自然和谐相处为目标,实现世界的可持续发展和人的全面发展。

人类命运共同体思想所包含的"共同价值"和"利益共同体"赋予其深刻的实践内涵。其中所探讨的个人之道、共同体之道、人类共同发展之道和大自然之道及其相互关系,最大限度地推动"万物并育而不相害,道并行而不相悖"那样一种和谐的"天下达道"局面的出现。[1]

二、马克思"共同体"思想

马克思的学说是"关于现实的人及其历史发展的科学"。[2] 共同

---

① 张曙光:"'类哲学'与'人类命运共同体'"载于《吉林大学社会科学学报》2015年第1期。

②《马克思恩格斯文集》第4卷,人民出版社2009年版,第294页。

体思想是马克思一系列重要思想之一,虽然马克思并未对"共同体"一词做出系统具体的阐述,但是其围绕"人"与"人的发展"所做的一系列研究中,"共同体"思想是凝练在其中关于"人"这一"政治动物和社会动物"的生存意义和价值维度的核心思想。遵循马克思关于社会发展的"三形态"理论逻辑,即从"人的依赖关系"到"以物的依赖性为基础的人的独立性"再到"人的自由发展"阶段,所对应的"共同体"发展的历史规律所表现的三种形态:前资本主义共同体——自然的共同体、资本主义共同体——虚假的共同体和共产主义共同体——真正的共同体。

(一)"自然的共同体"与"虚假的共同体"

人类最早的共同体表现为家庭、氏族、部落和原始公社,是基于血缘、地缘、习惯、语言而形成的群体。马克思在《1857—1858 年经济学手稿》中详细论述了前资本主义社会三种自然形成的共同体。其表现形态为:"家庭和扩大成为部落的家庭,或通过家庭之间互相通婚[而组成的部落],或部落的联合。"①因此,可以将原始共同体称为"部落共同体"或"血缘共同体"。早期的自然的共同体虽然有原始民主和自然平等的观念,但由于生产力水平的低下,人们还是无法摆脱"人对物的依赖"的桎梏,各部落之间和内部依然冲突不断,并不是理想的社会类型。虽然有"物的交换"但只是零散的生产行为,并没有形成所谓的"市场"。用马克思的话说,它"并未触及整个共同体的生活,不如说只发生在不同共同体之间,决没有支配全部生产关系和交往关系"②。马克思深刻指出:"共同体是实体,而个人则只不过是实体的偶然因素,或者是实体的纯粹自然形成的组成部分。"③正是由于生产力水平的低下,物质条件的匮乏,人们为了生存不得不联合成一个整体,由于这样长期形成的共同意识,个人特殊利益(本身就没有更多诉求)必然服从于公共利益,形成了这种"原始共同体"。随

---

① 《马克思恩格斯文集》第 8 卷,人民出版社 2009 年版,123 页。
② 《马克思恩格斯全集》第 46 卷(上),人民出版社 1995 年版,119 页。
③ 《马克思恩格斯文集》第 8 卷,人民出版社 2009 年版,126 页。

着人口的增长和生产力水平的提高,物质逐渐丰富起来,个人对物质的欲望开始滋生,特殊利益诉求增强,所以,人们由于生存的共同意识形成这种相互依存的关系逐渐瓦解。

前面分析的"自然的共同体"的形成与其说是"共同意识的"的提高,不如说是"个人主体意识"的缺失,当然原始落后的情况下,由于社会存在决定社会意识,人们迫于"物的依赖"导致"主体性缺失"。随着商品经济的发展,私有制开始代替原始公有制,"自然的共同体"开始彻底消解,取而代之的是"政治共同体"。马克思在《德意志意识形态》中指出:"正是由于特殊利益和共同利益之间的这种矛盾,共同利益才采取国家这种与实际的单个利益和全体利益相脱离的独立形式,同时采取虚幻的共同体的形式。"①这里的"共同利益"既不能完全代表"特殊利益",更不能代表"全体利益",在这里,它只代表一种利益,即"统治阶级"的利益。所以资本主义国家作为一种"共同体",是一个阶级统治另一个阶级的"虚幻的共同体"。其虚假性主要表现在其虚假的政治制度,虚假的经济制度,虚假的价值观。政治上宣扬民主、平等、自由,实质上是资产阶级精英统治,维护统治阶级利益;经济上实现自由的市场经济,其实是生产资料私有制,放任资本逐利,虽然开拓了市场,创造了一定的物质财富,但是使得农村依赖于城市、东方依赖于西方,造成更大的贫富差距,财富积聚到少数人手里;宣传普世价值观,博爱、自由背后是赤裸的利己主义和金钱主义。所以,《德意志意识形态》中一针见血的指出:"由于这种共同体是一个阶级反对另一个阶级的联合,因此对于被统治阶级来说,它不仅是完全虚幻的共同体,而且是新的桎梏。"②

(二)马克思"真正的共同体"思想内涵

1. 马克思"真正共同体"的内涵。

马克思"真正的共同体"思想是对黑格尔的家庭—市民社会—国家这种以"国家"为最高"理念"的"绝对精神"的批判扬弃。"真正共

马克思主义共同体思想探析

---

① 马克思、恩格斯:《德意志意识形态》(节选本),人民出版社 2003 年版。
② 《马克思恩格斯选集》第 1 卷,人民出版社 2012 年版,199 页。

同体"的内涵,马克思在《共产党宣言》中指出:"代替那存在着阶级和阶级对立的资产阶级旧社会的,将是这样一个联合体,在那里,每个人的自由发展是一切人的自由发展的条件。"①

2. 马克思"真正共同体"的特征。

马克思"真正的共同体"是建立在废除私有制的基础上的"自由人的联合体"。"它在消灭这种生产关系的同时,也就消灭了阶级对立的存在条件,消灭了阶级本身的存在条件"。在这里无产阶级在维护自己的权利过程中争取到自身"真正的权利",实现了对"物的依赖关系"的解放,从而真正的实现了自身的解放。具体特征表现为:一、所有制形式为生产资料公有制。"真正共同体的人"集体占用生产资料,即表现为"自由联合起来的个人"占有全部生产资料,破除了资本主义社会私有制对人的异化,从而实现个人自由自在自觉的发展。二、阶级的消失。"阶级"的存在最根本的原因就是因为存在不同的"利益集团",随着私有制的废除,生产资料共同占有必将带来生产力的极大发展,物质财富的增长到富余,阶级会最终消失。三、每个人个性自由的发展,各尽其能,各得所需。"真正共同体"的社会,每个人都有机会充分发挥自己的天赋、才能,为了共同的社会利益,实现共同的社会目标。因为"人"发展的最终目标是"实现自我",即极大的发挥自身的天赋秉性,身心愉悦,实现自身的价值。只有在"真正共同体"的社会,人类消除自身的狭隘偏见,高度的自由自觉,人类才能实现自身。四、政权的消失。社会政权的统治在更高的发展程度上是维护整个市场的正常运转,社会的稳定。在"真正共同体"社会,由于私有制的废除,阶级的最终消失,个人利益和集体利益基本一致,所谓的政权和国家也逐渐消失。

2. 马克思"真正共同体"的核心思想。

摆脱"异化",每个人自觉自由的发展。"每个人的自由的发展是一切人的自由发展的条件",这里前后两个"自由"是两种"自由",是"自由"的两部分,是一个"自由"的过程。每个人的"自由"是摆脱"异

---

① 《马克思思格斯文集》第 2 卷,人民出版社 2009 年版,第 53 页。

化"束缚,实现自我个性和意识解放的过程,也就是认识"世界",认识客观世界,改造"主观"世界,改造"自己"的过程;后面的"一切人的自由发展",这里的"自由"是在获得前一个"自由"的基础上而实现和完成的一种更"广阔意义上的自由",在认识主观世界、认识客观世界的基础上不断的改造主观世界和重新认识客观世界,进而使"个人主体意识"得到极大提高,来实现改造"客观世界",完善"主观世界",达到"主客观世界的统一",从而真正的达到"自由全面的发展"。尽管这个过程很曲折,但人类进步的历史告诉我们:"任重而道远""志合者,不以山海为远"。

三、从马克思"真正的共同体"到"人类命运共同体"的意义

"人类命运共同体"思想是共产党人立足于本国的发展情况,放眼未来,顺应时代的大潮,抓住中国发展同世界发展趋势的契机所提出来的"时代强音"。它不光是中国特色社会主义理论的成果,更是马克思主义时代性发展的优秀成果,其思想内容、科学内涵深刻丰富,值得我们学者进行系统的研究,进一步拓展充实,勾勒出更加丰富多彩的人类发展前途的蓝图。从马克思"真正的共同体"到"人类命运共同体"是"理想社会"的"理性"超越,也是"现实世界"的"现实"复归。

(一)"理想社会"的"理性"超越

哈贝马斯在他的《行动的合理性和社会合理化》中说道:"从历史起源以来,意见和行动的合理性就是哲学研讨的一个论题。我们甚至可以说,哲学思维本身,就是从体现在认识、语言和行动中的理性反思中产生的。哲学的基本论题就是理性。"①人类自开启灵智以来,为了自身的生存和发展,不断的对周围的世界和自我进行探索,进行深刻的认识和反思,以此来更好的维持、推动和保障自身种群的

---

① 哈贝马斯:"行动的合理性和社会合理化",《交往行动理论》第 1 卷,洪佩郁等译,重庆出版社 1994 年版,第 14 页。

发展。这个不断探索、认识和反思的过程就是人类"理性"不断发展的过程。在哲学的意义上,理性构成了人的思想和行为的原始出发点和终极根据,意味着"最真实的存在""最根本的真理",构成人和万事万物都须服从的根本尺度与法则。①

但在不同的历史发展阶段,"理性"被赋予具有不同意义的内容并表现出不同的形式。哲学在这里作为一种反思的意识反映出人类对自身的生存状态、生存性质和生存价值的深刻思考,"理性"的生成与发展也是同人类的生存情况和发展阶段相适应的。"理性"发展形态的变化和革新在深层次中反映和表现出人类生存方式的变化,深刻的反映着人类在不同历史阶段的生存特性和发展要求。②

1. 客观理性阶段:"对人的依赖"的"自然共同体"。

从历史发展的角度看,"理性"最早的表现为"客观理性"。这是一种与早期传统社会人们的生存活动方式相适应的理性形态,它代表着普遍性的、强制性的外在客观价值尺度,为传统社会的存在合法性提供着价值规范基础。按照马克思的社会发展"三形态"理论观点,此时的社会是处于"人的依赖性关系"的"自然共同体"社会,属于人的发展的"群体本位"阶段,它意味着个人是"一定的狭隘人群的附属物"③,"共同体"利益高于一切,人们的行为和思想必须服从于"共同体"的需要,共同体支配着个人和社会生活的各个领域。社会理论家涂尔干指出,"同质性"与"未分化性"的传统社会通过"集体意识"④维系着整个社会的机械有序性并实现社会整合。这种在自然状态下,人为力量有限的情况下,建立在个人基础之上的把"个人"和"集体"归于一体的共同体价值标准所体现的就是"客观理性"形态。

---

① 海德格尔:《存在与时间》,陈嘉映、王庆节译,熊伟校,陈嘉映修订,生活·读书·新知三联书店 1999 年版。

② 参见贺来:《"关系理性"与真实的"共同体"》,《中国社会科学》2015 年第 6 期。

③《马克思恩格斯全集》第 30 卷,人民出版社 1995 年版,第 22 页。

④ 涂尔干:《社会分工论》,渠东译,生活·读书·新知三联书店 2000 年版,第 42 页。

然而这样"客观理性"的表现是在生产力水平较低,个人能力未得彰显的情况下,"共同体"对个体具有绝对的、强制的控制权和支配权。是在"理性"发展阶段中"不完全的"还未完全显露的"模糊理性"。随着生产发展,生产力水平和生活水平的提高,私有财产的出现,传统社会向现代社会的转型从根本上瓦解了上述客观理性形态。人们不再接受把个人无条件服从的抽象的"自然共同体"的理性视为普遍的最高准则,要求把理性从个人之上的共同体拉回到个人自身,强调拥有主体性的个人的"主观理性"而非抽象"共同体"的"客观理性"来构成人与社会的价值基础和根据。

2. 主观理性阶段:"对物的依赖性基础上的人的主体性"的"虚假的共同体"。

现代西方哲学是以笛卡尔的"我思"概念为开端的。黑格尔概括道:"从笛卡尔起,我们踏进了一种独立的哲学。这种哲学明白:它自己是独立地从理性而来的,自我意识是真理的主要环节。……在这个新的时期,哲学的原则是从自身出发的思维,是内在性,这种内在性一般地表现在基督教里,是新教的原则。现在的一般原则是坚持内在性本身,抛弃僵死的外在性和权威,认为站不住脚。"[1]黑格尔这里谈到的这种"独立的理性""自我意识"和"内在性的思维"正是个人主体性提高的表现,个人主体开始成为世界的中心和立足点。可以说,自笛卡尔以来的现代西方哲学就是一部使主观意识的"自我"不断地实现中心化,并以"自我"为中心,为知识与存在确立一劳永逸的基础的过程。[2]

现代西方哲学把"我思"确立为一切确定性和真理赖以立足的基石,这种哲学观念以一种反思意识的形式集中表达了现代人和现代社会的理性信念,在深层次中反映和表现出现代人生存方式的变化,

225

---

① 黑格尔:《哲学史讲演录》第 4 卷,贺麟、王太庆译,商务印书馆 1996 年版,第 59 页。

② 参见贺来:"'关系理性'与真实的'共同体'",《中国社会科学》2015 年第 6 期。

深刻的反映着人类在现代的历史阶段的生存特性和发展要求,体现着现代性所表现出来的根本精神。如果说前述"客观理性"是与人的发展第一阶段相适应的理性形态,那么,"主观理性"就是与人的发展第二阶段相适应的理性形态,表达着现代人要从抽象的"自然共同体"的统治中摆脱出来,追求个性、自主和独立的价值旨趣,在此意义上,表现为从"客观理性"向"主观理性"的转换。哈贝马斯说:"在现代,宗教生活、国家和社会,以及科学、道德和艺术等都体现了主体性原则"。① 正是由于个人主体性的提升,"主观理性"的原则的确立,才有了宗教改革、启蒙运动和法国大革命。卢梭在《社会契约论》中谈到:"公意只着眼于公共的利益,而众意则着眼于私人的利益,众意只是个别意志的总和。但是,除掉这些个别意志间正负相抵消的部分而外,则剩下的总和仍然是公意。"②卢梭在这里认为"国家"之所以建立,是因为其代表的是"公意"而不是简单的"众意",所以"国家"这样的一个"共同体"是必要的,这个思路一直延续到黑格尔。在黑格尔看来,个人"主观理性"在现代社会的"市民社会"得到了最集中的体现:"市民社会是个人私利的战场,是一切人反对一切人的战场,同样,市民社会也是私人利益跟特殊公共事务冲突的舞台,并且是它们二者共同跟国家的最高观点和制度冲突的舞台。"③马克思也深刻的指出:"在市民社会中,社会联系的各种形式,对个人说来,才表现为只是达到他私人目的的手段,才表现为外在的必然性。"④可见,当"主观理性"成为现代社会的支配原则时,社会将成为因自利目的而结合在一起的个人的聚合体,并因此而丧失内在的统一性。同样,被黑格尔提倡和推崇的"国家"也摆脱不了由于"主观理性"的膨胀和泛滥所导致的"国家"内容和形式的扭曲。"国家"这个统治阶级的工具摆脱不了"工具理性"的窠臼,沦为明目张胆的为"统治阶级"所张扬

---

① 哈贝马斯:《现代性的哲学话语》,第 22 页。
② 卢梭:《社会契约论》,何兆武译,商务印书馆 2003 年版。
③ 黑格尔:《法哲学原理》,第 197,309 页。
④ 《马克思恩格斯选集》第 2 卷,人民出版社 2012 年版,第 684 页。

"主观理性"的"虚假的共同体"。

3. 对客观理性与主观理性的扬弃与二者统一：超越性的"自由人的联合体"的"真正的共同体"。

马克思这样论述道："在过去的种种冒称的共同体中,如在国家等等中,个人自由只是对那些在统治阶级范围内发展的个人来说是存在的……从前各个人联合而成的虚假的共同体,总是相对于各个人而独立的……它不仅是完全虚幻的共同体,而且是新的桎梏。在真正的共同体的条件下,各个人在自己的联合中并通过这种联合获得自己的自由。"①马克思在这里十分犀利的指出这种极力张扬"统治阶级"的"个人自由",即"残缺的主观理性"或"狭隘的主观理性",否认作为人类这一群体的普遍性本质和内在统一性不仅是完全虚幻的共同体,而且是新的桎梏。否定"虚幻的共同体",这也就意味着人类的发展必须充分吸取现代性的重大成果,即"主观理性"以及以此为根据的"主体性"原则。马克思充分肯定它对于人的发展所起到的巨大作用,认为它使个人从人对人的人身依附关系中摆脱出来,形成了与他人更为平等和开放的交往关系,个人也因此获得了更大的独立和自由空间。因而是人的发展过程不可或缺的环节。

但是这种"自由"与"独立"的形式只是一种外在的、形式上的,并不是内在的本质性的东西。马克思说："这些外部关系并未排除'依赖关系'……个人现在受抽象统治,而他们以前是互相依赖的"②。也就是说"主体性原则"的确立并在此基础上形成的"虚假共同体",即黑格尔那里的"市民社会"到"国家",并没有摆脱"依赖的关系",它只是换了一种方式,即变成了建立在少数人对大多数人"依赖"的基础上的"人对物的依赖"。对大多数人的"剥削"换取少数人的狭隘自私的"自由与独立",甚至愈演愈烈成人将自己关入囚笼的"人对人的异化"和"物对人的异化",就好比患病的人靠鸦片来缓解疼痛,孰不知这毁灭性的快感正在逐步吞噬着自身。异化的方式绝不会产生真

---

① 《马克思恩格斯选集》第1卷,人民出版社2012年版,199页。
② 《马克思恩格斯全集》第30卷,人民出版社2012年版,第114页。

正的自由和理性,人类仍然屈从于未能控制的经济规律,摆脱不了对自身束缚的社会关系。

只有超越"客观理性"和"主观理性"二者的片面性才能有与人类自由而全面发展相适应的社会关系与生存方式。扬弃那种"自然状态下"人类遵从的"普遍本质",扬弃现代性中"孤立的片面的个人主体性",实现人的"个性"与"普遍性"的超越与统一才能实现一个人类自由自觉的"真正的共同体"。在那里"每个人的自由的发展是一切人自由发展的条件"。"人类命运共同体"思想正是马克思"真正的共同体"思想在当代的传承,是人类对"理想社会"的美好向往和作为我们地球上最具"智慧"的人的"理性"超越,充满着智慧的光芒,闪耀着人性的光辉!

(二)"现实世界"的"现实"复归

1. "人类命运共同体"思想的提出基于中国发展的国情和世界发展的潮流。

中国目前正处在实现"两个一百年目标"的第一阶段——全面建成小康社会的决胜阶段,面临着机遇同时也面临着更大的挑战。

首先,经济上,我国已经进入经济发展新常态,经济增速放缓,第三产业成为国民发展的支柱型产业,开始出现部分产能过剩,一些落后的产能工业面临着转移和淘汰,仅靠国内市场来带动消费开始显示出疲态。中国"一带一路"战略的提出实现了我们向世界市场迈出了很大一步,我国和沿线各国、世界各国通过加快基础设施建设进行合作,增进贸易往来,给我国的市场和产能输出都带来了新的活力,实现了和其他国家的互联互商,合作共赢。"人类命运共同体"思想正是要打造兼顾效率和公平的规范格局,中国的发展和世界各国的发展息息相关,中国愿意同各国进行更大范围、更多方面更紧密的合作,分享我国的经验,共享成果,实现更大程度上的共赢。

其次,政治上,我国面临着发展方向发展阶段各方面体制机制深层次的改革和转型,既要立足于目前的发展现状,实现效率最大化又要放眼于长远目标,实现长足发展。"人类命运共同体"思想提出各国之间要增进战略互信,要坚持多边主义,不搞单边主义;要奉行双赢、多赢、共赢的新理念。这对我国国际安全和外交层面打开了更加开放的局势,需要我们以更加开放的观念,更加人性化的方式调整国内体制机制的转型和改革,以此来保证国内的公平效率与长治久安。

再次,文化上,中国五千年的文明和灿烂多元文化是中华民族的宝贵财富,同时也是世界人民的宝贵财富。同样,世界各民族的文化一样丰富多彩,各种文化之间的碰撞与交流才能孕育出人类更加灿烂的文明。要让中国优秀传统文化走出去,让世界各国都能感受到我们的文化是可亲的文化,是包容性的文明。"人类命运共同体"思想正是植根于我们中华优秀传统文化和我们世界各民族文化的基础之上。文明相处需要和而不同的精神,我们要尊重各种文明,平等相待,互学互鉴,兼收并蓄,推动人类文明实现创造性发展。

最后,生态上,生态问题不是哪一国的问题而是世界各国的问题。我国在快速发展的道路上难免会给空气环境带来工业的污染,世界其他国家也避免不了这个问题,然后我们可以充分借鉴和学习各国对于环保所制定的措施方案,来更好的保护我们共同的地球。"人类命运共同体"思想提出:"我们要构筑尊崇自然、绿色发展的生态体系"。环境是要靠大家共同保护的,以牺牲环境的代价来换取其他方面的发展结果是得不偿失的。我们要解决好工业文明带来的矛盾,以人与自然和谐相处为目标,实现世界的可持续发展和人的全面发展。

"人类命运共同体"思想正是基于我们现实状况,在尊重理解各国历史和发展情况的基础上,在尊重承认现实差异的基础上,对我们人类共有的发展所作出的回应与反思。

2."人类命运共同体"思想也是人对自身能力不断反思的结果。

人类作为地球上唯一具有智慧创造出文明的物种,可以说当前地球的历史就是人类的历史,人类之所以为"人"而区别于其他生物体之处就在于能够认识到周围的世界,认识到自我的存在,也就是我们所说的"意识"。但是随着时间的推移,时过境迁,沧海桑田,在伟大的自然界面前,人类逐渐的意识到"自己"的渺小,在经历过外在风雨的不断洗刷,肉体不断强壮的同时人的"意识"也在逐渐的提高。

在早期的社会,人类通过不断的探索、反思总结,"意识"进一步强化为"理性"。纵观历史发展的逻辑,"理性"发展的第一阶段是"客观理性"阶段。人类思想在还未开化，自我能力未得彰显，在认识到现实，敬畏自然的情况下，发展为客观理性，并以"客观理性"为根本尺度和价值基础确立生存方式，人类成功的以氏族、部落、城邦的形式生存并延续发展壮大起来，并开创了早期的文化孕育了文明，为人类的发展奠定了基础。人类发展的"客观理性"并成功延续下来就是实现了"理性"和"现实""人类"和"自然"统一的结果，然而历史总是发展的，不同的发展阶段所要求与之相适应的价值尺度必然不同，于是便发展到基于现实的"理性"发展的第二个阶段。随着人类生活能力的增强伴随着人类主体性的提高，人类对自然和现实又有了新的认识，人类能够在掌握工具和一定自然规律的基础上对自然进行进一步的探索认识和改造，这一过程又极大的激发了人的"主观理性"。"主观理性"这一结合"理性"和"现实"所实现的法则尺度使得人类经过了封建社会到达了现代资本主义社会，创造出更大的物质财富和丰富多彩的人类文明。但随着时代的发展，这一价值尺度愈加显示出它残缺的一面，使得人类在其发展的轨道上愈加疯狂和极端，这朵妖艳的花朵终将在经过严冬的洗礼后凋亡。

"人类命运共同体"思想的提出正是马克思"真正共同体"思想在当代的传承和发展。这一思想是结合当今社会和世界的现实，针对当今世界发展的问题和弊端，作出的强有力的反思和回应，是实现马克思"自由人联合体"的前阶段准备，是"理性"与"现实"再一次的统一，是对人类历史发展与理性旨趣的理论复归，是对人类命运前途与发展方向的实践复归，是基于现实现状对人类现存意义与价值深刻反思的本质复归。从马克思"真正的共同体"到"人类命运共同体"，马克思主义时代性的发展再次展现出灿烂的光芒。

第四章

社会治理问题研究

■ 张佳睿　朱　颖[1]

美国制造业实力地位的观察视角

（吉林省社会科学院吉林 130033；上海师范大学上海 200234）

（一）美国制造业实力地位的绝对下降和绝对优势

1. 美国制造业国际地位的绝对下降。（1）美国制造业增加值绝对值的落后。衡量制造业规模的指标是增加值，而不是销售价值。根据世界银行的数据，2010 年中国取代美国成为全球制造业第一大国。[2] 2010 年美国制造业增加值为 1.7 万亿美元，中国为 1.9 万亿美元。2013 年美国制造业的增加值为 2.02 万亿美元，中国为 2.9 万亿美元。（2）美国制造业占全球制造业的比重下降。20 世纪 80 年代，美国制造业占全球制造业的比重为 30%，2012 年该比重下降为 18% 左右。同时，日本制造业占全球制造业的比重从 1993 年的 21% 下降至 2012 年的 10%。德国制造业占全球制造业的比重从 1990 年的 10% 下降至 2012 年的 6%。发达国家制造业在全球比重下降的背后是新兴国家制造业地位的崛起，尤其是中国，2002 年以来中国制造业在全球制造业的比重直线上升，2012 年已经达到 20%。

2. 美国制造业国内地位的绝对下降。（1）美国制造业占 GDP

① 本文得到上海师范大学第七期重点学科"城市经济学"的资助。作者简介：张佳睿：吉林省社会科学院助理研究员，电子信箱 jjzhzjr@163.com。朱颖：上海师范大学商学院，200234，电子信箱 yzhu@edu.edu.cn。

② TheWorldBank，http://data.worldbank.org/indicator/NV.IND.MANF.CD.

的比重不高,2013 年该比重为 12.5%。根据联合国的数据,德国、日本、意大利、加拿大、法国和英国等国的制造业占 GDP 比重分别为 20%、12%、14%、10%、9%、9%。① 这些数字表明:西方七国制造业占 GDP 的比重都不高,德国算最高也不过为 20%。新兴国家制造业占 GDP 比重趋于上升,2013 年该比重中国为 31%,韩国为 24%。(2)美国制造业就业人数呈下降趋势。美国制造业就业人数为 1200 万,制造业就业人数占全部就业人数的比重长期趋于下降趋势,当然,发达国家普遍存在这一现象。根据美国劳工部的数据,1970—2012 年,美国等国家制造业就业比重都呈下降趋势,比如,美国从 26.4% 下降至 10.3%,德国从 39.5% 下降至 19.8%,日本从 27.4% 下降至 16.6%,英国从 1971 年的 33.6% 下降至 2012 年的 9.8%。②

3. 美国制造业劳动生产率拥有绝对优势。美国劳动生产率的提高是推动产业结构转变和就业结构变动的动力。1870 年美国玉米的产量为每英亩 35 蒲式耳,2013 年该产量上升为 180 蒲式耳。农民每小时的玉米产量从 1870 年的 0.64 蒲式耳提高到 2013 年的 66 蒲式耳。农民劳动生产率提高了 90 倍。③ 劳动生产率的提高使美国从农业国转变为工业国。同样,美国工业劳动生产率(尤其是制造业劳动生产率)的提高使美国进入了后工业化社会。2012 年,一个美国工人的产出是 1948 年的 4 倍多。④ 美国制造业劳动生产率领先发

---

① United Nations National Accounts Main Aggregates Database, Value Addedby Economic Activity at constant 2005 prices, national currency, http://unstats. un. org/unsd/snaama/selbasicFast. asp.

② Bureauof Labor Statistics, "International Labor Comparisons", June7, 2013, http://www. bls. gov/ilc/dashboards. htm, Table2 - 8.

③ Parker, William N. and Judith L. V. Klein, "Productivity Growth In Grain Productionin the United States, 1840 - 60 and 1900 - 10", in *Output, Employmentand Productivityin the United States After*1800, 1966, pp. 532 - 580.

④ Council of Economic Advisers, "Economic Reportof the President - 2014", March2014, pp. 47 - 50.

达国家。1979—2011 年,美国劳动生产率的增长速度高于其他西方六国,美国、日本、英国、法国、德国、加拿大和意大利的制造业劳动生产率年均增长分别为 4.18％、3.44％、3.9％、3.19％、2.46％、2.15％和 2.14％。[①] 1950—2005 年,美国制造业劳动生产率的翻倍时间不断减少,1950—1973 年用了 27 年,2000—2005 年用了 5 年。占全球人口 5％不到的美国人参与了全球制造业六分之一的活动,这足以说明美国制造业的效率。[②]

2007 年美国政府把影响劳动生产率增长的因素分解为:(1)资本深化,即工人使用的资本数量增加;(2)效率增长,即资本与劳动投入后的产出增加,效率增长来源于产品创新和工艺创新,这些创新的原因是企业家精神和竞争;(3)劳动技能提高,即劳动者富有经验以及得到良好教育和培训;(4)信息技术的进步,美国信息技术的进步已成为美国劳动生产率增长的主要源泉;(5)经济开放,美国进出口贸易、对外直接投资与吸收直接投资使美国在全球范围实现资源的优化配置,促进了竞争,提高了效率;(6)鼓励资本积累和研发的政策措施。[③] 比如,2000—2005 年美国制造业劳动生产率年均增长3.4％,其中 1.1％的增长率归因于资本深化,1.9％的增长率归因于效率增长,0.4％的增长率归因于劳动技能提高。

经济学家常用"全要素生产率"作为衡量生产率的另一指标。全要素生产率通常叫做技术进步率,是新古典学派经济增长理论中用来衡量纯技术进步在生产中的作用的指标。全要素生产率增长率并非所有要素的生产率,"全"的意思是经济增长中不能分别归因于有形生产要素增长的那部分,因而全要素生产率增长率只能用来衡量除去所有有形生产要素以外的纯技术进步生产率的增长。根据美国

① BureauofLaborStatistics, "InternationalLaborComparisons", June7, 2013,http：//www. bls. gov/ilc/dashboards. htm, charts.

② JessicaR. NicholsonandRyanNoonan, "WhatisMadeinAmerica?" U. S. DepartmentofCommerce,ESAIssueBrief ≠ 04‐14, October3, 2014, p. 3.

③ CouncilofEconomicAdvisers, "EconomicReportofthePresident‐2007", February2007, p. 182.

美国制造业实力地位的观察视角

劳工部统计,1948—2012 年,美国非农企业生产率的提高 10％归因于劳动力,38％归因于资本,52％归因于技术进步。① 1948—2012年,美国制造业全要素生产率年均增长 1.2％,2012 年美国制造业全要素生产率为 0.6％。

4. 美国引领全球高新产业的发展。经合组织把制药业、办公设备制造、无线电和电视机设备制造、电信设备制造、医疗和光学设备制造、精密仪器设备制造、航空航天制造等六大产业归入高科技产业,这些产业的发展都基于大量的研发投入。② 按照这一标准,美国高科技产业的增加值占制造业增加值的比重一直在上升,美国制造业发展的趋势是质的提升。

研发是美国高新技术产业发展的支柱。2010 年美国制造业的研发支出是日本的 2 倍、德国的 3 倍。美国企业研发支出的 70％用于制造业,德国、韩国和日本企业研发支出的 90％用于制造业。③2012 年 3 月,美国智库威尔逊中心发布的《全球先进制造业趋势报告》指出,美国研发投入的规模居世界第一,其中四分之三投向制造业,在航天、医药、军工等领域竞争优势突出,在合成生物、先进材料和快速成型制造等先进制造业领域优势明显。美国有可能出现以无线网络技术全覆盖、云计算大量运用和智能制造大规模发展的新一轮技术创新浪潮。④ 美国制造业的创新一直是美国经济创新的发动机。美国制造业企业的创新成果是美国其他企业的 2 倍,2008—2010 年美国 30％以上的创新成果来自美国制造业。⑤

---

① U. S. BureauofLaborStatistics , "MultifactorProductivityTrendinManufacturing‐2012", August21, 2014.

② OECD, "ISICRev. 3TechnologyIntensityDefinition", July7, 2011, p. 1.

③ OECDSTANdatabase, " STANR&Dexpenditures inIndustry", http://stats. oecd. org/index. aspx.

④ WoodrowWilsonCenter, 'EmergingGlobalTrendsinAdvancedManufacturing", March2012, p. 1.

⑤ TheExecutiveOfficeofthePresident, "MakinginAmerica：U. S. ManufacturingEntrepreneurshipandInnovation", June2014, p. 2.

（二）美国制造业实力绝对下降被夸大背后的事实

上述判断美国制造业实力地位下降的依据是传统的观察视角。美国经济已进入知识经济、服务经济和主导经济全球化的时代，根据传统统计方法计算美国制造业增加值和制造业就业人数的数量根本不足以反映现时代美国制造业实力地位，相反，传统统计方法严重低估了美国制造业的实力地位，特别是按照增加值的视角看问题。低估美国制造业实力的原因如下：

1. 仅凭就业人数下降不足以断定制造业的衰落。随着制造业劳动生产率的提高，美国制造业生产效率和技术水平的不断提高，对劳动力数量的需要必然是减少的。同样的现象也出现在美国的农业部门中。2011年美国制造业的发货量为5.4万亿美元，几乎占GDP的三分之一。2007—2009年美国经济处于衰退期间，美国制造业的许多工厂关门或缩减产量，但是从2009年下半年后，制造业出现了反弹。2015年1月16日，美联储公布的2014年工业生产指数已经超过历史最高水平的2007年。[①] 但美国制造业工厂数量在减少，从2001年的39.75万个下降至2012年9月份的33.55万个，大量工厂被废弃。制造业就业人数从1979年的1940万下降至2013年3月的1198万，这1198万员工中仅有830万人从事生产活动，其余的员工从事管理、产品研发、营销，或者与生产有关的活动。所以，仅凭借制造业就业人数的下降作为制造业衰落的依据是不合理的。

2. 服务业中间品的投入不计入制造业增加值。制造业的增加值形成在制造业过程中的设计、生产加工和营销活动等阶段，增加值的计算方法是销售收入减去中间品价值。制造业增加值的概念强调了最终产品价值的本土形成。由于知识经济年代的美国经济分工更细，制造业所需的服务可能不是制造业内部提供，而是来自外部提供。这就是说，原本应该是制造业内部产生的增加值由于设计等服务购自外源的服务业，导致美国制造业增加值减少。根据经合发展

---

① FederalReserveBoard，"IndustrialProductionandCapacityUtilization - G. 17"，http://www.federalreserve.gov/releases/g17/Current/default.htm.

组织的统计,服务业增加值占美国制造业增加值的比重为全球之最,美国为 30%,这里的服务业增加值既包括制造业内部创造,也包括制造业外的服务部门创造。[①] 美国国际贸易委员会的报告认为,2011年美国制造业中间品投入的 25.3% 来自服务部门,该比重在计算机和电子类产业高达 47.6%。按照美国商务部人口调查局的估计,1990—2005 年,美国制造业增加值占制造业销售收入的比重一直在46.3%—48.5%的区间波动。自 2006 年以来,该比重下降至 44.8%以下,2011 年已下降至 41.7%。美国商务部经济分析局使用不同的方法计算制造业增加值占制造业销售收入的比重,得出的结论是从 1987 年至 2012 年,该比重下降了 34.3%,2012 年上半年该比重为 32.5%。[②]

3. 制造业知识产权的出口减少了增加值的计算。美国制造业企业从事研发活动,专利、设计和品牌等形式体现研发的成果,企业以许可的方式出售至国外。这些成果的出口按照服务贸易的方式统计,制造业企业的增加值被掩盖了。如果外国企业用美国的知识产权生产的中间品再出口给美国,并融入到美国企业的最终产品中,美国企业产品的增加值中要剔除中间品的价值,而中间品价值的真正来源地是美国。这样的统计方式缩小了美国制造业增加值的计算。知识产权交易中的许可费用不足以体现知识产权的实际经济价值。

4. 全球化时代的"无工厂制造"减少制造业增加值的计算。美国出现了"无工厂制造"的现象,大量的电子产品制造者只专业化地从事产品生产的某个过程,如,研发、设计、分销、服务,物理意义上的生产活动都在海外进行。苹果公司就是一个无工厂制造典型。[③] 苹

① OrganisationforEconomicCo-operationandDevelopment（OECD），STANInput-OutputDatabase,2011,http://dx. doi. org/10. 1787/888932487628.

② RobertE. Yuskavage, EricH. Strassner, andGabrielW. Medeiros, "DomesticOutsourcingandImportedInputsintheU. S. Economy: Insightsfrom IntegratedEconomicAccounts", May15, 2008, p. 40.

③ YuqingXingandNealDetert, HowtheiPhoneWidenstheUnitedStatesTrade DeficitwiththePeople'sRepublicofChina", ADBIWorkingPaperSeries, No. 257, December2010, p. 5.

果这类企业的无工厂制造显示在美国官方统计中没有制造业的增加值，只是按照"批发贸易"的概念统计苹果公司的业绩。美国的"无工厂制造"的现象反映了经济全球化背景下美国跨国公司通过全球供应链组织生产的结果。全球供应链视角突出反映了美国中间品的进口在增加，美国跨国公司主导全球供应链也是美国对外货物贸易逆差的一个重要原因。[1] 1998 年美国中间品进口的 24% 被用于美国制造业，2006 年该比重上升至 34%。与此同时，美国制造业使用国内中间品和原材料的投入在下降。[2] 美国制造业的无工厂制造现象掩盖多少美国制造业的增加值？无人能回答，但经济学已经质疑，并呼吁要改变传统的统计方法。[3] 按照三位美联储经济学家的看法，如果把无工厂制造重新归类到制造业，而不是批发贸易，那么，把 2002—2007 年美国制造业发货量的价值和制造业增加值加总计算，美国制造业增加值在现行的统计数据上将增加 7%—30%，其中半导体产业的增加值将增加 25%。[4] 可见，从全球供应链视角看美国制造业与仅限于本土制造是完全不同的。

5. 经济全球化加强而不是削弱美国制造业。舆论唱衰美国制造业的一个依据是美国跨国公司的海外投资导致美国企业迁移海外，使美国制造业出现了"空洞化"现象。实际情况与舆论的看法相反，经济全球化使美国制造业更强大。一项研究证明，因为没有正确计算制造业海外投资的效益，1997—2007 年，美国制造业生产率的年均增长率被低估 0.1%—0.2%，制造业增加值年均增长率被低估

---

① Robert C. Feenstra and J. Bradford Jensen, "Evaluating Estimates of Materials Offshoring from U. S. Manufacturing ", National Bureau of Economic Research, Working Paper 17916, March 2012.

② Lucy P. Eldridge and Michael J. Harper, "Effects of imported intermediate inputs on productivity", Monthly Labor Review, June 2006, pp. 6, 12.

③ Andrew B. Bernard and Teresa C. Fort, "Factoryless Goods Producers in the US", NBER Working Paper, No. 19396, August 2013.

④ Kimberly Bayard, David Byrne, and Dominic Smith, " The Scope of U. S. Factoryless Manufacturing", working paper, February 28, 2013, www. upjohn. org/MEG/papers/baybyrsmi. pdf.

0.2%—0.5%。[1] 美国经济学家莫兰等人使用美国跨国公司20年的数据,建立面板数据回归模型,实证分析美国跨国公司海外扩张对美国制造业的积极影响。他们的结论是:跨国公司的海外扩张提高了美国制造业的实力。[2] 具体表现为,美国制造业海外企业的就业增加10%,导致本土企业的研发支出增加6.2%,销售增加3.9%,固定资本投资增加3.8%,就业增加3.8%,出口增加3.8%。美国制造业海外企业的销售增加10%,导致本土企业的研发支出增加8.2%,销售增加2.5%,固定资本投资增加2.4%,就业增加2.2%,出口增加2.6%。当然,美国跨国公司海外扩张对美国服务业也有积极影响。戈登斯基在2012年的论文中证明,美国企业向海外转移生产线是利用比较优势实现国际分工,美国企业海外生产线一般只从事生产活动,美国本土企业专注于研发、管理和创新等高端领域。[3] 也就是说,美国通过打造全球供应链的方式掌握制造业的高端,或者说,美国制造业在全球价值链中处于最有利的高端。所以,美国制造业实力不是简单地体现在增加值上,经济全球化的视角让人们看到了美国跨国公司的巨大盈利空间和掌控能力。

(三)金融危机以来美国制造业复苏和发展方向

1. 美国制造业复苏表现良好。2008年金融危机使美国制造业处于衰退之中,从2007年2月至2010年2月,美国制造业流失230万劳动力,制造业损失的增加值几乎占GDP损失的50%。

---

[1] Houseman, Susan, ChristopherKurz, PaulLengermann, andBenjamin Mandel, "OffshoringBiasinU. S. Manufacturing", JournalofEconomicPerspectives: Vol. 25 No. 2, Spring2011, p. 1.

[2] TheodoreH．MoranandLindsayOldenski, "TheUSManufacturingBase: FourSignsofStrength", PetersonInstituteforInternationalEconomics, PolicyBrief, NumberPB14－18, June2014, p. 8.

[3] LindsayOldenski, "TheTaskCompositionofOffshoringbyUSMultinationals", GeorgetownUniversity, September2012, p. 2.

2009 年 6 月,制造业增加值占 GDP 的比重为 11.8%。[1] 但是,美国制造业实力不可能因为一场金融危机被改变,原因是支撑美国经济强大的客观环境没有变化,美国制造业存在的环境也没有变化。美国经济内在的自我修复和调节能力,使美国经济从 2009 年 6 月底进入复苏轨道。2009 年 7 月至 2012 年 12 月,美国 GDP 年均增长率为 2.1%;从 2013 年至 2014 年,美国 GDP 年均增长率为 2.8%。[2]

美国制造业也复苏了。从 2009 年 6 月底至 2014 年 6 月,美国制造业增加值增加了 38%,2013 年年底美国制造业增加值占 GDP 的比重上升至 12.5%。2010 年 2 月至 2014 年 12 月,制造业就业人数增加了 85 万。2014 年年底制造业设备利用率已达 78%。[3] 制造业复苏推动了美国出口,2014 年美国制成品的出口为 1.6 万亿美元。[4] 外国资本看好美国制造业,2013 年为止,美国吸收的外国直接投资存量按历史成本已达 2.65 万亿美元,按市场价值已达到了 3.9 万亿美元。[5] 吸收的外国直接投资中的 40% 进入制造业。[6]

金融危机只是让美国制造业暂时处于低谷,从更长的时间看,近半个世纪美国制造业一直处于较高的增长水平。1960—2007 年,美

① JessicaR. NicholsonandRyanNoonan, "ManufacturingSincetheGreat Recession",ESAIssueBrief,♯ 02 - 14, June10, 2014, p. 3.

② CouncilofEconomicAdvisers, "TheEconomyin2014", December16, 2014, p. 14.

③ CouncilofEconomicAdvisers, "EconomicReportofthePresident - 2015," February2015,pp. 109 - 110.

④ U. S. DepartmentofCommerce, "U. S. InternationaltradeinGoodsandServices-December2014," February5, 2015, p. 1.

⑤ MarilynIbarra-CatonandRaymondJ. MataloniJr. , "DirectInvestmentPositionsfor2013: CountryandIndustryDetail, SurveyofCurrentBusiness", July2014.

⑥ OECDInternationalDirectInvestmentStatistics, "Foreigndirectinvestment: flowsbyindustry," http://www. oecdilibrary. org/finance-and-investment/data/oecd-international-direct-investment-statistics_idi-data-en.

美国制造业实力地位的观察视角

国制造业增加值年均增长率为 3.2%。[1] 2010—2013 年,美国制造业增加值年均增长率为 4%。必须指出,2010—2013 年美国制造业的增长是建立在金融危机期间大量工厂倒闭基础上的。从全球范围看,2010—2011 年,美国制造业增加值占本国 GDP 的比重上升 2.19%,德国上升 7.92%,中国上升 0.48%,世界平均水平为负 0.99%。

2. 美国制造业复苏的特点。第一,耐用品制造强劲增长,尤其是计算机与电子产品、汽车、机械等三大部门成为美国制造业复苏的亮点。[2] 2010—2011 年,美国半导体产业增长 22.5%,汽车产业增长 25.8%,工业机械产业增长 19%。非耐用品制造的增长率表现一般,比如,化工、塑料盒、橡胶产业的增长很一般,这三个产业的增长只是接近 2007 年的水平,个别产业增长为负数,比如,家具产业的增长率为负 1.2%。该特点表明美国制造业的某些产业在与中国等新兴国家的竞争中失去了优势,这也是不争的事实。第二,出现了制造业回流现象。目前讲述美国制造业回流最多的是美国波士顿咨询公司。2015 年 1 月,该机构介绍说,2014 年美国本土公司中的 54% 表示考虑把生产线从中国迁回美国,而 2012 年该比例为 37%。2014 年美国本土公司中的 16% 正在把生产线从中国迁回美国,而 2012 年该比例为 7%。[3] 从这些数字看,似乎美国制造业企业正在回流,但实际的案例很少,2011 年有 66 家企业回迁,2014 年有 300 家企业回迁。[4]

[1] LawrenceEdwardsandRobertZ. Lawrence,"'GoodJobs'—TradeandUSManufacturingEmployment",in*RisingTide: IsGrowthinEmergingEconomiesGoodfortheUnitedStates?* PetersonInstituteforInternationalEconomics,2013,p. 69.

[2] OyaCelasun,GabrielDiBella,TimMahedyandChrisPapageorgiou,"The U. S. ManufacturingRecovery:UptickorRenaissance?" IMFWorkingPaper,February 2014,pp. 3 - 4.

[3] TheBostonConsultingGroup," ManufacturingMovesBacktotheU. S. ",January29,2015. https://www. bcgperspectives. com/content/infographics/globalization_supply_chain_management_manufacturing_reshoring/

[4] InternationalDecisionSystems," ManufacturingreturningtotheUS,butnotasfastaspeoplewant",January9th,2015,http://news. idsgrp. com/asset-finance-analytics/manufacturing-returning-to-the-us-but-not-as-fast-as-people-want/503.

所谓美国制造业回流绝对不是趋势。该特点表明这是逆经济全球化,经济全球化趋势是不可逆转的。

3. 美国制造业复苏的原因。第一,美元汇率贬值刺激了美国出口,对美国产品需求的增加有利于制造业的产出。美国经济衰退削弱美元实际有效汇率,2010—2013 年美元汇率指数均低于 100。[①] 第二,美国经济衰退降低了劳动力需求,产生了降低劳动力成本的压力,使企业工资上升幅度趋缓。2008 年、2010 年和 2011 年,美国制造业平均每周工资增长率按不变价格计算均为负数。第三,美国页岩气革命降低了能源价格。第四,美国政府货币与财政政策刺激经济。美联储宽松的货币政策降低了短期与长期利率,有利于企业投资和个人消费。美国政府推行的《2009 美国复苏与再投资法案》也刺激了经济。第五,美国政府出台的《重振美国制造业框架》《制造业促进法案》《鼓励制造业和就业机会回国策略》等一些重点支持制造业的政策鼓励了制造业复苏。

4. 从长期看美国制造业的复苏。目前美国制造业复苏具有周期性的恢复性质,即从经济衰退的谷底反弹。从长期看,美国制造业是否还会按照增加值和就业人数的增加继续扩张? 答案是否定的。

上述美国制造业复苏的若干原因大多数属于短期因素,即使像能源价格降低对美国制造业的积极效应也是有限的,用经济模型证明到 2020 年美国能源供给增加对制造业增加值年度增长率的贡献了 0.1%—0.3% 的百分点,而在能源密集度产业,化工、金属、机械等,能源供给增加对制造业增加值的年度增长率贡献 0.2%—0.3% 的百分点。[②] 从长期看美国制造业的未来不取决于这些短期因素。

从世界经济和美国经济的演变看,第一,美国制造业增加值占

---

① 数据来源:世界银行数据库,设定 2010 年美元实际有效汇率指数为 100,2011—2013,美元实际有效汇率指数分别为:95、97、99,http://data.worldbank.org/indicator/PX. REX. REER。

② WilliamR. MelickandKenyonCollege, "TheEnergyBoomandManufacturingintheUnitedStates," BoardofGovernorsoftheFederalReserveSystem, InternationalFinanceDiscussionPapers, Number1108, June2014, p. 2.

GDP 的比重上升空间很有限。当人均 GDP 水平低的时期,制造业增加值占 GDP 的比重趋于上升,在达到高峰后趋于下降。这是世界经济发展的规律性现象,被视为结构转型。[1] 如果放大视角看世界,就被视为世界经济的结构转型。比如,2005 年欧洲国家农业、制造业和服务业增加值占 GDP 的比重分别为:2%、17% 和 71%。2000 年亚洲国家的服务业增加值占 GDP 的比重为 59%,农业增加值占 GDP 的比重下降为 6%,工业增加值占 GDP 的比重为38%。[2] 用曲线表示制造业增加值先上升后下降的趋势,被称为"驼峰型模式"(hump-shapedpattern)。[3] 所以,美国制造业增加值占GDP 比重的下降是规律,美国已经维持的比重在发达国家中属于不错的。

第二,美国制造业就业人数的增长空间有限。从结构转型的视角,美国制造业就业人数的下降是必然的。当前美国的失业率已降到最低水平,2014 年 12 月,美国失业率为 5.6%,为近 6 年的最低点。从结构转型看,再要增加制造业就业的空间不大了。

美国国内有许多反对认可美国制造业复苏的文章,依据的就是美国制造业占 GDP 的比重和制造业就业人数占全部就业人数的比重没有恢复到历史曾达到的水平。按照这样的标准,美国制造业不存在复苏。[4]

5. 美国制造业的发展方向。第一,国内视角是发展先进制造业。2011 年 6 月,美国政府提出"先进制造业伙伴计划",整合产业、

① BertholdHerrendorf, RichardRogerson, andákosValentinyi, "Growth andStructuralTransformation", NBERWorkingPaperNo. 18996, April2013, p. 9.

② OlgaMemedovic, "StructuralChangeintheWorldEconomy: MainFeatures andTrends", UnitedNationsIndustrialDevelopmentOrganization, WorkingPaper 24/2009, pp. 9 - 10.

③ Kei-MuYiandJingZhang, "StructuralChangeinanOpenEconomy", *JournaloffMonetaryEconomics*, Volume60, Issue6, September2013, pp. 667 - 682.

④ AdamsNagerandRobertAtkinson, "TheMythofAmerica'sManufacturing Renaissance: TheRealStateofU. S. Manufacturing", TheInformationTechnology&InnovationFoundation, January2015, p. 2.

大学和联邦政府资源,举全国之力投资于能够提供高端制造业岗位,提升全球竞争力的新兴技术。该计划的目标是通过"先进制造业伙伴计划"实现美国制造业的复兴,确保美国仍然是一个集"新产品开发和产品制造"于一体的制造业强国。美国政府的先进制造业计划反映了美国制造业的未来发展方向,是美国制造业的客观需要。因为先进制造业发展的实质是占据产业发展的未来制高点,这关乎一国的经济安全和竞争优势。奥巴马政府的这一计划是历届美国政府支持制造业发展政策的延续。先进制造业的灵魂是创新,所谓的"先进"是从技术范畴扩展至生产组织方式及其与服务活动关联的模式的综合创新。国内对先进制造业有较多的研究论文发表,本文不再赘述。

第二,国际视角是经济全球化。经济全球化与美国制造业的关系是:(1)美国通过对外直接投资和吸收外国直接投资,以跨国公司为载体,打造全球供应链,占据价值链的高端。(2)全球产品需求构成美国制造业的产品市场。(3)贸易和投资自由化是实现供应链和实现市场需求的手段。美国过去是借助多边贸易体制,现在是打造自由贸易协定网,尤其是 TPP 和 TTIP。美国一旦签署 TPP 和 TTIP,意味着连同过去的 14 个自由贸易协定,将使美国货物出口的 66.1% 进入自由贸易协定的伙伴国家。[①] (4)经济全球化让美国制造业的劣势产业迁移到其他国家,美国占据制造业的高端,美国进口其他国家有比较优势的产品,实现美国制造业资源的优化配置。

(四)美国制造业的观察视角对中国制造业的启示

1. 产能过剩背景下中国制造业不能再继续追求规模的扩大。从美国制造业的发展演变中可以看到,制造业增加值占 GDP 的比重达到一定的高水平后将进入下降通道。2014 年联合国工业发展组织的文件再次确认了发达国家制造业增加值占 GDP 的比重从高到

---

① CouncilofEconomicAdvisers,"EconomicReportofthePresident-2015",February2015,p. 300.

低的趋势。[1] 中国经济的未来也要走向服务经济,这就是说,制造业增加值占 GDP 的比重和就业人数占全部就业人数的比重都趋向下降。这是中国制造业的发展趋势。

2. 产能巨大背景下的中国制造业一定要走创新的道路。2014年毕马威在全球制造业展望报告中指出,全球制造业正处于转型时期,其特征是产品创新和工艺创新。[2] 美国一直凭借创新占据全球制造业的制高点,中国制造业也只有走创新才能健康发展自己。如果道理都懂,但还是缺乏创新的话,那当然不仅仅是制造业的问题了。这是中国制造业发展的核心。

3. 产能巨大背景下的中国制造业一定要走经济全球化的道路。制造业大国的市场一定是世界范围的,全球产品需求就是制造业大国发展的基础,走贸易自由化道路是打开世界市场的钥匙,走直接投资自由化是融入全球供应链的途径。中国制造业融入全球供应链将成为其获得竞争优势的主要途径。为此,中国制造业企业应该积极推动政府走贸易和投资自由化之路,更积极地参与多边贸易体制和自由贸易协定的谈判。这是维系中国制造业庞大规模和走向强大的条件。

---

① AntonioAndreoniandShyamUpadhyaya, "Growthanddistributionpatternoftheworldmanufacturingoutput: Astatisticalprofile",UnitedNationsIndustrialDevelopmentOrganization, Workingpaper, February2014, pp. 3 - 6.

② JeffDobbs, "GlobalManufacturingOutlook: FosteringGrowththroughInnovation",5/7/2014, p. 2. http://www. kpmg. com/global/en/issuesandinsights/articlespublications/global-manufacturing-outlook/Pages/default. aspx.

王玉强①

生态文明视角下的光环境概念及其影响因子研究

（华东政法大学基建处　上海　201620）

（一）引言

党的十八大报告明确提出"大力推进生态文明建设"，同时将其作为全面建设小康社会的新要求。2016年两会十大热点中，"从中央提出绿色发展理念，到大气污染治理写入31个省区市政府工作报告，再到'十三五'规划建议中强调环保，社会各界对加快建设美丽中国充满期待"位列其中，可见生态、绿色已经成为城市建设的关键词。就生态文明城市建设而言，基础设施建设与城市环境保护至关重要。换言之，在城市整体规划中，有必要充分考虑如何保护城市环境、改善环境质量、建设良好的城市生态系统、促进可持续发展。而在城市生态系统中，城市人群为主体，自然环境和经济社会环境之间相互作用，其中自然环境又包括生态环境、大气环境和物理环境等；物理环境涉及光、热、色、声等物理因素，与城市环境质量和人们的生活质量息息相关，光环境是其重要组成部分。光直接作用于人的视觉器官，影响人们的工作效率和心理舒适度等，而目前城市建设中光污染

① 作者简介：王玉强（1971—），华东政法大学基建处高级工程师，国家一级注册建造师，国家注册造价工程师，上海市建设工程评标专家，上海市建委科技委员会工程经济评审专家；研究方向：环境规划，工程经济。作者联系邮箱：1375044408@qq.com，联系电话：18964375639。

问题比较突出，如白亮污染、人工白昼、采光污染等，表现为光泛滥、光干扰、眩光、频闪、光误导等形式，而由此产生的光辐射等损害人体健康、社会生活、自然生物等。为了更好地解决光污染问题，提升光环境质量，有必要在明确光环境概念的前提下，分析相关影响因素，并展望未来研究方向。

（二）光环境概念探究

关于光环境的阐述各有不同。文献分析表明较多学者使用"光环境"这一术语，如陈亢利等（2006）[1]，李建军、户媛（2006）[2]，冷瑞华（2001）[3]，王晓燕（2000）[4]，陈宇、周武忠（2005）[5]，许东亮（2007）[6]，张九红、黄庭（2007）[7]，王建华（2004）[8]。还有研究者使用其他类似概念，如"亮化工程""光亮工程""光彩工程""泛光照明""室外装饰照明""灯光景观""灯光环境"等。笔者认为虽然光环境一词更符合生态学范畴和生态文明建设理念，但在定义该概念时可以结合相关论述进行综合分析。下面对现有主要定义进行解析：

1. 光环境：照明系统（天然光和人工光）和环境中所有表面的光度特性的综合效果。[9]

评论：此定义综合考虑了天然光环境和人工光环境，但是只考

① 陈亢利、王琦、王葳："光环境功能区域划分及管理初探"，《环境与可持续发展》2006 年第 4 期。

② 李建军、户媛："'城市夜规划'初探——'广州城市夜景照明体系规划研究'引发的思考"，《城市问题》2006 年第 6 期。

③ 冷瑞华："广州夜景照明景观系统规划初探"，《规划师》2001 年第 1 期。

④ 王晓燕："现代城市夜景观规划设计体系初探"，《城市规划》2000 年第 2 期。

⑤ 陈宇、周武忠："城市夜景观规划设计初探——以南京市为例"，《东南大学学报（哲学社会科学版）》2005 年第 5 期。

⑥ 许东亮："城市光环境意象的表达——三个城市的光环境规划理念"，《智能建筑与城市信息》，2007 年第 2 期。

⑦ 张九红、黄庭："高校校园灯光环境规划设计探析"，《科技咨询导报》2007 第 25 期。

⑧ 王建华："建筑光环境辨析与灯光功能论"，《华中建筑》2004 年第 4 期。

⑨ 赵海天、向东、袁磊："城市灯光环境的科学界定与异化倾向"，《新建筑》2005 年第 3 期。

虑了光度特性指标。

2. 光环境：光环境是物理环境的一个组成部分，它与色环境等并列。对建筑物来说，光环境是由光照射于其内外空间所形成的环境。因此，光环境形成一个系统，包括室外光环境和室内光环境。前者是在室外空间由光照射而形成的环境。它的功能是要满足物理、生理(视觉)、心理、美学、社会(指节能、绿色照明)等方面的要求。后者是在室内空间由光照射而形成的环境。它的功能是要满足物理、生理(视觉)、心理、人体功能学及美学等方面的要求。上述的光源是天然光和人工光。①

评论：该定义仅考虑了光度指标和建筑光环境，未考虑区域光环境。

3. 光环境：光环境是从生理和心理效果来评价的照明环境。②

评论：该定义综合考虑了生理和心理因素，但仅考虑了人工灯光环境，未考虑天然光环境。

4. 光环境：光(照度水平、照度分布、照明形式、光色等)和颜色(色调、饱和度、室内色彩分布、显色性能等)与房间形状结合，在房间内所形成的生理和心理的环境。③

评论：该定义综合考虑了光和颜色因素、生理和心理因素，但也只考虑了建筑光环境，未考虑区域光环境。

5. 灯光环境：灯光环境的内涵很广，通常指的是由光(照度水平和分布)与颜色在环境空间建立同形状有关的生理和心理环境。它是由灯光载体、光源、灯具的有机组合.通过适当的控制，而形成的光照环境。④

评论：该定义综合考虑了生理和心理因素，但仅考虑了人工灯光环境，未考虑天然光环境，欠全面。

---

① 肖辉乾、张绍刚："夜景照明的术语和定义"，《照明工程学报》2004 年第 4 期。

② 高履泰："光环境的剖析"，《照明工程学报》2000 年第 4 期。

③ JGJ/T119 - 98，建筑照明术语标准[s]。

④ JGJ/T16 - 92，民用建筑电气设计规范[s]。

6. 建筑光环境：对建筑物来说，光环境是由光照射于其内外空间所形成的环境，形成一个系统，包括室外光环境和室内光环境。①

评论：该定义仅考虑了建筑光环境，未考虑区域光环境，有失全面。

7. 建筑光环境②：借助灯光视觉特性和建筑空间视觉元素的整合，创造出以人为主体、光为媒介，主体与建筑与灯光在生理需要和心理需要方面保持和谐，利于主体人生理和心理健康发展的建筑空间，即建筑光环境。③

评论：该定义综合考虑了生理和心理因素，但只考虑了人工灯光环境，未考虑天然光环境，同时仍涉及建筑光环境，不够全面。

8. 城市灯光环境：在城市或区域空间尺度上，以灯光景观建设为主体，从城市环境的角度对城市夜晚灯光环境进行综合性整治、建设与管理。灯光环境既包括物质因素，又包括非物质因素，如光污染管制、交通管制、噪声管制、人流疏导等管理因素。④

评论：该定义仅考虑了人工灯光环境，未考虑天然光环境，且主要涉及管理角度。

9. 环境照明：环境照明是指按规划或活动内容，在涉及城市环境和景观的场所实施室外的景观性灯光和功能性（路灯）照明。⑤

评论：此定义只考虑了人工光环境和区域光环境，未考虑天然光环境和建筑光环境。

10. 夜景照明：泛指除体育场场地、建筑工地和道路照明等功能性照明以外，所有室外公共活动空间或景物的夜间景观的照明，亦称景观照明（landscapelighting）。⑥

① 郭起宏："城市灯光环境的规划设计初探"，《灯与照明》2002 年第 4 期。

② http://blog. alighting. cn/1049/archive/2009/11/22/8278. html.

③ 王建华："建筑光环境辨析与灯光功能论"，《华中建筑》2004 年第 4 期。

④ 王建华："建筑光环境视觉组构初论"，《新建筑》2003 年第 1 期。

⑤ 赵海天、向东、袁磊："城市灯光环境的科学界定与异化倾向"，《新建筑》2005 年第 3 期。

⑥ 赵海天、向东："论城市灯光环境的科学定义和规划体系"，《城市规划》2003 年第 4 期。

评论：此定义只考虑了人工光环境和区域光环境，未考虑天然光环境和建筑光环境。

11. 夜景灯光环境：夜景灯光环境是指下列各类照明灯光所形成的照明环境：(1)功能照明：包括道路照明、广场照明等。(2)夜景照明：包括建筑外墙照明、建筑物内光外透照明、市政公共设施纯装饰照明、绿化照明、景观照明、节日灯饰、灯光造型、公益广告照明、招牌照明、临街橱窗照明。(3)商业照明：包括商业广告照明等。[①]

评论：此定义只考虑了人工光环境和区域光环境，未考虑天然光环境和建筑光环境。

综上所述，目前对于光环境尚无统一的概念定义，且多数定义不够全面。一般而言，一个科学的命名应具备明确的内涵与外延，且具有一定包容性和开放性。综合考虑到光源、空间尺度以及光度、色度、视度和环境心理等因素之间的互动关系，笔者对光环境进行如下定义：

> 光环境是天然光或人工光与环境中所有表面的光度、色度和视度特性的、依靠光视觉特性和空间视觉元素系统整合而成的综合空间效果，属于物理环境的一部分。按照光源不同，光环境可以分为天然光环境和人工光环境；按照空间尺度不同，可以分为宏观光环境和微观光环境。

（三）光环境质量影响因子分析研究

1. 天然光环境和人工光环境

如上所述，光环境可以从光源角度分为天然和人工光环境，而研究光环境质量的相关影响因子必然涉及这两个环境，因此有必要对此进一步阐释。

天然光环境又可划分为室外和室内天然光环境两部分。天然光由太阳直射光、天空扩散光和地面反射光形成，一般用地平面照度、天空亮度和天然光的色度值来定量描述，而地平面照度主要取决于

生态文明视角下的光环境概念及其影响因子研究

---

① DB33/1055-2008,浙江省环境照明工程技术规范[s]

太阳高度角、天空亮度、地面反射程度和大气透明度。如果要取得比较准确的天然光数据,需要对某国家或者地区的天然光环境进行连续观测和统计分析。在生态城市建设过程中,光环境研究者需要探索天然光的控制方法、光学材料、光学系统等,使天然光照明得以在地下、水下等应用。

人工光环境亦可以划分为室内和室外人工光环境两部分。以人工光源为主形成的室内光环境能够满足人们视觉、心理、艺术等方面的要求,是城市建设(特别是夜晚室外照明)的重要组成部分。与天然光相比,人工光更易于控制、比较稳定,而且一般不受时间、地点和天气条件的限制,但也存在电光源利用率较低、过度人工照明产生负面影响(如影响动植物生存环境、人类心理健康、光污染)等问题。有必要探索新能源、节能器件等,以降低人工光污染,提高光环境质量。

2. 光环境质量影响因子评价指标体系

基于以上阐述,在综合相关研究的基础上,我们认为光环境质量影响因子评价指标主要包括天然光环境质量、人工光环境质量和评价者个体因素,可以表示如下:

光环境质量=f(天然光环境质量,人工光环境质量,评价者个体)

其中天然光环境质量影响因子评价指标主要包括:日影、采光系数、地面照度和日照时数等,可以表示如下:

天然光环境质量=f(日影,采光系数,地面照度,日照时数)

而人工光环境影响因子评价指标主要包括人工光源照度,人工光源照度分布,人工光源亮度,人工光源亮度分布,人工光源眩光干扰控制程度,色温,显色性,色彩,安全性,光污染指数,照明功率密度等。可以表示如下:

人工光环境质量=f(人工光源照度,人工光源照度分布,人工光源亮度,人工光源亮度分布,人工光源眩光干扰控制程度,色温,显色性,色彩,安全性,光污染指数,照明功率密度)

就光环境评价者个体而言,主要包括评价者性别因子、年龄因子、性格特质、文化特质、教育背景因子等。可以表示如下:

评价者个体=f(性别,年龄,性格,文化特质,教育背景)

总之,在评价光环境质量影响因素时,不仅要考虑亮度、色度、色温、色彩、照明功率等客观因素，还要考虑人工控制和干扰因素，以及不同评价者的个体差异。换言之，既需要运用仪器采集客观数据，还要运用质化研究方法，了解评价者差别对光环境安全和光污染评价等的影响。

（四）研究展望

以上阐述了光环境的概念及光环境质量相关影响因子，鉴于该领域在城市生态文明建设中不可或缺，而相关理论、相关建设法规和技术规范标准缺失，有必要在以下领域进一步研究：

第一，光环境相关理论研究。在明确光环境概念和相关影响因子的基础上，进一步从生态学、社会学、环境学、经济学、系统论等不同角度进行理论探讨，为提升光环境质量奠定理论基础。

第二，光污染评价和防治研究。目前城市各类光污染问题日益严重，各类物种及相应生态系统受到负面影响。一方面应从病理学、心理学等角度，研究光干扰案例，并提出"光污染"评价指标；另一方面从生态保护角度，结合具体污染问题，提出防治策略，并尽早建立相关量化标准和指南。

第三，光环境质量实时监控研究。在信息化和大数据时代，借助计算机、网络技术等可以对区域光环境质量进行实时监测和统计分析。有必要开展此类应用研究。

第四，光环境质量评价模型研究。一方面结合评价者个体因素，逐步建立完善针对不同特质人群的评价模型，为城市区域规划设计提供参考，使区域空间规划更加人性化。另一方面完善光环境质量评价体系，通过示范工程检验完善，并尝试逐步将其纳入各级环境监测制度和规范。

■ 石文龙①

"信访不信法"现象形成的文化因素与制度应对

Cultural factors and system response to phenomenon of believing the petition not the law

（上海师范大学　上海　200234）

　　我们将现实生活中老百姓在面对法律权益受到可能的侵害时更多地选择信访机关，而不是法律部门，特别是在法律救济途径终结后，仍然反复进行信访，越级上访包括进京上访等现象称之为"信访不信法"。信访问题目前成为我国的一大热点问题，十八届三中全会在《中共中央关于全面深化改革若干重大问题的决定》中明确提出："改革信访工作制度，实行网上受理信访制度，健全及时就地解决群众合理诉求机制。把涉法涉诉信访纳入法治轨道解决，建立涉法涉诉信访依法终结制度。"目前，国务院已同意将"信访立法"列为研究项目，国家信访局将尽快起草信访法草案。② "信访不信法"的形成有诸多原因，其中离不开我国特殊的文化因素。

　　① 石文龙、上海师范大学哲学与法政学院教授、法学博士、英国牛津大学访问学者。研究方向：宪法学、法理学、当代中国法治建设研究。联系地址：上海市桂林路 100 号上海师范大学法政学院　邮编：200234 联系电话：18018823727　E-MAIL：swlstar@163.com 或者 shiwl@shnu.edu.cn
　　② 记者邹春霞：《北京青年报》2015 年 5 月 14 日。

（一）"清官情结"与"窦娥情结"使"信访不信法"成为可能

清官,现有字典将其解释为:1.清官即清资官,或称清职。2.清朝的官吏。3.公正廉洁的官吏。4.在坏体制下,做好事的官。5.能为民请命的人。① 在本文语境中的清官不是指无所事事的官员,也不是纯粹地指清朝的官吏。现实生活中所说的清官,主要是指公正廉洁的官吏,在坏体制下做好事的官,能为民请命的人。所谓"清官情结"就是指老百姓对清官政治的向往与在具体的是非曲直事务上对清官的依赖。这些"清官"以包拯和海瑞等为代表,其中包拯又以"包公""包青天"的独特形象成为家喻户晓的人物。在我国的传统文化中,"清官情结"又与草民文化相伴随,形成了诉讼领域的"冤案情结",经典的故事有"窦娥冤""杨乃武与小白菜"等。因此,我们还可以将这"两大情结"命名为"包公情结"与"窦娥情结"。这两大情结有机地联系在一起,相互依存、相互影响、相互作用,无"冤案"则无"清官",而被人忽视的则是后者,即无"清官"则难有"冤案"。"窦娥"在今天又发展出了"考场窦娥"等现代版本。"清官情结"与"冤案情结"的故事今天依然以各种形式延续。今天当我们输入关键词"窦娥"在网上随意搜索,会发现,网络几乎充斥着类似于"我比窦娥还冤呀!""一个比窦娥还冤的警察"等帖子。可见,这一传统文化持续性的影响力。

"窦娥情结"与"包公情结"经过长时期的演绎,已经在大众的心理上形成了巨大的文化积淀,这种积淀体现在我们的日常诉讼活动中,在极个别案例与极个别当事人身上所表达的呼声就是"反正审判是不公的""反正我是冤枉的",于是乎,在行为模式上,当事人的表现形式是在走完了法定的"一审""二审"以及"再审"程序之后,继续信访"程序",强调我"一定要申诉""一定要打到中央"甚至"打到联合国"。上述思想与中国的"清官情结"相互作用,于是乎,在中国近年

---

① 参见百度百科:http://baike.baidu.com/link? url=zYwNDAVd37YZa4hVb6vfXuI4efm1oY0t2A1mxaIszr5IZT1Ld9yN2pAT0ZlC77vNWTe-E46QAPMi1p5bILkE8K,最后登录时间:2017年6月18日。

来出现了上访、信访的"热潮"。这样的诉讼心理与行为模式,已经成了法治建设的"顽症",成为法治建设的消极因素,其消极性具体表现为:

1. 对司法不能形成正常的信任。

司法是社会主义法治的有机组成部分,对司法缺乏信任,必然难以对法治产生信任,在这一背景下,就难以建立法律应有的权威地位。

2. 对"清官"的依赖,使得"法治"的权威让位于"人治"。

在这样的背景之下,"人治"的力量最终大于"法治",现代"法治"的基础与权威就难以建设,社会主义法制建设就难以深入发展。

3. 反复上访、重复信访使得司法资源等社会资源受到巨大的浪费。

所谓"全程式"的诉讼,就是在全部走完我们诉讼法上规定的"一审""二审"以及"再审"甚至"申诉"程序。因为"二审"程序是针对不服"一审"判决而由当事人提起的上诉程序。"再审"是针对已经发生法律效力的判决发现确有错误而引起的专门程序。当然,这是当事人的权利,但是"二审"特别是"再审"并不是每个案件都必经的程序。

4. 上访、信访"大军"的形成与行为影响了全社会的和谐与稳定。

上访、信访"大军"的存在无疑会牵涉本人巨大的精力、物力、财力,影响了人们安居乐业的生活秩序。这事实上已经成为了政府社会管理中的一大难点,与社会主义和谐社会的建设不协调。

5. 在一定程度上,"清官"情结又与"老好人"情结相连接。

我们认为"老好人"情结要不得,因为"清官"也要遵守法律效力、讲求法律程序、努力树立法律的权威,违背了法律精神的"清官",其行为则可能会是一种"搅场",这样的"清官"也不可爱。

可见,"清官情结"与"窦娥情结"对现代法治建设具有一定的负面作用。《窦娥冤》作为文学作品,我们甚至可以不用怀疑作为故事本身可能具有的真实性。但是由于我国长期的专制制度,以及司法实践中的一些不当做法,加之个别法院审判人员司法腐败现象的存在,使得观众容易将其"解读"并归类为"司法不公",进而形成"被冤枉"的感觉。

(二)"信访不信法"使得司法审判产生"畸形"

历史上的"窦娥情结"与"包公情结"流传至今依然有顽强的生命力,"清官情结"已成为当代中国民众和干部普遍性的政治文化心理。"两大情结"经与司法机关结合又演绎成独特的"两极",意思就是两个极端,我们称之为"两极效应"。我们将之命名为"铁案效应"与一味的"群众满意效应",两者之中又以"铁案"为盛。我们不否认"铁案效应"与"群众满意效应"的积极意义,问题是要清楚该"两极效应"背后的文化基础与心理机制。"铁案"的心理基础源之于"包公情结",是下文提及的"包公情结"中的铁面无私的精神品格与"人命关天关地"的社会责任感的无限放大,一味的"群众满意效应"是为民请命、体恤百姓的"爱民"思想的无限放大。

目前司法界流行的话语之一就是"办成铁案"。与此相应,上有"把每起死刑案件都办成'铁案'"的决心,下有构筑"铁案"工程的计划。在法官之中有"铁案法官"一说,报刊上也有"铁心办铁案累死好法官"[1]、《把案件办成铁案的技巧》[2]等文章。包括司法机关高级别的领导人也一再强调:要在定罪量刑上把握好宽严相济这个度,做到宽严并用、宽严有度、宽严适度,把每一个刑事案件都办成经得起历史检验的"铁案"。[3]

可见,"铁案效应"不可谓不壮观,"铁案"只是个形容,指案件事实之牢靠就如同板上钉钉,证据确凿、充分如同铁一般"无懈可击",办案程序铁定地符合法律规定,人的主观认识100%地符合客观实际,即使是从历史上来看,判决结果也是如铁一般"不可更改",最终达到"每件案件都经得起历史检验"。这样的案件就成了"铁案"。

对于"铁案"一说,我们的观点是:"铁案"如果作为一种理念,一种追求,一种主观上希望努力达到的目标,一种理想与信念,则这样

---

① 陈球、林晔晗:《南方日报》2008年7月19日,第4版。
② 陈春艳:《中国质量技术监督》2007年第1期,第41页。
③《湖南日报》2007年6月22日。

的说法无可厚非,这也才能挖掘出"铁案"中具有合理因素与积极内涵。如果作为一种现实存在,作为一种客观存在的现实样态,则"铁案"一说不成立,"铁案"一说存在如下问题:

1. 就认识论而言,"铁案"是一种应然状态,而不是一种必然。

我们在认识世界的同时,会形成应然、实然、本然、必然四种图景。应然就是应该会怎样;实然是指实际是怎样;本然就是本来会怎样;必然是说必然会怎样,这是我们认为分析事物的一个有机联系的内在过程。我们将之简化为应然与必然。我们努力探索案件的客观事实,但是因为时间、证据等种种原因的限制,我们并不必然把握客观事实。"铁案"一说过于信任"客观真理",盲目地追求所谓的"实事求是"。办案无疑会受一定的主观、客观因素的制约与影响,不能将法律本身的"有限性"或者"局限性"以及司法能够实现的"有限度的正义"扩大到"无限",天真地认为司法可以 100%地实现正义与现实要求是不现实的。

2. 不符合诉讼法中的证明标准理论。

证明标准是指负担证明责任的人提供证据加以证明所要达到的程度。我国刑事诉讼认定被告人有罪的证明标准是案件事实清楚,证据确凿、充分。我国民事诉讼法没有对证明标准做出明确的规定,但学术界一般认为与刑事诉讼一样。但是这一标准说明的还是外在要素,忽视了审判人员的心理因素。大陆法系的民事诉讼的证明标准理论是因高度盖然性而形成的主观确信,刑事诉讼的证明标准是排除合理怀疑。所谓盖然性,是有可能但又不是必然的性质。高度盖然性就是根据事物发展的高度概率进行判断的一种认识方法,是人们在对事物的认识达不到逻辑必然性条件时不得不采用的一种认识手段。可见,这种高度盖然性是指最大程度的可能性,而不是必然的 100%的确信。

3. "铁案"无意间人为地制造了办案人员的紧张心理,客观上可能扭曲正常的审判行为。

结合上述分析,我们不难发现我国的证明标准很高,即要求审判人员在诉讼中对案情的证明要达到绝对真实,其理论基础是坚持"实事求是"工作作风。但是审判不是对案件的复原,在审理中"疑案"始终与案件相伴随,科学地对待"疑案"以及以正确的心态与方法来审案是克服"冤案"的最有效手段。这是通过过程的正确来达到结果的正确,而不是从结果的正确来约束过程的正确,这也是审判中的科学的思维程序。

4. 对于"冤案"法律上已有专门的弥补制度。

我们是要在主观上努力避免一切"冤案"与"冤狱",但是"冤案"依然会伴随着人类始终的。只要有司法制度,只要存在审判活动,"冤案"就永远都会有存在的可能。否则国家的《国家赔偿法》就因"无用武之地"而成为"多余",这种正常的国家赔偿法是弥补制度缺陷的重要手段,是法律制度中本身具有的必不可少的内容。

5. 就法律效果而言,"铁案"一"铁"就更加难以"翻案"。

"铁案"是不容人怀疑的,而法律制度则是规定了只要有新的证据发现,就可以推翻以前判决,这也是基本的"法律常识"。所以人们才会发出为何冤案大多出自"铁案"的疑问。

现实的法治生活中,执法活动以人民满意不满意、高兴不高兴为衡量依据等观点盛行,就是过于强调了民众的情绪。如"公安工作是以人民满意不满意为根本出发点"[①]。在刑事审判领域,有一种观点认为死刑判决要有三个依据:"一是要以法律的规定为依据;二是要以治安总体状况为依据;三是要以社会和人民群众的感觉为依据。"[②]对此,我们认为"人民满意不满意"作为政治原则无可厚非,但是作为需要具体操作的法律原则与标准存在着操作上的难题,即作为司法、执法的原则或者衡量标准存在如下缺陷:

(1) 与我国法律适用的原则不符合。

一般认为我国法律适用的原则包括:公民在法律面前一律平等;以事实为根据,以法律为准绳;司法机关依法独立行使职权;实事

---

① 公安部发言人武和平:公安工作是以人民满意不满意为根本出发点,网址:http://www.mps.gov.cn/n16/n1237/n1342/187467.html.最后登录时间:2017年6月10日。

② 死刑判决要不要跟着群众感觉走,《南方周末》2008年4月17日,A8法治版。

求是,有错必纠。① 如果认为上述原则还不能反映我国《立法法》的最新精神,那么之前就有学者提出"新法优于旧法"和"法不溯及既往"的原则②,另外还有上位法优于下位法,特别法优于一般法等原则。台湾地区法律适用,一般遵循下列原则:不告不理;一事不再理;不得拒绝审判;审判独立。③

(2)与司法原则不符。

法律适用的主体不仅包括司法机关,还包括了执法机关,如民政、公安、工商行政管理机关、海关等。法律适用的主体大于法院、检察院。司法原则是指司法机关在行使司法权的过程中,应遵循的基本规则和基本精神,主要包括司法独立、审判公开、程序公开、审判制度等四个方面。

(3)"人民满意不满意"作为原则或者衡量标准难以操作。

在法律生活中,人民满意不满意如何衡量,其标准是什么? 人民是全体中国人,还是部分地区、部分单位的人? 还是个别人? 国家的建设至少包括了国家与人民两方面的主体,以及原告、被告双方当事人的利益,片面强调一方,就会"一叶障目",形成对法治"支离破碎"的理解。

我们认为上述思想夸大了"人民"的作用,可以归之为"民粹主义"思想。民粹主义又称民粹派,是 19 世纪下半叶俄国出现的具有空想社会主义色彩的思想流派。民粹主义表面上以人民为核心,但实际上是缺乏公民个人尊严与个人基本权利的观念。民粹主义者崇拜"人民",但他们崇拜的是作为一个抽象整体的"人民",而对组成"人民"的一个个具体的"人"却持一种极为蔑视的态度。时下,随着中国贫富差距的拉大等多种原因,"穷人""富人"渐成刺目的字眼。使得"民粹主义"情结成为"强势话语",这对我们法治建设有一定的

---

① 沈宗灵:《法学基础理论》,北京大学出版社 1994 年第 2 版,第 368—378 页。

② 李林:《法制的理念与行为》,社会科学文献出版社 1993 年版,第 207 页。

③ 张晋藩:《台湾法律概论》,中国政法大学出版社 1992 年版,第 13—14 页。

积极意义。同情弱势阶层并为之鼓与呼,是社会大众的心理趋向,也是中华民族人文关怀的传统,况且我国公民权利建设的道路还很漫长。但是简单地把对政治生活的语言照搬到法律生活中来,离开了特定的语境,就成为对法制的歪曲。

当然,无论是"铁案效应"还是"群众满意效应"标准,领导人的用心是好的,在现实生活中具有一定的意义,历史上清官的道德力量和人格力量也是不容否定的。但这些也只是一种应然状态,而不是一种必然,不是必然能够得到的结果。否则就会演变为因对这种应然状态的刻意追求而扭曲现实的、看起来并不完美的法治。

(三)"清官情结"与"窦娥情结"的现实评价

如何对待"清官情结"? 清官在中国历史上产生了重要的影响,成为中国传统政治的重要内容之一,其积极的作用即使在今天仍然是不可抹杀的。因此,不应对"清官情结"采取全盘否定的态度,而应当吸收精华,剔除糟粕,将其转化为现代法制的精神营养。具体而言我们应充分吸收清官所体现的优秀价值。包括:

1. 高尚的道德品质与职业情操;
2. 刚直不阿、不避权贵的精神勇气;
3. 为民请命、体恤百姓的"爱民"思想;
4. 内心自然形成的"人命关天关地"的社会责任感;
5. 铁面无私的精神品格,等等。

清官的这些精神品格是难能可贵的,即使在 21 世纪的今天也是怎么评价都不为过的,特别是"人命关天关地"的社会责任感等,这不仅是今天司法人员加强自身修养的重要内容,而且清官这一精神价值对于目前社会存在的"道德缺失""道德滑坡"等现象具有一定的弥补价值,可以转化为"以德治国"的重要内容。因此,清官的道德价值有发扬光大的一面。但是另一方面,我们必须同时看到"清官情结"对中国的法治建设造成了负面影响,总体而言这些负面影响表现在:

1. 清官是人治社会的独特产物,清官政治具有时代局限性。

"清官情结"的产生,更多的是依赖道德对个人的感化,而非制度对官员的塑造。"清官"实质上是道德的化身,其强调的是个人的人格魅力;其情结是道德治国,而非"依法治国"。清官情结是以制度缺陷的代价换来的,只要有人治和特权就会有清官情结的存在。① 因此,这种"清官"意识带有封建思想的消极因素,如果我们的干部甘于以清官自居,就会把社会主义社会中的人民公仆混同于封建时代所谓"造福于民"的"官老爷"。

2. 人民当家做主是社会主义民主政治的本质和核心。

将社会公平、正义与幸福生活的希望毫无保留地寄托在明君或者清官身上,是封建臣民的自然选择,而不是现代公民的主要手段。因为这样的法文化,不是靠人民的力量去建立一个公平的法治社会,而是将自己的权利视为皇帝的恩赐,希望社会出现"清官"来"替民做主"。长期以来,在人们的思想中,就形成了渴求"清官政治"的思维定势。民众将政治的清明寄托于清官身上,这只会导致民众自主意识和独立人格的萎缩,使自己日益远离国家政治生活,对统治者产生强烈的依附。

3. 就现代政治而言,靠几个清官或者清官群来维护社会正义,其影响范围以及社会效果都是非常有限。

清官的政治生命力是有限的,清官政治毕竟只是治理国家的一种低级形式,更多地是依靠当权者的个人品质和能力,带有很大的主观性和随意性。② 同时,清官情结也模糊了人们对专制制度的注意力。人们关注得更多的是人,而不是制度。当出现危机时,不是从制度上去探求原因,而是期盼"圣人""贤臣"来化解危机。③ 因而依法治国,推进社会主义民主政治与法治建设,靠社会主义制度实现社会公平、正义与人民的幸福生活才是最有效的社会途径。

因此,"窦娥情结"与"清官政治"作为中国传统政治文化的重要组成部分,虽然有合理的内容,但总体而言,与现代法治的精神与要求相去甚远。在加强法治建设的进程中,我们要自觉"扬弃"这一传

---

① 洪冬英:"从诉讼法视角看'清官情结'",《检察风云》2005 年第 15 期,第 52 页。

② 侯杰、范丽珠:《中国民众意识》,山西教育出版社 1999 年版。

③ 王燕、唐爱芳:"清官情结探析",《理论月刊》2003 年第 1 期,第 127 页。

统文化所包含的消极因素。

（四）"清官情结"与"窦娥情结"的现实应对与矫正

破除这一消极影响的应对与矫正有许多方面,因此,这也是一个以传统文化为内容的系统工程。其核心为确保人民当家作主的社会主义制度,为此要做到以下几个方面。第一,需要进一步发展社会主义市场经济,为人民当家作主提供坚实的物质基础;第二,需要进一步加强民主政治,为人民当家作主提供有力的理论支撑;第三,加强社会主义法治建设,努力塑造法律权威,健全法律监督制度;第四,加强司法队伍建设,努力践行"以人为本"的审判理念,加强审判作风、审判纪律与审判艺术领域的建设;第五,加强公民权建设,努力塑造现代公民。

上述五个方面的内容中,前三个方面是长期的任务,也是我们一直强调的。第四个方面加强司法队伍建设也是个专门性的问题,相关的研究已经很多。但是在审判活动与审判艺术上,需要予以重点关注,为此,我们强调审判人员在审判工作中应该特别注意以下几个方面:

1. 庭审前的不单独接触原则。

就某一具体案件而言,不在案外专门安排时间、地点与当事人或者其律师等接触或者在案外单独听取其陈述,接受其证据等。具体在民事审判中,不能在一方当事人或者其代理人不在场的情况下,单独与另一方当事人接触,包括接受其宴请,在家接待另一方当事人或者其律师等,单独听取其对案件的意见,接受其有关案件的材料。[①]"不单独接触原则"是司法公正的要求,它有利于防止法官的主观偏见与司法腐败,防止法官对一方当事人的偏听偏信而损害另一方当事人的权益,其中是隐含的道理应该是简单而朴素的。"司法为民"不仅不是指与"当事人"打成一片,相反,还必须主动地"疏远"当事人,特别是代表当事人而与法官可能因工作等因素而经常联系的律

「信访不信法」现象形成的文化因素与制度应对

---

① 石文龙:《法伦理学》(第2版),中国法制出版社2011年9月版,第151页。

师,这是现代司法制度的基本要求。

2. 判决书说明理由制度的建立。

说明理由制度的建立是基于对判决书的一种规范要求,这一制度是指法官在制作判决书时,必须对自己判决所依据的事实根据、法律依据以及进行自由裁量时所考虑的种种因素做出解释,而不是避而不谈,也就是要求司法要讲理。法官在处理案件时所形成的判决书对社会大众而言是最为直接的"法律",但现今的判决书表现为说理不足,判决书在"本院认为"中轻描淡写的说出某某诉讼请求应予支持、某某诉讼请求不予支持,而支持或不予支持的充分证据与理由却未明示并加以说明,使判决不能为大众所信服。①

3. 审后适当的答疑制度的建立。

仅有"不单独接触原则"显然是不够的,通过法官判后答疑制度,针对当事人对裁判有异议、疑问来访的,由原承办法官对裁判有关程序适用、证据认定、裁判理由等向当事人解释、说明。努力使当事人"输得明白""赢得合理"。这对从源头上减少、预防涉诉信访具有重大意义。"法院涉诉信访绝大部分属于案件存在难以改判的审理瑕疵。立案庭的接访法官在完全不了解案件事实和审理过程的情况下接待,效果往往不理想,并因此导致重复访、缠诉缠访"②。当然,这一制度的设立是有选择性的,而且需要当事人本人的申请等条件。

4. 办案态度上的"平等对待"。

例如在法庭上,要"寒暄"就要注意对双方律师都要"寒暄",要笑就要对双方当事人都"笑"。否则,一方当事人就会因对自己的关注与热情不够,而天然地认为审判人员对自己不公。中国人具有超强的领悟能力,当事人会在最初的"寒暄"里做出大文章。在中国,乃至于在世界,这些"表面文章并不表面",反映了审判人员对国情、人情的把握,从而决定了审判人员的最终质量等。

① 石文龙:"说明理由制度的建立与司法为民",《法制日报》2004 年 2 月 19 日,第 9 版。

② "我国法院将推广法官判后答疑制",《法制日报》2005 年 11 月 3 日。

审判活动是门大学问,需要通过制度建设带动审判活动的科学化。关于第五个方面的公民权建设,努力塑造现代公民需要予以特别关注,因为该领域具有现实性,而且相对不为法律人所关注,这一领域具体包括:

(1) 进行公民文化建设,培育成熟的现代公民。

公民是法律上的概念,强调社会成员的权利义务平等性。公民文化是民主文化,是与民主制度相耦合的公民的政治态度、情感、信仰和价值取向,属于民主制度的隐结构。① 公民文化的特征有:

第一,公民文化是一种参与型的政治文化。

现代社会的公民不是封建社会中的顺民和草民,两者的差别在于公民要以主人公的姿态参与到政治过程。公民文化要求公民具有一定的主体意识和政治参与要求。

第二,公民文化是建立在现代民主法制基础上的政治文化、以平等反对等级,以权利制约权力是公民文化的主要内容。

法律面前人人平等,尊重与保障人权、依法执政、建立服务型行政等都是公民文化建立中的重要原则与制度。

第三,公民文化是一种自由的政治文化。

公民能够以政治自由、言论自由和宗教信仰自由等为武器,自由的表达自己的意见和要求。反对不合理的、强制式的对个人权利的剥夺,努力促进国家的权力运行正常化、法治化。

(2) 健全政治参与机制,使公民政治参与制度化、程序化。

政治参与是公民沟通政治意愿、制约政府行为,从而实现公民政治权利的重要手段。政治参与的形式包括:政治选举、政治结社、政治表达。政治参与的功能和意义表现在:

第一,对公民来说,政治参与发挥着重要的政治学习功能。

国家重视个体的独立个性,个人发现自己作为个体的独立价值,使人们的主体性能够凸显于社会政治生活的过程之中。

第二,平等的政治参与是政治系统汲取合法性的重要途径。

「信访不信法」现象形成的文化因素与制度应对

---

① 丛日云:"民主制度的公民教育功能",《政治学研究》2001 年第 3 期。

合法性是一个政治系统内成员对系统的心理认同和群体忠诚，它是政治系统赖以存续并维持长久生命力的基石。

第三，政治参与是在国家与社会之间建立权力平衡机制的"杠杆"。

创造条件让人民群众参加管理国家政治事务和地方政治事务。让民众通过参与政治，变得关心政治，增强对政治的信赖感，并感到自己是社会的一员。

（3）加强对法制宣传教育，提升公民政治素质。

在对公民进行法律意识的培养中，要着力强化公民意识等教育，引导民众摒弃附庸意识、依附心理，增强主体意识。附庸意识是与主体意识相对的依赖意识，它与政治参与、民主政治是格格不入的。

总之，传统文化中的"两大情结"如"幽灵"一般，常常会以不知不觉的形式，甚至是善良的形式、合理的形式进入到现实法治之中，客观上影响了现代法治的进程。"窦娥情结"与"包公情结"对现代法治建设具有一定的负面影响，而且这一负面影响尚没有引起我们足够的重视。我们首先应结合现代法治的精神将"清官情结"转化为"以德治国"内容，使其成为社会主义法治建设的有效力量。其次应加强公民权建设，努力塑造现代公民。再次，应加强司法队伍建设，加强审判作风与审判纪律建设，打造司法公信力，从根本上改变"信访不信法"的畸形现象。

■于风艳　朱　颖①

日本在美国直接投资的业绩以及对中国的启示

（上海师范大学天华学院　上海　201815；上海师范大学　上海　200234）

日本对美国的直接投资是老话题，但在经济全球化新形势下，日本在美国的直接投资反映了比国际贸易更深的经济联系。这对"走出去"的中国有启示意义。

（一）日本对外直接投资在美国的业绩

1．日本再次成为美国吸收外国直接投资最大的来源国。2013年日本是美国吸收外国直接投资最多的国家，仅这一年日本向美国注入了449亿美元的对外直接投资。② 这是自1992年以来，日本重新获得了美国吸收外国直接投资最大来源国的地位。2014年日本对美国的直接投资继续维持上一年的水平。20世纪80年代—90年代，日本曾经是美国吸收外国直接投资最大的来源国。之后，英国、德国等西方国家对美国的直接投资超过了日本。按照历史成本计算，日本在美国的直接投资的存量为3441亿美元。

---

① 本文得到上海师范大学第七期重点学科"城市经济学"的资助。于风艳：上海师范大学天华学院，电子信箱 fengyanyu@163.com；朱颖：上海师范大学天华学院，200234，电子信箱 yzhu@edu.edu.cn。

② The Organization for International Investment，"Foreign Direct Investmentin the United States2014 Report"，October 2014，p.4.

日本在美国直接投资的业绩以及对中国的启示

2. 日本企业投资美国的原因。日本企业投资美国的原因与其他西方国家投资美国的原因是一样的,他们都要分享美国经济的好处,特别是分享美国投资环境对企业运作的好处。美国经济的优点众所周知,美国 GDP 规模全球第一,2014 年为 16 万亿美元(按 2009 年连锁美元计)。2009 年美国经济进入复苏轨道后,经济持续缓慢增长,2010—2014 年美国经济年均增长率分别为:2.5%、1.6%、2.3%、2.2%和 2.4%。① 美国存在着有利于外国企业运作的环境:第一,外国投资享有准入前和准入后的国民待遇;第二,禁止对外国投资的履行要求,即美国不会为了获得某种经济利益而强加给外国投资者的义务;第三,允许外国投资者就投资争端提交国际投资仲裁;第四,美国拥有高素质的劳动力,2012 年美国高等教育水平的工人人数占工人人数的比重达到 50%以上;② 第五,美国的研发力量雄厚,2012 年美国企业中从事研发的员工数为 1800 万,美国全部就业人数为 1.3 亿人,企业研发人员占就业人数的比重为 13.84%。企业投入的研发费用为 3000 亿美元。③ 总之,美国良好的投资环境成为吸引外国投资的重要原因,自 2006 年至今,美国一直是全球吸收外国直接投资最多的国家。到 2013 年为止,美国吸收的外国直接投资存量按历史成本已达 2.65 万亿美元,按市场价值已达到了 3.9 万亿美元。④

3. 日本在美国直接投资的业绩。第一,对美国 GDP 的贡献。从表 1 看到,2012 年日本在美国的直接投资给美国经济创造了 970 亿美元的增加值,提供了 71 万个工作岗位,收益达 6000 亿美元。

---

① The Council of Economic Advisers, *Economic Report of the President* (2015), pp. 384—386.

② David H. Autor, "Skills, education, and the rise of earnings inequality among the 'other 99 percent'", *Science*, Vol. 344 no. 6186, May 2014, pp. 843 - 851.

③ Raymond M. Wolfe, "Business R&D Performance in the United States Tops $300 Billion in 2012", *NCSES Info Brief*, *NSF*, October 2014, p. 3.

④ Marilyn Ibarra-Caton and Raymond J. Mataloni Jr., "Direct Investment Positions for 2013: Country and Industry Detail", *Survey of Current Business*, July 2014, pp. 5 - 9.

表1　2012年日本在美国直接投资对美国各产业的贡献

产业	增加值（百万美元）	聘用员工（千）	收益（百万美元）
总数	97543	719	603928
制造业	34612	326	181207
批发贸易	33576	242	317690
金融与保险	11996	34	28176
其他产业	17359	117	76855

资料来源：美国商务部经济分析局，国际经济账户 http://www. bea. gov/international/ index. htm♯omc。

　　第二，对美国研发的贡献。从图1看到，日本企业在美国的研发支出呈上升态势，研发支出投入的产出结果就是科技成果，以及提高美国研发人员的收入。

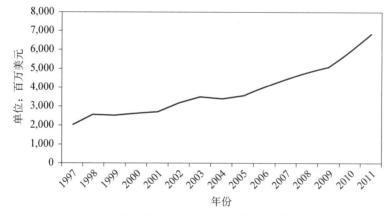

图1　1997—2011年日本企业在美国的研发支出

资料来源：美国商务部经济分析周，国际经济账户. http//www. bea. gov/ intemational/index. htm♯oms。

　　第三，提高了美国的人均收入。按照2015年7月的统计，2013年美国人均个人收入为41706美元。[1] 从图2看到，日本企业在美国

---

[1] Bettina H. Aten, Eric B. Figueroa, and Bryan M. Vengelen, "Real Per Capita Personal Income and Regional Price Parities for 2013", July 2015, p. 2.

支付给员工的收入接近 8 万美元,超过了美国的人均收入。必须指出,1997—2012 年日本企业在美国聘用员工的数量基本维持在 70 万左右。15 年间聘用员工数量基本不变,反映出在美日本企业的高效率。从图 3 看到,日本企业支付给美国员工的平均收入比其他在美

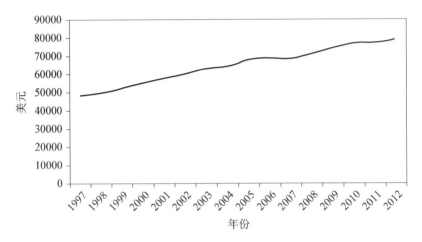

图 2 1997—2012 年日本企业在美国支付给员工的平均收入
资料来源:美国商务部经济分析周,国际经济账户. http//www. bea. gov/intemational/index. htm#oms。

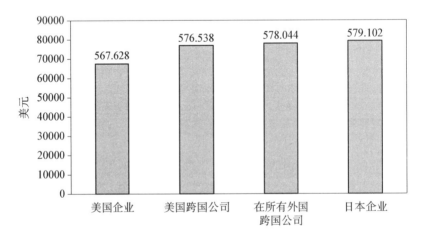

图 3 2012 年在美日本企业与其他企业支付给员工平均收入的比较
资料来源:美国商务部经济分析周,国际经济账户. http//www. bea. gov/intemational/index. htm#oms。

国的跨国公司都要高。美国国内一直知道,在美国的跨国公司支付给员工的收入比美国本土企业要高,但很少知道在美国的跨国公司中日本企业支付的收入最高。日本企业的这一作用提升了美国人的收入水平。日本企业支付高收入的背后是日本企业人力资本的价值不断提高。2011年日本企业用于每位员工的研发支出为10260美元,在美国的跨国公司每位员工的研发支出为8270美元。

第四,生产率的溢出。日本企业与其他在美国的企业都会对美国产生生产率的溢出效应。许多研究表明,1987—2007年美国全要素生产率增长率的12%来自在美国的跨国公司,其中日本企业的贡献最大。日本企业是在美所有外国跨国公司中规模最大和技术最先进的。① 日本企业在美国的直接投资对美国产生了知识和技术溢出效应。②

第五,对美国制造业的贡献。2013年美国制造业的增加值为2.02万亿美元,占GDP的比重为12.5%。占全球人口5%不到的美国人参与了全球制造业六分之一的活动,这足以说明美国制造业的效率。③ 外国对美直接投资最大的产业就是制造业,2013年外国直接投资在美国制造业的存量达到9400亿美元,日本的直接投资在美国制造业的存量934亿美元。日本在美企业聘用的美国员工数量超过其他国家的企业。④ 日本在美企业是在美国所有跨国公司中对美国出口贡献最大的,2012年日本在美企业的出口额为680亿美元,占

① Branstetter, Lee, "Is Foreign Direct Investment a Channel ofKnowledge Spillovers? Evidence from Japan's FDI in the United States", *Journal of International Economics*, 68, March 2006, pp. 325 - 344.

② Keller, Wolfgang, and Stephen R. Yeaple, "MultinationalEnterprises, International Trade, and Productivity Growth: Firm-LevelEvidence from the United States", *Review of Economics and Statistics*, 91, No. 4, November 2009, pp. 821 - 831.

③ Jessica R. Nicholson and Ryan Noonan, "What is Made in America?" U. S. Department of Commerce, ESA Issue Brief ＃ 04 - 14, October 3, 2014, p. 3.

④ The Organization for International Investment, Foreign Direct Investmentin the United States2014 Report, October 2014, p. 4.

在美国所有跨国公司出口额的五分之一。① 在表 1 可以看到,2012
年日本对外直接投资为美国制造业贡献了 975 亿美元的 GDP。

(二)对外直接投资视角下的日美经济融合

1. 日美贸易成为日美经济融合的基础。日美双边贸易是日美
经济融合的起点,也是基础。说是起点,因为两国之间经济的联系都
是从贸易开始的;说是基础,因为随着时代的变化日美经济融合在贸
易的基础进一步发展。1989 年日本曾经是美国最大的进口来源地
国家。2014 年日美双边货物贸易额为 2009 亿美元,其中日本从美国
进口额为 670 亿美元,对美国出口额为 1339 亿美元。日本对美国的
货物贸易处于顺差地位,但在服务贸易处于逆差地位。2014 年日本
从美国进口服务贸易 467 亿美元,出口 312 亿美元。

20 世纪 90 年代以来,中国与东南亚国家对美国出口的增加使日
本货物在美国货物进口的地位下降,但问题的另一面是中国和东南
亚对美国出口货物中大量使用了日本的中间品。这反映了经济全球
化时代国际生产转移和全球供应链的发展,这一现象导致了日本表
面上降低了对美国的贸易顺差,实际上,日本产品借助中间品环节进
入了美国,并占据了价值链的高端。1994 年日本货物出口的 38.6%
进入中国与东南亚国家,2013 年该比重上升至 50.7%。同时,日本
在美国货物进口来源地国家的排列中退居第四。在此背景下,近几
年,经合组织和世界贸易组织等机构推动了按照增加值计算贸易的
方法。按照这两个组织的数据,美国是日本货物出口的最大市场,中
国是日本货物出口的第二大市场。② 从绝对额看,美国是日本货物
出口的第二大市场。所以,日本与美国在贸易方面的依存度很高。

2. 日美两国的金融一体化。除贸易和直接投资外,金融也是日
美两国经济一体化的重要领域。2012 年年底,美国投资者持有日本

---

① The Organization for International Investment,"Insourcing Benefits U.
S. Exports",06/16/2015,http://ofii. org/sites/default/files/Exports2015. pdf. ,
June,16,2015.

② OECD-WTO Trade in Value-Added Initiative,http://www. oecd. org/
valueadded.

公司的股票市值为 4294 亿美元,持有的日本公司债券 457 亿美元。日本投资者持有美国公司的股票市值为 3198 亿美元,持有的公司债券为 3373 亿元。① 日本也是美国国债的主要持有者,2015 年 2 月日本超过中国再次成为美国国债最大持有国,持有的国债规模为 1.224 万亿美元。日本持有美国的金融资产实际上就是为美国的财政赤字、贸易逆差和过低的储蓄率融资。

3. 对美直接投资深化日美经济的融合。日本对美国直接投资反映的是经济全球化的新阶段,直接投资不仅替代国际贸易,而且创造国际贸易,在其所构建的生产一体化使日美两国经济日益融合。也就是说,日本跨国公司投资美国,在美国单独设立企业或与美国企业共同构造一个新的经济细胞,是把日本与美国的经济优势结合起来,实现生产的一体化。

日本的跨国公司创造了日美贸易,也创造了美国的进口贸易,同时,促使日美经济融合。2013 年美国从日本进口货物的 78% 属于跨国公司内部贸易,当然该数据没有区分是在美国的本土跨国公司从日本进口还是在美国的日本跨国公司从日本进口。② 但该数据依然有意义,因为美国从世界其余国家的货物进口中跨国公司的内部贸易只占 48%。2013 年美国对日本货物出口的 30% 属于跨国公司内部贸易,美国对世界其余国家货物出口的 28% 属于跨国公司内部贸易。可见,日美货物贸易中的跨国公司内部贸易比重高,反映了日美生产一体化的加深。2000 年在美国的日本企业进口占销售的比重为 30%,2012 年该比重上升至 34%。这表明,日本企业一方面继续利用在美国的供应商提供中间品,另一方面也在扩大美国以外的中间品来源渠道。日本跨国公司也创造了美国的进口贸易。在美国的

① Elena L. Nguyen, "The International Investment Position of the United States at the End of the First Quarter of 2013 and Year 2012", July2013, pp. 19 - 24.

② SelectUSA, "Foreign Direct Investment from Japan to the United States", p. 1. www. export. gov/japan/build/groups/public/.../eg _ jp _ 064840. pdf.

日本企业销售对象主要是美国顾客,但出口也在增加。2000 年,日本在美企业在美国的出口占销售的比重为 9％,2012 年该比重上升至 11％,出口额 670 亿美元。

当然,美国跨国公司在日本的直接投资也同样在实现生产一体化和创造国际贸易。2013 年美国在日本对外直接投资的存量为1232 亿美元,流量为 73 亿美元。

4. 从汽车产业看日美经济的融合。汽车产业是反映日美经济融合的典型案例。20 世纪 70 年代后,日本汽车大举进入美国,引发了 80 年代的日美汽车贸易摩擦,导致美国迫使日本实行"自愿出口限制"措施。80 年代开始,日本汽车制造商为了避开贸易壁垒开始在美国设厂制造汽车。1982 年本田在美国设厂后的 10 年,日本企业在美国建立了汽车产业的供应链体系。日本汽车制造的核心企业在建立供应链的时候,就把与供应链相关的企业带进了美国。在美国,丰田、本田、日产、三菱和斯巴鲁等五家企业利用北美自由贸易区的一体化优势,在北美地区布局汽车的研发、生产和销售。根据日本汽车制造联合会的报告,2014 年日本汽车企业在美国拥有 26 家工厂,直接聘用的员工 82000 人,因供应链关系间接给美国创造了 136 万个工作岗位,累计的投资规模达到 400 亿美元,仅 2013 年生产汽车360 万辆和发动机 400 万台。2000 年以后,在美日本企业生产的汽车占北美汽车生产的比重不断上升,2012 年该比重上升至 70％,2013 年再上升至 71％。美国 81％的混合动力汽车是美国制造的日本车。[1] 2015 年 1 月美国市场 10 大畅销车中除了有三个牌子不是日本的,其余全部是日系汽车。在美的日本企业出口或进口汽车以及零部件也扩大了日美汽车贸易和美国的进出口贸易。2013 年在美国的日本企业出口汽车达 39 万辆,但这不是日本出口,而是美国出口。

从汽车产业可以看到,过去是汽车贸易连接起日美经济,现在是

---

① Japanese Auto ManufacturersAssociation（JAMA）,"More American Than Ever",December 2014, pp. 2 - 4.

借助对外直接投资,打造汽车生产的全球供应链,实现生产的国际化,既解决了贸易摩擦又扩大了美国市场的份额。日本汽车生产的国际化加深了日美经济的融合,日本企业在美国生产汽车融合了日美两国的各类生产要素,如,技术、品牌、管理、资本和劳动力,增加了美国的 GDP,也增加了日本的 GNP,提高了美国制造的竞争力,也提高了日本品牌的竞争力。美国制造的日本汽车成为两国经济融合的一个象征。

(三)制度融合将为日本对外直接投资拓展空间

1. 日本在美国直接投资成功的关键。日本发展经济以产业政策而闻名世界,企业借助产业政策得到政府的支持。日本企业在美国失去了政策的保护伞,不得不与美国其他企业展开竞争。竞争迫使日本企业在创新方面花功夫,研发以及技术进步成为日本企业在美国投资成功的关键。2000—2011 年在美国的日本企业研发支出增加了 160%,同期,在美国的其他外国跨国公司的研发支出增加73%。2012 年在美国的日本企业研发支出为 62 亿美元,聘用的研发人员为 1.9 万人。[1] 2000 年在美国的日本企业研发人均研发支出低于其他在美国的外国跨国公司的人均研发支出,但是 2011 年日本企业的人均研发支出为 10260 美元,其他的外国跨国公司人均研发支出为 8270 美元。在美国的日本企业研发支出支撑了日本企业的技术进步,比如,日本作为一个国家在软件专利数量方面不如其他发达国家,但是,在美国的日本企业不一样了。在美国的日本企业取得专利中的 24% 为软件专利权,该比例高于美国的企业。

美国良好的经济运转环境也是日本企业在美国投资成功的关键。继续以软件专利为例,为什么日本企业在美国能取得众多的软件专利,而在自己的国家业绩平平。第一,日本企业在美国获得了英语的语言优势;第二,美国是移民国家,集聚着来自全世界的优秀人才,日本存在着劳动力短缺的弱点,又在移民政策方面极其保守,所

---

① SelectUSA,"Insourcing Benefits U. S. Research and Development", pp. 2 - 3. http://ofii.org/sites/default/files/RD2015.pdf.

以,日本企业能在美国获得高素质的劳动力,在本国得不到充裕的人才支持。

以上分析得出的结论是:竞争迫使日本企业高度重视研发,并与美国社会提供的环境结合,成为日本在美国直接投资获得成功的原因。这样就等于说日本与美国的经济融合能获得比一国经济单独运行的好处。这就是为什么日美需要贸易与投资进一步开放的原因所在。

2. TPP 作为国际投资规则的意义。2013 年 7 月,日本作为第 12 个成员国加入 TPP(跨太平洋伙伴协定的英文缩写)谈判。TPP 是一个自由贸易协定,也是一个国际投资协定,是北美自由贸易协定在 21 世纪的新版本。全球一般的自由贸易协定只涉及贸易的自由化,主要内容是削减关税和减少非关税壁垒。但是,美国从 1994 年北美自由贸易协定开始就把投资规则融入到自由贸易协定中。美国式自由贸易协定也是一种国际投资协定。

美国力图把 TPP 打造成 21 世纪全面和高标准的自由贸易协定,客观上反映了世界经济的新变化。国际贸易和对外直接投资已成为世界经济的两大发动机。自 1980 年以来,世界名义 GDP 增长了三倍,货物贸易增长了 6 倍,对外直接投资增长了 20 倍。过去 20 年发达国家年均收入增长率为 1.1%,发展中国家年均收入增长率为 1.4%。2012 年世界 GDP 为 70 万亿美元,全球货物和服务出口为 22 万亿美元,跨国公司及其子公司在全球的销售为 28 万亿美元,这就是说,作为对外直接投资载体的跨国公司实现的交易超过了全球的出口额。① 当贸易和投资成为经济增长的发动机的时候,客观上要求通过多边协定实现贸易和投资的自由化。由于多哈议程的停滞状态和统一的多边投资协定的无望签署,美国力推 TPP 和 TTIP,借助这两个自由贸易协定,推行美国式的贸易和投资规则,用规则锁定

① World Economic Forum,"Foreign Direct Investment as a Key Driver for Trade, Growth and Prosperity: The Case for a Multilateral Agreement on Investment",2013, p. 11.

贸易和投资自由化的进程。

从现象上看,国际贸易和对零售外直接投资已成为世界经济的两大发动机,这背后反映了 21 世纪的国际贸易本质特征是围绕全球供应链展开的一系列经济活动,其核心是借助对外直接投资而展开的国际生产一体化,表现形式是全球供应链形成,全球供应链整合了货物贸易、服务贸易和对外直接投资,直接投资形成生产能力,贸易传递着中间品,并通过生产线的组装完成最终产品,最后再通过贸易流向全世界。对外直接投资不是去替代贸易,而是与贸易密切联系,从属于全球供应链。国际贸易因为与国际生产密切联系而获得了"供应链贸易"或"全球价值链贸易"的提法。[1] 著名经济学家鲍德温把 21 世纪的国际贸易称之为"贸易—投资—服务的综合体"。[2] 渣打银行的研究认为,2013 年全球贸易中的 80% 是因跨国公司的全球供应链而发生的,其中包括约 12 万亿美元的中间产品和服务贸易。[3]全球供应链是 21 世纪国际贸易的基础,全球供应链塑造国际贸易和服务贸易的新格局,并驱动对外直接投资,呈现出的经济现象是货物、服务、资本、人力、技术和管理的跨国界流动。全球供应链的重要地位凸显了对外直接投资比过去任何时候重要的意义。

TPP 的本质是供应链贸易的制度约束,TPP 借助打造新的贸易与投资规则服务于供应链贸易。日美两国是 TPP 各成员国全球供应链的主角,即日美两国的跨国公司在 TPP 各成员国打造全球生产一体化,并围绕着生产一体化展开贸易与投资。

3. 制度融合为日本的对外直接投资提供可预见的未来。日本

① Richard Baldwin and Javier Lopez-Gonzalez, "Supply-Chain Trade: A Portrait of Global Patterns and Several Testable Hypotheses", NBER Working Paper No. 18957, April 2013, p. 2.

② Richard Baldwin, "21st Century Regionalism: Filling the Gap between 21st Century Trade and 20 st Century Trade Rules", World Trade Organization, Economic Research and Statistics Division, Manuscript date: April 2011, p. 5.

③ Standard Chartered, "Global supply chains: New directions", Special Report, 27 May 2015, p. 9.

一定愿意并最终能接受美国的条件加入 TPP,也就是说,在对外经济开放的程度上,日本要占据 21 世纪世界经济的制高点,只能借助日美经济的制度融合为日本拓展空间。不仅如此,日本借 TPP 推动国内改革。仅从日本在美国直接投资的视角看,TPP 涉及的议题直接关系日本在美国的直接投资,比如,货物贸易的零关税、服务贸易市场准入的负面清单、知识产权、贸易便利化、规则一致、供应链。日本只有加入 TPP 才能为日本在美国的直接投资争取更大的空间,而且为日本拓展在 TPP 成员国的直接投资创造有利环境。2012 年 TPP 成员国的 GDP 规模为 26.81 万亿美元,出口规模为 4.35 万亿美元,成员国之间的出口为 2.01 万亿美元,吸收的直接投资存量达 7.14 万亿美元。① 毫无疑问,TPP 广阔的贸易与投资空间将为日本带来巨大的收益。

(四)日本在美国的直接投资给中国的启示

二战后日本对外经济的演变都能给中国对外开放提供有益的借鉴。日美贸易从发展到摩擦以及日本产业结构的升级为中美贸易发展提供了一个参照系;围绕着日元升值,日本也给中美汇率之争提供了经验教训;日本在美国的直接投资的演变为"走出去"的中国提供了有益的借鉴。中国在美国的直接投资的动因目前处于我们熟知的那些:资源导向、市场导向、寻求效率、技术导向。日本企业都经历过所列举的这些动因。但是,现在日本企业是按照跨国公司的全球战略追寻在美国的直接投资。这是对外直接投资的最高水平,是全球供应链的客观需要。二战后日本与美国经贸关系演变进程中日本企业一直朝价值链的高端提升,这就是值得中国企业学习的地方。

---

① UNCTAD,"World Investment Report 2014:Investing in the SDGs:An Action Plan",New York and Geneva,2014,p. 119.

易新涛①

全面从严治党新常态下农村基层干部的"怠政"现象

（湖北工业大学　武汉　430068）

党的十八大以来，在科学分析新时期党的建设基本态势与客观要求、自觉运用中国共产党执政与建设规律的基础上，党又作出了"全面从严治党"的重大战略部署。然而，一些地方的基层干部出现了"怠政"现象。因此，理性认识"怠政"现象，深刻揭示其根源，全面思考治理之道，对于确保"怠政"治理落地生根，彻底转变基层干部消极懈怠的工作作风，乃至于落实"四个全面"战略，实现中华民族伟大复兴的战略布局，是大有裨益的。

（一）治理基层干部"怠政"现象的应然之意

所谓"怠政"，其与"勤政"相对，主要是指一些党员干部和国家公职人员在依法履行职责、行使权力过程中呈现出的为官不为作庸懒散"混日子""磨洋工"等消极的工作状态。其实质就是不作为、不担当、不干事、不担事。从总体上来说，它是我国政治环境中的"顽疾"，是阻碍党和人民事业发展的"毒瘤"，因而需要下大力气予以治理。

第一，治理"怠政"现象是永葆共产党先进性的本质体现。共产

---

① 作者简介：易新涛，男，1969 年 7 月生，湖北松滋市人，博士，中南民族大学马克思主义学院教授、硕士生导师。主要研究方向是党史党建、马克思主义中国化、地方政府改革与发展等。

党员的先进性是马克思主义政党的根本属性,是无产阶级政党保持旺盛生命力的关键所在。马克思指出,共产党员的先进性体现在"共产党人是各国工人政党中最坚决的、始终起推动作用的部分","他们胜过其余无产阶级群众的地方在于他们了解无产阶级运动的条件、进程和一般结果"①。自成立以来,伴随着革命、建设和改革的不断发展,中国共产党始终坚持把先进性建设作为党的建设的一条主线,努力推进党自身的建设与发展,为我们开展党的先进性建设积累了丰富的实践经验,奠定了坚实的理论基础,提供了科学的思想指南。党的十八大以来,党中央出台关于改进工作作风、密切联系群众的八项规定,开展了以为民务实清廉为主要内容的党的群众路线教育实践活动,提出了"三严三实"的要求,集中解决形式主义、官僚主义、享乐主义和奢靡之风这"四风"问题,坚持"老虎""苍蝇"一起打,作出全面从严治党的庄严承诺。归结起来,在当代,共产党的先进性具体表现为:思想上的先进性、政治上的先进性、工作上的先进性、作风上的先进性。显然,当前农村基层干部中的"怠政"现象,与新时期党的先进性要求相差甚远,在某些方面甚至背道而驰,严重损害了党的先进性。可见,在全面从严治党的新形势下,治理干部中的"怠政"现象,有利于更好地坚持和维护党的先进性。

第二,治理"怠政"现象是坚持党的领导、确保党始终成为中国特色社会主义的坚强领导核心的当然要求。众所周知,中国共产党的领导地位是历史形成的,是中国人民在长期的革命、建设和改革实践中经过比较做出的正确选择。十一届三中全会以来,面对国际风云变幻和国内繁重的改革发展稳定任务,党以巨大的政治勇气、理论勇气、实践勇气,开辟和拓展了中国特色社会主义道路,不断推进改革开放,全面建设更高水平的小康社会取得重大进展。实践证明,中国共产党始终是中国特色社会主义事业的坚强领导核心,站在时代前列带领人民不断开创事业发展新局面。十八大以来,党带领人民实

---

① 中共中央马克思恩格斯列宁斯大林著作编译局编译:《马克思恩格斯选集》第1卷,人民出版社1995年版,第285页。

现中华民族复兴中国梦的征程依然任重道远,所面对的国际国内形势风云变幻、人民群众的利益需求日益多元化,所肩负的全面深化改革、进一步扩大开放的时代重任更为艰巨。如何赢得这场"具有许多新的历史特点的伟大斗争",关键还在于要确保党始终成为中国特色社会主义的坚强领导核心。因此,治理农村基层干部中的"怠政",根治"庸懒散"现象,有利于不断刷新党在广大农民心目中的新形象,以纯洁性和先进性引领时代,以优良作风和扎实业绩牢固树立社会公信力,不断提升党治国理政的能力和水平,从而始终确保党始终成为建设中国特色社会主义的坚强领导核心。

第三,治理"怠政"现象是全面从严治党的题中应有之义。在建设中国特色社会主义的伟大实践中,始终坚持中国共产党的坚强领导核心地位,是中华民族的命运所系,是实现民族复兴的关键所在。但是,"党要管党丝毫不能松懈,从严治党一刻不能放松"。全面从严治党的重点是从严治吏、正风反腐、严明党纪。其核心是始终保持党同人民群众的血肉联系,始终保持党的先进性和纯洁性,本质上要求党员,特别是党员干部具有坚定的理想信念,用严的标准要求、严的措施管理、严的纪律约束,使之廉政、勤政、善政,从而达到增强党自我净化、自我完善、自我革新、自我提高能力并确保党始终成为中国特色社会主义事业的坚强领导核心的目的。就其实质而言,当前农村基层干部中在一定程度上存在着的为官不为、作庸懒散、"混日子""磨洋工"等消极的"怠政"现象,与全面从严治党的基本要求格格不入,理应成为其治理的重要对象。因此,只有治理"怠政"现象,根治"庸懒散",才能真正实现全面从严治党的目的。

第四,治理"怠政"现象是党治国理政、带领人民实现党的奋斗目标的现实选择。在新中国成立以来党和人民接续奋斗的基础上,党的十八大继续在中国特色社会主义道路上谋划国家、民族和人民的未来,提出了在新的历史条件下全面建成小康社会的奋斗目标。会后,党又进一步提出了实现中华民族伟大复兴中国梦的重大命题,发出了向实现"两个一百年"奋斗目标进军的时代号角。毛泽东说:"政治路线确定之后,干部就是决定的因素。"①宏伟蓝图的实现,要靠全体党员和各级干部,带领广大人民群众,积极地投身于中国特色社会主义的火热实践中去。然而,"兵民怠而国弱"②,"敬胜怠者吉,怠胜敬者灭"③,"平庸的人同样可以毁掉世界"④。党员和党员干部的"怠政"现象给改革发展大局造成了隐性危害,而且危害正逐渐显现。具体来说,一是它亵渎了党、国家、人民的信任,违背了党的全心全意为人民服务的宗旨,大大降低了社会公众对党政机构的信任度,浪费了党和国家大量的时间、精力和公共资源。二是它像毒菌一样隐形扩散,极大地影响以保持党同人民群众的血肉联系为重点的党风政风建设,从而带坏社会风气,甚至会出现因养痈成患而最终酿成"塌方式腐败"的恶果。更为重要的是,它使党和国家确定的大政方针难以得到有效落实,阻碍了一个地区、一个单位的科学发展进程乃至于党和人民伟大事业的发展脚步,直接影响党的奋斗目标的实现。因此,下大力气治理"怠政"现象,不仅有利于党自我净化、自我完善、自我革新、自我提高能力,而且有利于净化政治生态,努力营造廉洁从政、山清水秀的从政环境,以优良的党风政风带动全社会风气根本好转,从而为全面实现党的奋斗目标提供根本的组织保证和坚实基础。

(二)当前农村基层干部"怠政"的实然归纳

"怠政"现象是我国政治生态中由来已久的消极现象。近年来,尤其在党要管党、从严治党的新常态下,干部队伍中的"怠政"现象日益凸显,在农村基层干部中表现得极为明显。

第一,尸位素餐,碌碌无为。"身在岗位不作为、拿着俸禄不干事","平平安安占位子、舒舒服服领票子、庸庸碌碌混日子","一杯茶,一支烟,一张报纸看半天","上午点个卯,下午玩电脑,等着下班

---

① 毛泽东:《毛泽东选集》第 2 卷,人民出版社 1991 年版,第 526 页。
② 《商君书》,石磊译注,中华书局 2009 年版,第 173 页。
③ 刘勰:《文心雕龙注》上,范文澜注,人民文学出版社 1958 年版,第 396 页。
④ 【德】汉娜·阿伦特等:《耶路撒冷的艾希曼:伦理的现代困境》,孙传钊译,吉林人民出版社 2003 年版,第 117 页。

了",在其位不谋其政,无作为、不作为、慢作为。特别是有些过去习惯于吃、拿、卡、要乃至于权钱交易的基层干部,在反腐的高压下不得不有所收敛,感叹"不让吃,不让喝,还有啥干头",整日做"闭目养神"状。

第二,事不关己,高高挂起。各人自扫门前雪,莫管他人瓦上霜,将与己无关的事搁在一边,不管不问。

第三,安于现状,不思进取。他们安逸于现有的位置,满足于已有的成绩,陶醉于既得的利益,不愿吃苦出力,不立新目标,缺乏创新意识、动力和胆略,没有创新能力,不思创新之策,墨守成规,习惯于老套路、老办法,做一天和尚撞一天钟,得过且过,停滞不前。

第四,办事拖沓,行动懒散。对工作见事迟、反应慢、办法少;议事久而不决,办事不分轻重缓急,行动拖拖拉拉,效率低下。

第五,敷衍塞责,消极应付。执行上级决策部署打折扣、做选择、搞变通;对于工作职责则消极对待,不动脑、不想事,只求过得去、不求过得硬,只要不出事宁愿不做事,即使不干事也不惹事。

第六,等待观望、畏首畏尾。面对新形势、新任务、新要求,不是抢抓机遇、勤于问政、主动施政,而是等机遇、靠指示、要政策,"上级指示我就做,上级不说我不做";怕冒风险,怕出乱子,怕担责任,怕"摊事儿",怕犯错,不敢越雷池一步,以至于瞻前顾后、优柔寡断、唯唯诺诺、谨小慎微。

第七,装腔作势,有名无实。有些干部原本就能力有限、没有创新的工作思路、独权专断、作风飘浮,如今为了图表现而假作为、乱作为,虚张声势,摆"空瓶子""花架子",热衷形象工程、面子工程、路边工程,造声势、搞样板、刷墙面、戴帽子、搞花拳绣腿,大做表面文章。

第八,各自为政,推诿扯皮。局部利益和小团体利益至上,各自为政,各吹各号、各唱各调、互不配合;对领导和上级布置的任务,迟迟不落实,找理由推脱;遇事有利的干、不利的就推,有把握的干、有风险的不敢干,容易的干、有难度的不愿干,熟悉的干、没先例的不肯干。

第九,不在状态、不敢担当。面对大是大非态度暧昧,各种观念含糊其辞,对错误思潮听之任之,缺乏政治担当;不敢动真碰硬,不敢拍板,搞所谓"稳定就是搞定,摆平就是水平,没事就是本事,妥协就是和谐";干不成事找借口,只讲客观条件,不讲主观原因,把自己应担的责任、应尽的职责撇得干干净净;囿于"多干多错,少干少错,不干不错"的为官之道。

第十,回避问题,转移矛盾。不能直面现实,报喜不报忧,遇到问题绕道走,遇到困难往回走,遇到急事、难题拖着走,遇到矛盾就上推下卸,习惯于"打太极""耍滑头、办事踢皮球"。

第十一,欺上瞒下,弄虚作假。制造假情况、假数字、假典型,虚报工作业绩,做表面文章、不求实效。

第十二,态度冷漠,方法简单。门难进、脸难看、事难办;对下级和群众,高高在上,态度粗暴,甚至颐指气使;对群众的合理诉求,漠然视之,甚至推三阻四;习惯于大走访、大体验、大检查、大行动、大扫除等运动式工作方法,以会议贯彻会议、以文件贯彻文件、以考核代替落实,蜻蜓点水、走马观花。

第十三,纪律松驰,作风漂浮。不尊法纪、不守规章、不听指挥,散布谣言、搬弄是非、目无法纪、制造事端;迟到早退、擅离岗位,工作时间打牌娱乐、上网购物、手机游戏、炒股以及干其他与工作无关的事情。心浮气躁,沉不下心来干工作,缺乏"功成不必在我"的胸怀,急于出成绩、走捷径,干工作三分钟热度,更有甚者,"光打雷不下雨""只见楼梯响、不见人下来";一些工作长期停留在规划中、停留在报告中;热衷于谋求官位,算资历、排坐次,混日子、等提拔。

(三)当前农村基层干部"怠政"的综合缘由

马克思说:"研究必须充分地占有材料,分析它的各种发展形式,探寻这些形式的内在联系。只有这项工作完成以后,现实的运动才能适当地叙述出来。"[①]当前,一些地方的农村基层干部之所以出现了"怠政"现象,是多种因素长期综合作用的产物。既有历史原因,也有现实的原因;既受市场的负面影响,也有体制机制不健全、不合理

① 中共中央马克思恩格斯列宁斯大林著作编译局编译:《马克思恩格斯选集》第2卷,人民出版社1995年版,第111页。

乃至于尚存的诟病的影响；既因自身思想上的滑坡，乃至于理想信念发生动摇，也受社会环境、氛围的反向误导。

第一，岗位职责模糊，缺少必要的边界，工作千头万绪，长年累月，疲于奔命，无形中产生了工作倦怠感。

现实中，乡镇党委政府实质上是一个全能型组织。按照《党章》和相关法律规定，乡镇党委政府承担着贯彻落实党中央的路线、方针、政策和上级的指示、命令、决定，全面领导本辖区内的经济、政治、文化、社会、生态文明建设，以及教育、科学、文化、卫生、体育事业和财政、民政、公安、司法行政、计划生育等，还要执行"上级国家行政机关的决定和命令""办理上级人民政府交办的其他事项"。20世纪90年代以来，"七站八所"被垂直管理后，乡镇党委政府相应的权力大幅减少，但所承担的相应责任却依然如故，在事权不对等的现实面前"一无权，二无钱，全靠嘴皮搞宣传"。而且，基于全心全意为人民服务的唯一宗旨，乡镇党委政府还具有职能扩张的一般惯性。加之党和政府提供的这些公共物品和公共服务，一般需要较高的成本，在消费上的非排他性、非竞争性和不可分割性，这客观上造成了提供这些公共物品和公共服务的人力成本无限增加。因此，作为全能型组织的乡镇党委政府的工作职责相对模糊，尤其缺少工作的边界。上级部门的行政命令、工作任务、考核指标最终都要层层下压落到乡镇党委和政府肩上。政治、经济、文化、教育、卫生、司法、招商、交通、税收等多项任务要保质保量按时完成之外，还有诸如计生、维稳、安全、信访等名目繁多的"一票否决制"和"第一责任书"，甚至一些银行、保险部门的收缴、发放等行为也往往由乡镇党委政府来代为完成。

农村"两委会"日益行政化。在现实中，村党支部不仅要承担着各级党委下达的工作任务，还要组织本地党务活动，开展支部创建工作。村民委员会一方面要按照《村民委员会组织法》规定，负责村民自我管理、自我教育、自我服务的基层群众性自治事务；另一方面，由于乡镇的人民政府"对村民委员会的工作给予指导、支持和帮助"，"人民政府有关部门委托村民委员会开展工作"，村民委员会事实上被视为乡镇人民政府下级机关，被披上浓厚的行政外衣，甚至被纳入基层政府管理体系，承担着基层政府下达的行政事务。以至于一些地方农村"两委会"不得不修建办公大楼,进行职能分工并设立专门的办公室,建立上班、值班制度,甚至设有专门的食堂。于是,"上面千条线,下面一根针,大事小情总要穿过这根针",千头万绪、纷繁复杂、无边无际的各种工作转嫁到作为自治组织的农村"两委会"。

农村基层干部的具体岗位职责也缺少明确的界域,工作难度大。乡镇党委政府和农村"两委会"肩负的繁重任务得由基层干部来完成。除了明确的职责外,基层干部,甚至包括农村"两委会"的委员,在工作职责上无一例外地都有"完成领导交办的其他各项工作"。由于直接服务基层广大群众,点多、线长、面广,涉及千家万户,因此,农村基层干部的工作千头万绪,还要面对各类错综复杂的矛盾和问题。而且,在当前,由于我国改革步入攻坚期和深水区,社会转型势不可挡,利益关系多样,价值理念多元,农民的政治、经济利益诉求各异,各类矛盾更加凸显且交织互联,发展任务更加繁重,面对的工作局面更加复杂,农村基层干部的工作难度越来越大。因此,农村基层干部常年忙于各种事务,上窜下跳,左顾右盼,难有歇息,年复一年,如履薄冰,身心日益疲惫。

第二,地方党委政府无边无界、脱离实际、"一刀切"式的决策,执行中的包办代替、"一竿子插到底",逐步养成农村基层组织及其干部工作的依赖感。

按照既定的体制和制度设计,县(市)及以上党委和政府在区域内坚决执行党和国家的大政方针、确保全国政令统一和畅通的前提下,要全面领导政治、经济、文化、社会等各项事业,有领导、有计划、有步骤稳妥地推行区域内各项改革措施,通过决策、执行、监督和控制等途径,集中人力、物力、财力,有序推动农村社会政治经济发展。然而,在现实中,地方现行政治体制仍然存在着权力过分集中问题。

在宏观决策方面,一是为了整体发展和工作的"一盘棋",加之对重大事项的界定过于笼统模糊,县(市)及以上党委和政府的决策范围越来越广,决策的事务越来越多,无所不包,漫无边际,近乎于事无巨细。二是由于不注重事前充分的调查研究,不重视将中央和上级要求与本地实际的有机结合,不注重征求广大群众和专家智囊的意见建议,不重视现代科学决策的具体方法和技术,各种决策质量差。

主要表现为有些决策只是中央和上级文件的简单照抄照搬；有的决策根本不顾本地实际，没有城乡之分、区域之别，千篇一律、"一刀切"；决策之间不协调、不统一，甚至矛盾；朝令夕改，前后脱节；决策方案理想化，缺乏实际操作性。可见，干什么、怎样干，农村基层政权组织及其干部没有任何发挥主动能动性的空间和可能，只能被动地服从；而且，面对纷繁复杂的社会实际和情况各异的服务对象，他们又显得无所适从，不知所措，左右为难，一脸茫然。

在实际工作中，制定政策的上级党委和政府常常任意改变既定政策。如何兼顾发展与和谐这两者之间的关系，成为考验农村基层组织和广大基层干部的一个重大课题。既要在发展经济的过程中带领农民致富，又要确保农村社会的和谐稳定，乃至化解矛盾纠纷、处置突发事件；还要结合本地实际，公平公正地落实农村合作医疗、社会养老保险等各项民生举措，切实解决群众生产生活中的实际困难。现实中，农村基层政权组织及其干部被夹在"两扇磨"即上级政府和广大农民群众的中间。如果不认真完成上级下达的指令，上级组织不满意；如果不从农民群众的切身利益出发考虑，解决他们的实际问题，"硬来""蛮干"，既不符合党的全心全意为人民服务宗旨，也得不到群众的认同，甚至会引发矛盾和群体性事件，影响了社会稳定和谐。因此，在土地征用、公共拆迁、补偿分配等事关农民群众切身利益的工作中遇到阻力时，为了消除意见、化解矛盾、确保任务的完成，制定政策的上级机关常常任意改变既定政策，使农村基层组织及其干部更是无所适从，往往落得两头不讨好的境况。

在具体领导中，县（市）及以上党委和政府及其领导要直接深入到农村社会政治经济建设第一线，耳闻目睹工作实际，直接给基层党委和政府布置工作，提出要求，实行面对面地领导，有利于增强工作的指导性，同时还能掌握工作过程中的实际情况，纠正偏差，使工作少走弯路。但是，在现实中，县（市）及以上党委和政府以指导、把关、督促、协调、服务的名义，强调集中统一的原则，牵着乡镇、农村社区等基层组织的鼻子转，凡事都要"一竿子插到底"，依靠自上而下的管制模式，采用赤裸的行政干预、无休止的评估检查、严格追责机制等手段，依靠政权强制力来完成各种管理目标。事实上，乡镇基层党委、政府乃至于农村"两委会"变成了一个主要面对上级、被动完成上级任务并严格服从上级指令的附属性机构。

长此以往，"等、靠、要"逐步成为农村基层组织及其干部工作的"路径依赖"。等政策、等文件、等指令、等"天上掉馅饼"，靠国家、靠上级、靠支持、靠时来运转，要资金、要项目、要条件、要包治百病的灵丹妙药；把自己置身事外，消极应对眼前或日常工作，盼着"上头"出文件、出办法、出措施，然后依葫芦画瓢；一旦遇到困难，就左顾右盼，"等一等、看一看、望一望"。

第三，降低行政成本的扩大化、绝对化和"一刀切"，以及苛刻的报批条件和严格的环节，客观上使基层组织及其干部被迫消极应对日常工作时而产生一种无奈感乃至于疏离感。

由于我国行政职能错位且改革进程缓慢、机构设置不合理、预算制度不健全、监管乏力等原因，我国的行政成本居高不下，突出地表现为因公出国（境）、公务车购置及运行、公务接待所产生的"三公"消费逐年攀升。近年来，全国"三公消费"总额突破了 9000 亿元，相当于 2012 年全年财政收入的 10％。① 因此，严控"三公"经费，降低行政成本，是服务于民、取信于民和树立政府威信、提升政府亲和力、有效遏制腐败、弘扬社会主义核心价值观的迫切要求。

在现代社会，县（市）及以上党委和政府可以借助计算机网络、通讯技术的先进成果，将工作指令层层下达直至农村基层政权组织及其干部，通过工作总结汇报材料的层层上达以实现督促检查之功能，确实能够达到严控"三公"经费、降低行政成本的要求。然而，农村基层组织及其干部依靠发布命令、召开会议、下发文件、下达指示等方式推动工作，显然难以奏效。在接到上面"千根线"的各种工作指令后，农村基层政权组织及其干部都要去一一落实，又要面对千家万户。由于历史条件、传统习俗、气候特点、地形地貌及居民的生活习惯等方面的原因，农村居民住户比较分散，山区、林区、牧区更是山高

① 我国三公消费突破 9000 亿，相当 2012 年财政收入的 10％，《人民日报》2013 年 3 月 26 日。

路远，人烟稀少；在城乡二元结构下，由于我国长期实行"以牺牲农业来换取工业的发展"战略，抽多补少，农村基础差、底子薄、条件简陋；农民群众大多文化低，见识窄，思想保守，接受新思想、新事物、新观念相对较慢；改革开放以后，农民的社会流动性大增，大批的农民候鸟式生活在城市和他乡异地。由此可见，乡镇基层党委、政府乃至于农村"两委会"等基层组织开展农村工作需要合理的行政成本开支，包括购置和提供必要的交通、通讯等工具，以及汽油费、电话费等。否则，很难做到挨家挨户、保质、保量、按时、高效地完成上级各级各类各项的工作任务。然而，在现实中，降低行政成本尤其是严控"三公"经费，在从严治党的高压下被日益扩大化、绝对化和"一刀切"。所有交通工具的购置费和维护费、汽油费等开支被严格控制甚至被禁止，本不属于"三公"经费范围的电话费、通讯费等也被纳入严控之列，上层与下层不加区别、千篇一律地"一刀切"。而且，相关费用的报销条件繁多，审批环节众多，手续繁杂，近乎于苛刻。这种状况客观上严重制约着原本条件艰苦、设备简陋的农村基层政权组织及其干部的工作效率，也极大地磨蚀着他们的工作积极性和主动性。

第四，监督的边界无限扩大，监督效果更为严厉，不同指向的各种监督相互叠加，但缺乏明确的具体标准，使农村基层干部往往不知所措而不自觉地产生一种焦虑感和迷茫感。

众所周知，当前我国正处于全面深化改革的攻坚阶段，时逢"三期叠加"时期即经济增长速度换挡期、结构调整阵痛期、前期刺激政策消化期，面临着"四大危险""四大考验""利益固化藩篱"等"命运性问题"。作为执政党的中国共产党，只有全面从严治党，才能真正地担负团结带领人民全面建成小康社会、推进社会主义现代化、实现中华民族伟大复兴的历史重任。在此背景下，对农村基层组织及其干部，加强监督力度，扩大监督范围，增强从严效果，自然在情理之中。

但是，现实中，对农村基层组织和干部的监督存在着一些问题。一是监督的范围无限扩大，缺乏必要的边界。在市场经济的新形势下，基层干部的社会联系和活动空间日益增大，基层干部监督工作的领域也随之拓宽，即工作开展到哪里，权力行使到哪里，活动延伸到哪里，组织的监督就行使到哪里。但是，这并不等于监督无边无际，甚至延伸到基层干部的家庭生活、个人生活领域。这种漫无边际的监督,必将导致监督主体力不从心,监督工作重点不突出,监督效果也将大打折扣,甚至有公权侵犯私权的可能。二是各种监督的指向不一致,既难以形成合力,又让监督对象应接不暇。加强干部监督需要群众监督、舆论监督、审计监督、纪律监督、法制监督并举,实现干部监督"叠加效应"。事实上,这些监督的指向是不一致的。群众监督和舆论监督往往从个人、团体、本地的利益出发,掺杂着非公共性的利益诉求和非理性的情绪宣泄。审计监督主要是对干部任职期间履行经济责任情况的查证、鉴证、评价。纪律监督是党内监督最重要的形式,以确保党的组织、党员,尤其是党员领导干部按照党章和《准则》规定的原则办事,防止党内各种不良倾向的发生,揭露和纠正一切损害党的利益、违犯党纪国法的行为,保持、发扬党的优良传统和好的作风。法制监督是对干部是否合法正确地行使职权所进行的监督与控制。三是监督缺乏明确的具体标准。如前所述,农村基层干部的岗位职责模糊,边界模糊。因此,除了党纪国法规定的准则、各级组织明确的规定、领导的具体要求外,从总体上说,当前的监督标准不具体、不明确,且经常变化,监督的针对性不强、监督的效果不佳,监督的权威性大打折扣。在全面从严治党的新常态下,随着监督力度的不断加强,农村基层干部更加无所适从、不知所措,"不知话该咋讲了,不知文该咋发了,不知会该咋开了,不知事该咋做了,不知路该咋走了"。于是,他们内心深处不自然地产生了恐慌感、焦虑感和迷茫感。

第五,收入过低,上升无望,使农村基层干部在付出与获得的巨大悬殊面前逐渐形成一种严重的失落感。

如前所述,农村基层工作繁杂,环境差,条件简陋,工作强度、压力和责任却很大。但是,由于编制预算、历史遗留等多方面的原因,如今不少地方基层公务员尤其是山区、贫困乡镇的基层公务员,普遍存在着工资待遇相对偏低,晋升空间普遍偏窄,付出与获得之间存在着巨大的悬殊。一些干部由此逐渐产生了一种严重的失落感,心灰意冷,饱食终日,不思进取。

首先是收入过低。马克思认为,"在现实世界中,个人有许多需要"①,其中"为了生活,首先就需要吃喝住穿以及其他一些东西。因此第一个历史活动就是生产满足这些需要的资料,即生产物质生活本身"②。当前农村基层公务员整体收入水平不高,一年工资收入不到 3 万元,平均月工资 2000 元,最低的一个月仅为 775 元。③ 江苏省戴楼镇一名工作了 14 年的司法科员每月 4020 元,另一名工作了 3 年的政府普通办事员则为 3684 元;四川省遂宁市射洪县金家镇 24 名公务员的工资表显示,最高 3007 元,最低 1726 元,大部分在 2000 元到 2400 元之间。④ 而且,在从严治党的新常态下,由于降低行政成本的扩大化、绝对化和"一刀切"的影响,原本依规给予行政机关人员到基层进行下乡蹲点的津贴和误餐费、加班费等补助,要么被大幅降低,要么多半以违规超范围而被停止发放。就村组干部而言,由于本来就不是国家编制内的干部,没有国家财政性工资,加之很多村没有优势产业和集体经济,政府下拨的办公经费也较少,因此,农村"两委会"中的正职即村委会主任、党支部书记每月获得的工资性收入为 1500 元左右,其他干部只有 800 元,村民小组组长没有工资性收入。而且,由于农村"两委"干部、村民小组组长是村务和家务一肩挑,大量的村务挤占了日常生产生活时间,致使他们在家庭生产方面收入甚微。随着用于办公、通讯和交通等日常开支日益增长,许多村干部的经济情况都是入不敷出。

其次是上升无望。职务升迁是农村基层干部实现政治抱负和利益诉求的重要途径。然而,村组干部在自身的职业范围内中没有现存的上升可能,同时由于身份制约也不可能在公务员系列中寻求上

① 中共中央马克思恩格斯列宁斯大林著作编译局编译:《马克思恩格斯全集》第 3 卷,人民出版社 1960 年版,第 326 页。
② 中共中央马克思恩格斯列宁斯大林著作编译局编译:《马克思恩格斯文集》第 1 卷,人民出版社 2009 年版,第 531 页。
③ 陆培法:"基层公务员晒工资晒了什么",《人民日报》海外版 2014 年 3 月 24 日第 04 版。
④ 基层公务员:"信与不信,我的工资就这些",新华网:http://news.xinhuanet.com/fortune/2014-11/13/c_1113239245.htm.下载日期:2014 年 11 月 14 日。

升的空间和渠道。近些年来，一些省市在公务员招录考试中将一些优秀村干部录用到乡镇机关，给村组干部带来了一些上升的希望。但是，由于招录考试的指标少，有一定的工作年限和学历要求，相对于村组干部群体需求而言，这也是杯水车薪。由于乡镇党政机关处于"金字塔"底端，干部的层级低，领导职数少，就地晋升机会近乎于零，越向上走，职位越少，竞争越激烈，因此，绝大多数基层公务员都是在科员、办事员这两个级别间走完个人仕途，干了一辈子连个副乡级干部都捞不上；由于国家、省、市、县等各级党政机关从基层公务员中遴选的指标少且分散、标准高、基层需求量大，最终能被选中上调的只是凤毛麟角。

此外，少数人集体意识缺失、思想懈怠、人生观、价值观存在偏差，以及社会环境等相关因素影响、制度不健全、监管缺位，等等。

（四）治理农村基层干部"怠政"的必然之路

马克思说："研究必须充分地占有材料，分析它的各种发展形式，探寻这些形式的内在联系。只有这项工作完成以后，现实的运动才能适当地叙述出来。"[①]针对当前基层干部的"怠政"现象，我们必须结合农村和农村工作的具体实际，采取正确的思路、有效的方法和有力的措施，有针对性地解决农村基层干部的"怠政"现象。

第一，明确农村基层干部的工作边界，制订明确且具体的职责清单。为了认真贯彻落实党的十八大和十八届三中、四中全会精神，加快政府职能转变，推进政府治理体系和治理能力现代化，根据全面深化改革的要求，中共中央办公厅、国务院办公厅于2015年3月24日印发了《关于推行地方各级政府工作部门权力清单制度的指导意见》，要求通过建立权力清单和相应责任清单制度，进一步明确地方各级政府工作部门职责权限，为制订农村基层干部的职责清单提供了基本前提和行动指南。针对农村基层干部"怠政"现象，根据农村工作实际、农村基层组织的定位和职能分工，我们要按照上述指导意

---

① 中共中央马克思恩格斯列宁斯大林著作编译局编译：《马克思恩格斯选集》第2卷，人民出版社1995年版，第111页。

见的精神,给农村基层干部制订明确且具体的职责清单。职责清单主要包括责任事项、职责边界等内容,主要是明确而具体地规范基层干部哪些可为哪些不可为,应该干什么不该干什么,以及必须承担的责任。在制订农村基层干部职责清单的过程中,要注意几个问题:一是坚持党组织在农村工作中的领导地位;二是将作为基层国家行政机关的乡镇人民政府和作为农村村民自我管理、自我教育、自我服务的基层群众性自治组织的村民委员会相区别;三是在党的领导下,坚持有限政府原则,理清政府与市场、政府与社会的关系,即必须运用国家强制力来维护经济社会有序运行的领域和问题由政府实施有效治理,市场机制能够解决的问题应该由市场来解决,自我服务、自我教育、自我管理、自我协商、自我制约、自我发展的问题交给社会组织和社会力量;四是充分考虑农村工作的实际和农村社会发展的需要;五是在理顺职能的前提下制订出农村基层干部的职责清单,而不是在现有职能体系下具体工作分工的简单转化。制订职责清单,明确规范农村基层干部做什么不做什么,有利于消除他们心中可为不可为的困惑,也让他们从千头万绪、长年累月的疲于奔命中解脱出来,真正做到给他们降压减负,从而有利于他们在更长时间内、以饱满的精神状态、高效率地服务于农业经济发展和农村社会进步;有利于发挥自律和监督的双重作用,最大限度地防止他们中为官不为、作庸懒散、"混日子""磨洋工"等消极工作状态。

第二,科学决策,分层负责,加强指导,不断提高农村基层干部履职执行力。具体来说,一是县(市)及以上地方政府决策要科学化。"郡县治,天下安"。县(市)及以上地方党委政府决策科学化是我国政治体制改革的重要目标,是社会主义民主政治建设的核心内容,也是社会主义市场经济发展的客观要求。要达到决策科学化,就必须清晰界定重大事项决策的界域;全面正确地领会中央和上级文件的精神实质,在充分调查研究的基础上,掌握丰富而系统的决策信息,并将中央和上级要求与本地实际的有机结合;按照科学的决策程序,依靠专家、征求人民群众、运用科学的决策技术,运用科学的思维方法;将原则的刚性和策略的柔性相结合,具有实际操作的可行性;注重决策之间的系统性,维护政策的稳定性等。二是分级治事,分层负责。在决策的执行中,要坚持分工明确、分级治事、民主管理和分层负责的原则,各司其职、各负其责,一级抓一级,层层抓落实。这样既能因地制宜,灵活权变,提高了决策的执行效率,又充分发挥县(市)、乡镇、村的积极性、主动性和创造性。三是对农村基层政府及其干部履行职能予以必要的指导、把关、督促、协调、服务。基层干部是建设社会主义新农村的带头人,是贯彻执行党在农村的路线、方针、政策的基本力量。但是,部分农村基层干部思想观念不活、履职意识不强,他们的素质和能力与工作职责的要求之间、现实表现与党和政府的嘱托以及人民群众的期盼之间还存在着很大的距离,他们的工作也常常受到各种主客观因素的影响。因此,县(市)党委政府要通过思想引领、教育引导、政策把关、工作督促、人事协调、服务保障等路径,不断增强和提升农村基层干部的履职执行力。

第三,结合农村工作的实际,本着合理开支的原则,适当增加基层行政成本的投入,努力改善和优化农村基层的工作条件。众所周知,行政成本是政府维持自身运转,行使其职能而进行各种行政活动所付出的代价和消耗的资源。在行政成本开支过大、行政效率低下的当今,降低行政成本、提高行政效率成为中国行政体制改革所要解决的紧迫问题。但是,行政成本是一个中性指标,并不是越低越好,应该与社会经济的发展相协调。农村地区山高路远,居住分散;农村工作直接服务基层广大群众,点多、线长、面广,涉及千家万户,工作千头万绪;工作对象的特殊性决定了工作主要采用挨家挨户、面对面地沟通的方式;当前,农村基层工作的形势越来越严峻,所面对的矛盾和问题更为错综复杂,"难沟通、难落实、难发展"日益突出。基础不牢,地动山摇。因此,农村基层工作的行政成本不但不能减少,反而需要适当增加。具体来说,地方政府要清楚看到上下有别的现实,加大统筹安排的力度,在降低行政成本总量的前提下,优先保障并适当增加农村基层组织从事管理工作所必需的行政成本投入;坚持继续压缩"三公"经费的总体原则,合理调整地方各层级之间"三公"经费支出结构,严控县(市)及以上的"三公"经费开支,适当增加农村基层组织下乡工作的交通费、小型交通工具购置费、燃油费等经费的开支;坚持严格监督的原则,对于确实属于下乡工作所产生的相关费用,应简化审批环节和手续,便捷地予以报销,或者按一定的比例。此外,改善和优化农村基层的工作条件,比如提供必要的交通工具、通讯设备等。这样,为农村基层各项工作高效的完成提供了可靠的物质保障。

第四,制定明确而具体的工作标准,建立健全联述联评联考机制,确保监督的针对性和有效性。如前所述,当前,用最坚决的态度、最严格的措施,加强农村基层组织、干部及其基层工作的监督力度是十分必要的。事实上,近些年来,除了常规的党纪、立法、司法、行政、社会监督以外,通过完善和落实党务、政务、财务公开制度以及"双述双评"、民主测评等制度,将乡村干部完全置于群众的监督之下,取得了一些可喜的成效。2011 年 5 月 23 日,中共中央办公厅、国务院办公厅印发了《农村基层干部廉洁履行职责若干规定(试行)》,从加强农村党风廉政建设的角度,明确规范了农村基层干部廉洁履行职责行为,无疑为及时查找、纠正并严肃处理农村基层干部廉洁履行职责方面存在的突出问题提供了专门的规范性标准。但是,《规定》在解决农村基层干部的"怠政"问题方面,显然难以奏效,因为消极"怠政"并不在《规定》所列的禁止行为之中。从总体上而言,当前加强对农村基层组织、干部及其工作进行监督关键在于如何增强监督的针对性和有效性。要确保监督的针对性和有效性,就必须立足农村基层工作实际,依据《村民委员会组织法》《地方各级人民代表大会和地方各级人民政府组织法》以及《党章》《中国共产党纪律处分条例》《党政领导干部选拔任用工作条例》《农村基层干部廉洁履行职责若干规定(试行)》等法律和规范性文件,以农村基层工作的职责清单为蓝本,制定明确而具体的工作标准和规范,包括工作事项及其具体要求、基本流程、行为的方式方法和手段等,以解决"做什么""怎样做""做得怎么样"等问题。同时,结合年度考核每年开展一次述职评议考核。只有这样,才能做到有的放矢,切实增强对农村基层组织、干部及其工作监督的针对性和有效性,才能最大限度地遏制和消除农村基层干部的"怠政"现象。

第五,提高待遇,搭建通道,最大限度地调动基层干部的积极性、主动性和创造性。既然农村基层干部身处农村基层第一线,直接面对广大农民群众,是贯彻执行党在农村各项方针、政策的中坚力量,是带领广大群众建设社会主义新农村的"排头兵",那么必须对他们给予足够的重视。2014年11月,中共中央办公厅印发了《关于深化"四风"整治、巩固和拓展党的群众路线教育实践活动成果的指导意见》,要求各地认真落实基层干部报酬待遇和基本养老医疗保险,适当提高基层干部待遇,逐步改善工作生活条件。① 一是切实提高农村基层干部的待遇。在物质待遇方面,各地出台了一系列政策,投入了大量财政资金,使农村干部的待遇得到提高和保障;适当提高基础工资的额度,其中农村"两委"委员应略高于当地上年度农民人均纯收入水平,"两委"的正职应接近当地乡镇公务员的工资标准,乡镇公务员应略高于县(市)同级公务员平均工资;不断健全完善科学有效的农村基层干部实绩考核评价机制,提高绩效工资、奖励工资的额度;探索建立农村基层干部报酬待遇正常增长机制;按照当地生活水平,继续发放下乡的误餐、交通等补贴,并适当提高补贴额度;建立健全村干部的养老保险制度、医疗保险制度、离职补偿制度、生活困难的保障制度。同时,落实和完善农村基层干部担任乡镇党委委员的措施,积极推荐政治素质好、政绩突出、有较强议政能力的村党支部书记作为各级党代表、人大代表和政协委员人选,让农村基层干部参政议政。二是搭建多渠道、多元化的晋升通道。通过"公推公选"的方式,将工作实绩突出、群众基础好的乡镇干部优先选拔到乡镇党政领导岗位、县直各部门;在乡镇工作满20年、任副科级领导干部8年以上或在乡镇工作满30年、仍在镇工作且表现突出的公务员,按照核定领导职数的20%比例,经公推公选,组织考察,符合晋升条件的可享受主任科员或副主任科员待遇;符合一定条件的"两委"主要负责人聘任为合同制干部,或者纳入乡镇后备干部人才进行培养管理;改革公务员考试制度,扩大农村"两委"干部、优秀大学生村官招录到公务员队伍的比例,将更多的优秀乡镇基层公务员遴选到省、市公务

① 中共中央办公厅印发的"关于深化"四风"整治、巩固和拓展党的群众路线教育实践活动成果的指导意见",《人民日报》2014年11月19日第01版。

员岗位；对特别优秀的村干部，可以选拔到乡镇事业单位，或通过公开选拔方式进入乡镇党政领导班子；探索村党支部书记、村委会主任实行职业化管理的办法。这样，既解决了农村基层公务员的后顾之忧，又让他们在繁杂的基层工作中看到了希望，增强了不断努力的动力。

罗 佳 梅 萍①

十八大以来中国共产党疏导社会情绪的实践探索

（华中师范大学 湖北 430079）

社会情绪是指"人们对社会生活的各种情景的知觉,通过群体成员间的相互影响、相互作用而形成的较为复杂而又相对稳定的态度体验,这种知觉和体验对个体或全体产生指导性和动力性的影响。"②积极的社会情绪有助于产生肯定性的社会反应,促进社会认同度的提升;而消极负面的社会情绪则会耗散社会内聚力,消解社会正能量。"在诸多环节上,如何看待、把握新形势下的社会情绪,中国人民的社会情绪——这样一个被称为社会'风向标'、'晴雨表'、'参照系'的重要现象——成为当前改革和发展成功与否的出发点、切入口。"③

当前我国改革进入深水区,发展进入关键期,急剧变迁的社会环境、深刻变动的利益格局,导致社会关系渐趋紧张,各种负面社会情

　① 作者简介:罗佳,女,汉族1986年7月出生,陕西西安人,华中师范大学马克思主义学院2013级博士研究生,主要从事思想政治教育研究。梅萍,女,汉族,1969年7月出生,湖南常德人,华中师范大学马克思主义学院教授、博士生导师,主要从事思想政治教育研究。

　[基金项目]本文系2014年度国家社科基金一般项目《当代大学生心态变化特点与心理疏导模式创新研究》(项目编号:14BKS102)的成果之一。

　② 沙莲香主编:《社会心理学》,中国人民大学出版社2006年版,第179页。

　③ 夏军:"直面'社会情绪'——'社会情绪'的定位及战略选择",《探索与争鸣》2013年第9期。

绪凸显。如有的研究者指出,当前社会负面情绪包括七个方面,即:"经济社会快速发展引发的焦虑情绪、社会利益格局失衡引发的不满情绪、贫富分化和权力腐败引发的仇恨情绪、比较和无能感引发的怨恨情绪、社会信任缺失引发的逆反情绪、价值真空引发的无聊情绪、道德迷茫引发的冷漠情绪。"①这些消极的社会情绪虽并未成为民众情绪反应的主流,但是却不断蔓延和扩大,对国家和谐稳定与社会有效治理会产生消极影响。因此,十八大以来,中国共产党十分注重对社会情绪的调控与疏导,从各方面进行综合创新以化解不良社会情绪、培养良好国民心态,并进行了一系列利于疏导社会情绪的实践,主要包括以下五个发面。

(一)开启全面从严治党和制度反腐的崭新历程

党自身的社会形象和具体行为如何将直接影响社会情绪的变化性质,因为中国共产党执政的权力是人民让渡、转移、赋予的,是出于人民的最大信任而将党作为社会事业的管理者和社会发展的领路人。因而,密切党同人民群众联系、从严治党管党是社会发展的重要保证,也是执政党地位稳固的重要基础。当前,大部分党员干部认真服务群众、有效运用职权、发挥了先锋模范作用,但仍有不少蠹虫不断侵蚀党的肌体、损害党的形象。在不同级别的干部中,为官不正、不廉、不仁的行为时有发生,而媒体披露的权钱交易、权色交易、权力滥用等腐败行为一次次触及人们心理承受的底线,引发人们对党执政能力的不信任心态和不满意感受,甚至是"仇官"心理和逆反情绪,这直接降低了政府的公信力和社会共识度。

十八大以来,中国共产党提出了"全面从严治党"的新要求,开启了党建的新历程。首先,严管党内思想,树立崇高信仰。习近平指出,"对马克思主义的信仰,对社会主义和共产主义的信念,是共产党人的政治灵魂,是共产党人经受住任何考验的精神支柱。"②执政党

十八大以来中国共产党疏导社会情绪的实践探索

---

① 张丽红:"当前社会存在的主要负面情绪及其疏导",《理论界》2011 年第 8 期。

② 中共中央宣传部编:《习近平总书记系列重要讲话读本》,学习出版社 2014 年版,第 160 页。

的崇高信仰和信念也增强了民众对社会制度、社会前途的信心,有助于培养正面的社会情绪。其次,严格党员学习,提高执政本领。持续学习、提升党的执政能力,是中国共产党的优良传统,也有助于党从容应对社会发展中的各种困难,消除民众对党的不信任情绪。习近平在中央党校建校 80 周年庆祝大会暨 2013 年春季学期开学典礼上的讲话对党员和领导干部的学习目的、学习内容、学习方向、学习方法等做了全面的阐释,为新形势下建设学习型政党指明了新的方向。再次,严整党风党纪,肃清党内污气。习近平强调,要"以猛药去疴、重典治乱的决心,以刮骨疗毒、壮士断腕的勇气,坚决把党风廉政建设和反腐败斗争进行到底。"[1]严格整治腐败行为,保持党的纯洁自律,是增强党在民众中公信力的最好明证。最后,严靠制度权威,建设廉洁政党。依靠制度防腐、反腐、治腐是十八大以来党自身建设表现出来的一种新气象和新常态。新的历史条件下,建设廉洁政党尤其要注重发挥制度反腐的重要作用,依靠制度的权威性推进反腐倡廉的进程。十八大报告提出,要"健全反腐败法律制度";十八届三中全会报告进一步强调,"加强反腐败体制机制创新和制度保障";十八届四中全会则更明确指出,"加强党内法规制度建设,完善党内法规制定体制机制"。而《建立健全惩治和预防腐败体系 2013—2017 年工作规划》,将党风廉政建设和反腐败斗争更加全面、系统的展开。制度反腐有助于从体制上消除腐败的根源,从根本上净化党内风气、重塑党的良好声誉,并逐渐消除民众对党的疏离感。

十八大以来党加强自身建设的新举措,是党建理论的新发展,更是在新形势下运用创新性的思维处理执政党与人民的关系。中国共产党严管党内懒散思想、严治党内虚化精神、严整党内腐败行为,向社会传达着党强烈渴求社会公平、实现社会正义、密切党群关系的信号。通过建设人民真正满意、放心的执政党,塑造积极奋进、为民服

---

① 中共中央宣传部编:《习近平总书记系列重要讲话读本》,人民出版社 2014 年版第 170 页。

务的良好形象,才能消除消极心理和负面态度的存在条件,才能不断获得广泛的民意支持,从而成功的疏导社会情绪。

(二)协调价值引导、人文关怀、舆论调控的整体推进

当前社会情绪呈现出负性状态,一是多元化共存所带来的思想观念挑战和价值态度冲击,引发群体性的情绪混乱和情绪慌张,因此疏导社会情绪需要从价值引导上寻找突破口;二是社会急速发展并没有让人们感到更多的幸福和谐与人性关怀,民众在日常生活、工作中遭遇的琐事更易激发负面的社会情绪,故而疏导社会情绪需要人文关怀、需要惠民利民;三是社会舆论的错综复杂混淆视听、扰乱民心,致使人们在不良舆论的影响下进行了错误的情绪发泄和情绪表达,所以疏导社会情绪需要进行严格的舆论调控。

首先,进行正确、科学的价值引导,发挥价值引导力和精神推动力的作用是疏导社会情绪的根本。十八大以来,中国共产党通过严整的顶层设计,发挥价值引导的社会情绪疏导功能。第一,通过社会主义核心价值观的培育和践行,对人们进行价值观念的合理引导,为疏导社会情绪提供思想保证。十八大报告通过"三个倡导"集中呈现出了社会主义核心价值观,即"倡导富强、民主、文明、和谐,倡导自由、平等、公正、法治,倡导爱国、敬业、诚信、友善,积极培育和践行社会主义核心价值观。"2013 年 12 月,中共中央办公厅印发了《关于培育和践行社会主义核心价值观的意见》,确立了社会主义核心价值观在全社会进行教育的总体设计规划。社会主义核心价值观从"富强、民主、文明、和谐"的国家层面抵制西化思潮、反改革倾向和历史虚无主义观点,消解人们攀比西方、忽视中国实力、淡化改革成果、扭曲国家发展历史和领袖人物功绩等负面情绪;从"自由、平等、公正、法治"的社会层面消弭各领域的黑暗势力、腐败势力和特权势力,化解人们感到强烈不公、无助、怨恨的社会情绪;从"爱国、敬业、诚信、友善"的个人层面反对社会生活中的各类假丑恶现象和不道德行为,减少恐惧、忧患、冷漠等消极情绪。第二,通过中国梦的宣传教育,对人们进行理想信念的引领,为疏导社会情绪提供精神支撑。2012 年 11 月29 日习近平在参观《复兴之路》展览时,提出了"实现中华民族伟大复兴"的中国梦。在第十二届全国人大一次会议闭幕会上的讲话中,他再次强调实现中华民族伟大复兴的中国梦,就是要实现国家富强、民族振兴、人民幸福,实现中国梦必须"走中国道路""弘扬中国精神""凝聚中国力量",这是对中国梦更为明朗化和全面化的表达。伟大的中国梦发挥着精神推动力的作用,不断凝聚人心、增强认同、引领共识,激励人们为实现中华民族伟大复兴的目标而保持高昂的精神状态和健康积极的社会情绪。

其次,注重人文关怀,为疏导社会情绪奠定人性化基础。自十八大以来,中国共产党更强调人文关怀,关注民生、执着于人民幸福。第一,提出充满温情的幸福式执政理念。习近平曾在多个场合反复强调:"只要群众对幸福生活的憧憬还没有变成现实,我们就要毫不懈怠团结带领群众一起奋斗。"①"平安是人民幸福安康的基本要求"②、"人民身体健康是全面建成小康社会的重要内涵,是每一个人成长和实现幸福生活的重要基础"③等体现团结、平安、健康的幸福追求和目标。第二,推行彰显人性关怀的制度措施。十八大以来,党更加重视关乎民生的各项事务,从各项政策制度上协调、保障人们的基本利益。"推动各地落实带薪休假制度",保障人们休闲放松自由;"推进城市地下综合管廊整治,完善基础设施建设",保证人们优良、宜居的生活环境;"以农产品、食品、药品等对消费者生命健康有较大影响的商品为重点,建立来源可追、去向可查、责任可究的全程追溯体系",保证老百姓吃的放心;"保障菜市场用地",方便老百姓日常生活。这些惠民性的制度措施,切实解决人民生活中的烦心事,是对人民基本民生福祉的落实与保障,有助于疏导群众对政府的不满情绪、悲观情绪和怀疑情绪。

---

① "习近平春节前夕赴内蒙古调研看望慰问各族干部群众,向全国各族人民致以新春祝福",《人民日报》2014 年 1 月 30 日 01 版。

② "习近平就建设平安中国作出重要指示",《人民日报》2013 年 6 月 1 日 01 版。

③ "习近平会见全国体育先进单位和先进个人代表等时强调发展体育运动增强人民体质,促进群众体育和竞技体育全面发展",新华社:http://www.gov.cn/ldhd/2013-08/31/content_2478294.htm。下载日期:2017 年 12 月 2 日。

其次,加强社会舆论有力调控,为消除不良社会情绪、巩固积极社会情绪提供良好氛围。社会舆论是一种控制社会生活的外在价值力量和软性权威,它能够形成一种特殊氛围,无形地控制和影响每个社会成员的形态与言行。十八大以来,党主要做好两个方面的舆论调控:第一,网络空间的舆论调控。习近平指出,"做好网上舆论工作是一项长期任务……要把握好网上舆论引导的时、度、效,使网络空间清朗起来。"①对此,制定了《中央网络安全和信息化领导小组工作规则》《中央网络安全和信息化领导小组办公室工作细则》《中央网络安全和信息化领导小组 2014 年重点工作》等具体措施,对网络舆论进行严密的监控。第二,新闻媒体和传播舆论的引导。十八届三中全会决议明确指出:"健全坚持正确舆论导向的体制机制……整合新闻媒体资源,推动传统媒体和新兴媒体融合发展。推动新闻发布制度化"。习近平对新闻媒体的报道内容也提出了自己的看法,要"多宣传报道人民群众的伟大奋斗和火热生活,多宣传报道人民群众中涌现出来的先进典型和感人事迹。"②用中国话语"讲好中国故事,传播好中国声音"③,这保证了新闻传播的主旋律方向,起到了正视听、稳民心的效果。对网络、新闻传播媒介进行正确、严格的舆论引导和调控,能够减少网络暴力、网络谣言、网络虚拟自由所衍生出的各种负面影响,强化网民的自律意识和法制观念,并降低各类负面社会情绪借助网络爆发和扩展的行为;能够保持新闻传播的主旋律方向,能够扩大媒体传播的正面影响,稳步提升社会情绪管理水平,为巩固积极的社会情绪、疏导负面社会情绪提供良好的氛围和风气保障。

① 习近平:"把我国从网络大国建设成为网络强国",新华网:http://news.xinhuanet.com/politics/2014-02/27/c_119538788.htm.更新时间:2014 年 02 月 27 日。

② 习近平:《习近平谈治国理政》,外文出版社 2014 年版,第 154、156、164、153、388 页。

③ 习近平:《习近平谈治国理政》,外文出版社 2014 年版,第 154、156、164、153、388 页。

（三）强调利益协调与利益表达的双向配合

马克思指出，"人们奋斗所争取的一切，都同他们的利益有关。"[1]利益是现实社会中的人不能割舍的，人们的情绪波动、心理变化等主观的感应现象与利益有着直接的关系。社会资源分配不均、社会机会获取不公带来的利益差距，导致社会成员心理失衡，部分群体产生了相对剥夺感。因此，利益协调对维护人们的心理平衡显得特别重要。十八大以来，党十分重视从各项政策上协调各方利益、化解社会矛盾。《中共中央关于全面深化改革若干重大问题的决定》中明确指出。"健全基层综合服务管理平台，及时反映和协调人民群众各方面各层次利益诉求。"首先，协调医患关系。对于大多数人因为"看病难看病贵"而产生的抱怨和激愤情绪，国务院出台一系列政策进行化解，分别从"大病返贫""社会办医""公立医院改革""医疗救助""乡村医生""药品采购"等入手，着力破解人民看病难、看病贵的现实问题。其次，平衡教育资源分配。《教育部关于做好2015年重点高校招收农村学生工作的通知》，畅通农村和贫困学子纵向流通渠道；近年来相继实施了"支援中西部地区招生协作计划，扩大实施农村贫困地区定向招生专项计划""完善东西部对口支援制度""继续推进实施中西部高等教育振兴计划"，缩小教育差距，力促教育公平。再次，相关利益关系的调节。《中共中央国务院关于构建和谐劳动关系的意见》《关于加强社会治安防控体系建设的意见》《关于创新机制扎实推进农村扶贫开发工作的意见》等，也从不同领域对不同的利益关系进行缓和与调节。利益协调通过给予部分群体一定的政策倾斜，促进社会利益补偿机制的运行和实现社会的实质正义，以化解人们的社会不公平感和相对剥夺感。

利益协调只是利益范畴的一个向度，利益表达则是另一重要向度，只有两者的双向配合，才能让人们真实感受自身利益的获得与实现。然而，一个社会中不同群体的思想表达和利益表达能力是不一

---

① 马克思、恩格斯：《马克思恩格斯全集》第1卷，人民出版社1956年版，第82页。

样的,强势群体由于掌握了更多的社会权力和社会资源,也就拥有更多的机会和渠道表达自身利益诉求。而处于社会基层的绝大部分群体,其利益表达的渠道却由于种种原因经常受阻,他们在自身利益受损或是面对社会不公时,常常无法有效地表达自身诉求。这容易加重该群体被冷落、被边缘化的感受,进而导致怨愤、暴戾、受挫等社会负面情绪,这些负面情绪如果不加以疏通和引导,易造成各类极端性事件的发生。自十八大以来,中国共产党开发多种渠道,畅通人民群众利益表达渠道。首先将表达权作为公民的基本政治权利,创造多种条件予以落实。十八大报告提出,"保障人民知情权、参与权、表达权、监督权,是权力正确运行的重要保证。"《国家人权行动计划(2012—2015年)》中则明确提出:"畅通各种渠道,依法保障公民的言论自由和表达权"。该计划还提出了健全群众利益诉求表达机制、不断畅通和拓宽信访渠道的具体做法,如"落实信访条例,推广和完善'绿色邮政'、'网上信访'、'专线电话'、'视频接访'、'信访代理'等做法。"其次,健全利益表达机制。十八届三中全会报告指出,"建立畅通有序的诉求表达、心理干预、矛盾调处、权益保障机制,使群众问题能反映、矛盾能化解、权益有保障。"最后,通过领导下基层、体验群众生活、召开不同群体茶话会的形式,了解基层民众的生活状况,以实现下情上达、下意上传,进一步畅通人们利益表达的渠道。以习近平总书记为核心的党中央,除了到全国各地调研经济发展状况,还深入到基层一线,并进驻革命老区、贫困山区、学校、医院、军队等,全面了解群众的生活状况。这深刻的体现了党情系人民、关怀人民的宗旨,有助于温暖群众心理,从而降低了民众自我贬低、愤世嫉俗等不健康情绪的产生几率。

(四)发挥思想教育与制度调适的双重效能

负面社会情绪的滋生和蔓延,既受外在客观环境的影响,也是基于人们主观的心理状态和感受反应。因而要化解负面社会情绪,还需要对人们进行有效的思想教育,帮助人们树立正确的世界观、人生观和价值观以调控、管理自己的情绪。十八大报告中提出,"加强和改进思想政治工作,注重人文关怀和心理疏导,培育自尊自信、理性平和、积极向上的社会心态",这是新时期思想政治工作的重要理念。

2013 年 8 月 19 日,习近平总书记在全国宣传思想工作会议讲话中强调指出,"宣传思想工作就是要巩固马克思主义在意识形态领域的指导地位,巩固全党全国人民团结奋斗的共同思想基础"。[①] 2013 年 9 月 9 日人民日报刊发文章,指出"抓好思想理论领域问题引导,着力解疑释惑、疏导情绪,既讲'怎么看',又讲'怎么办',消解诱发矛盾的负面因素,引导社会情绪、社会心理朝着积极健康的方向发展。"[②]长期以来,中国共产党也比较注重通过思想教育的方式来疏导人们的情绪,通过谈话谈心、说理教育、劝服引导等途径,化解消极情绪所带来的不良影响,并借助这一方式来树立正确的价值观念和健康的情绪心态。

十八大以来,党在疏导社会情绪方面,既发挥了党在思想教育上的传统优势;同时也转换思路和观念,注重通过各项具体制度的出台和落实,保障人们多方面利益,以化解转型期复杂多变的社会环境所引发的郁闷失落情绪、焦躁疑惧情绪、茫然困惑情绪、跟风情绪以及否定一切社会发展成果的情绪。一是通过社会保障制度、医疗保险制度、教育和职业发展制度、利益诉求制度等各种民生化的制度尽可能地保障社会的公平和正义。二提出并积极贯彻落实"四个全面"战略布局。除前面已经提到"全面从严治党"外,中国共产党也积极从制度上保证全面深化改革、全面推进依法治国的实现。十八届三中全会通过的《中共中央关于全面深化改革若干重大问题的决定》为全面社会改革的实现规定了制度框架,既坚持基本制度不动摇,又为推进社会各项事业创新了制度,使社会各领域的活动在制度范围内运行并发挥制度的力量,这既是与现代社会发展的进程相适应,也有助于培养民众的规范意识、制度观念,减少民众的不理性行为和随意行为。党的十八届四中全会审议通过的《中共中央关于全面推进依法

---

① 习近平:《习近平谈治国理政》,外文出版社 2014 年版,第 154,156,164,153,388 页。

② 雒树刚:"牢牢把握'两个巩固'根本任务 扎实推进宣传思想文化工作——深入学习贯彻习近平同志在全国宣传思想工作会议上的重要讲话精神",《人民日报》2013 年 9 月 9 日 07 版。

治国若干重大问题的决定》，开辟了法治中国的新天地，推进了中国的法治化进程。法律界限和尺度的确立，从更权威和更具效力的层面实施着调节、管理社会事务的作用。既有效预防和制约各类恶性事件的产生，也通过严惩违法乱纪者以保证政治清明、社会公正和人心安定，从而促进社会健康情绪的生成。

（五）实现由社会管理到社会治理思维方式的重大转变

2006年，党的十六届六中全会指出，"加强社会管理，维护社会稳定，是构建社会主义和谐社会的必然要求"。2007年，党的十七大报告提出："完善社会管理，维护社会安定团结。"2010年两会期间，温家宝总理作《政府工作报告》中指出，"要适应新形势，推进社会管理体制改革和创新，合理调节社会利益关系。"社会管理是管控、理事、协调、组织等的统一。在我国社会发展的过程中，进行系统化、计划性、全面性的管理，保证了社会的稳定运行和有序推进，也有助于实现对社会情绪的疏导和调控。但社会管理主要强调垂直化的、从上至下的管理过程。在社会管理的模式下，被管对象的作用受到抑制，成为被动的服从者和接受者，这样的思维方式并不能够适应当代社会发展变化的状况，伴随着社会结构调整而引起的成员流动和阶层分化，导致社会管理的难度在增大。同时对于主观化的情绪进行疏导也并不能凭借硬性的管理，而是需要进行柔性和灵活性的协调与理顺。

十八大以来，中国共产党根据当前社会发展的新变化，及时实现思维方式的转变，在社会建设事业中首次提出了"社会治理"的概念。十八届三中全会公报提出了"全面深化改革的总目标是完善和发展中国特色社会主义制度，推进国家治理体系和治理能力现代化"。把社会治理的思维方式运用到社会情绪疏导，是在客观分析社会情绪的基础上进行制度规约和软性要素的配合，进行及时疏通和有效引导的统一，进行针对整治和统筹理顺的结合。既强调根据不同社会情绪的特点进行针对性治理，也注重发挥不同社会组织和社会要素的综合治理作用，特别是突出人性化的情绪疏泄式和科学化的情绪引导式治理，这将对各类负面社会情绪的疏导产生积极作用。而体现情绪疏导的社会治理思维，党在实践中是通过两个领域的重点治理实现的。首先是道德领域突出问题的治理。道德底线失守引发社会愤恨，"好人难做""宁做路人""与己无关"正成为很多人拒绝帮助他人的借口，这导致人们不满情绪和不安情绪的产生。因此，道德领域的治理成为化解负面社会情绪的着力点。十八大报告中明确提出，"深入开展道德领域突出问题专项教育和治理，加强政务诚信、商务诚信、社会诚信和司法公信建设"，这开创了党进行道德治理的新起点。其次是对行政权力的治理。习近平指出，"要加强对权力运行的制约和监督，把权力关进制度的笼子里。"①权力的腐败导致人们的"仇官"心理，威胁到党的执政基础；而繁琐又复杂的行政审批程序，又容易导致人们怀疑政府的办事能力，并产生急躁、反感的情绪。故本届政府在 2013 年、2014 年、2015 年的首次常务会议上，都把"简政放权"作为重要考虑。"简政放权"用李克强的话说，就是政府"不做竞技场的'收票员'和'运动员'，而是做好'裁判员'。"②2015 年 5 月 12 日，国务院批准《2015 年推进简政放权放管结合转变政府职能工作方案》，涵括了人们社会生活的主要领域。这将有效治理政府各个部门办事拖沓、冗杂、繁琐等现象，也极大的促进了社会情绪的疏导。

十八大以来中国共产党在疏导社会情绪中的实践，是新时期党执政方针的体现，是把马克思主义的发展观、群众观、社会观等与现阶段中国发展面临的新问题、所表现出的社会形态积极有效结合的产物，体现了中国共产党执政思维的与时俱进，执政方式的时代创新，并深深根植于全心全意为人民服务的根本宗旨之中。

---

① 习近平：《习近平谈治国理政》，外文出版社 2014 年版，第 154、156、164、153、388 页。

② "李克强会见出席中国发展高层论坛 2015 年年会境外代表并座谈"，《人民日报》2015 年 03 月 24 日 01 版。

■石文龙①

"把权力关进制度的笼子里"对我国法治文化建设的影响

上海师范大学哲学与法政学院　200234

"把权力关进制度的笼子里"简称为"笼子论"。2013年1月22日,习近平总书记在党的第十八届中央纪律检查委员会第二次全体会议上发表重要讲话,他提出"要加强对权力运行的制约和监督,把权力关进制度的笼子里,形成不敢腐的惩戒机制、不能腐的防范机制、不易腐的保障机制。"这是习近平关于"把权力关进制度的笼子里"思想的最初来源,我们将这一思想概括为"笼子论"。习总书记的这一讲话体现了中央高层对加强权力运行监督的重视及制度反腐的决心,对党风廉政建设以及法治社会建设均具有重要的意义。

一、"笼子论"的提出是对性善论的积极性扬弃

在传统文化中,我们首先假定官员是国家的道德楷模,他们经过了国家长期的培育,因此是不会轻易犯错误的。传统中国社会的治国思想是儒家思想,"性善论"则是中国传统儒家思想的重要内涵。由此"德主刑辅"就成为是汉初以来中国传统社会治国理政的基本方式,即从汉武帝开始,无论在立法的指导思想,还是治理方面,主张

---

① 作者简介:石文龙,上海师范大学哲学与法政学院教授,法学博士,英国牛津大学访问学者。研究方向:宪法学,法理学,当代中国法制建设研究。

用道德教化作为训导臣民的主要手段,刑法作为必要的补充以及辅助。"性善论"有积极的作用,但是对现今法治建设具有负面影响,这一负面影响表现得最严重的就是人们因过于相信权力自身的良性运转,忽略了在制度设计中强化对权力的制约,这一理念造成了现实生活中的权利常常受到权力的侵犯。目前,因这一传统思想的影响,我们的思维仍定势在"性善论"的泥潭而不能自拔,看不到"性恶论"在法治中的价值,以至于"好人"思想在我国社会评价系统中仍具有很大的市场。事实上,人本身就兼具"性善"与"性恶",纯粹的"性善"与"性恶"是不存在的,都是对人性有效但极端的认识。

在法治建设包括制度建设中,我们有必要引入西方世界的"性恶论"思想,所谓"坏人假定"思想。基督教文化中的一个重要理论就是"原罪说",认为人生来是有罪的。西方经济管理学中有个著名的 X理论,该理论认为:人向来都是自私的,生来就以自我为中心,漠视组织的要求,必须严加监督与控制。奥地利经济学家哈耶克认为:"制度设计关键在于假定,从'好人'的假定出发,必定设计出坏制度,导致坏结果;从'坏人'的假定出发,则能设计出好制度,得到好结果"。西方政治学也有一个有名的假定:"政治无赖假定",即若无监督,官员必定无赖,权力必定导致腐败。也就是承认人性是有弱点的,先假定每个人都有贪欲的原念,在缺少制约的情况下,任何好人都可能变为坏人,这在反腐败斗争的深入的今天,已经成为一个不证自明或者说无须证明的一般的社会常识。美国大法官霍姆斯也有一个著名的"坏人理论",即要从"坏人"的角度去看待法律。正是因为人性恶,是坏人,会做坏事,为了禁止坏人做坏事,让坏人做不成坏事,所以才需要制定各种法律规则。与此相应,西方还有"国家是一种必要的恶""政府是必要地恶"以及权力是一种"必要的恶"之说。其中,"国家是一种必要的恶"这一观点是霍布斯提出的,"政府是必要地恶"是潘恩在其著作《常识》中提出的。

中国有句俗语叫做"先小人后君子",这句名言在民间,人们还常常表达为:"咱们先把丑话说在前面",这句俗语同样是我们法治与其他制度建设中的金科玉律。我们认为在法治建设中仅有"善"是不够的,以"性善论"出发设计法律,法律必衰。相反,从"性恶论"出发设计法律,法律才有可能科学、合理,这就是制度建设,包括立法中的"先小人后君子",这对我们的制度建设同样具有特别重要的意义。

在现实生活中的具体制度上,诸如异地任职、异地管辖等都是建立在对官员"不信任"的基础而设计的制度。新修改的《中华人民共和国行政诉讼法》(2015年5月1日实施)进一步把"行政权力关进笼子"里。其中,管辖制度的新《行政诉讼法》的重点内容之一,诉讼管辖问题修改可以避免权力的干预,避免地方保护主义,因为公正的管辖决定公正的判决。该法第15条规定了对国务院部门或者县级以上地方人民政府所作的行政行为提起诉讼的案件由中级人民法院管辖。新法第18条第2款经最高人民法院批准,高级人民法院可以根据审判工作的实际情况,确定若干人民法院跨行政区域管辖行政案件。① 这些规定属于行政诉讼异地管辖,其好处是有利于增强案件审理透明度,增强法院裁判的权威性,能够确保法院及时、公正地审理案件,有利于保护原告的合法权益。在西方的议会内阁制国家,议会对政府(内阁)可以提出表示不信任的议案,又称不信任决议案。这一制度起源于英国,是议会监督政府的一种重要方式,一般是在议会对政府的政策和施政方针持不同意见时提出。在议会内阁制国家,当议会通过对政府的不信任案时,政府必须总辞职,或依法提请国家元首解散议会,重新改选,由新议会决定政府的去留,等等。著名学者林语堂有段名言:"一个简单而无情的事实是,如果你把这些官员当作正人君子,正如中国人所做的那样,结果只有十分之一的人会成为真正的君子,十分之九的人会成为无赖、骗子和窃盗。"在政治制度设计,个人的道德自律是需要的,但表示唯一的,因为个人的道德自律往往是不可靠的,所谓"最不像贪官"也可能是"披着羊皮的狼"。在干部监督体制的改革和深化中,如果从"坏人"的假定出发,"先小人后君子",以刚性的外部制度约束官员的权力行为,并对干部进行全方位的监督,那么官员们的行为就随时随地置于群众怀疑的眼光之中,置于更加严密有力的监督之下。可喜的是,中共中央在

---

① 《中华人民共和国行政诉讼法》第15条、第18条。

2004年1月的党风廉政建设工作会议明确,今后反腐战术要作"三大转变",其中一条是"由事后监督为主转向事前监督为主"。将预防的环节放在法律和制度创制之前,给官员来个"小人假定",在考虑制度安排的出发点时当然就只能从人有可能为恶的现实假设着眼,而不是把制度设计建立在圣人"性善论"的理想假设上。

因此,根据我们以往的种种生活经验与政治实践,我们不得不承认这样一个几乎已被公认的铁律,那就是再高尚的人,他的权力也要受制约;再平庸的人,他的权利也要有保障。因此,制度建设中同样存在着"先小人后君子"规则,这一日常生活中的智慧值得我们借鉴与运用。

二、"笼子论"的提出有助于国家以制度建设替代传统治理中的"清官依赖"

制度最一般的含义是指要求大家共同遵守的办事规程或行动准则。制度的类型很多,范围很广。就制度所涉及的领域而言,制度可以分为政治制度、经济制度、法律制度和文化制度等。在经济制度领域还有企业制度、公司制度等等。根据其重要程度而言,制度可用分为根本制度、基本制度与具体制度等等。制度在社会文明中具有重要的作用,制度建设也是当前国家建设的重要内容,因为制度文明是人类社会文明的重要内容之一。十八大报告非常强调制度建设,提出:"要把制度建设摆在突出位置",在关于制度体系建设的论述中,十八大报告提出要"坚决破除一切妨碍科学发展的思想观念和体制机制弊端",这一表述指明了我国制度建设的方向与目标。

"把权力关进制度的笼子里"必然强调了制度的作用,这对我国现实法治社会中"清官依赖"等现象是一种扬弃。清官,现有字典将其解释为:"1.清官即清资官,或称清职。2.清朝的官吏。3.公正廉洁的官吏。4.在坏体制下,做好事的官。5.能为民请命的人。"[1]在本文语境中的清官不是指无所事事的官员,也不是纯粹地指清朝的

---

① 参见百度百科: http://baike. baidu. com/,最后登录时间: 2017年3月10日。

官吏,故现实生活中所说的清官,主要是指公正廉洁的官吏,在坏体制下做好事的官,能为民请命的人。所谓"清官依赖"就是指老百姓对清官政治的向往与在具体的是非曲直事务上对清官的依赖。这些"清官"以包拯和海瑞等为代表,其中包拯又以"包公""包青天"的独特形象成为家喻户晓的人物。

如何对待清官?清官在中国历史上产生了重要的社会影响,成为中国传统政治的重要内容之一,其积极的作用即使在今天仍然是不可抹杀的。因此,不应对"清官"采取全盘否定的态度,而应当吸收精华,剔除糟粕,将其转化为现代法治的精神营养。

无疑,清官文化具有积极的因素,我们应充分吸收清官所体现的优秀价值。包括:高尚的道德品质与职业情操,刚直不阿、不避权贵的精神勇气,为民请命、体恤百姓的"爱民"思想,内心自然形成的"人命关天关地"的社会责任感,铁面无私的精神品格,等等。

清官的这些精神品格是难能可贵的,即使在21世纪的今天也是怎么评价都不为过的,特别是"人命关天关地"的社会责任感等,这不仅是今天司法人员加强自身修养的重要内容,而且清官这一精神价值对于目前社会存在的"道德缺失""道德滑坡"等现象具有一定的弥补价值,可以转化为"以德治国"的重要内容。因此,清官的道德价值有发扬光大的一面。

我们必须同时看到"清官依赖"对中国的法治建设造成了负面影响,总体而言这些负面影响表现在:

1. 清官是人治社会的独特产物,清官政治具有时代局限性。"清官依赖"的产生,更多的是依赖道德对个人的感化,而非制度对官员的塑造。"清官"实质上是道德的化身,其强调的是个人的人格魅力;其情结是道德治国,而非"依法治国"。清官情结是以制度缺陷的代价换来的,只要有人治和特权就会有清官情结的存在。① 因此,这种"清官"意识带有封建思想的消极因素,如果我们的干部甘于以清

---

① 洪冬英:"从诉讼法视角看'清官情结'",《检察风云》2005年第15期,第52页。

官自居,就会把社会主义社会中的人民公仆混同于封建时代的"造福于民"的"官老爷"。

2. 人民当家做主是社会主义民主政治的本质和核心。将社会公平、正义与幸福生活的希望毫无保留地寄托在明君或者清官身上,是封建臣民的自然选择,而不是现代公民的主要手段。因为这样的法文化,不是靠人民的力量去建立一个公平的法治社会,而是将自己的权利视为皇帝的恩赐,希望社会出现"清官"来"替民做主"。长期以往,在人们的思想中,就形成了渴求"清官政治"的思维定势。民众将政治的清明寄托在清官身上,这只会导致民众自主意识和独立人格的萎缩,使自己日益远离国家政治生活,对统治者产生强烈的依附。

3. 就现代政治而言,靠几个清官或者清官群来维护社会正义,其影响范围以及社会效果都非常有限。清官的政治生命力是有限的,清官政治毕竟只是治理国家的一种低级形式,更多地是依靠当权者的个人品质和能力,带有很大的主观性和随意性。[①] 同时,清官情结也模糊了人们对专制制度的注意力。人们关注得更多的是人,而不是制度。当出现危机时,不是从制度上去探求原因,而是期盼"圣人""贤臣"来化解危机[②]。因而依法治国,推进社会主义民主政治与法治建设,靠社会主义制度实现社会公平、正义与人民的幸福生活,才是最有效的社会途径。

因此,"窦娥情结"与"清官政治"作为中国传统政治文化的重要组成部分,虽然有合理的内容,但总体而言,与现代法治的精神与要求相去甚远。在加强法治建设的进程中,我们要自觉"扬弃"这一传统文化所包含的消极因素。

三、"笼子论"与当前制度建设的思想障碍值得重视

制度建设是理论性、实践性、操作性极强的学问,当前妨碍我国

① 侯杰、范丽珠:《中国民众意识》,山西教育出版社 1999 年版。
② 王燕、唐爱芳:"清官情结探析",《理论月刊》2003 年第 1 期,第 127 页。

制度建设的思想观念需引起高度重视,这些因素包括制度形式主义、制度工具主义和制度万能主义或制度全能主义等,这些思想已经严重地影响我国制度建设的进程与最终效果。

1. 制度形式主义:制度建设的第一顽症。所谓"制度形式主义",就是仅仅将制度作为形式,挂在墙上装潢门面,不强调制度的落实与持之以恒的实施。这是弥漫于当今中国社会的一股"毒瘤",其由来可谓"源远流长"。学者也在反思"制度为何会异化成形式主义",认为"人们对制度却有着种种难言的复杂心情,无奈、叹息、遗憾、抱怨等等,这是理论与实践的悖反现象。"①在他看来,形成制度异化成形式主义的情形大约有以下几种:第一,设立制度是为了应付上级检查,在设计时本来就不打算实行的制度。第二,设计缺少人性化、难以坚持的制度。第三,执行制度不公正也是导致制度异化成形式主义的一个根源。

事实上,制度形式主义的形成还有重要的历史因素、文化因素与制度创新的能力因素等。由于中国长期的专制社会、熟人社会、人情社会等历史因素的影响,全社会缺乏遵守制度的传统,包括对于法律,全社会同样存在着缺乏遵法守法用法护法的传统。简单如红绿灯制度就可以说明这一问题。这是一个长期性的问题,需要在社会发展中予以改变。但是制度创新的能力因素值得我们予以改进与提高。

高效的制度执行力源自于良好的制度制定。制度形式主义形成的现实因素是制度设计本身不科学、不合理,这也是现有制度在制定中存在的主要问题之一,表现为:第一,制度中有原则性规定,没有具体化的操作。在规章制度中有实质性的规定,但是缺乏程序化的内容,缺乏具体的执行程序,包括具体的执行主体和监督检查措施,使得制度难以落实与操作。第二,制度的设计与法律相冲突。宪法、法律是适用于全国的规范性文件,制度设计不能与法律相冲突。但是很多部门制定的诸如工作多少年之内不得结婚,大学生不允许结婚等制度直接违反了《婚姻法》,属于无效的制度,其结果是直接导致

---

① 万晓庆:《学习时报》,2007年6月12日。

315

"把权力关进制度的笼子里"对我国法治文化建设的影响

了对于制度本身的质疑以至于难以执行甚至不能执行。第三，制度设计中提前预设了"漏洞"。也就是说在一开始的制度设计中，就"创造"了不执行的空间，如出台的禁令不是用"一律"而是常常使用"一般"这一术语，就"领导干部不出席剪彩庆典"而言，其目的是让各级干部从百般应酬中解脱出来，但是最终成为省级领导一般不出席各种剪彩。如相关文章《湖北省委：省领导一般不出席剪彩奠基首发式》①就反映了这一现象，等等。第四，制度与制度之间、制度与纪律、道德之间形成冲突。我们将制度与制度之间的冲突称之为"制度打架"。这样的例子不胜枚举，如果实现这样的制度将形成混乱，使得制度不能实行。

旧制度经济学的代表人物康芒斯认为制度就是"集体行动控制个人行动"，制度如果不能成为"集体行动"成为每个人的行动，就失去了制度的功能而成为形式。上述因素必将逐渐瓦解制度的作用，消解人们对于制度的正常信任与期待，并使得制度形同虚设，久而久之，制度被"束之高阁"成为"摆设"。因此，在制度建设中要加强制度建设的科学性、可行性与合理性，不能把制度建设只是作为政绩工程的一个"亮点"与摆设，为此，对制度的建立需要建立相应的程序，所谓"立法程序"，对制度的提出、草案的形成、通过、执行等要有相应的规则约束，否则就会出现"立得快、废得快"的现象。

2. 制度工具主义：妨碍制度建设的关键因素。制度工具主义就是将制度作为"工具"，忽视了制度本身所具有的公平正义等价值。在法律上理解为所谓的"刀把子"。对此，法学界曾对法律工具主义形成较多的论述，如有学者认为"提出法律工具主义是一种关于法律本质和法律功能的法学世界观和法学认识论。它强调在社会系统中，法律只是实现一定社会目标的工具和手段。"②另有学者提出了法律工具主义有如下观点：第一，法律是阶级工具论。第二，法律是

---

① 湖北省委："省领导一般不出席剪彩奠基首发式"，《光明日报》，2001 年 10 月 18 日。

② 谢晖："法律工具主义评析"，《中国法学》，1994 年第 1 期，第 50 页。

经济工具论。第三,法律是国家工具论。第四,法律是政策工具论。第五,法律是道德工具论。法律工具主义的特点是,只看到或仅承认法律的工具性价值,而看不到或不尊重法的伦理性价值……其消极的破坏性后果是显而易见的。[①]

由于长期封建社会的影响,我们不知不觉地形成了制度是用来管理老百姓的思想,古代就有"刑不上大夫"一说,以至于今天还有"法律是管老百姓的,与领导干部无关"的现象存在。可见,"官本位"或者说"官本主义"是形成制度工具主义的主要因素。既然法律只是手段和工具,那便是可以用也可以不用的。讲法制和法治是必须讲民主、讲程序的。讲法制使工作"束手束脚",讲民主、讲程序导致"效率不高"。这正是在一个很长时期里,以长官意志代替法律,以党的政策代替法律的主要认识根源。为此,反对官本位,形成法律面前人人平等的观念、制度是我国制度建设中需要常抓不懈的大事。

制度工具主义难以使人们形成对制度的科学认识、情感与态度,是妨碍制度建设的一大顽症,需要通过各种方式、途径予以纠正。

3. 制度万能主义或制度全能主义。制度万能主义就是过分夸大了制度的作用,将制度视作无所不能之物,忽视了道德的、政策的、文化的等多种因素对社会的调节作用。在立法、守法、执法、司法、监督等法制建设的整个环节中,单方面地强调立法的作用。制度万能主义者往往陷入"制度崇拜"的泥沼。

制度包括法律制度本身具有局限性,制度一经制定就具有滞后性、保守性等特点,特别是作为正式制度的法律。例如法律因注重形式,如证据、时效等而与客观真实存在着一定的差距,还有法律基础设施的局限、法律实施条件的局限性等。对此,美国学者认为:"尽管法律是一种必不可少的具有高度裨益的社会生活制度,但它像人类创建的大多数制度一样,也存在着某些弊端。如果我们对这些弊端不引起足够的重视或者完全视而不见,那么,它们就会发展为严重的

---

① 李步云:"'五个主义'的摒弃与中国法学未来",《现代法学》2009 年第 5 期,第 5 页。

操作困难。"①中国古人云："徒法不足以自行"，这一古代的法治精神在今天仍然具有极为重要的价值。"徒法不足以自行"其精神实质是说法律具有局限性，认为法律并不万能。法律万能主义要不得，就如同不能陷入民主迷信一样，法律迷信、法律崇拜情结同样要不得。法律迷信、法律崇拜情结因过于夸大了法律的作用，其结果是反而影响了法律在现实生活中的运行。

因此，要求科学地对待制度包括法律，一方面，制度包括法律只是社会调整众多手段中的一种，而不是唯一，其他手段还有政治的、道德的、经济的、行政的等多种方式、方法，其次，制度的运行是一个系统过程，就法律而言包括了立法、执法、司法、法律监督等等多个环节，因此，制度是一个系统，不能孤立地看待某一项制度，应当确立全面的、系统的制度观。

"笼子论"的提出对我国法治建设具有积极的意义，当前，无论是反腐倡廉还是法治建设均要求我们将制度建设摆在突出的位置，以制度文明实现中华民族的伟大复兴。

---

① 博登海默：《法理学：法律哲学与法律方法》，华夏出版社 1987 年版，第419 页。

■ 李　盟

司法独立原则的发展与中西方差异

——浅谈中国特色司法独立的道路

（上海师范大学　上海　200234）

　　2017 年 1 月 14 日，中华人民共和国最高人民法院院长周强在全国高级法院院长会上讲话中指出，要坚决抵制西方"宪政民主"、"三权分立"、"司法独立"等错误思潮，要敢于亮剑，决不能落入西方错误思想和司法独立的"陷阱"，坚定不移走中国特色社会主义法制道路。此言一出，关于"三权分立"、"司法独立"的讨论一时间又甚嚣尘上。

　　那么，到底西方思潮中的"司法独立"是怎样的思想，又与中国特色社会主义法制道路有哪些异同，中国是否需要西式司法独立思想？是否存在求同存异之路？笔者在此就该问题展开研究与探讨。

（一）西方司法独立原则的发展与国际现状

　　司法独立（judicial independence），该概念诞生于近代西方资产阶级革命，随着法学研究的发展成为众多现代国家法制基础的一项重要原则。是法律发展至今，被法学界所共同认可，并为国际社会所接受的一个重要法律概念和法律术语。其被一般人所接受的含义主要是指法院，特别是法官个体依照法律进行独立审判，不受其他因素的干扰和影响。

　　西方司法独立的思想脱胎于"三权分立"的理论，而"三权分立"理论则起源于古希腊学者亚里士多德率先提出的"政体三机能"学说："三者之一为有关城邦一般公务的议事机能；其二为行政机能；其三为审判(司法)机能。"①该学说在古罗马时期由波比里阿和西塞罗继承和发展,并进一步提出国家权力应该相互制衡的理论。到了近代,在英国的约翰·洛克首创分权理论后,最终由法国启蒙思想家孟德斯鸠在《论法的精神》一书中明确提出了三权分立理论,即每个国家都拥有三种权力:立法权、行政权和司法权,且这三种权力必须独立且相互平衡制约。孟德斯鸠的理论后经汉密尔顿等人的完善,进一步表达为"三权制衡"。

"三权分立"理论得到了广泛认可,并在美国独立建国时期得到了实践,美国立宪时,汉密尔顿认为"立法、行政和司法权置于同一人手中,不论是一个人、少数人或许多人,不论是世袭的、自己任命的或选举的,均可公正的断定是虐政。"②对世界范围内的法学理论和政治制度都产生了深刻的影响。其后该项政治制度在西方国家进一步推广和落实。由此,我们也可以得知,三权分立的目的主要是为了防止暴政,而并非提高效率。

西方的司法独立就属于"三权分立"中关于司法权的问题。西方法学界对于司法独立也没有统一的定义,日本《新法律学辞典》概括了西方法学界关于"司法独立"的特定含义:(1)独立行使司法权,只受宪法和法律的约束;(2)司法权完全独立,不受立法权、行政权的任何干预和束缚;(3)法律上司法不受其他国家机关(包括总统)和任何政党的监督和管理;(4)司法权行使时,不受其他任何事物和形势的牵制和影响;(5)在审判案件中审判权完全独立,不受任何人指挥和命令的拘束;(6)保障法官独立性,按照宪法的规定,"所有的法官依据良心办案",为维护司法权的独立,承认对法官特别强的地位保障和身份保障。这六个方面,大致涵盖了西方国家"司法独立"的要点,但也不是每个国家都能完整的做到这六点,不同国家根据需要亦有不同表述或调整。但可以看出其来源于"三权分立"理论,针对司法

① 亚里士多德:《政治学》,商务印书馆1981年版,第215页。
② 【美】汉密尔顿、杰伊、麦迪逊:《联邦党人文集》,程逢如等译,商务印书馆1980年版。

权要与立法权、行政权分离开来,相互制衡的定义,我们可以将其理解成司法独立就是要求独立审判,不受行政或其他因素的影响,而审判过程主要是由法院、法官来完成,所以可以概化为法院、法官在审判过程中不受其他因素的影响,依照法律进行独立的审判活动。

现今世界,司法独立原则得到了众多国家的认可,并以不同形式载入各国宪法,作为现代法制的重要原则,其地位得到了确立。而现代国家对于司法独立地位的确立主要分为两种形式。

1. 宪法中明文规定司法独立,这种形式主要存在于如德国、日本、俄罗斯等大陆法系国家。例如《德意志联邦共和国基本法》第 97 条第 1 款规定:"法官独立行使职权,只服从法律。"《日本国宪法》(昭和宪法)第 76 条规定:"一切司法权属于最高法院及按照法律规定设置的下级法院。""所有法官依良心独立行使职权,只受本宪法及法律的约束。"另外还有部分国家在宪法中将司法独立的适用不仅仅局限于法院、法官,还扩大到检察机关等其他相关司法主体。如意大利宪法、南非宪法等,均可视为在宪法中明确规定了司法权的独立以及归属问题。

2. 宪法中没有对司法独立做出明文规定,而是承认三权分立为国家政治制度并规定司法权属于法院,这种形式主要存在于英美法系国家的宪法之中,如美国、英国、加拿大、澳大利亚等国家。以美国为例,1787 年的《美利坚合众国宪法》第 3 条第 1 款规定:"合众国的司法权属于最高法院以及由国会随时下令设立的低级法院。"

在司法独立以不同形式固定于众多现代国家的宪法性原则之后,随着全球化政治文化的交流越来越频繁,司法独立原则进一步成为国际条约、协定中的一项重要内容。1948 年 12 月通过的《世界人权宣言》第十条规定:人人完全平等地有权由一个独立而无偏倚的法庭进行公正的和公开的审讯,以确定他的权利和义务并判定对他提出的任何刑事指控。此后,1966 年 12 月的《公民权利和政治权利国际公约》,1982 年国际律师协会通过的《司法独立最低标准》,1983 年第 7 届联合预防犯罪和罪犯待遇大会通过的《关于司法机关独立的基本原则》,联合国经济及社会理事会于 1987 年通过的《关于司法独立的基本原则:实施程序》都一步步将司法独立原则作为一项国际性要求落实展开。

（二）西方司法独立思想对中国的影响及其现状

司法独立原则对中国产生的影响要从清末年间孟德斯鸠等人的分权理论传入中国说起。由此影响了当时社会的一批学者和先进人士如沈家本、伍廷芳、章太炎以及梁启超等人。

沈家本认为裁判独立是司法独立的核心内容，伍廷芳也提出"所谓司法独立，专指审判官之独扼法权，神圣不可侵犯"。梁启超认为："自1778年美国独立，建新政体，置大统领及国务大臣，以任行政；置上下两院，以任立法；置独立法院，以任司法；三者各行其权，不相侵压，于是三权鼎立之制，遂遍于世界。"①当时的以梁启超等人为核心的维新派主张以三权分立为基础建立君主立宪制国家。于是在著名的"戊戌变法"期间，清政府颁布《预备立宪先行厘定官制谕》，改刑部为法部，大理寺为大理院，分别专职司法与审判，出现了将司法权划分为司法行政权和司法审判权的情况。但随着"百日维新"以失败告终，近代中国首次关于司法独立的尝试也随之流产。

1911年"辛亥革命"的爆发推翻了腐朽清王朝的统治，随之而来的中华民国时期也进行了法制改革，1912年颁布的《中华民国临时约法》就对司法独立原则进行了阐述，对审判机构的组织体系、法官个体的能力要求均作出了规定，但都相对简略，且受限于近代中国社会环境及人民生活条件问题导致缺乏实践。之后随着袁世凯窃取革命胜利果实行倒行逆施之事，甚至导致法制的再次退步。

历史的进程行至1936年南京国民政府时期，随着国民政府颁布《中华民国训政时期约法》，三权分立的思想在当时的中国表现为"行政、立法、司法、考试、监察"五种治权，由国民政府行使，并保证了国民党统治的稳定性和合法性。这一时期，由于国民党掌握了巨大的权力，即使在训政时期结束之后，提出的《中华民国宪法草案》中对司法独立原则进行了一系列规定，包括法官独立及其保障、司法院对宪法的解释权、法律的解释权等，在缺乏对国民党权力监管情况下，国

---

① 梁启超：《梁启超法学文集》，中国政法大学出版社2000年版，第17页。

民党党员、官员干涉司法审判的情况屡见不鲜,司法独立的规定实践困难,名存实亡。近代中国关于引进三权分立制度,进行司法独立的尝试均以失败告终。

中华人民共和国成立后,全面否定了南京国民政府时期的法律,展开对社会主义法制道路的探索,但并没有涉及关于司法独立的内容。1954年颁布的宪法规定了法官审判只服从法律,但缺乏实践保障。进入动荡的文革十年之后,新中国的法制建设更是遭受了毁灭性的打击,对司法独立的探索更是无从谈起。文革结束后,随着拨乱反正的进行,1978年、1979年、1982年都对宪法进行了修订,最终在1982年的《中华人民共和国宪法》第126条规定:"人民法院依照法律规定独立行使审判权,不受行政机关、社会团体和个人的干涉。"使得新中国法制在司法独立方面的探索进入了一个有宪法保障的新阶段。20世纪90年代之后,在改革开放的春风吹拂下,随着新中国经济实力的提升,对法制建设的探索也逐渐取得了巨大的成就,关于在社会主义法制建设道路上对司法独立的探索也逐渐走出了一条不同于西方以"三权分立"为基础的道路。

(三)中国特色社会主义法制体系中的司法独立

回到文首中提到最高人民法院周强院长提出的要敢于向"西方错误思潮"中的"司法独立"亮剑的内容,有一个很重要的点我们要清楚,周院长的意见是针对"西方错误思潮",即是针对前文介绍过的以"三权分立"为政治基础而提出的"西式司法独立"。而新中国在宪法中规定的司法独立属于中国特色社会主义法制的司法独立。

新中国法制建设经过几十年的发展之后,在关于司法独立方面现有《宪法》第126条规定:"人民法院依照法律规定独立行使审判权,不受行政机关、社会团体和个人干涉。"第131条规定:"人民检察院依照法律规定独立行使检察权,不受行政机关、社会团体和个人干涉。"另有《人民法院组织法》《人民检察院组织法》以及民、行、刑三大诉讼法在此方面的类似规定。党的"十八大"和十八届四中全会提出的司法改革的重点之一,是人民法院和人民检察院"依法独立公正行使审判权和检察权"。关于这一重点,我们可以看一下最近一次权威

的官方表述口径,来源于 2014 年一次官方答记者问①:

香港大公报记者:四中全会提出完善确保依法独立公正行使审判权和检察权的制度,这和司法独立有何区别?

姜伟:"司法独立"的概念是根据一些国家三权分立的政体提出来的。我们国家实行的是议行合一的人民代表大会制度。人民代表大会不仅是立法机关,而且是权力机关。人民法院、人民检察院由人民代表大会产生,对其负责,并受其监督。所以在这个意义上讲,我们提出"依法独立公正行使审判权、检察权",与"三权分立"政体下的"司法独立"是两回事。我国高度重视为司法机关依法独立公正行使职权提供有力制度保障。党的十八届三中、四中全会都对确保依法独立公正行使审判权和检察权作出具体部署,提出一系列重大举措和改革要求。四中全会《决定》明确要求"任何党政机关和领导干部都不得让司法机关做违反法定职责、有碍司法公正的事情,任何司法机关都不得执行党政机关和领导干部违法干预司法活动的要求。"

从官方发言我们可以看出在意识形态领域新中国不可能承认现在一些学者吹捧的西式"司法独立",而是"确保依法独立公正行使审判权检察权"。同时也说明,周强院长的发言其实并非新论调,而是将新中国一贯的主张更直白地表达出来了而已。

中华人民共和国作为社会主义国家,不同于西方资本主义社会,其政体是"人民代表大会制度",故司法制度也必须体现"人民代表大会制度"的这种政体。按照《宪法》第 128 条和第 133 条规定:人民法院和人民检察院由各级人民代表大会产生,向同级人民代表大会负责并报告工作,接受人民代表大会的监督。保障人民实际上而不是形式上当家作主。这是一种前无古人的新型政治体制,凝聚了中华民族特有的智慧,以实事求是的精神,将中国哲学思想、国家实际情况与马克思主义结合在了一起。要切实体现出"工人阶级领导的、以工农联盟为基础的人民民主专政的社会主义国家"的国体性质,以及

---

① 《中央司改办负责人姜伟就司法体制改革答记者问》,法治网,2014 年 10 月 31 日。

落实"一切权力属于人民""人民依照法律规定,通过各种途径和形式,管理国家事务,管理经济和文化事业"等最高宗旨,其司法制度必然要有别于西方资本主义社会的法学思想。所以在中国提倡搞西式的"议会制""司法独立"乃至"三权分立"是与现行国体、政体矛盾的一件事。

(四)中西方司法独立原则的差异

经过前文对中西方司法独立原则的发展和现状的介绍,我们可以归纳出如下几点中西方司法独立原则的差异:

1. 司法独立的理论与政治基础不同

新中国在 1982 年对宪法进行修正后,明确了要走一条新的法制建设道路,同时在发展过程中也不忘学习西方先进法治思想。但是这样做有一个前提就是首先自身立场就得明确,意识形态要清晰。就像诸如美国等资本主义国家,其联邦宪法中亦透露着对自身意识形态问题的宣扬及维护,其脱胎于"三权分立"理论的司法独立原则是建立在资本主义国家国情上的。而我国是以马克思主义为思想指导,结合自身国情,在党的领导下建立起来的具有中国特色的社会主义国家,采取的是议行合一的原则,国家权力由人民代表大会行使,司法机关由国家权力机关产生,对"人大"负责,并受其监督,这一点其实就是说明了新中国的司法独立与西式司法独立的理论与政治体制基础本质是不一样的,而我们的道路也证明了这世上并不是只有西式司法独立这一条道路。可以说,本文所述的"司法独立原则",其实是两种意识形态碰撞的一个战场。我们在司法权方面的探索即是对意识形态的考量,也是立足国情的选择,更是对政治制度文明的探索。正如习近平总书记在讲话中说道:中国特色社会主义实际上是为人类对更美好制度的探索提供了中国方案。

所以中央在明确这一点的情况下,多年来一直强调意识形态建设,这是对国本的维护。就像前文中所述那样,新中国的国体、政体乃至经济基础与西方资本主义国家都不一样,在地基都不同的情况下,适用别人的上层建筑如同要搭建空中楼阁一样。事实也证明,新中国走过了这么多年的改革之路,包括法制建设都成果斐然。而在十八大深化改革的号召下,对"确保依法独立公正行使审判权检察权"必然会有更多的理论探索和研究。

2. 司法独立的范围相对不同

目前来说,根据其他国家的宪法和司法实践情况,国外司法独立较少受外界制约,即法官独立审判,只服从宪法和法律,其他任何权力不得干预法官的审判。

根据我国宪法及相关法律规定,我国法院和检察院依法独立行使审判权和检察权,不受其他行政机关、团体和个人的干涉,但其独立性是相对的。首先司法机关要接受党的领导,我国宪法的一项原则就是党领导社会主义各项事业建设,自然包括司法工作。另外司法机关还要接受权力机关也就是人民代表大会的监督。

在这个问题上,有一点需要明确的就是党的领导主要是政治、组织以及方针、路线上的领导,原则上不能干涉审判及对案件的处理。这一点在1979年《中共中央关于坚决保证刑法、刑事诉讼法切实实施的指示》中就指出:加强党对司法工作的领导,最重要的一条,就是切实保证法律的实施,充分发挥司法机关的作用,切实保证人民检察院独立行使检察权,人民法院独立行使审判权,使之不受其他行政机关、团体和个人的干涉。还宣布"中央决定取消各级党委审批案件的制度"。1986年在《中共中央关于全党必须坚决维护社会主义法制的通知》中再次重点强调:"司法机关党组提请党委讨论研究的重大、疑难案件,党委可以依照法律和政策充分发表意见。司法机关应该认真听取和严肃对待党委的意见。但是,这种党内讨论,绝不意味着党委可以代替司法机关的职能,直接审批案件。对案件的具体处理,必须分别由人民检察院和人民法院依法作出决定。"

所以,党的领导是意识形态领域的领导,是方针路线的领导,并不是干涉审判、检察工作。在此条件下,我们说我国的司法独立范围与西方有着相对不同。

3. 司法独立的主体不同

西方国家的司法独立其独立的主体主要是指法官个人的独立,西方学者认为:"法官是法律帝国的王侯""法官不服从任何权威""法官的职权高于一切""拒绝政治、道德渗入"。为保障法官的特殊身份,维护其职位特殊性:(1)实行职位终身制;(2)享有特殊待遇,实行高薪制;(3)要求法官非政治化、非政党化,对政治取中立立场;(4)法官具有"造法"职能;(5)有职务豁免权,非经本人同意,不得解职、升级等调动,无法定事由和弹劾程序,不被逮捕或起诉。

我国司法独立的主体则是指法院、检察院的独立,而不是法官、检察官个人的独立。法院和检察院内部还分设审判委员会和检察委员会。而根据法律规定,我国主要设有三种拥有独立审判资格的主体:独任法官、合议庭和审判委员会。另《刑事诉讼法》第 180 条规定:对于疑难、复杂、重大的案件,合议庭认为难以作出决定的,由合议庭提请院长决定提交审判委员会讨论决定。审判委员会的决定,合议庭应当执行。由此可见,合议庭是我国主要审判组织。1995 年 8 月在北京召开的第六届亚太地区首席大法官会议上通过的"北京宣言"文件全名也是《亚太地区司法机关独立基本原则的北京宣言》,从我国在国际文件上的用词为司法机关独立(Independence of the Judiciary)而非司法独立(judicial independence)我们也能看出我国在这一点上与西方的明显不同。

由于我国法制建设道路颇为曲折,司法人员的素质培养及人才储备与历经几百年法学发展的西方不可相提并论,且西方发达国家对于法官的选任亦是十分严苛的,例如英国,法官全部从律师中选拔,低等级法院法官需要律师执业七年以上,而在高等级法院任职法官更是需要律师执业十年以上,整个英国只有 1500 名法官,高等级法院的法官一般都被授予了贵族爵位,社会地位极高。① 所以在此条件下,我国在司法独立主体的确立上采取将法院、检察院作为整体而独立也是根据实际情况的一种方式。

(五)中国特色司法独立道路的几点思考

1. 坚定立场,发展研究,改善关系

我们要坚定自身社会主义立场,继续坚持党的领导,加大力量发展自身法学理论研究和法制建设,改善司法独立与党的领导的关系以及理清司法与行政的关系。

司法独立原则的发展与中西方差异

---

① 郑鲜红等:"英国司法制度概述及启示",《中国司法》2011 年第 12 期。

从实践来看,在保证司法独立成为全球潮流的背景下,近半世纪的时间里,诸多感受西方普世价值的第三世界国家并没能成功应用起这套司法制度,例如伊拉克、利比亚等中东国家。而世界银行根据1996年—2011年数据发布的全球治理指标(Worldwide Governance Indicators)在"法治"这一方面的打分,一些成功建立起司法独立制度的转型国家如巴西、土耳其,得分也只有0.01和0.08,其他转型国家甚至为负分。与之产生鲜明对比如"非民主体制国家"新加坡,在数据显示的15年间最高达到1.76分,最低也有1.27分,这一点连老牌民主国家英国也没能达到。还有如香港特别行政区的得分,在回归之后一直呈上升态势,1996年未回归时得分仅0.75分,到2011年其法治得分有1.54分,甚至高于日本的1.27分。

事实证明,所谓的普世价值不一定适合每片土地,我们可以研究其理论价值,但不能盲从于所谓的西方先进法学思想,把"三权分立"、西式"司法独立"奉为制度的万能药。

只有坚定自己的立场,实事求是,看到国家这么多年来司法改革取得的成果,加强探索自身道路,深化改革,制定具有全局性的路线、方针、政策,让党的意志与国家意识形态指导司法建设和工作的展开。而对于党自身来说,更应该落实从严治党的决心,摒弃人治和党治,坚持依法治国,贯彻人民代表大会制度及宪法对党的监督,彻底避免南京国民政府时期国民党专权的法制悲剧。

在司法权与行政权的关系上,虽然我国曾多次发布文件强调行政不能干涉司法,但实践中却难以保证。这是因为行政机关掌控了法院的经费及人事,造成在一些行政诉讼中司法机关受制于行政机关,难以做到公正和中立。所以我们为了改善司法权与行政权之间的关系,应该将法院等司法机关与地方利益分离,改革人事体制,加强司法审查,防止行政干预。对此2017年2月7日最高人民法院发布《人民法院落实〈保护司法人员依法履行法定职责规定〉的实施办法》的通知,该实施办法再次强调了法院的独立审判权,并提出了一系列保障法官个人权力和义务的办法,可谓进步,但任重道远。

2. 改革内部,提升管理,保证独立

不得不承认,在中国特色司法独立的道路上,法官个体的独立地位也是一个前进的方向。由前文我们可知,我国的司法独立是以司法机关为主体,这是受限于我国司法机关内部体制和司法人员素质不一的局面而来的,如果在司法机关保持独立的基础上,法官也能拥有独立地位,这样对于进一步提升我国确保依法独立行使审判权和检察权的目标有巨大帮助。

所以,可以调整法院院长审批案件的制度,提升合议庭和独任法官对案件审理的独立性。同时严格限定上级法院对下级法院的权力范围,保证下级法院的独立地位,赋予各级法官在行使审判权等司法活动中的平等地位。

3. 加强培养,改革选拔,改善待遇

我国现行法官制度的落后,以及法律人员培养机制的不足,导致高素质法官和司法人员的缺口一直较大。而选任和培养高素质法官和司法人员也是对上条措施的呼应,只有人员的素质提上去了,才能依法对案件作出更公正合理的判决和处理。这一点我们可以借鉴西方的经验,从经验丰富的律师中通过考核选任法官,赋予法官更高的社会地位,还可以提升法律的严肃性和威严。对此《人民法院落实〈保护司法人员依法履行法定职责规定〉的实施办法》通篇都体现出了国家正逐步意识到该问题并着力在改善法官群体的待遇。

同时还应该重视法学的高校教育,将法学教育精英化,法律的严肃性和重要性好比医学一般,医学治疗人体的疾病,而法律解决社会的矛盾,两者其实具有很多可比性。而如今我国法学教育的专业性不强,学术性更弱的局面使得法学人才的培养效果并不理想。所以这一点上我们亦可以借鉴如美国的法学高校教育的模式,再结合自身国情,加紧强化高校教育,提升人才储备。

（六）结语

随着"十三五"规划铺展开来,我国构建和谐社会的目标也正在有条不紊地实现,在这过程中必然会产生各种各样的问题,但是矛盾是社会前进的动力,而和谐社会的一大要素就是当社会出现矛盾时我们能通过合法手段去解决矛盾。所以继续探索具有中国特色的社会主义法制道路应该是我们立足国情、展望未来的不变追求,而司法权的独立是这条道路上我们应该逐一点亮的明灯之一。

　　正如周强院长说的那样,我们要敢于向"西方错误思潮"亮剑,不能迷信西方法学思想。历史和事实已经证明,西式司法独立及其源头三权分立的思想虽有可取之处,但不是放之四海而皆准的真理,而我们的道路经过这么多年的探索证明是可行的,本着实事求是的精神,在学习西方法学思想文化的同时应该时刻谨记要批判性地吸收,这样才不会走上动摇国本、礼崩乐坏的歧路。实现中国特色的司法独立,保证司法公正,有利于我们化解社会矛盾,从而更好地构建和谐社会。

■曹云飞　张　健

浅议我国离婚扶养制度的完善

（上海师范大学　上海　200234）

　　离婚后夫妻扶养制度,是指离婚后经济将陷入困难或无过错的夫妻一方,对于有能力提供援助的另一方,可以请求某种形式的援助的制度。我国夫妻离婚后扶养制度在立法与司法上均存在不足,完善这一制度尤其在《婚姻法》司法解释三越来越强调对个人财产保护的背景下对实现社会公平、促进社会和谐具有非常重要的意义。

（一）离婚扶养制度的概述

　　我国古代社会,调整婚姻家庭关系的主要依据即为"礼"和"法",二者互相渗透,成为中国古代法律文化的特色之一。西周时期,在解决婚姻关系方面开始形成一套完整的制度,即所谓"七出三不去"。"七出",即男子休妻的七个条件。"三不去",是指女子若有"三不去"的理由之一,夫家就不能休妻。男子休妻的"七出"理由,受到"三不去"的限制,"七出三不去"的原则,自汉代开始入律,不再局限于"礼"的范畴,为后世的封建法典所沿用。"三不去"其中之一为"有所取无所归,不去",是指"妇被出时,家中父母不在,并无归处,则不得而出之"。由此可以看出,通常情况下妇女被休之后由自己家中的父母扶养,前夫无需承担扶养的义务,家中父母双亡的情况下,则禁止婚姻关系的解除,以保证该妇女的生活。此处的规定即为对婚姻关系解除的一方生活问题进行关注的最早规定,学者通常把其作为我国的离婚扶养制度的起源。①

现行离婚扶养制度在我国 2001 年的婚姻法解释中有所修正,其改进了相关离婚救济的方式,对我国婚姻法中离婚方面的相关立法有一定制度上的完善。我国现行的离婚扶养制度是指离婚后配偶中弱势即经济陷入困难一方,对有能力援助的另一方,可以请求某种形式的援助的法律制度,我国现行《婚姻法》称之为离婚经济帮助制度,与国外离婚扶养制度的内涵相比,我国离婚扶养制度是中国式带有离婚扶养性质的离婚救济制度,是极其有限的"扶养",其与离婚损害赔偿制度、家务劳动补偿制度相互补充,共同构成我国离婚救济制度的经济体系。但是,与离婚损害赔偿制度相比,它是一种救助性的扶养而非惩罚性的赔偿;与家务劳动补偿制度相比,它是对弱者的扶养而非对在婚姻生活中付出较多一方的经济补偿。

(二)离婚扶养制度的价值

一般认为,建立完善的离婚扶养制度主要有两大价值。一是有利于维护夫妻双方的人格平等,保障离婚自由的实现;二是对弱者予以扶助,有利于弥补社会保障的不足,促进社会和谐。

具体来说有如下方面:

首先,离婚扶养制度使得婚姻法在保障离婚自由的同时,能够实现保护弱者利益的社会正义。"婚姻自由"是我国《婚姻法》的基本原则之一,包括结婚自由和离婚自由。为了保障离婚自由,我国《婚姻法》采取的是无过错离婚,同时并不限制过错方的离婚请求,以夫妻"感情破裂"作为判定婚姻死亡的根本标准。但是对于在婚姻中一方由于操持家务,照顾小孩与老人等而没有收入或者很难找到工作,由于另一方的过错而受到重大伤害,或因离婚而遭受损失或离婚后将面临巨大生活压力的弱势一方应给予相应的救济,以平衡其利益、慰抚其精神,尽可能减少离婚事件给当事人的生活以及社会安定所带来的负面影响。离婚扶养制度通过损害赔偿,强制过错方补偿无过

---

① 刘英赫:"我国离婚后扶养制度发展概要",《法制与社会》2013 年 3 月(上)。

错方的损害,抚慰受害者的精神,达到明辨是非、分清责任的目的,实现法律正义,通过家务劳动补偿和经济帮助在一定程度上消除离婚时的弱势一方在经济上的后顾之忧,保障离婚自由的真正实现。

其次,从某种意义上来说,离婚扶养制度的实施将会使离婚成本有所提高,法律以此警示世人应慎重对待婚姻。这在当前离婚率居高不下、婚姻问题层出不穷的社会形势下具有非常重要的现实意义。中国人传统的婚姻家庭文化,习惯于把婚姻、家庭视为一体,把夫妻视为一体,并且不屑于用金钱去计量情感上的损害与补偿(虽然技术上也存在一定的困难,但这种"不屑为之"的主观意识,确实是导致精神损害赔偿制度在确立的过程中产生诸多争议的重要因素)。而离婚扶养制度从某种意义上来讲,恰恰是在亲密的夫妻关系中进行利益的衡量,既有物质利益方面的,也有精神利益方面的。这当然只能是在夫妻双方人格独立的基础上才能够想象和操作的。

最后,确立离婚扶养制度也体现出法制已经开始认同和贯彻"有损害就应当有救济"的理念。在婚姻中,如果一方有重大过错行为,另一方势必会遭受身体上的伤害或者精神上出现"愤怒、恐惧、焦虑、沮丧、悲哀、羞辱等情感障碍或反应"。在旧有的观念中,这些都被视为人们在追逐爱情和婚姻幸福的过程中所付出的必要代价,从而忽视了对其进行救济。但是离婚扶养义务的确立,将纠正法律一贯对婚姻关系中产生的损害所持的不正当的漠视态度,允许无过错方提出损害赔偿的请求,以法律之力要求过错方向无过错方支付一定的损害赔偿金,以填补"被侮辱与被损害者"的物质利益损失,并慰抚其遭受情感伤害的精神。[①]

(三)离婚扶养制度现行法中的不足之处

1. 对离婚扶养条件的要求过于严格

根据我国法律规定,离婚扶养制度的适用条件是离婚时一方生活困难。所谓一方生活困难,是指依靠个人财产和离婚时分得的财

---

① 祈建军:"论离婚后扶养义务",http://dltqfy. chinacourt. org/public/ detail. php? id=655。下载日期:2016 年 5 月 26 日。

产无法维持当地基本生活水平。此外,属于生活困难还有一种情形,即离婚后一方没有住处。在离婚这样的时间点出现生活困难情形,才算是生活困难,若离婚时一方并不困难,而在离婚后一段时间出现生活困难.则另一方没有给予经济帮助的义务。从以上规定可以看出,离婚扶养条件是非常苛刻的。

首先,对"一方生活困难"这一条件的规定难以界定,没有将当事人在婚姻关系存续期间的物质生活水平作为考虑因素,且忽略了双方对家庭的贡献程度以及不同年代的经济发展水平,这种不切合实际的规定不利于实现实质上的公平;其次,法律规定将时间限制在"离婚之时",忽视了离婚前后双方当事人经济状况的变动,实际生活中,男女双方对婚姻生活贡献是不同的,一方可能会更多承担家庭事务,对家中事务承担更多的一方经常会因为离婚,而得不到另一方对共同生活中贡献所得利益的回报。

2. 法律规定笼统、可操作性差

最高人民法院 2001 年的婚姻法司法解释对"生活困难"的认定标准是绝对困难论,即一定是根据离婚后凭分得的共同财产和个人财产,无法维持当地基本生活水平。绝对困难论所考虑的因素过于绝对,忽视了相对生活困难的情况,一定程度上限制了弱势地位一方寻求经济帮助的途径。"适当帮助"这一词语缺乏明确性,帮助可理解为在经济或精神上的支持或者支援,这种帮助可以是长期的,也可是短期的,更甚者易让人产生一种提不提供帮助都是可以的错觉。离婚扶养制度应由法律规定和保障的,对帮助加之以"适当"的修饰,则过于抽象。这样规定会不可避免地造成不利结果,即法律适用的不统一,如此一来也就加大了保障当事人合法权益的难度。

3. 缺乏离婚扶养变更条件和对扶养的终止条件

快速发展的社会难免会促使离婚后夫妻双方情况的变更,因此对经济帮助的方式、期限的相应变更显得尤为重要,这样才能真正达到保护弱者、维护公平正义的目的。离婚扶养制度的目标就是维护离婚中处于弱势一方的利益,让双方公平分担经济上的不利后果,这种不利后果则是因为离婚而产生。同时,如果在离婚后一段时间里,离婚时处于弱势方的当事人情况出现好转,而另一方当事人仍旧持续着对其经济帮助,则违背了公平正义原则,达不到离婚扶养制度的立法目的。我国现行婚姻法中也缺乏对终止情形的规定,不能全面解决执行中新问题的出现。[①]

4. 实际履行中缺乏保障制度

离婚扶养制度的宗旨在于对离婚后生活困难一方的扶助或帮助,因此,该项规定最终需要有效贯彻落实。但是,在现实生活中,虽然双方可能达成了离婚后一方对另一方扶养协议或是法院的判决,但是,往往出现难以有效的落到实处。因而该项规定被沦为纸上空话,难以真正有效保护离婚后弱势一方的利益。

(四)完善我国的夫妻离婚扶养制度

针对《婚姻法司法解释(三)》中的一些不足,提出如下建议:

1. 明确请求权行使时间、条件

根据我国现行《婚姻法》的规定,双方离婚时,如果一方生活困难,另一方应当从其财产中予以适当的帮助。但是实践中,往往是双方离婚后一方,通常是女方,因为照顾子女、重新就业困难等诸多原因而无法承受生活重负。这些问题往往是在双方离婚之时尚未出现的,离婚后这些问题发生了而又无法解决,鉴于以上原因,建议将该经济帮助或扶养的请求时间界定在双方离婚后的一定合理的期限。对于请求的行使条件,可采取列举方式规定合理原因条件下的无法维持自己生活的情况下可以行使扶养请求权,例如,因照顾或者教育双方的共同子女而不能从事预期作业;年老而不再能够从事职业;疾病或残疾而不能从事职业等情形。同时,出于公平原则,对生活困难一方行使请求权给予一定的限制条件,明确规定哪些情形下,生活困难一方将丧失该请求权,以及履行义务一方在何种情形下可以免除该义务的履行。

2. 明确离婚后扶养的范围和标准

对我国婚姻法中"适当帮助"予以细化,但是,该帮助的具体范围

浅议我国离婚扶养制度的完善

---

① 学术堂:"离婚扶养制度现行法中的不足与改善建议",http://www.lunwenstudy.com/hunyinfaxs/22084.html。下载日期:2016 年 5 月 26 日。

包括哪些方面,如何确定"适当"所应达到的标准并没有一个可供参考的尺度,难免在实践操作中存在分歧或无法实际落实。建议在婚姻法中就该部分中明确规定一个婚后扶养的范围,可包括金钱、物质、住房等方面的扶助。同时,确定可供参考的扶养标准。离婚后扶养标准的确定,可以参考以下条件或情形:第一,当事人的年龄以及健康程度;第二,当事人的财产、收入、经济来源及其可以从事工作应具备的身体和精神状况;第三,当事人抚养的婚生子女是否年满 18 周岁;第四,当事人享受福利金、补贴、经济帮助或养老金的情况;第五,当事人在解除婚姻情况下合理的生活水平;第六,受扶养方的谋生能力的程度;第七,婚姻持续时间及其对受扶养方谋生能力的影响等等。结合以下因素,可在立法中明确规定,配偶扶养费每月的最低限额,或是所占平均月收入的比重,以便于在实践中有章可循,将帮助落到实处。

3. 增加补偿性的扶养

所谓补偿性扶养,即夫妻一方为另一方接受专门的职业教育或取得专业技能做出了贡献,并于取得之后不久甚至在求学期间双方离婚情况下,获得教育或执照的一方给对方以补偿。补偿性扶养主要是为了解决夫妻一方对另一方的教育、培训或做出了贡献之问题,而我国立法并未规定补偿性的扶养制度,可谓一大缺憾。现实生活中,常会出现夫妻一方接受教育、培训等情形,夫妻共同的财产支付了学费、交通费等,另一方要承担更多的家庭责任,甚至为了支持对方而放弃一些机会。对未受教育一方来说,离婚时不予补偿显然是不公平的。对于补偿性的扶养制度,可作一下设计:在夫妻一方以共同财产为对方的"教育或培训""移民入境"等做出贡献,且未能从中获取回报,对贡献方有权请求补偿;如果事情发生变更,受益方并未获得预期的利益,双方可以对补偿额协商调整,对补偿的数额上也应以一次性补偿为宜,协商不成,由法院判决。①

---

① 葛丹峰:"浅谈夫妻离婚后的扶养制度",《法制与社会》2010 年 10 月(上)。

4. 确立离婚扶养制度实施保障制度

为了保障离婚扶养制度的有效落实,建议设立相应的实施保障制度,以确保该制度能够有效地得到落实,真正保证生活困难一方在离婚后得到应有的生活保障。法律应该从程序和实体两方面来完善离婚后扶养义务,明确规定离婚后夫妻双方的权利与义务,以及违反义务所承担的法律责任。

综上所述,离婚扶养制度是《婚姻法》中的一项重要制度,它的建立和完善,对于救济离婚后的弱势一方,弥补社会保障的不足,促进社会和谐具有重要意义,对于严格贯彻和执行我国的《婚姻法》,深刻显示现代《婚姻法》中男女平等、对弱势配偶一方予以人性关怀等精神实质起着极其重要的作用,同时,也是构建和谐社会的内在要求。所以,我们应该借鉴世界各国的理论及立法实践经验,尽快完善我国的离婚扶养制度,以对离婚后的弱势一方提供更趋公平合理的法律救济。①

浅议我国离婚扶养制度的完善

① 祈建军:"论离婚后扶养义务",http://dltqfy. chinacourt. org/public/detail. php? id=655。下载日期:2016 年 5 月 26 日。

第五章

思想政治工作理论与实践研究

吴跃东①

健全高校弱势补偿机制的必要性研究

（上海师范大学党委宣传部 上海 200234）

党的十九大报告明确提出要"优先发展教育事业。建设教育强国是中华民族伟大复兴的基础工程，必须把教育事业放在优先位置，加快教育现代化，办好人民满意的教育。要全面贯彻党的教育方针，落实立德树人根本任务，发展素质教育，推进教育公平，培养德智体美全面发展的社会主义建设者和接班人。"②目前，我国社会经济发展不平衡，区域发展差异性较大，高校的教育发展水平也不相一致，接受高等教育的群体也存在社会经济地位等各方面的差距，影响了我国高等教育的公平发展。因此，我们有必要健全和完善高校弱势补偿机制，减少因各种原因导致的差距带来的高等教育不公平，从而加快高等教育现代化建设，办好人民满意的高等教育，让每个大学生都有人生出彩的机会。

高校弱势补偿机制主要是指针对弱势地区、弱势高校和弱势群体进行的补偿，对在高等教育过程中处于不利地位的地区、高校及贫困生采取补偿性的措施，补偿其由于不利处境和地位所带来的高等教育不公平。该补偿机制发挥的作用主要体现在三个方面：第一是

---

① 作者简介：吴跃东(1976—)，男，汉族，江苏金湖人，博士、副教授、硕士生导师，上海师范大学党委宣传部副部长，主要从事思想政治教育和马克思主义中国化研究。

② 习近平：《决胜全面建成小康社会 夺取新时代中国特色社会主义伟大胜利——在中国共产党第十九次全国代表大会上的报告》，人民出版社 2017 年版，第 45 页。

对弱势地区进行的补偿。主要给予中西部经济不发达地区的高等教育政策(例如高考招生制度和招生比例等)、高等教育投入及其他相关高校学生资助资源等进行倾斜。第二是对弱势高校进行的补偿。主要对各类资助资源短缺的高校,特别是对那些地方政府高等教育投入少,社会资助来源短缺甚至没有,贫困生群体数量较大的高校予以政策、资金等方面的倾斜。第三是对贫困生进行的补偿。对由于经济状况、社会地位、文化背景等因素造成的个体上差异的贫困生进行经济、教育、就业、心理等方面的补偿,确保他们在接受整个高等教育过程包括起点、过程、结果上的不公平情况进行补偿。

(一)健全弱势补偿机制是实现高等教育公平的基本途径

高校弱势补偿机制关注弱势补偿对象在社会、经济、教育投入等方面的差距,并对处于社会经济不利地位的对象在高校资助资源配置等方面予以补偿。尽管用这种方式来进行高校资助资源配置是不平等的,但却是相对公平的。亚里士多德曾提出,"平等地对待平等的,不平等地对待不平等的"。这句话所体现的就是补偿原则。该原则与罗尔斯的差别补偿原则是一致的,即只允许那种能给最少受惠者带来补偿利益的不平等分配,任何不平等的利益分配都要符合最少受惠者的最大利益。① 对高等教育弱势对象进行补偿,是为了体现高等教育公平的理念,实现高等教育公平的理想。弱势补偿机制针对当前高等教育不公平现象进行纠正与补偿,是达到最终事实上高等教育公平的基本途径。

高校弱势补偿机制对于我国推进高等教育均衡发展具有重要意义。根据补偿原则,高校资助资源要向弱势地区、弱势高校和贫困生倾斜。因此,我国经济欠发达的弱势地区和高等教育发展弱势地区、弱势高校以及高校中的中西部地区贫困家庭学生、城镇低收入贫困家庭学生、主要由于经济贫困导致的多困生等弱势群体是高校学生资助政策体系弱势补偿机制应该予以重点关注的对象。事实上,我

---

① 约翰·罗尔斯:《正义论》,何怀宏、何包钢、廖申白译,中国社会科学出版社 1988 年版,第 292 页。

国一直注重加大对教育发展不平衡不充分地区的投入。2014年5月28日,习近平在第二次中央新疆工作座谈会上发表重要讲话强调,"要坚持教育优先,培养优秀人才,全面提高入学率,让适龄的孩子们学习在学校、生活在学校、成长在学校。要吸引更多优秀人才投身教育,国家的教育经费要多往新疆投入。"①在习近平总书记看来,要推进教育公平,教育资源投入必须向重点区域、重点人群倾斜,要顶层设计,特事特办。

长期以来,许多国家也一直将教育补偿政策作为占主导地位的教育公平政策。他们认为,不论是追求教育机会平等还是缩小教育结果差距,都需要进行补偿。美国早在《科尔曼报告》面世之前就已经开始实施教育补偿政策,其目的就在于追求教育形式上的机会平等。1966年,《科尔曼报告》的出台更加强调实质的平等(结果平等)。"借势于当时蓬勃开展的民权运动,补偿教育政策在美国更是大行其道,至今不衰,联邦和各州制定了很多相关法律法规,内容细致而全面"。② 法国的教育改革也着力于缩小区域差距。《法国教育指导法》(1989年)要求"制定一个减少学区之间和省区之间存在的不平等的政策",以缩小区域教育差距。法国《关于教育指导法的附加报告草案》认为,法国的教育"在教学效果、人员与场所的条件以及培训网络方面,仍然存在着严重的地方、省和地区之间的差异",要求"缩小因地理原因造成的不平等""与因地理原因造成的不平等作斗争"。③

对高等教育而言,也应该实施高等教育弱势补偿机制。法国高教改革委员会主席雅克·阿达利在《构建欧洲高等教育模式》中认为,"处于困难处境的优秀高中学生应当得到长期高等教育学习的低

---

① "习近平在联合国教科文组织总部的演讲",《人民日报》2014年3月28日03版。

② 褚宏启、杨海燕:"教育公平的原则及其政策含义",《教育研究》2008年第1期。

③ 吕达、周满生编:《当代外国教育改革著名文献:德国、法国卷》,人民教育出版社2004年版,第328页。

风险保障,高等教育应当有助于社会不公正的缩小,在财政上和文化上帮助处境不利的学生获得同样的权利"。《我们的大学——支撑澳大利亚的未来》(2003 年)描述了澳大利亚在高等教育领域推进教育公平的情况,"自 1990 年以来,除澳大利亚土著人外,另外还有五个群体被公认为是高等教育的弱势群体,他们是非英语背景人群、残疾人、农村和偏僻地区的人群、非传统学习领域的妇女,以及社会经济地位低下者。这些群体得到了高等教育公平项目(HEEP)的支持"。① 健全和完善高校弱势补偿机制,可以更好的发挥对我国高等教育弱势对象的补偿作用,从而有利于我国高等教育的公平发展。

(二)健全弱势补偿机制是社会文明进步的重要标尺

自改革开放以来,在党和政府的领导下,我国坚持走有中国特色的社会主义发展之路,为全面建设小康社会而奋斗。应该说,当前我国社会经济得到了不断发展,社会文明程度也得到了相应提高。但在取得成绩的同时,我们也发现,当前社会还存在着许多制约我国文明发展的问题,最突出的就是发展中的差距越来越显著,社会不平等现象越来越突出。三十多年的改革开放使得贫富差距越来越明显,很多人逐渐被边缘化,成为社会上的弱势群体。不管是贫穷,发展缓慢,平均主义还是两极分化,这些都不应该是社会主义。因为社会主义的本质是通过解放和发展生产力,来消灭剥削,消除两极分化,最终实现共同致富,这是衡量社会主义是否进步的重要标志。应该说,就目前而言,消除两极分化,实现共同富裕,促进社会文明进步是当前我国面临的艰巨任务。

我国自古以来就有扶贫济困、扶弱助残的优良传统,论语中的"不患寡而患不均",孟子的"人皆有恻隐之心"正是该传统的真实写照。因而,我国针对社会中的弱势群体实施补偿机制,不仅是重要的社会制度建设,还带有强烈的伦理学价值。其实,对教育上的弱势群体而言,我们不仅仅要强调平等对待、机会均等,还需要从根本上来

---

① 褚宏启、杨海燕:"教育公平的原则及其政策含义",《教育研究》2008 年第 1 期。

消除教育不平等现象的恶性循环,包括由于现有教育不平等而带来的弱势代际传递,而体现社会文明进步的重要标尺之一就是要正视差别并对弱势进行补偿。美国著名伦理学家约翰·罗尔斯提出的差别补偿原则很有价值,他指出,"为了平等地对待所有的人,提供真正同等的机会,社会必须更多地注意那些天赋较低和出生于较不利的社会地位的人们。这个观念就是要按平等的方向补偿由偶然因素造成的倾斜。遵循这一原则,较大的资源可能要花费在智力较差而非较高的人的身上,至少在某一阶段……是这样""教育的价值不应当仅仅根据经济效率和社会福利来评价。教育的一个作用是使一个人欣赏他的社会文化,介入社会的事务,从而以这种方式提供给每一个人以一种对自我价值的确信"。① 据此,罗尔斯提出了一个弱势补偿的重要原则,"'差别平等原则',即应对教育弱势群体在分配教育资源时进行倾斜,实行对弱势群体的'优先扶持',用现在区别对待强势群体和弱势群体的不平等手段,来达到最终的真正的教育平等目的"。②

马克思、恩格斯在《共产党宣言》中第一次向全世界宣告了共产主义的伟大理想,"代替那存在着阶级和阶级对立的资产阶级旧社会的,将是这样一个联合体,在那里,每个人的自由发展是一切人的自由发展的条件"。③ 接着,马克思又在《资本论》中再次指出,未来的新社会是"以每个人的全面而自由的发展为基本原则的社会形式建立现实基础"。④ 由此可见,人的自由全面发展是社会文明进步的尺度,而通过对弱势群体实施补偿机制则是实现人的自由全面发展的

　　① 约翰·罗尔斯:《正义论》,何怀宏、何包钢、廖申白译,中国社会科学出版社 1988 年版,第 101 页。
　　② 刘欣:《基础教育政策与公平问题研究》,华中师范大学出版社 2008 年版,第 254 页。
　　③ 中共中央马克思恩格斯列宁斯大林著作编译局:《马克思恩格斯选集(第1卷)》,人民出版社 1995 年版,第 294 页。
　　④ 中共中央马克思恩格斯列宁斯大林著作编译局:《马克思恩格斯选集(第2卷)》,人民出版社 1995 年版,第 239 页。

重要途径,因此健全弱势补偿机制也是社会文明进步的重要标尺。而高校弱势补偿机制通过对高等教育过程中的弱势群体进行补偿,从而实现贫困生全面而自由的发展,能够促进我国社会文明的进步。

(三)健全弱势补偿机制是社会稳定和和谐发展的要求

2006年10月,在党的第十六届中央委员会第六次全体会议上,中共中央通过了《关于构建社会主义和谐社会若干重大问题的决定》。《决定》指出,"目前,我国社会总体上是和谐的。但是,也存在不少影响社会和谐的矛盾和问题,主要是城乡、区域、经济社会发展很不平衡,人口资源环境压力加大;就业、社会保障、收入分配、教育、医疗、住房、安全生产、社会治安等方面关系群众切身利益的问题比较突出;体制机制尚不完善,民主法制还不健全;一些社会成员诚信缺失、道德失范,一些领导干部的素质、能力和作风与新形势新任务的要求还不适应;一些领域的腐败现象仍然比较严重;敌对势力的渗透破坏活动危及国家安全和社会稳定"。以上论述虽然没有直接提出社会中不和谐因素之一的"社会弱势群体",但我们知道,正是因为"城乡、区域、经济社会发展很不平衡"等因素导致我国社会弱势群体的产生。因此,从维护整个社会稳定与社会和谐发展的角度上看,关注我国社会弱势群体具有深刻的意义。无论是什么国家还是什么社会制度,如果弱势群体的基本生活得不到保障,基本权益得不到维护,人格尊严得不到尊重,社会是不可能稳定和和谐发展的。

党的十九大报告已经明确指出,"坚持在发展中保障和改善民生。增进民生福祉是发展的根本目的。必须多谋民生之利、多解民生之忧,在发展中补齐民生短板、促进社会公平正义,在幼有所育、学有所教、劳有所得、病有所医、老有所养、住有所居、弱有所扶上不断取得新进展,深入开展脱贫攻坚,保证全体人民在共建共享发展中有更多获得感,不断促进人的全面发展、全体人民共同富裕。"①从教育

---

① 习近平:《决胜全面建成小康社会 夺取新时代中国特色社会主义伟大胜利——在中国共产党第十九次全国代表大会上的报告》,人民出版社2017年版,第23页。

的角度而言,社会的稳定和和谐发展离不开和谐的教育。如何来实现教育的和谐,从教育的差别来看,就是要缩小差距,使教育中的强势群体与弱势群体之间达到合理平衡,只有达到这种强弱平衡,才能保障教育的均衡协调发展,维护教育的公平,如何做到这一点,那就是对教育实施弱势补偿机制。实施补偿机制能够促进教育和谐,教育的和谐能够促进社会的稳定和和谐发展,因此,补偿机制的实施能够促进社会稳定和和谐发展。高校弱势补偿机制通过对高等教育过程中的弱势群体进行补偿,能够促进高等教育过程中的强势群体和弱势群体之间达到合理的平衡,促进弱势群体的高等教育起点公平、过程公平和结果公平,有助于改变弱势群体家庭的生活机遇,促进贫困阶层向上流动,从而实现我国社会主义社会的健康、稳定、和谐发展。

（四）健全弱势补偿机制是保持改革成果获得改革动力的需要

改革是为了让社会得到更好的发展,而发展是为了全面提高全体人民的物质文化生活水平,让社会各阶层公平地享有改革成果,人们安居乐业,社会欣欣向荣,国泰民安,共同构建和谐社会。长期以来,我们一直认为,"发展是硬道理,改革是强道理"。自 20 世纪 90年代以来,随着我国改革开放的不断深化,其在取得巨大成就的同时,也造成了一部分"损失"。社会阶层不断分化,贫富差距日趋严重。随着下岗、失业、阶层分化、收入下降、收入差距明显等现象的产生,我国出现了一大批在社会、政治、经济、文化和地位上的弱势群体。然而当前越来越重的教育负担,特别是高等教育负担使得原本就是社会上的弱势群体再度陷入经济困境,"因教致贫""因教返贫""不上学,将来受穷;一上学,马上变穷"的现象不断发生。特别是高等教育中的贫困生等社会弱势群体由于种种原因很少享受我国改革开放带来的成果,他们最先也最为强烈地感受到高等教育改革、发展带来的成本和代价。随着我国现实生活中的阶层分化、分配不公、贫富差距不断扩大情况的延续,将会造成广大贫困生及其家庭等社会弱势群体产生对社会公平正义的困惑和被剥夺感的增强,进而积累他们对改革和发展的种种不平衡心态。这种不平衡心态将促使他们表达和追求自己利益的愿望变得强烈起来,一旦处理不当,很可能激化社会矛盾,从而影响我国社会的团结稳定。如果没有稳定团结的社会局面,我们将不可能进行进一步的改革发展,也就不可能实现和谐社会的建设。

在当前社会,弱势补偿机制在很多方面没有得到充分实施,导致我国在改革和发展过程中弱势群体利益的缺失,产生了严重的两极分化,且这种趋势在不断加剧。无论是社会保障、住房、医疗还是文化、教育、环保等,国家及社会利益集团在改革发展过程中获得巨大利益的同时,并未对由于历史形成的发展负债进行积极补偿,历史遗留下来的成本和风险大部分让老百姓来承担,从而造成当前社会强势愈强,弱势愈弱,社会阶层分化严重、贫富差距不断加大的现实。长此以往,将会导致人民群众厌烦改革,从而影响社会的和谐发展。因此,我们必须坚持弱势补偿机制,减弱社会阶层分化,缩小社会贫富差距,使多数老百姓能够享受到改革开放带来的成就,从而巩固改革的成果,使得改革获得持续发展的动力。高校学生资助政策体系弱势补偿机制通过对高等教育过程中的弱势群体进行补偿,可以减轻他们因高等教育市场化改革和高等教育成本分担制度等带来的不利影响,使得他们能够很好的完成高等教育,促进自身的全面自由发展,从而使高等教育改革能够不断延续下去。

综上所述,健全高校弱势补偿机制在促进我国高等教育公平方面可以发挥积极的作用。而促进高等教育公平,可以对我国科学制定教育方针政策,保障和改善民生,加快社会主义现代化建设具有重要的推动作用。

朱启军①

"双一流"建设背景下高校工会改革路径思考

（华中科技大学工会　湖北　430074）

（一）"双一流"建设与工会改革的背景

为了推进我国教育改革事业的发展,全面落实教育领域的深化改革,党和政府出台了"双一流"建设和工会改革等举措,这些都为我国教育事业发展创造了有利环境。"双一流"建设是指统筹推进一流大学与一流学科建设,更加具有针对性地提高高校的办学水平。而高校工会改革既是响应国家群团改革的号召,同时也是服务于高校改革和发展的重要措施。总体上看,"双一流"建设和高校工会改革最终都致力于实现国家高等教育跨越发展的战略目标。

1. "双一流"建设的渊源

20世纪末,为实施"科教兴国"战略,促进实现国家建设的现代化,建设世界先进水平的一流大学,我国先后实施了"211工程""985工程",这是为应对我国国内外形势而作出的发展高等教育的重大决策。但随着现代科技创新模式的发展,沿袭传统重点大学建设模式的"985工程"面临结构型矛盾、过程型矛盾、体制性矛盾和章程化

① 作者简介：朱启军,男,汉族,中共党员,现任华中科技大学工会副主席。移动：13807138399;电话：027 - 87543467(兼传真);邮箱：zhuqijun@hust.edu.cn;通讯地址：湖北省武汉市洪山区珞瑜路1037号华中科技大学工会;邮编：430074。

趋势、竞争化趋势、创新化趋势的挑战①，"双一流"正是政府与高校通过创新来降低制度成本、优化资源的配置，深化高等教育事业改革的战略选择。

2015年11月，国务院发布的《统筹推进世界一流大学和一流学科建设总体方案》(以下简称"方案")提出要统筹推进一流大学与一流学科建设，实现我国从高等教育大国到高等教育强国的历史性跨越。② 之后，2016年6月，关于"985工程"建设的相关文件被废除。紧接着，2017年1月，教育部、财政部、国家发改委联合颁布了《统筹推进世界一流大学和一流学科建设实施办法(暂行)》，为建设世界一流大学和一流学科的重大战略决策提出了具体的指导办法。经过一系列的评估，2017年9月，"双一流"高校名单和学科名单正式向社会公布。审视"双一流"建设的演变历程，可以清晰地发现：建设世界一流大学和一流学科，是党中央和国务院做出的重大战略决策，有利于提升中国高等教育综合实力和国际竞争力，为实现"两个一百年"奋斗目标和中华民族伟大复兴的中国梦提供有力支撑。

2. 高校工会改革的政策驱动

党的十八大以来，党对新形势下全面建成小康社会和各领域的全面深化改革做出了新的战略部署，其中对深化教育事业的综合改革和群团、工会改革和工作创新提出新的要求。高校工会是我国群团、工会系统的重要组成部分，是工会的基层部门，是高校党委和教职工联系的纽带与桥梁。③ 面对新形势新任务，一方面高校工会的功能发挥直接关系到其能否真正做好党政工作的鼎力支持者和推动者，是否能够履行好"参与、建设、维护、教育"职能，服务于高校发展，

---

① 康宁、张其龙、苏慧斌："'985工程'转型与'双一流'方案诞生的历史逻辑"，《清华大学教育研究》2016年第5期。

② "国务院关于印发统筹推进世界一流大学和一流学科建设总体方案的通知"，中央政府网：http://www.gov.cn/zhengce/content/2015-11/05/content_10269.htm. 更新日期：2015年10月24日。

③ 李小兰："新形势下高校工会工作重点转移研究"，《山东工会论坛》2013年第7期。

则直接关系到高校治理体系和治理能力的现代化程度。另一方面，在全面深化改革的新常态下，党和政府尤其重视群团和工会的改革工作。2015 年，中共中央多次出台指导意见来加强和改进党的群团工作。2015 年 2 月，中共中央在《关于加强和改进党的群团工作的意见》中指出要推动群团组织改革创新、增强活力，加大对群团工作的支持保障力度，加强群团组织领导班子和干部队伍建设，全面提高党的群团工作水平。① 2015 年 7 月，中共中央召开党的历史上的首次群团工作会议，对党的群团工作和群团改革作出全面部署，并发布了《中共中央关于加强和改进党的群团工作的意见》，强调改革创新是群团工作发展进步的不竭动力，要不断推进群团工作和群团组织建设理论创新、实践创新、制度创新。② 由此，工会组织从全国总工会开始，自上而下拉开了改革的序幕。

（二）"双一流"建设与工会改革的契合性

从学校发展的视角看，"双一流"建设与工会改革具有较强的契合性。首先，高校改革能够有效服务"双一流"建设。通过高校工作的有效完善，为"双一流"建设创造良好的条件与环境，而高校工会改革作为高校改革的重要组成部分，自然也会助力"双一流"建设。其次，"双一流"建设和高校工会改革的目标和内容也有较大的契合之处。推动高校工会改革是为了提升工会服务学校发展、服务教职工的能力，最终目标是为了实现高等教育的跨越式发展，而这也正是"双一流"的建设目标。着眼于具体工作，完善学校规划发展制度、强化师资队伍建设、提高学校科研水平，也是二者共同的建设内容。

1."建设"和"改革"的辩证关系

清晰认知"建设"和"改革"的辩证关系，不仅能够为高校工会改

① 中共中央："关于加强和改进党的群团工作的意见"，人民网：http://politics. people. com. cn/n/2015/0203/c1001-26501634. html. 更新时间：2015-02-03。

② 中共中央："关于加强和改进党的群团工作的意见"，人民网：http://politics. people. com. cn/n/2015/0203/c1001-26501634. html. 更新时间：2015-02-03。

革指明方向,而且也能为工会改革谋划全局性方案。统筹推进"双一流",不仅给高校提出了建设一流师资队伍、培养拔尖创新人才、提升科学研究水平、传承创新优秀文化和推进成果转化的"五个任务",也提出了加强和改进党对高校的领导、完善内部治理结构、实现关键环节突破、推进国际交流合作的五项改革任务。其中,建设和改革是相互促进的关系,有效建设和深化改革都是事业成功的重要保证。一方面,"建设"是"改革"的机遇和契机,以"双一流"建设促进高校改革,而高校改革的压力自然会传导至高校工会改革中,因而从这个角度看,可以清晰发现"双一流"建设已经给高校工会改革带来了巨大压力,但同时这也是高校工会创新改革思路的重要机遇;另一方面,"改革"是"建设"的动力,借助改革的力量,实现高校各方面工作的有效完善,继而为承接"双一流"建设提供良好的环境。高校工会改革,能够切实发挥四项职能,高效集聚教职工的思想认识和智慧,并积极引导教职工参与"双一流"建设。

2."双一流"建设和高校工会改革目标与内容的契合

"双一流"建设和高校工会改革在目标和内容上存在较大的契合性。首先,改革目标的契合性。统筹推进世界一流大学和一流学科建设的总体目标是推动一批高水平大学和学科进入世界一流行列或前列,加快高等教育治理体系和治理能力现代化。[①] 高校工会是高校内部重要的组织机构,其改革最直接的目的和结果就是加快中国特色现代大学制度建设。总的说来,二者的最终目标都是服务于实现我国高等教育的跨越式发展的重大战略布局。其次,改革内容的契合性。建设一流的大学和一流的学科必然要求一流的高校治理体系和一流的治理能力。《方案》在改革任务的完善内部治理结构中明确提出要完善民主管理和监督机制,扩大有序参与,加强议事协商,充分发挥教职工代表大会、共青团、学生会等在民主决策机制中的作

---

① "国务院关于印发统筹推进世界一流大学和一流学科建设总体方案的通知",中央政府网:http://www.gov.cn/zhengce/content/2015-11/05/content_10269.htm.更新日期:2015年10月24日。

用，积极探索师生代表参与学校决策的机制。① 那么，对于高校内部建设来说，就需要凝聚师生共识，全员参与，有序推进，逐步落实该项中心任务。高校工会组织作为沟通党和教职工的重要桥梁，服务高校职工的基层组织，加速改革步伐。同时也要让教职工更加深刻地认识"双一流"的中心发展任务，高度积极参与和支持"双一流"建设，进而积极参与到学校有关"双一流"的制度建设的工作中来。

（三）"双一流"建设背景下高校工会面临的挑战

高校工会作为高校内部组织系统的重要组成部分，在高校的日常管理中，发挥着保障教职工合法权益，促进人才建设的作用，是党政联系广大教职工的桥梁和纽带。② 但在当前的发展态势下，我们可以清晰发现工会建设仍然存在较多问题，面临较多挑战，难以有效服务"双一流"建设。主要体现在一方面高校工会引导不到位，教职工参与高校建设作用有限，同时凝心聚力工作不充分，并没有促进教职工思想的高度统一。另一方面高校工会的维权职能缺失，难以获取教职工对工会发展的大力支持，且工会内部治理失范，也使得服务高校发展的整体能力欠缺。

1. 组织引导不到位，教职工参与作用有限

高校工会组织引导工作不到位，难以提高教职工对高校建设发展的参与度。高校工会作为全校教职工共同参加的重要群众组织，能够高效集中教职工的各项诉求和发展建议，因而工会应该也可以积极引导各位教职工参与高校的建设发展工作，特别是积极服务当前的"双一流"建设，为高校的跨越式发展注入强大动力。但当前，相当部分的高校工会没有积极引导教职工，甚至忽视了教职工对学校发展的重要作用。首先，高校工会对于参与职能认识不清，执行不到位。很多工会组织错误地认为维护教职工权益是工会的主要职责，

① "国务院关于印发统筹推进世界一流大学和一流学科建设总体方案的通知"，中央政府网：http://www. gov. cn/zhengce/content/2015-11/05/content_10269. htm。更新日期：2015 年 10 月 24 日。

② 王源平、赵芳、高隽、赵丽："现代大学制度下的高校工会角色定位与职能要求"，《社会科学家》2012 年第 10 期。

反而对于引导教职工参与学校发展的职能有所忽略。其次,高校工会较为缺乏引导教职工参与学校建设的工作机制。虽然,许多高校建立了成熟的教职工代表大会,能够为教职工发声创造一定的平台,但教代会代表活动频率低,活动时间短,难以完全反映教职工的真实心声。第三,部分高校对工会建设的支持力度不足,使得工会开展引导工作的热情不高,这也在很大程度上影响了教职工对学校建设发展的充分关注和积极参与。总之,高校工会引导不到位,不利于有效整合全校教职工的发展智慧,也不能快速服务学校"双一流"建设。

2. 凝心聚力不充分,教职工思想统一不足

当前,高校工会开展的凝心聚力工作不充分,也使得教职工思想统一的状况不乐观。高校工会作为上级教育工会和高校党委双重领导的组织,不仅要起到反映职工心声的作用,而且更重要的是要发挥教育教职工的作用,促进教职工思想的高度统一,进而为学校建设发展创造良好的思想氛围。审视当前的工会工作,可发现工会在教育教职工方面开展的工作较少,没有真正发挥凝心聚力的作用。一方面,许多工会领导对工会的职能认识不清晰,没有充分认识到工会的教育职能。工会领导往往简单认为工会就是要为教职工服务,维护他们的合法权益,同时向学校有效反馈教职工的真实诉求,而没有认识到教育教职工也是工会的重要工作,这使得工会对教职工的教育工作较少或者开展质量不高;而教职工也往往只认识到了工会的维权作用,而没有认识到应该接受工会教育的重要性,因而接受教育的积极性不高。另一方面,由于高校教职工的工作较为繁忙,聚集所有成员的难度较大,这也使得工会在教育职工方面,确实存在一定困难。上述这些原因,共同导致了工会凝心聚力工作的不充分,使得教职工的思想统一程度不高,最终影响了高校的建设发展。

3. 维权职能缺失,难以获取教职工的支持

高校工会维权职能缺失,使得教职工对工会的支持力度有所下降,严重影响了工会发展和对高校建设发展的有效参与。事实上,维护教职工的合法权益是高校工会的首要工作,这不仅是考核工会成绩的重要指标,而且还直接决定着工会工作能否得到教职工的大力支持和参与。实践中发现,部分高校工会的维权职能履行缺失,严重

影响了工会的公信力,导致了大量工会工作无法被教职工认同,工会工作陷入了持久的迟滞状态。首先,许多工会存在行政化的倾向。工会所担当的服务角色有所弱化,反而变成了完全意义上的"高校管理组织",并没有认真履行维护教职工权益的职能。在这种情况下,该校工会的维权职能严重缺失,使得高校教职工用脚投票,对工会的信任程度严重下降。其次,高校工会维护教职工权益的力度不足,服务内容缺失。以青年教师为例,这一群体的生活压力和教学压力较大,而工会为这一群体争取的权益却比较有限,不能有效服务青年教师的发展,进而有可能引发高校人才的流失,最终严重影响高校的师资队伍建设。从全局看,高校工会维权职能的缺失与弱化,既有可能削弱工会组织的成立合法性,而且还有可能引发教职工的强烈不满。

4. 内部治理失范,服务高校发展能力欠缺

高校工会内部治理的科学化程度不高甚至失范,使得工会服务高校发展的能力不足以全力支持"双一流"建设。这是因为高校工会服务作用的发挥有赖于工会组织科学化的内部治理。当前,高校工会内部治理失范主要表现在:一是高校工会建设、发展和改革的整体方案缺失。在双重领导下,许多高校工会严重缺乏开展工作的积极性和主观能动性,没有及时拟定高校工会建设发展的整体方案,反而过度依赖上级组织的指导意见。这使得大量实际工作的开展并没有结合本校实际情况,工作效果不理想。再加上,在全国总工会的改革方案指导下,高校工会也应该结合改革的指导思想和自身情况,尽快制定整体性的改革方案。二是高校工会工作人员老龄化现象明显。[①] 当前,青年教职工对于工会的定位与职能认识不清,缺乏参与高校工会建设管理工作的积极性,因此难以为高校工会注入新鲜血液,这使得高校工会工作人员的年龄老化,知识结构陈旧,对于各种新事物的认识较为有限,这使得工会发展受限。总之,高校工会内部治理的失范,会严重影响工会的建设发展和作用发挥,也难以有效服

① 李海兆:"新形势下高校工会创新工作体制研究",《淮南职业技术学院学报》2015 年第 4 期。

务高校"双一流"建设。

（四）高校工会在"双一流"建设中强化改革的基本思路

在推进高校"双一流"建设的进程中，高校的所有职能部门、二级单位都应全力参与。高校工会是由教职工组成的集体组织，同时作为教职工联系高校管理部门的桥梁，在高校"双一流"建设中理应大有可为。在"双一流"建设背景下，高校工会需要不断明确改革的基本思路。不仅要积极维护教职工权利，而且更要肩负吸引教职工参与、充分发挥教职工的主力军作用，同心同德，群策群力，汇聚智慧和统一思想，引导教职工积极参与学校的建设发展事业。

1. 加强组织引导，提高教职工参与程度

加强工会引导作用，积极鼓励教职工参与高校规划建设发展，进而为"双一流"建设提供强劲动力。通过引导教职工的参与，增强教职工的主人翁意识，主动积极地为学校建设发展服务。一是高校工会要高度重视参与职能的履行。通过意见征集等工作，实现教职工诉求和发展建议的整合，并鼓励其直接参与高校的规划发展工作。二是高校工会组织要充分发挥工会特色和优势，组织引导教职工理解改革、支持改革、参与改革、推进改革，在"双一流"建设中建功立业，充分发挥教职工在学校发展中的主力军作用。三是积极拓展教职工活动的内容和载体。建立教职工参与学校制度、组织活动的机制和活动方式设计的渠道，加强对教职工社团的扶持、监督、管理和指导，鼓励支持教职工社团、各二级工会组织、承办各类全校性的教职工文化体育活动，并组织动员教职工广泛参与校园内外各类公益、志愿、帮扶活动。此外，高校工会也要积极争取学校对工会建设发展的支持，让学校领导层充分认识到工会组织的作用，继而为教职工参与学校事务提供诸多便利。

2. 强化教育职能，高度凝聚教职工思想

强化高校工会的教育职能，有效统一教职工的思想认识，为"双一流"建设提供良好的思想氛围。根据全国总工会的文件要求，高校工会组织也要始终将教职工思想政治教育放在重要位置。一是要深入开展师德师风教育活动、革命传统教育活动、精神文明创建和中华优秀传统文化教育活动，引导教职工坚定理想信念，自觉培育和践行社会主义核心价值观，做好"四个引路人"，做到"四个相统一"，做"四有"好教师。二是广泛开展"中国梦，劳动美"主题教育，运用新媒体加强对职工特别是青年职工的思想引导和人文关怀，营造健康向上的校园文化。三是考虑到教职工的实际工作状况，应该通过提高工会网络信息化水平，来增多对高校教职工的线上教育。具体说来，加快工会网络工作平台的开发和使用，建设好工会门户网站和微信公众号及工会信息管理系统，方便教职工直接获取学习资料。同时，建立高校工会网络学习系统，为有效教育教职工提供更加便利的平台。总之，加强工会对教职工的教育，能够有效统一教职工的思想认识，继而鼓励其积极参与高校建设发展，为"双一流"建设作出实际贡献。

3. 改革维权模式，提升高校工会公信力

工会组织是党联系教职工的桥梁纽带，最基本的职能是维护职工基本权益。这就要求在"双一流"建设的契机下，改革传统的维权管理模式。首先，去除"行政化"倾向，突破传统的"管理"主义思维和模式，转而以"服务"为导向，升华维权目的，丰富服务内容。通过建立健全服务职工的长效机制，加快服务职工工作体系建设，深入推进关系教职工生活保障的工作，以保持高校人才队伍的稳定性，助力高校人才队伍建设，为"双一流"建设做出贡献。其次，从制度的"源头"抓起，完善维护教职工合法权益的审议平台建设，规范问题审议流程。让教职工能够通过制度化的平台和规程决议事关自身权益的事项。这既有助于让教职工产生对学校工会的"家庭"归属感，也有助于提高高校工会组织的公信力。再者，改进工会工作作风建设。一方面，完善二级工会组织干部直接联系群众和基层联系点制度；另一方面，完善学校工会工作考评实施办法，以提高工会工作绩效为目标导向，健全工会组织评价体系，建立工会服务教职工满意度考评制度。

4. 完善内部治理，提升服务高校发展能力

积极开展"双一流"建设和工会改革工作，这也对高校工会的建设、发展和改革提出了新的要求。一方面，高校工会要学会"望闻问切"，从整体上、全局上设计改革建设和改革方案，不能"头痛医头，脚痛医脚"。首先，完善组织机构设置。既要积极整合机构、优化职能，

建立扁平化的组织结构,减少中间层次,进一步形成面向基层、职责明确、运转高效的格局。同时,也要健全完善高校二级单位工会基层组织的机构设置、干部配备和制度建设,强化工会基层组织的作用发挥。其次,要严格工会小组长选配,鼓励各工会小组发挥主观能动性,积极组织开展各具工会特色的活动。同时完善女教职工委员会、青年教职工委员会和劳动争议调解委员会的工作机制和平台建设,促进工会分类、有针对性的行使规定的职能。另一方面,构建科学合理的工会领导结构,改革工会运行机制;一是要提高领导机构中职工代表比例,增强工会组织广泛性和代表性;二是在工会全委会和教代会执行委员会中提高一线教师比例;三是改革工会运行机制。要完善工会会员代表大会制度和委员会制度,不仅要规范学校两级工会会员代表大会与教职工代表大会的程序、内容,实行代表履职述职制度和直接联系群众、接受群众评议制度,而且也要按照民主集中制的原则,规范工会领导机构议事规则。除此之外,在具体工作中也要积极建立工会与相关职能部门、直属单位联席会议机制,搭建协商沟通平台,协商解决涉及教职工生活保障的问题。总之,通过工会内部治理工作的科学化,最终增强服务高校"双一流"建设的能力。

总之,高校工会作为连接教职工的重要组织,不仅能够凝心聚力,统一思想认识,促使教职工参与"双一流"建设,而且也能够有效传达上级教育工会和高校的发展精神,提高教职工对学校各项事务的认识。因而,在当前"双一流"建设和群团工作改革的时代背景下,高校工会应该检查自身不足,直视挑战,思考改革的基本思路和整体方案,进而结合高校发展的实际状况,有效创新改革举措,打造一流工会和创新型工会,积极履行"参与、维护、建设、教育"职能,最终在学校的"双一流"建设中发挥更大的作用。

李宇靖①

中西文明优秀基因视野下青年核心价值观的培育

（上海师范大学　上海　200234）

2014 年青年节，习近平总书记在北京大学考察时强调，"我们提出的社会主义核心价值观，把涉及国家、社会、公民的价值要求融为一体，既体现了社会主义本质要求，继承了中华优秀传统文化，也吸收了世界文明有益成果，体现了时代精神。"②有关核心价值观是中西文明优秀基因的精髓和灵魂的论断，为贯彻落实总书记针对广大青年学生提出的"勤学、修德、明辨、笃行"的八字要求，提供了重要支撑。

（一）中西文明冲创下青年价值取向的激荡

有关当代青年学生社会主义核心价值观实现程度判断和个人人生价值追求的调查显示，"有 11 项指标大学生认为'实现度高'的人数比例超过认为'实现度低'的人数比例，其中 6 项指标的实现度超过 50.0％"（该调查以核心价值观的 12 项基本内容，即富强、民主、文明、和谐、自由、平等、公正、法治、爱国、敬业、诚信、友善为依据，相应

---

① 作者简介：李宇靖（1979—　），男，浙江上虞人，上海师范大学宣传部理论宣传科科长、博士，主要从事高校思想政治理论研究。通讯地址：上海师范大学桂林路 100 号行政楼 801 室；邮政编码：200234；联系电话：13916336321、021－64328646；邮件地址：liyujing@shnu.edu.cn。

② 习近平："在北京大学师生座谈会上的讲话"，《中国教育报》2014 年 5 月 5 日第 01 版。

设计了 12 项指标)①,这表明青年学生基本能够以社会主义核心价值观作为自己价值取向的标准;与此同时,"在大学生人生追求方面,'事业有成'(26.1%)、'受人尊重'(23.9%)、'衣食无忧'(20.0%)和'益于国家和人民'(16.9%)是当代大学生人生追求最看重的因素"②,显然青年学生更为看重个人价值和需求的满足,对于国家和社会的个人贡献重视程度相对较低。青年学生在核心价值观实现程度判断和个人人生价值追求之间的这种矛盾性,从一定程度上反映出他们在价值观筑固阶段所凸显的"知行不一"问题。在"知"的维度,大部分青年学生认同核心价值观;但是在"行"的维度,他们的行为与认知相比,仍有较大差距,集中表现为面对来自意识形态、经济和文化等多领域的影响和挑战,其价值取向存在波动,个性心理的差异性也随之凸显。

1. 社会主义意识形态与西方渗透势力的较量

20 世纪 80 年代,伴随着冷战结束,国际政治格局开始从两极化向多极化发展,国家之间的竞争亦从军事争霸转向综合国力的较量。到 80 年代末,随着东欧剧变和苏联解体,社会主义阵营遭遇到前所未有的挑战,中国逐步成为了国际共产主义运动的领头羊。改革开放政策和社会主义市场经济体制的深入发展,使得中国的经济地位不断攀升,也成为西方国家中敌对势力扩张和渗透的主要目标。布热津斯基在《失去控制:21 世纪前夕的全球混乱》一书中曾经赤裸裸地表示,要解决美国自身所面临的发展瓶颈和危机,就必须以"榜样"为目标,增强美国文化对他国意识形态的影响,从而达到削弱其他民族国家,维持美国霸权地位的目的。"历史终结论"的终结已经充分解释了西方民主的困境,但"无论西方民主遭遇多大的挫折,遇到多大的问题,西方国家都不会放弃从意识形态的高度来宣扬其民主理

① 沈壮海等:《中国大学生思想政治教育发展报告 2014》,北京师范大学出版社 2015 年版,第 92 页。
② 沈壮海等:《中国大学生思想政治教育发展报告 2014》,北京师范大学出版社 2015 年版,第 69 页。

念,依然会把民主作为'普世价值'向世界其他国家兜售。"①现实情况下,在相关调查中,"反映'民主'核心价值观的'政治生活很民主'一项,认为'实现度低'的学生比例为37.7%,比认为'实现度高'的学生比例(35.9%)高出1.8%"②,这警醒我们要进一步加强社会主义意识形态的教育,谨防西方渗透势力的侵袭。

2. 传统经济学观念回归与经济全球化的交汇

在经济方面,新中国建立至今已有66年,可以简单地划分为两个大的阶段:前30年主要是学苏联搞计划经济,后30年主要是学欧美发达国家搞市场经济。以改革开放为分界点,社会经济结构发生了根本性的变革,原有单一的以国有制和集体所有制为形式的公有制结构,逐步转向多种经济成分的共同发展,个体和私营等非公有制经济成分的比重不断加大。中国在从计划经济向市场经济转轨的过程中,伴随着经验和教训,社会经济结构的调整必然带来了利益分配方式的重组,不可避免产生各种社会问题,比如中西部城区差别和城乡差别问题、分配不公和贫富差距拉大问题、生态破坏和环境危机问题、社会保障和民主法制问题。经济全球化是一把双刃剑,在推倒地方保护主义和经济壁垒的同时,也在不断产生新的垄断和不平衡。面对这一系列问题,国内有识之士开始从中国历史传统中去寻求出路,对中国本土经济学的研究开始升温,传统"中和经济"的观念开始回归。其主张恢复"德本财末"的传统经济学理念和"主明下安"的中道经济管理模式,"周代成康之治,汉代文景之治,唐代贞观之治,施行的都是撷取计划经济与市场经济精华的'中和经济'措施……国家'顶层设计'的部分叫'治道',市场配置的部分叫'不扰',把握中和之道,自然百业兴旺,国家富强。"③

① 黄进:《社会主义核心价值观的"内省"与"外化"》,江苏人民出版社 2015 年版,第 25 页。

② 沈壮海等:《中国大学生思想政治教育发展报告 2014》,北京师范大学出版社 2015 版,第 76 页。

③ 钟永圣:《传承与复兴——社会主义核心价值观的中华传统文化解读》,中国青年出版社 2015 年版,自序 3。

3. 新儒学复归论与现代西方哲学思潮的互斥

在改革开放初期,20世纪的八九十年代,大学校园中曾经出现过一波又一波的社会文化热潮。这些社会文化热潮的纷至沓来,与社会初开放过程中大学生在理论修养和生活阅历方面的匮乏有一定的关系。当时的大学生在评价各种思潮时往往带有较浓的感情色彩和理想化情绪,理性思考能力相对而言则较弱。从"尼采热""萨特热",到各种后现代主义话题,历经批判、反省、否定和再否定,现代西方哲学思潮在我国所引发的对传统文化和当代生活的审视,使得我国年青一代的思维方式和价值观念不断遭受来自多元文化的思想冲击。砭针西方哲学思潮,国内"儒学热"回归。文化保守主义者号召人们深入反思由现代化所带来的社会道德困境、社会结构失衡、生态体系破坏等负面效果,"批判和拒斥西方'帝国霸权主义'打着现代化的旗号对中国文化所进行的'后殖民文化统治',从而要求坚持中国文化自身的话语权。"①这种中西方文化思潮的互斥,使得青年学生的心理情绪在经历由理想化向动荡、困惑乃至偏激的内心斗争后,甚至产生了对社会历史的虚无主义倾向,表现为对个人生涯发展的玩世不恭的态度。

(二)中西文明优秀基因是社会主义核心价值观的源头活水

当东西方距离缩近之后,中西文明之间的冲创将在很长一段时间内对人类历史的发展产生深远影响。全媒体时代的来临,使人们在第一时间获得同等量的讯息成为可能,但中西文明在面对相同知识时的思维方式从根本上来说仍然是迥异的。早在1996年,詹姆斯·马丁就在《生存之路》中预言,人类知识更新的速度到2020年或许会达到每73天翻一番。在这样一个知识大爆炸的一体化社会中,青年学生发展所面临的根本性问题将不会再是"如何学习一切知识",而是"如何进行选择性学习"。出路在哪里?当代青年在选择性

---

① 张艳新:"多元文化激荡对社会主义意识形态主导性的影响及对策",见王仕民:《德育研究——思想政治教育学科30年发展报告》,中山大学出版社2014年版,第164页。

学习的过程中,应该妥善处理中西文明基因之间的关系,在意识形态、经济、文化等多领域,厘清东方与西方、传统与现代化、传承与借鉴、中和与对抗等维度的价值思考、判断和选择的误区,要有包容、认识、理解每一种文明的心胸,"文明是包容的,人类文明因包容才有交流互鉴的动力。海纳百川,有容乃大。人类创造的各种文明都是劳动和智慧的结晶。每一种文明都是独特的。在文明问题上,生搬硬套、削足适履不仅是不可能的,而且是十分有害的。一切文明成果都值得尊重,一切文明成果都要珍惜。"①

1. "立德"是中华文明的优秀基因:以冯友兰为例

中西文明基因的差别在哪里,许倬云在《中西文明的对照》一书中归纳道,"我们对比中国和西方的传统可见,中国文化关注的是人间的秩序、人生在世的意义;西方关注的是超越自然和人心的理性……中国的心态是追求和谐于宇宙之中,欧洲的心态则是从对抗中求得胜利。"②为了更好地理解中国传统文化对和谐的人间秩序和人生意义的追求,可以将现代哲学大师冯友兰对这些主题的解读为例,他在对世界哲学派别的分析中已经证明自己对哲学的认知与"致中和"的儒家终极目标是一致的,"中国的儒家,并不注重为知识而求知识,主要的在求理想的生活。求理想生活,是中国哲学的主流,也是儒家哲学精神所在。"③

理想生活与哲学又有何联系呢?冯友兰告诉我们,"哲学里头有一部分是与人的日常行为即人生,有直接重大的关系;有一部分没有直接重大的关系。"④而与人生有关的那部分哲学就是冯友兰所认同的"活哲学",而非"死哲学"。"什么是活哲学呢?能成为一种力量,领导人的行动的即是;反此,就是死哲学。"⑤哲学的意义也就是人生

363

① 习近平:"在联合国教科文组织总部的演讲",《人民日报》2014 年 3 月 28 日 03 版。
② 许倬云:《中西文明的对照》,浙江人民出版社 2013 年版,第 54—55 页。
③ 冯友兰:《冯友兰随笔理想人生》,北京大学出版社 2007 年版,第 124 页。
④ 冯友兰:《冯友兰随笔理想人生》,北京大学出版社 2007 年版,第 41 页。
⑤ 冯友兰:《冯友兰随笔理想人生》,北京大学出版社 2007 年版,第 40 页。

的意义。冯友兰对儒家哲学的推崇也正是基于儒家对人生理想生活的追求。这种对理想人生的追求亦就成为核心价值观的重要支撑，"中国古代历来讲格物致知、诚意正心、修身齐家、治国平天下。从某种角度看，格物致知、诚意正心、修身是个人层面的要求，齐家是社会层面的要求，治国平天下是国家层面的要求。"①

（1）境界。为达到理想人生，就要了解人生，"假如我们能了解人生，人生便有意义；倘使我们不能了解人生，人生便无意义。各个人对于人生的了解各不相同。因此，人生的境界便有分别。"冯友兰依据对道德的追求，将人生境界分为较低等级的自然境界和功利境界，以及较高等级的道德境界和天地境界。以对待"德"的态度而论，前者是"不知有我"和"有我"，后者是"无我"和"大无我"。

（2）立德。境界等级的差别主要表现在"学养"上，"人求天地境界，不必知众理的内容。但人无论在天地境界或道德境界，都必实行各种道德的事。实行各种道德底事，则必须知各种道德底事的理的内容。"②此"学养"关照了儒家诠释人生价值取向和人生追求最高境界的"六字箴言"——"立德、立功、立言"之人生三不朽。立德为本，立功、立言为用，功和言是德的自然延伸。

2.　"求德"是西方文明的优秀基因：以费奇诺为例

习近平总书记在纪念孔子诞辰 2565 周年国际学术研讨会暨国际儒学联合会第五届会员大会开幕会上指出，"对人类社会创造的各种文明……我们都应该采取学习借鉴的态度，都应该积极吸纳其中的有益成分，使人类创造的一切文明中的优秀文化基因与当代文化相适应、与现代社会相协调，把跨越时空、超越国度、富有永恒魅力、具有当代价值的优秀文化精神弘扬起来。"③如何来理解西方文明的优秀基因？这是一个非常困难的议题。上述引用中，许倬云认为，中

---

① 习近平："在北京大学师生座谈会上的讲话"，《中国教育报》2014 年 5 月 5 日第 01 版。

② 冯友兰：《新原人》，北京大学出版社 2014 年版，第 217 页。

③ 习近平："在纪念孔子诞辰 2565 周年国际学术研讨会暨国际儒学联合会第五届会员大会开幕会上的讲话"，《人民日报》2014 年 9 月 25 日第 02 版。

华文明更追求人生意义的探索，西方文明更关注在对抗中求意义。如果从同一角度来深入理解中西文明的特征的话，就终极目标而言，正如哲学的初衷所示，它们实际上都热衷于对人在世间的位置和作用的思考；只是就达成手段而言，中华文明更趋向于一种"和谐"的方式，而西方文明则更趋向于一种"冲创"的方式；中华文明倡导的是一种"和文化"，而西方文明倡导的是一种"悲剧精神"。

在西方文明的传统中，有一条从前苏格拉底学派、柏拉图，延伸到康德、黑格尔的理性形而上学的黄金锁链，而费奇诺作为传统锁链中的关键一环，后世评价其再次发现了被视为伟大永恒的"人"，他关于"人"的思想全面诠释了西方文艺复兴时期的人文主义内涵，对他的研究有助于探寻西方文明的发展脉络。更重要的是，他有生之年都在全力糅合来自希腊、罗马、拜占庭、埃及、以色列、波斯和伊斯兰的文化遗产，并为世人描绘了"追求美德"的"人"的发展之路，从而激发和推动了西方对个人主义、"人类工匠"、"人类自治"等现实观念的讨论。他的这种努力与核心价值观的实践存有对话的共同语境。

（1）理性灵魂。《论灵魂的不朽》是费奇诺最重要作品《柏拉图神学》的副标题。费奇诺将宇宙划分为五个等级，相应存在五种实质，即上帝（God）、天使（Angel）、灵魂（Soul）、质地（Quality）和肉体（Body）。人类的灵魂被赋予特殊地位，它"一直存在，因为它尽其所能奔向永恒（上帝）"[1]，成为形而上学体系中链接两极的枢纽，被置于宇宙的中心，"万物都存在于这五个等级之中，即上帝与天使处在峰顶，肉体与质地处在坡底，而灵魂则处在最高等和最低等的实质之间……它是万物的中心。"[2]

（2）小宇宙。人的理性灵魂在趋向上帝的过程中因为分有了上

① Ficino, *Platonic Theology*, Michael Allen, English trans., James Hankins, Latin Text ed., I Tatti Renaissance Library, London：Harvard University Press, 2001 - 2006.

② Ficino, *Platonic Theology*, Michael Allen, English trans., James Hankins, Latin Text ed., I Tatti Renaissance Library, London：Harvard University Press, 2001 - 2006.

帝的爱,就有可能成为一种永恒存在的生命形式,正如上帝是宇宙的主宰,人亦自成一个"小宇宙"。"在开始的时候,处于一种混沌的状态……但受到它自身内在的爱吸引,开始趋向灵魂的世界……摆脱了混沌,一个宇宙形成了。"①费奇诺认为上帝作为"全宇宙唯一的统治者是善的……他就美德而言无限度地超越万物。"②为了趋向上帝,人生就拥有了最高目标,以追求美德来获得上帝所赋予的永恒,只有这样,所有的善行和恶行在死后才有可能被相应回报。

(三)传承与吸收:青年核心价值观培育路径的探索

习近平总书记在印度世界事务委员会发表演讲时指出,"青年人是中印两国的未来,也是亚洲和世界的希望。青年人有现实主义者的喜怒哀乐,更有理想主义者的信念和执着。希望你们从中印古老文明中汲取智慧,在追求真理的道路上一路向前。"③他的讲话为青年核心价值观的培育指明了现实路径。高校作为青年价值观培育的主要阵地,应该一方面思考如何从理想信念的角度来帮助学生扶正人生目标,另一方面研究如何从现实需求的角度来帮助学生排解生涯困惑。

1. 坚定青年理想信念,实施人生导航工程

针对青年学生理想信念薄弱的特点,以社会主义核心价值观为底线,从中西文明优秀基因中撷取灵感,进一步突出培育青年学生的"德性"要求。冯友兰认为人生的境界既有高低等级之分,其提升的过程亦是"我"对"德"的认知发展过程。"所谓'我'有自私及主宰二义。就所谓'我'的自私之义说,在自然境界中底人,不知有'我',在功利境界中底人有'我',在道德境界中底人无'我';就所谓'我'的主

---

① Ficino, *Commentary on Plato's Symposium*, Sears P. Jayne, ed. and trans. , Columbia: University of Missouri, 1944: 142.

② Ficino, *The Letters of MarsilioFicino*, Members of the Department of Language of the School of Economic Science, eds. and trans. , London: ShephardWalwyn, 1975 - 2009.

③ 习近平:"在印度世界事务委员会的演讲",《人民日报》2014 年 9 月 19 日第 03 版。

宰之义说,在自然境界中底人无'我',在功利境界中底人有'我',在道德境界中底人真正有'我'"。① 费奇诺在帮助佛罗伦萨的统治者洛伦佐·德·美第奇摆脱自我内心中灵魂的纠结之时,告诫他"爱'人'是人类所特有的精神营养,行事时唯有以全人类利益为本,人类事务方可兴旺发达。"②他们思想中所蕴含的智慧不应该是一个过去式,他们捍卫社会德性,追求无我主宰的意愿可以帮助青年学生实现符合核心价值观的人生理想。

在现实工作中,高校可以在原有辅导员主导的基础之上,整合部分优质专任教师资源,担任青年学生的精神牧羊人和人生导航员,实施有助于坚定青年理想信念的人生导航工程。人生导航工程可以采取团队训练、小组活动和远程指导等多种模式,通过一对一或一对多的形式,以提升学生对于社会主义核心价值观的实现程度的认同度。辅导员、优师名师与青年学生一起,通过校园文化活动和校外社会实践来传递正确的价值导向,以自己的工作经验和社会阅历来帮助他们"修德""明辨",在实践中初步规划和不断调适人生目标。

2. 紧扣青年现实需求,开发合作学习项目

充分理解和调研青年学生的现实需求,以社会主义核心价值观为准绳,从中西文明优秀基因中获得教益,进一步厘正培育青年学生的"求德"路径。人要达到"有我"和"大无我"的有"德"境界,还要拥有一种较高水准的"觉解"功夫,冯友兰称之"敬及集义"。"人对于宇宙人生底觉解,可使人得到道德境界或天地境界。……人常注意于此等觉解,令其勿忘,而又常本此等觉解以作事,则他所作底事,对于他即常有如上所说底新意义。"③"常注意于此等觉解"就是"敬",指向人的"内省";"常本此等觉解以作事"就是"集义",指向人的"外化"。费奇诺在与红衣主教利拉奥讨论教育问题时,告诉他"应该怀

① 冯友兰:《冯友兰随笔理想人生》,北京大学出版社 2007 年版,第 153 页。

② Ficino, *The Letters of MarsilioFicino*, Members of the Department of Language of the School of Economic Science, eds. and trans., London: ShephardWalwyn, 1975 – 2009.

③ 冯友兰:《冯友兰随笔理想人生》,北京大学出版社 2007 年版,第 201 页。

有一颗宽宏之心，等待来之美德的诚挚邀请，聆听它的讲述……去听一听那些无论如何判断都是决然错误和与己不利的事情。"①冯友兰通过强调"学养"、费奇诺通过强调"宽宏"，都在告诉我们知"德"是一回事，求"德"是另一回事，青年学生只有维持一种平和、包容、坚韧、笃行的行动力才可能使自己拥有德性。

在现实工作中，高校应该依靠学生典型的引领优势，开发紧扣青年现实需求的合作学习项目，鼓励青年学生与榜样合作成长、共同成功。这里的学习不仅仅指向自习、读书会、语言教学等学业活动，更包含生活体验、文艺作品交流、表演展出等文体活动，以避免内容的刻板化倾向。杰出校友、学生骨干与青年学生一起，通过提升学生自律、自学、自理的意识和能力来帮助他们"勤学""笃行"，在完成共同任务的过程中实现集体利益和个人利益的共赢。

① Ficino，*The Letters of MarsilioFicino*，Members of the Department of Language of the School of Economic Science，eds. and trans.，London：ShephardWalwyn，1975 - 2009.

■潘国强①

90 后大学生人际关系障碍咨询案例研究

（上海师范大学　上海　200234）

（一）一般资料

小薛（化名），上海师范大学外国语学院英语专业学生。男，时年19 岁。单亲，父亲十年前过世，随母亲生活。原高中为重点中学华师大二附中，高考发挥失常。将来打算出国留学。

小薛生活在单亲家庭中，父亲早逝对其影响巨大，母亲对其保护很多，过于溺爱。母亲受教育程度高，对小薛有高要求，家里生活条件好，小薛缺乏与人分享、共同生活的经历。

（二）主诉与个人陈述

小薛的辅导员述说，小薛同学性格内向，刚入大学时适应不良。在日常生活中经常怀疑有人在背后说他坏话，为此经常去质问同学，引起同学反感，导致同学关系恶劣。2014 年 5 月初开始抱着多啦 A 梦去上专业课，辅导员问询他为什么，小薛回答"多啦 A 梦也要学英语啊"。2014 年 5 月 14 日晚上与寝室同学再次发生冲突，发生扭打事件。原因是听到门口有人说他不好的话，然后去质问同学，发生冲突，并冲突升级。在冲突发生的时候，辅导员向心理咨询师求助，希望能用心理咨询的专业知识帮助解决人际冲突，解决问题。

① 作者简介：潘国强，男，1979 年 7 月出生，硕士、讲师，上海师范大学知识与价值研究所助理研究员，研究方向为组织行为学、行为经济学和思想政治教育。

心理咨询分了三次进行,第一次是以现场咨询,解决突发事件为咨询目标之一。当场以宣泄学生激动情绪为主,舒缓紧张氛围。

小薛在与咨询师咨询过程中,口述其对他人的不理解,表达了对室友的愤怒和不理解,因为不会正确处理日常生活矛盾,小薛对人际关系中的冲突采取了不恰当的方式来处理。

（三）观察和他人反映

该同学性格内向,与同学交往方式单一,对身边的人多怀疑。经常怀疑自己的名誉受损、利益受损、同学说自己坏话,还害怕辅导员及其他老师对他产生偏见,影响自己出国的计划。

（四）评估与诊断

在与小薛交谈的过程中,主要发现的问题有:

1. 特殊的家庭背景。父亲较早去世,一直和母亲生活在一起。母亲是一个有一定社会地位的成功人士、精英阶层。因为害怕失去孩子,母亲对孩子的保护是过度的。甚至不允许孩子和一般同学交往,怕被其他同学"带坏"。所有的事情都是由母亲做决定,孩子去执行,孩子的自由度很差。

2. 父亲去世本身对孩子有极大的影响。生活中常伴的"多啦 A 梦"就是在父亲去世那时开始进入他的生活,并且一直相伴到现在。生活中,他的很多方面都有"多啦 A 梦"的影子。QQ、MSN 签名档上都以"多啦 A 梦"为主要内容,也喜欢被人叫做"多啦 A 梦"。在小薛同学内心,一直还存在父亲去世的阴影。

3. 高考失利对其影响较大。原来重点中学毕业的学生,高考没有正常发挥,进入上师大,本人心理失衡严重,对自己的失望和对学校的失望交织在一起。进入大学后,一直不放弃,打算参加插班生考试。但是又没有找到自己理想的学校,想去的学校又没有自己理想的专业,后来又因为各种原因放弃了。其母在准备插班生考试的时候对孩子说,不要把自己的复习资料给别人看到。

4. 一开始的时候入大学时适应期没有过好,人际交往等方面有所欠缺,加上是第一次住宿,第一次过集体生活。在日常生活中与同学交往存在一定问题,多疑、不自信,经常怀疑同学在背后说自己的坏话,特别害怕同学提到的母校高中。

（五）咨询目标

根据咨询目标七项原则，与小薛共同协商达成口头或书面协议，初步确定：

1. 近期目标：（具体目标）

（1）解决现场冲突，解决与室友的矛盾和问题；

（2）改变其认知观念中的不合理因素，正确认识其在人际关系的一些错误认识；

（3）改善焦虑的情绪，消除因现场冲突带来的不安情绪和害怕心理。

2. 长远目标：（终极目标）

促进小薛心理健康发展，完善其人格，学会自我心理调控，构建合理的认知模式，建立良好的人际交往关系模型。

（六）咨询方案

1. 主要咨询方法和适用原理

咨询方法：认知行为疗法。

咨询原理：认知心理学认为，认知是指一个人对某一件事的认识和看法，包括对过去事情的评价，对当前事件的解释，以及对未来发生事件的预期。认知是行为和情感的基础，错误的认知和观念是导致情绪与行为问题的根源，而一旦对这种观念和认知过程加以纠正，就可以改变不适应的情绪与行为。认知行为治疗就是通过改变求助者关于自身的错误的思维方式和观念，并教会求助者一些适应环境的技能，以帮助他们改善不良的情绪和行为，达到消除不良情绪和行为的短程的心理治疗方法。因此，治疗的着眼点是探寻并纠正导致不良行为和情绪的观念的认知过程。

2. 双方各自的特定责任、权利、义务。（略）

3. 初步约定三次的心理咨询过程。

（七）咨询过程

在对小薛的咨询过程中，主要针对其突发事件，即与宿舍同学发生的冲突开始。整个咨询过程共进行了三次，第一次为个别咨询，主要缓解其心理压力，对学生当时当地的一种咨询。第二次为善后的咨询，进一步舒缓其心理压力，调整认知。第三次针对寝室，进行了一次团体辅导。

咨询阶段分为：

1. 诊断评估与咨询关系的建立阶段：因为在日常生活中与小薛有所接触，所以建立咨询关系比较顺利，很快进入咨询环节。

2. 心理帮助阶段：在事件发生之初，小薛对于冲突事件有害怕心理，害怕被学校处分，害怕自己的大学学习、生活受到影响。在咨询之初，为其提供一定的心理帮助很重要，有助于推动咨询的开展和深入。通过咨询解决现存问题，提供心理支持等。

3. 咨询深入阶段：有关事件本身、对室友的看法在经过咨询后，小薛的观点有所变化，咨询进入深入阶段。

4. 团体心理咨询为辅助阶段：在对小薛本人做咨询的同时，在征得当时人和相关人员的意见后，开展了一次团体咨询，辅助解决存在的人际冲突，改善寝室人际关系。

5. 结束与巩固阶段。

6. 操作原理：

（1）通过谈话，使小薛认识自身的问题是因为对现实的歪曲认知造成的。

（2）认识其内在被曲解的认知，促使其改变固有错误的认知，帮助其构建新的合理认知模式。

（3）在心理咨询过程中运用自我暴露、空椅技术等心理咨询的专业知识解决认知过程中的不当观念。

（4）以量化行为为指标，通过新认知模式的运用—巩固—再运用—再巩固，最终达到纠正的总体目标。

具体操作步骤：

第一次咨询

时间：2014 年 5 月 14 日 23：00

目的：

1. 了解基本情况。

2. 建立良好的咨询关系。

3. 探寻解决人际冲突的意愿。

4. 找出小薛当前急需解决的目标。

5. 进行咨询分析。

方法：认知行为疗法。

过程：

1. 询问事件发生的经过，强调以心理咨询师身份介入此次事件，介绍咨询中有关事项与规则。

2. 与小薛交谈收集事件相关资料，使小薛的情绪得到充分的宣泄，释放其内心的焦虑与害怕。

3. 探讨其人际关系的实际情况，在咨询过程中用空椅法进行对话，让其正确认识自己在人际关系的不合理认知，达到改变的目的。

4. 布置家庭作业，让其尝试与室友进行沟通，进行人际交往方式改变尝试。

5. 介绍后续的咨询步骤，做好相关的准备。

第二次咨询

时间：2014 年 5 月 15 日 14：30

小薛在谈好后，情绪有所缓解，于次日进行了半小时左右的咨询。第二次咨询相对较简单。就前一日打架的受害人小孙，他表示愿意前往道歉。还谈了自己的一些想法，相对较理智、清醒。并主动提出希望咨询师能约另外三人一起前来当面讲清楚。咨询师也答应了，通过咨询的平台，为双方搭建一个沟通的平台，为他们做一次宿舍团体咨询。

方法：认知行为疗法。

目的：

1. 加深咨询关系。

2. 确定问题：提问及自我审查技术。

3. 检验表层错误观念。

过程：

1. 分析自己心理问题产生的深层原因（核心错误观念）。

2. 提高自我情绪和行为的调控能力。

3. 布置家庭作业：

（1）把认为自己想法不合理的地方写在本子上，并写出想法合理的地方；

（2）从成长经历中自我剖析对现在人际关系问题产生负面影响的事件；

（3）练习用空椅法继续进行人际关系的探索和分析。

第三次咨询

时间：2014 年 5 月 17 日 20：00

小薛的宿舍成员四人集体咨询，团体辅导。就宿舍人际关系等问题，做了一些辅导。给每个人以一个相对公平、开放的表达机会，从自身说起，说出自己的问题，表达自己的愿望。咨询师注重团体中每个人平等地表达自己的声音，注重对等的对话权。最后，从四个人口中共同得出如何促进宿舍同学关系的方案。咨询师不过多表达自己的意愿，只是更多地起到引导作用，更多的是作为话题的组织者。在咨询过程中，咨询师注重发挥宿舍中寝室长小秦的作用，在关键时候引导话题。通过重复、释义、反问等方法让四个人在关键问题上的认识趋于一致。

目的：

1. 巩固咨询效果。

2. 结束咨询。

方法：团体咨询疗法。

基本结束咨询，做好咨询的回顾和总结，解决宿舍人际冲突，帮助小薛确立正确的人际交往模式，改变其自身存在的不合理因素。通过团体咨询的方式，达成团体的共同生活目标，在条件允许的情况下，室友为小薛提供支持和帮助。小薛把咨询过程中学到的认知方式、分析和解决问题的方法运用到日常生活中，用新的认知和行为模式应对生活，确定了正确的人际交往的模式。

（八）咨询效果评估

本次咨询过程，历时三次。以个人咨询为主，团体咨询为辅。在咨询中咨询师注重专业技术的发挥，遵循咨询手册。

在第一次咨询的时候，以共情导入，让学生能接受咨询师。通过一些谈话技巧，让话题能够继续下去，并能进一步发掘出来访者之间的深入问题。并通过双椅法等技术，让学生面对问题。通过当事人自身的认识来提高,通过当事人的自我成长来完成进步。

本次咨询的问题是人际关系。从来访者自身、家庭等角度发掘来访者本身存在的问题,父亲过世、母亲的教育方式等问题可以得出人际交往障碍是有其内在原因的。因为这些,导致了当事人自身存在不安全感,受冷落,怀疑同学在背后说坏话等。

1. 求助者本人和其他人的评价

(1)小薛确立正确的人际交往模式,改变其自身存在的不合理因素。

(2)在条件允许的情况下,室友为小薛提供支持和帮助,共同努力营造一个良好的生活环境和人际关系。

2. 咨询师评估

通过追踪,因冲突爆发的人际冲突得到很好的缓解,宿舍之间成员相互帮助,宿舍成员各自完成了既定的学习和生活目标。小薛在之后的学习生活中较顺利地完成了自己的既定目标,出国交流留学。

咨询基本上达到预期目标。

(九)咨询会谈记录节选

第一次咨询

时间:2014 年 5 月 14 日 23 时

主要咨询过程:(节录)

以下咨询师简称"咨",来访者简称"薛"。

咨:小薛,今天怎么啦?现在好一点吗?

薛:老师,你是不是已经在同学那里听过他们的解释了啊?他们怎么说我的啊?

咨:没有,我刚到宿舍,发现你不在。而且现在也这么晚了,我第一时间还是过来想先把你找到。还没有任何人和我说事情的经过。你放心好了,我们之间谈话的内容不会有其他人知道的,我会遵守保密守则的。

薛:你是不是也觉得我不好?不管怎么样,这次是我一个人对他们三个人。大家肯定都会认为我不好(用纸巾擦眼睛)。

咨:为什么呢?我现在对事情的经过还不清楚。我也不能说任何的判断啊。

薛：不管怎么样，这次事情现在闹得很大了。不仅我们学院知道，其他学院都知道了，知道我们学院08级学生打架了。

咨：恩。那你怎么看的呢？愿意讲讲吗？

薛：没有什么好讲的啊。就这样啦……

咨：小薛，我知道你现在很紧张，毕竟出了这样的事情，大家都不好受。如果换成是我的话，我也会和你有一样的反应。

薛：恩。（用纸巾擦眼睛）我也不想的啊。

咨：对的，发生这种事情，我估计也和你一样难过的。也许，我还不如你呢。你看，我们今天也蛮晚了，我们也不可能拖得很晚。我们可以随便聊聊。

薛：老师，今天的事情你怎么看啊，是不是要给我处分啊。毕竟我们也算是打架，给学院造成很不好的影响。

咨：这个问题不是我们今天要谈的，今天对这个问题我们也不能做一个定性。反而，今天我在这里和你谈，更多的是想做一些工作，舒缓你的情绪。你觉得呢？

薛：今天不处理我们？那什么时候啊？

咨：恩，我觉得处理问题，怎么处理，不是我今天的谈话重点，不是我的目的。我觉得今天的话我们可以聊一些别的吧。先放松一下你的情绪。

薛：恩。

咨：小薛，我知道你在各个方面都很不错。钢琴级别也考的很高，雅思也好像通过了吧。

薛：是啊。我就是一直在学习的，我有我自己的目标，我有我自己的方法，凭什么别人要在背后说我啊。

咨：在背后说你？

薛：是啊。我一直把精力放在学习上的。我妈妈也说了，考进上师大是我的不幸。我要好好地学习，打算以后出国的。我自己学的好好的，为什么别人要侵犯我的利益啦？

咨：侵犯你的利益？

薛：是啊。他们老不好的。老是在背后说我的坏话，还在女生中散播对我不利的话。其实我对这些都不在乎,可是说我坏话就不对了,就是对我的既得利益的侵犯。

咨:小薛,你说的他们,他们是指谁啊。

薛:他们? 他们就是我寝室的那些人啊,小张,小秦。今天我是和小孙打起来了。可是我是实在受不了了。

咨:能说说具体的吗?

薛:老师,你知道吗,其实我一直怀疑小张在我背后说我坏话,还在女生中说我怎么怎么不好。他们都在背后排挤我,损坏我名誉。其实,我们生活上有很多不一样的,这也不管了。可是他们说我坏话,就是损害我名誉,就是侵犯我既得利益了。

咨:小薛,前面我听你说了好几次了,一直提到"既得利益"几个字。你为什么认为你的既得利益受到损害呢?

薛:上个学期的时候。班级里面报名红十字会会员,班长问了小张,我们男生报不报。小张就对她说了,说我不报的。我自己当时不知道,后来我问了班长才知道的,其实我是想报的。我想,以后我要出国的,红十字会会员这种事情,应该会对我出国有好处的。那我为什么不报啊? 可是,小张却说我不报,这个就是侵害了我的既得利益啊。还有一次,我们报名运动会项目,小张不经过我同意就帮我报了一个1000米长跑。我根本就跑不了,他以为他是谁啊,就这么帮我做决定啊。

咨:听起来,好像你对小张意见很大啊。

薛:是啊。他老是这样莫名其妙的做一些事情。后来还更过分了,在背后说我坏话。我都听到的,都有人告诉我的。

咨:谁和你说的啊,都说了些什么啊。

薛:他们啊,他们告诉我的。

咨:他们是谁呢?

薛:就是同学啊。他们告诉我很多事情的。

咨:是吗。看起来你和小张之间的矛盾很大啊。

薛:是的。他一直看我不顺眼的。我自己好好读书,他们都睡睡懒觉啊,卫生也不打扫,寝室卫生成绩也很差。以后我评奖学金就不行了,唉,这也是对我既得利益的侵犯啊。

咨：恩。我看你好像很在意你的利益。

薛：是啊。我妈妈说的，大学里面很多人都不要去管他们的。做好自己的事情就可以的。以后和他们不是一个阶层的。

咨：小薛啊，我知道你的家庭情况。那你能说说你妈妈怎么和你说的吗。

薛：我妈妈啊，她经常带我去参加一些聚会的，都是很有层次的人的聚会。像我妈妈的公司，他们招的都是北大清华复旦的，像上师大这种他们根本就不要的。我妈妈也经常带我去参加他们公司的活动。带我去认识很多人，所以，老师，很多事情我都明白的。其实你们也做不了什么。我今天就关心我会不会受到什么处罚，会不会影响我。

咨：小薛，其实我看你妈妈好像对你的将来有个很好的打算吧。

薛：是啊。我妈妈想我以后能出国吧。进上师大，算是我倒霉了。

咨：噢，你觉得你和同学之间这样紧张了，以后怎么办呢？你们还要同学三年，同寝室三年啊。

薛：怎么办，就这样咯。

咨：其实我也知道男生会有这种事情发生的。我的大学同学以前也在大学期间闹矛盾，也动手了。四年就很紧张的关系，那时候我们也跟着受罪。因为那时候我们都不敢在他们俩在场的时候说什么。毕业后，就在散伙饭的时候，我那两个同学最后握手言和，大家相互敬酒，道别珍重。

薛：恩。这个没有想过。

咨：是啊。这个问题可能比较头疼啊。因为怎么说呢，朋友关系是可以自己选择的，可是同学好像就不能自己选了。对吧？

薛：是啊。那只能这样了啊。

咨：怎么样呢？能不能说具体一点啊。

薛：今天的事情处理掉后，大家就各自不说话啊，当陌路人啊。

咨：对的。好像这样的可能性很大。那你觉得还有没有其他的可能啊？

薛：其他的啊？老师你是说？

咨：这样吧。我们来把你们的关系列个程度级别。最差的一级就是，你们以后的关系进一步恶化，坏到不能再坏。第二级就是你们同班、同寝的时候就当看不到这个人。第三级就是大家最起码能看到了友好地笑一笑，保持礼节上的友好。第四级就是经过这件事情了，大家反而把一些问题说开了，消除了误会，成了好朋友。你觉得哪种呢？

薛：第一种和第四种显然是不可能的。第二种可能吧。

咨：那第三种呢？

薛：第三种啊？我也说不清楚。

咨：说不清楚？那你在内心里面有没有这种期盼？

薛：应该有吧，可能有吧。老师，这个不是我说了算的啊。

咨：我知道啊。现在我问的是你内心的想法，起码你有没有这种期盼。

薛：有吧。如果大家见到了还能笑笑，那最好了。

咨：那这样吧。现在有两把椅子。一把代表你，一把代表小张。你愿意对小张说些什么呢，来改善你们的关系。一把代表你自己，你又愿意对自己说些什么呢？

薛：一把代表我，一把代表小张啊。

咨：是啊。你有没有对自己想说些什么的？另一把椅子代表小张，就当小张在你面前，你有什么话要和他说吗？

薛：对自己说啊。好像没有什么要说的啊，好像很傻的啊。

咨：恩，就当作是你对自己这件事情的总结吧，希望自己能有什么样的体会。

薛：我自己啊，那我先说简单一点可以吗？

咨：可以啊。当然可以，说一些简单的好了。

薛：以后不要这样冲动，冲动对自己没有好处的。

咨：就这样吗？也很好啊。那对小张呢？假如他在你面前，你有什么话要说？

薛：对他啊。好像没有什么好说的,老师,我还不知道他是怎么说我的啊。你看能不能你知道他们怎么说我的,你告诉我一下啊?

咨：为什么啊?

薛：我觉得他们说我,我当然有资格知道啊。

咨：知道以后呢?

薛：那就该怎么样还是怎么样啊?

咨：恩,你看时间也很晚了。要不我们来总结一下吧。有问题,我们下次再聊? 你看好不好? 你来说吧。

薛：总结啊。怎么总结? 其实我要求很简单啊,只要他们不在我背后说我的坏话就可以了,不要侵犯我的利益。这样大家还是同学嘛。

咨：恩。这样啊。那我也来说两句吧。今天的话,你从一开始情绪很激动到现在好很多了,这样就很好啊。否则情绪一直激动下去,会影响你的学习、日常生活的。你今天也说了很多同学之间的事情,你放心,我还是一开始的时候说的,我会保密的。同学之间的日常相处会出现这样那样的问题也是正常的,我们要用平常心来看待。下面的话,我觉得还是应该从如何协调、处理与同学的关系入手吧。也算是作为一个作业,我想请你和小张试着友好交往一下,表达一下你自己的意愿。小张我会和他沟通,以后有机会,我请你们寝室四个人一起来坐坐。你看可以吗?

薛：恩,好的。

咨：小薛,你觉得还有什么要补充的吗?

薛：没有了。

咨：那好吧,今天我们也很晚了,你也好好休息吧。我们改天再聊。

薛：好的。谢谢老师。

参考文献：

[1] 徐梦飞、侯志瑾、李栩、王丹妮、钱捷："心理咨询中的依恋关系研究综述",《中国临床心理学杂志》,2017 年 25(02)：319—325

［2］刘陈陵、王芸：《来访者动机：〈心理咨询与治疗理论与实践的整合〉》. 心理科学进展,2016 年 24(02)：261—269

［3］孙炳丽、田雨、孙海洋、王文忠：《从心理咨询与治疗的角度看自我》,心理科学进展,2016,24(01)：83—90

［4］布莱恩·N.贝尔德著,赵振杰、何小忠译：《实习手册——心理咨询入门指南》,2008 年 6 月第 1 版。

［5］【美】萨默斯·弗拉纳根著,陈祉妍、江兰、黄峥译：《心理咨询面谈技术》,中国轻工业出版社 2014 年 2 月第四版。

［6］岳晓东：《登天的感觉——我在哈佛大学做心理咨询》,北京联合出版公司 2016 年 1 月第 4 版。

聂　慧① 聂　智②

上海大学生国际视野教育实证调查

（上海工程技术大学　上海　201620　上海大学悉尼工商学院
上海　201800）

　　国际视野教育，又称全球视野教育或世界视野教育，是指能从世界、全球的高度了解和认识世界，包括世界历史和当今国际社会现状，评价本国地位和作用，认识自己的权力和义务，在国际交往中应有恰当的行为和态度，为此开展的一系列的教育活动。③ 虽然学者对国际视野教育的概念表述不一，但基本认为，应该是针对顺应国际化或者全球化时代需求的思维方式、知识体系、行为能力以及情感态度的教育。④

（一）研究现状和背景

　　为了总结国际视野教育的研究现状，以文献分析法整理近年来在各类期刊发表的文献。在中国知网（CNKI）以主题词"国际视野教育"搜索，相关文献只有 32 篇；以篇名"国际视野教育"搜索，

---

　　① 作者简介：聂慧（1982—　　），女，上海工程技术大学外国语学院讲师，研究方向：跨文化交际、翻译实务。
　　② 作者简介：聂智（1982—　　），女，上海大学悉尼工商学院讲师，研究方向：跨文化交际、外国语言学及应用语言学、高等教育比较研究。
　　③ 姚福生等："新时期大学生国际视野教育初探"，《学术论坛》2008 年第 1 期，第 182—186 页。
　　④ 何兰萍："'一带一路'视域下中医药学生国际视野的培养路径研究——以思政课为载体"，《中医教育》2017 年第 2 期，第 17—21 页。

相关文献仅有 6 篇；以关键词"国际视野教育"搜索，相关文献只有 3 篇；以摘要"国际视野教育"搜索，相关文献只有 27 篇。从文献发表的时间上来看，2003—2016 年相关文献较少，有几年甚至 1 篇相关文献都没有，2017 年关于国际视野的文献有所增加（见图 1）。当前国际视野教育的研究仍处在"低关注""低热度"的情况，研究的影响力有限，这与我国目前经济、文化、教育发展的良好态势不符。

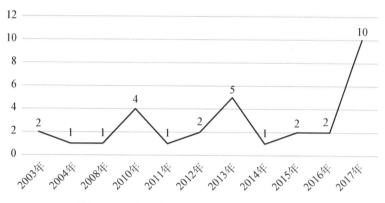

图 1　国际视野教育研究历年文献数（CNKI）

在现有的研究中，姚福生等（2008）对新时期国际视野教育的内容做了分析，总结了国际视野的知识维度、能力维度、素质维度等三个内容，提出了一些开展大学生国际视野教育的途径和策略。

李涛（2013）开展了大学英语课改下学生国际化视野培养的调查，主要涉及大学英语课在多大程度上培养了学生的英语表达能力、学生的语言综合应用能力和国际化视野；同时，针对上述现状，指出了大学英语教学应做出的调整和课程改革。①

嵇留洋与汪云香（2015）做了一项地方院校大学生国际视野状态的调研，研究跨文化沟通能力、国际惯例熟悉度与信息关注度、国际化教育教学活动参与度、对本专业国际化知识知晓度、个人国际视野

---

① 李涛："大学英语课改下学生国际化视野的培养与研究——以中国传媒大学南广学院为例"，《科教文汇（上旬刊）》2013 年第 1 期，第 109—110 页。

拓展影响因素的看法等。①

孔难难、杨敏与郑晓梅（2017）总结了当前大学生国际视野教育存在的三个问题，分别是国际视野教育未成体系，学生主动参与、主动规划的能力不足，各种教育保障措施未完善、项目实施的过程监督不够。②

总体来说，当年对大学生国际视野教育的关注程度不够，这与当今的国际形势不符，也与国家发展的战略不一致。

（二）研究目的和意义

当今，国际化进程日益加速、全球竞争日趋激烈，国家之间的合作越发紧密，经济与文化的交流、交融日益频繁。国家对国际化人才的需求越来越迫切，全球化、国际化人才的引进和流动随着大量外资和外企的进入而变得常态化。高校应紧跟时代的脚步，培养注重国际视野的学生，使得大学生具有良好的国际化视野和跨文化交际能力。对大学生国际视野的研究目前还处在低热度、低关注度的状态，还需进一步加强相关研究，使得学界更加关注大学生国际视野教育，推动大学生国际视野教育。

（三）研究对象和方法

本文研究对象是上海高校在校学生。研究方法主要采用文献分析法、问卷调查法等。本研究采取整群抽样和分层抽样结合的方法，共抽取上海工程技术大学、上海大学、华东政法大学等七所高校500位学生进行问卷调查，回收问卷485份，有效问卷回收率为97％。调查对象具体情况见表1。

表 1　样本情况（N＝485）

	分类	人数	百分比	累积百分比
性别	男	252	52％	52％
	女	233	48％	100.0％

① 嵇留洋、汪云香："地方院校大学生国际视野状况调查与对策探讨"，《教育与职业》2015年第28期，第110—112页。
② 孔难难、杨敏、郑晓梅："生涯规划视域下大学生国际视野教育新体系的探索"，《大学教育》2017年第7期，第145—147页。

	分类	人数	百分比	累积百分比
学校性质	985、211 高校	163	33.6%	33.6%
	普通本科院校	250	51.5%	85.2%
	民办高校	62	12.8%	97.9%
	高职高专	10	2.1%	100.0%
专业	文科类	201	41.4%	41.4%
	理科类	142	29.3%	70.7%
	工科类	83	17.1%	87.8%
	艺术类	59	12.2%	100.0%
年级	大一	163	33.6%	33.6%
	大二	117	24.1%	57.7%
	大三	93	19.2%	76.9%
	大四	42	8.7%	85.6%
	研究生	70	14.4%	100.0%
政治面貌	党员	69	14.2%	14.2%
	团员	380	78.2%	92.4%
	群众	37	7.6%	100.0%

（四）研究工具

自编《大学生国际视野调查问卷》，问卷分四个部分：

1. 标准指导语。根据问卷调查的标准化要求，编写指导语，说明问卷填写的方法。

2. 人口统计学变量。人口统计学变量包括性别、所属高校、学科类别、学习阶段和政治面貌。

3. 关于大学生国际视野的一般性问题调研。这部分内容包括国际问题信息获取的渠道、阅读国外报纸书刊或浏览国外网站主要观看内容、出国留学目的、对国际文化交流态度、拓宽国际视野的方式等。其中，前两项为多项选择题，后三项为单项选择题。

4. 大学生国际视野态度量表。

（五）研究结果与分析

1. 大学生国际视野的一般性问题调研结果

（1）国际问题信息获取的渠道

对于国际问题信息获取的渠道（多选题项）主要有报刊杂志、广播电视和网络等。根据回收问卷的情况，获取相关信息的主要渠道是网络占 77.5％，而通过电视获取信息的占比 73.1％。

表 2　国际问题信息获取的渠道

选项	N	百分比	个案百分比
报刊杂志	187	14.8％	39.0％
电视	351	27.8％	73.1％
广播	96	7.6％	20.0％
网络	372	29.5％	77.5％
教科书	49	3.9％	10.2％
相关学术论文和著作	64	5.1％	13.3％
出国	43	3.4％	9.0％
亲友同学	98	7.8％	20.4％
其他	3	0.2％	0.6％
总计	1263	100.0％	263.1％

从表 2 可以看出，当代大学生获取国际问题的资讯，主要是网络、电视和报刊杂志，这与当代大学生和网络的粘合度很高的特点有关。

（2）阅读国外报纸书刊或浏览国外网站主要观看内容

大学生阅读国外报纸书刊或浏览国外网站（多选题），主要是时事政治占比为 51.5％，财经报道占比为 48.3％，国外文化占比为 43.1％。

表 3　阅读国外报纸书刊或浏览国外网站观看主要内容

选项	N	百分比	个案百分比
时事政治	245	19.1%	51.5%
财经报道	230	17.9%	48.3%
国外文化	205	15.9%	43.1%
校园教育	98	7.6%	20.6%
体育新闻	84	6.5%	17.6%
旅游文化	119	9.3%	25.0%
商品	78	6.1%	16.4%
科技	157	12.2%	33.0%
其他	13	1.0%	2.7%
娱乐新闻	57	4.4%	12.0%
总计	1286	100.0%	270.2%

从表3可以看出,当代大学生阅读国外报纸书刊或浏览国外网站更多地关注国外时事政治、财经报道和国外文化,反映了当代大学生具有良好的政治、经济素养和对跨文化的高度敏感性。

（3）出国留学目的

当代大学生的出国留学目的,主要是成为国际化人才,占比30.1%;学习先进知识和技术,占比29.5%;体察国外风土人情,占比17.1%。

表 4　出国留学目的

选项	N	百分比	累积百分比
成为国际化人才	146	30.1%	30.1%
学习先进知识和技术	143	29.5%	59.6%
获得国际认可的文凭,增加就业砝码	60	12.4%	72.0%
体察国外风土人情	83	17.1%	89.1%

续　表

选项	N	百分比	累积百分比
提高外语水平	36	7.4%	96.5%
其他	17	3.5%	100.0%
合计	485	100.0%	

进一步统计分析发现,出国留学的目的进行单样本 t 检验,均值为 2.528,标准差为 1.437,t 值 38.751,df 值为 484,p 值为 0.000,差异显著,详见表 5。t 检验结果说明,抽样统计的样本符合大学生总体分布,样本具有代表性。

表 5　出国留学的目的单样本 t 检验

	t	df	Sig.（双侧）	均值差值	差分的95%置信区间	
					下限	上限
出国留学的目的	38.751	484	.000	2.528	2.4	2.66

（4）国际文化交流态度

对待国际文化交流的态度,选择"保持民族特色,同时以宽容开放的心态接受外来事务"占了绝大多数,占比为 85.8%;"无所谓民族特色,只要是好的接受"占比 8.9%;"中华文化是独特的,不相信中西文化能够和谐并存",占比 5.4%。

表 6　国际文化交流态度

选项	N	百分比	累积百分比
保持民族特色,同时以宽容开放的心态接受外来事务	416	85.8%	85.8%
无所谓民族特色,只要是好的接受	43	8.9%	94.6%
中华文化是独特的,不相信中西文化能够和谐并存	26	5.4%	100.0%
合计	485	100.0%	

进一步的统计分析发现,国际文化交流态度进行单样本 t 检验,均值为 1.196,标准差为 0.515,t 值为 51.134,df 值为 484,p 值为 0.000,差异显著,详见表 7。t 检验结果说明,抽样统计的样本符合大学生总体分布,样本具有代表性。

表 7　国际文化交流态度单样本 t 检验

	t	df	Sig.（双侧）	均值差值	差分的 95％置信区间	
					下限	上限
出国留学的目的	51.134	484	.000	1.196	1.15	1.24

（5）拓宽国际视野的方式

认为学校教育拓宽国际视野的途径,选择"增加与国外学校交换生比例"占比 40.4％,选择"建设国际化师资队伍,引进国际化教育理念"占比 23.9,％,选择"提供参与国际交流的机会"占比 15.9,选择"建立与国际接轨的课程体系"占比 18.6,选择"其他"占比 1.2％。

表 8　拓宽国际视野的方式

选　项	N	百分比	累积百分比
增加与国外学校交换生比例	196	40.4％	40.4％
建设国际化师资队伍,引进国际化教育理念	116	23.9％	64.3％
提供参与国际交流的机会	77	15.9％	80.2％
建立与国际接轨的课程体系	90	18.6％	98.8％
其他	6	1.2％	100.0％
合计	485	100.0％	

进一步的统计分析发现拓宽国际视野的方式进行单样本 t 检验,均值为 2.163,标准差为 1.180,t 值为 40.360,df 值为 484,p 值为 0.000,差异显著,详见表 9。t 检验结果说明,抽样统计的样本符合大学生总体分布,样本具有代表性。

表 9　拓宽国际视野的方式单样本 t 检验

	t	df	Sig.（双侧）	均值差值	差分的 95％置信区间	
					下限	上限
出国留学的目的	40.360	484	.000	2.163	2.06	2.27

（6）人口统计学变量的影响

人口统计学变量,如性别、学校性质、专业年级和政治面貌等可能会对出国留学目的、国际文化交流态度和拓宽国际视野的方式有影响。研究发现,性别对出国交流目的和国际文化交流态度有影响,对拓宽国际视野的方式没有影响。学校性质对三者都没有影响。学生专业对出国留学目的有影响,对国际文化交流态度和拓宽国际视野的方式没有影响。年级对出国交流目的和国际文化交流态度有影响,对拓宽国际视野的方式没有影响。政治面貌对三者都没有影响。

表 10　人口统计学变量在各量表中的统计结果（N＝485）

	出国留学目的	国际文化交流态度	拓宽国际视野的方式
性别	0.016 ＊＊	0.039 ＊	0.593
学校性质	0.175	0.454	0.931
专业	0.001 ＊＊＊	0.442	0.942
年级	0.032 ＊	0.033 ＊	0.102
政治面貌	0.173	0.805	0.518

注：＊$p<0.05$　＊＊$p<0.01$　＊＊＊$p<0.001$,下同。

2. 大学生国际视野的态度量表研究结果

选取 112 名学生做预研究,Cronbach's Alpha 系数为 0.6,KMO球形检验系数为 0.723。通过对问卷分析,删除一定的题目,最终得到正式大学生国际视野的态度量表。态度量表共 10 个项目、3 个因子。

（1）信度

大学生国际视野态度量表 Cronbach's Alpha 系数为 0.741,三个因子的 Cronbach's Alpha 系数均在 0.7 以上。根据统计的原则,Cronbach's Alpha 系数在 0.6 以上可以接受,在 0.7 以上属于信度较好。因此,大学生国际视野的态度量表具有较好的信度。

表 11　大学生国际视野态度量表信度

	Cronbach's Alpha		Cronbach's Alpha
F1	0.731	F3	0.715
F2	0.755	总量表	0.741

（2）效度

大学生国际视野态度量表的 KMO 值为 0.786,Bartlett 的球形度检验在 0.001 水平上显著,方差的总解释率在 56.486。根据统计的原则,KMO 值在 0.7 以上问卷的效度就属于较好的结果。因此,大学生国际视野态度量表具有良好的效度,但方差总解释率不是很理想,详见表 12 和表 13。

表 12　大学生国际视野态度量表的 KMO 和 Bartlett 的检验结果

取样足够度的 Kaiser-Meyer-Olkin 度量		.786
Bartlett 的球形度检验	近似卡方	1154.787
	df	55
	Sig.	.000

表 13　大学生国际视野态度量表解释的总方差

成份	初始特征值			提取平方和载入		
	合计	方差的%	累积%	合计	方差的%	累积%
1	3.212	29.202	29.202	3.212	29.202	29.202
2	1.878	17.076	46.279	1.878	17.076	46.279
3	1.123	10.207	56.486	1.123	10.207	56.486
4	.858	7.802	64.288			
5	.726	6.602	70.889			
6	.686	6.232	77.121			
7	.583	5.296	82.418			
8	.553	5.028	87.446			

成份	初始特征值			提取平方和载入		
	合计	方差的%	累积%	合计	方差的%	累积%
9	.516	4.694	92.139			
10	.441	4.008	96.147			
11	.424	3.853	100.000			

理想的方差解释率在70%以上，因量表的题项还不算很多，方差总解释率不是很理想，在后续的研究中可以进一步考虑增加题项。

（3）验证性因素分析

为了进一步验证大学生国际视野态度量表的结构是否合理，对大学生国际视野态度量表结构进行验证性因素分析（CFA），结果见表14。

表 14　拟合指数（n＝485）

模型	拟合指数								
	χ^2	df	χ^2/df	RMSEA	NFI	RFI	IFI	TLI	CFI
二因素模型	89.910	34	2.380	0.053	0.926	0.902	0.955	0.940	0.955
三因素模型	99.658	41	2.431	0.054	0.915	0.885	0.948	0.929	0.947

采用二因素模型，需要额外删除2个题项，而且方差总解释率只有46.279%，权衡后还是采用三因素模型。

结合探索性因素分析的结果，大学生国际视野态度量表由3个因子构成，参照已有文献，将因子1到因子3命名为国际交流实践意愿、国际交流信心、国际化教育认知。

参考大学生国际视野态度量表模式矩阵，3个因子中各问题与因子的相关性都比较高，r值在0.6—0.9之间，能很好地解释量表的结构。

表 15　大学生国际视野态度量表模式矩阵[a]

	成份		
	1	2	3
去海外留学	.819		
在外企或海外工作	.790		

	成份		
	1	2	3
到海外旅行	.718		
做国际志愿者	.632		
中国会成功实施"一带一路"战略		.740	
必须牢记日本军国主义带给中国人民的深重灾难		.739	
国际意识是指一种全球化的观念		.704	
中国应当担负更多的海外援助和国际责任		.558	
目前学校教育不能培养国际化人才			.884
我国青少年学生的国际意识不强			.646

提取方法：主成份。

a. 旋转在 4 次迭代后收敛。

（4）结构方程模型分析

对大学生国际视野态度量表运用 Amos 进行结构方程模型（SEM）分析，通过潜变量路径分析，发现国际交流实践意愿（F1）和国际交流信心（F3）的相关系数为 0.296，两者存在正相关，在 0.001 上差异显著；国际交流信心（F2）和国际化教育认知（F3）的相关系数为－0.536，两者存在负相关，在 0.001 水平上差异显著；国际交流实践意愿（F1）和国际化教育认知（F3）的相关系数为－0.044，两者差异不显著，不存在线性相关关系，详见表 16 和图 2。

表 16　大学生国际视野态度量表三因素相关性预测值

	Estimate	S. E.	C. R.	P
F1↔F2	.113	.025	4.575	＊＊＊
F3↔F2	－.161	0.39	－4.116	＊＊＊
F3↔F1	－0.043	.021	－2.014	0.44

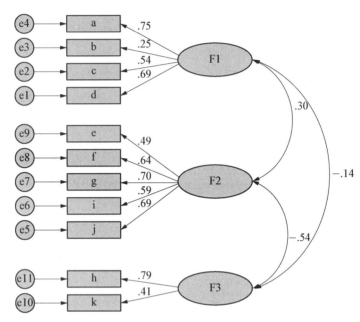

图2 大学生国际视野态度量表三因子相关系数

（5）人口统计学变量的影响

人口统计学变量，如性别、学校性质、专业年级和政治面貌等可能会对国际交流实践意愿（F1）、国际交流信心（F2）、国际化教育认知（F3）三个因子有影响。研究发现，性别对国际交流信心（F2）、国际化教育认知（F3）有影响，对国际交流实践意愿（F1）因子没有影响。学校性质对国际交流实践意愿（F1）因子有影响，对国际交流信

表17 人口统计学变量对大学生国际视野态度量三因子的影响

	F1	F2	F3
性别	0.064	0.022*	0.006**
学校性质	0.019*	0.536	0.816
专业	0.044*	0.552	0.681
年级	0.000***	0.016*	0.012*
政治面貌	0.934	0.266	0.727

心(F2)、国际化教育认知(F3)因子没有影响。学生专业对国际交流实践意愿(F1)因子有影响,对国际交流信心(F2)、国际化教育认知(F3)因子没有影响。年级对国际交流实践意愿(F1)、国际交流信心(F2)、国际化教育认知(F3)三个因子都有影响。政治面貌对三个因子都没有影响。

(六) 研究结论

1. 大学生国际视野的一般性问题

(1) 当代大学生获取国际问题的资讯,主要是网络、电视和报刊杂志;当代大学生阅读国外报纸书刊或浏览国外网站更多地关注国外时事政治、财经报道和国外文化。当代大学生的出国留学目的,主要是成为国际化人才、学习先进知识、技术和体察国外风土人情。对待国际文化交流的态度,持保持民族特色,同时以宽容开放的心态接受外来事务态度的占多数。学校教育拓宽国际视野的途径,更多的学生愿意走出国门,"增加与国外学校交换生比例"成为大多数学生的首选。

(2) 人口统计学变量中性别、专业和年级对出国留学目的、国际文化交流态度和拓宽国际视野的方式有较大的影响。在实际工作中,要对男女生采用针对性的国际化视野教育,不同的专业背景对大学生国际视野教育有不一样的影响,文科和理工科对出国的意愿更加开放和包容,艺术类相对一般。出国留学、文化交流和对拓展国际视野的方式,在不同年级有完全不一样的结论,年级越高,意愿越强烈,最明显的是研究生阶段。

2. 大学生国际视野的态度量表

(1) 研究自编的《大学生国际视野态度量表》具有较好的信效度,在后续进一步的研究中可以增加项目,研究会更加严谨。

(2) 结合探索性因素分析的结果,大学生国际视野态度量表由国际交流实践意愿、国际交流信心、国际化教育认知 3 个因子构成。国际交流实践意愿、国际交流信心两者正相关,差异显著;国际交流信心、国际化教育两者负相关,差异显著;国际交流实践意愿、国际化教育认知无线性相关关系。

(3) 人口统计学变量中,性别在国际交流信心、国际化教育认知有显著性;学校性质和专业背景在国际交流实践意愿差异显著;年级在国际交流实践意愿、国际交流信心、国际化教育认知均存在显著差异；政治面貌在三个因子中差异均不显著。

（七）加强大学生国际视野教育的启示

1. 进一步开展海外交流项目，增强大学生国际交流信心，开拓大学生国际视野。

目前，高校在校生赴海外交流的比例仍比较低，高校可进一步丰富海外交流项目与模式，如：面向各领域、各专业学科的学分互换项目、双学位项目、海外短期培训、实习项目等，通过项目的多元化提升各专业学生的参与度，有效拓展海外交流的专业覆盖面，拓展其宽度与广度。学生"走出去"，直接领略海外语言、文化、风俗，感知不同文化间的交流方式与礼仪等，通过项目增强大学生国际交流的信心与实践的意愿，从而有效拓展大学生国际视野。

2. 进一步强化国际化师资队伍，充分利用合作办学资源，言传身教培养国际意识。

为提高个体的全球化和世界知识的熟知，开展国内外高校合作具有重要现实意义。虽然各高校都在实施人才战略，引进海外学者教授，但相对学生受益面来说，仍然有限。具体做法可进一步引进优秀的各专业领域的海外教师进入中国高校共同执教、工作，进一步选派国内教师赴海外访学。积极利用并开拓中外合作办学资源，有效引入海外课程及培养方案，有效实现国际化教学，通过一系列举措，强化高校教师国际化水平。师资队伍跨文化交流能力的强化将提升学生对国际化的理解，推动大学生对海外知识的了解，从而有利推动国际视野的教育。

3. 进一步加强英语教学，提升跨文化与思辨能力，国际视野教育落地英语教学实践。

目前，我国英语专业或大学外语教学大多数都属于传统语言技能课程所训练的语言，总体上属于交际英语。然而，在新时代，交际层面的英语教学已不能为高年级学术性专业知识课程的学习乃至出国交流提供学术英语和学术素养的必要准备。束定芳（2016）在谈到大学英语教学改革时指出，"大学英语教学应让学生更多接触真实的英语交际场景，特别是学术交流场景，逐步培养学生真正使用英语进行学术交流的能力，并过渡到培养通过英语获得专业知识、从事跨文化交际及国际学术交流的能力"。新时代的英语教学应注重学生国际视野的培养,国际意识的强化,注重学生跨文化能力、思辨能力的培养,使学生在对世界文化多样性尊重的同时,具有跨文化同理心和批判文化意识。国际视野决定跨文化交往方向与高度,英语教学应站在全球文化的高度,深化英语教学的内涵,有效培养思辨能力,使学生能有效利用外语进行跨文化日常沟通、学术对话,进而到达文明互鉴的最高境界(孙有中,2017)。

参考文献:

[1] 孙有中:"人文英语教育论",《外语教育与研究》,2017(11):859—870.

[2] 束定芳:"对接新目标,创建新体系",适应新需求,《外语界》2016(2):2—8.

[3] 孙有中:"外语教育与跨文化能力培养",《中国外语》2016(3):1,17—22.

[4] 姚福生等:"新时期大学生国际视野教育初探",《学术论坛》,2008(1):182—186.

[5] 何兰萍:"'一带一路'视域下中医药学生国际视野的培养路径研究——以思政课为载体",《中医教育》2017(02):第17—21页.

[6] 李涛:"大学英语课改下学生国际化视野的培养与研究——以中国传媒大学南广学院为例"《科教文汇(上旬刊)》,2013(01):第109—110页.

[7] 嵇留洋、汪云香:"地方院校大学生国际视野状况调查与对策探讨",《教育与职业》,2015(28):第110—112页.

[8] 孔难难、杨敏、郑晓梅:"生涯规划视域下大学生国际视野教育新体系的探索",《大学教育》,2017(07):第145—147页.

[9] 邵宏:"跨文化大学英语教育和大学生国际视野的培养",《英语广场》,2017(01):第101—102页.

[10] 吕成祯、钟蓉戎:"大学生家国情怀与国际视野的培养路径——基于竺可桢人才培养理念的启示",《内蒙古师范大学学报(教育科学版)》,2016(05):第44—47页.

[11] 文波:"论综合英语教学中如何拓展学生的国际视野",《西部素质教育》,2016(09):第90页.

[12] 曹晓岩:"基于国际合作教育培养具有国际视野的应用型本科人才研究与实践"《黑龙江工程学院学报》,2015(01):第73—76页。

[13] 赵伟民、俞晓辉:国际视野与跨文化理解.《国际人才交流》,2012(12):第52页.

[14] 李平等:"探索英语教学中如何培养大学生的国际视野和国际胸襟",《沧州师范专科学校学报》,2009(01):第58—60页。

雷　禹①张晓晶②

医学院校特色校园文化内涵探析

（上海交通大学医学院　上海　200025）

（一）研究背景

习近平在党的十九大报告中指出"文化是一个国家、一个民族的灵魂。文化兴国运兴，文化强民族强。没有高度的文化自信，没有文化的繁荣兴盛，就没有中华民族伟大复兴。"《国家中长期教育改革和发展规划纲要(2010—2020年)》明确指出，坚持以人为本、推进素质教育是教育改革发展的战略主题，是贯彻党的教育方针的时代要求，核心是解决好培养什么人、怎样培养人的重大问题。中共中央31号文件和习近平总书记在全国高校思想政治工作会议上的讲话中提到："切实坚持全员、全过程、全方位育人，教师要把思想价值引领贯穿教育教学全过程和各个环节，形成教书育人、科研育人、实践育人、管理育人、服务育人、文化育人、组织育人的生动局面"。中共中央、国务院《关于进一步加强和改进大学生思想政治教育的意见》明确指出："校园文化具有重要的育人功能""要建设体现社会主义特点、时代特征和学校特色的校园文化，形成优良的校风、教风和学风""努力拓展新形势下大学生思想政治教育的有效途径。"可见，大学文化对

①　作者简介：雷禹(1982—　)女，瑶族，湖南邵阳人，上海大学新闻传播学博士生，讲师，上海交通大学医学院文明办副主任，主要从事思想政治教育、新媒体传播研究。

②　作者简介：张晓晶(1974—　)女，汉族，山东济南人，博士，讲师，上海交通大学医学院党委宣传部副部长，主要从事高等教育和思想政治教育研究。

学生的发展成长至关重要。我国高等教育的实践也表明,重视大学校园文化建设,充分发挥其育人功能,是加强和改进大学生思想政治教育的一个重要环节。大学文化育人要与时俱进,不断挖掘校园文化的时代内涵,融合当今世界多元文化,创新和拓展校园文化路径,做好大学文化对学生的价值导向、激励导向、道德导向和行为规范导向。

作为医学院校,不但承担着培养未来医疗队伍生力军的光荣使命,还肩负着传承和创新医学文化的重要任务,而对医学院校文化内涵进行探析,开展以文化人、以文育人工作则是实现该目标的重要路径。作为"促进健康、预防疾病、恢复健康、减轻痛苦"的使者,人类的健康与医学事业的发展不仅需要医学生具备扎实的医术,还需要他们有"以人为本"的医道,进一步重视人文关怀,创新医疗服务理念;更需要他们在医学各类实践活动中能具备更高的文化素养和品格——能关心病患的生命与健康、关注病患的权利和需求、尊重病患的人格和尊严。但随着当今医学模式、传播范式和社会结构的转型,医患关系受到广泛的关注,医学院校文化特质发生改变,医学人才培养出现新的挑战,医学文化传承和创新也受到一定影响。因此,对医学院校特色校园文化内涵进行进一步探究,提升医学院校校园文化建设水平甚为必要。

(二)医学院校特色校园文化的内涵

1. 大学校园文化的内涵。从文化形态上来说,大学校园文化主要包括物质文化、行为文化、制度文化和精神文化四个层面。[①] 物质文化是由大学空间、场馆设施等组成的,制度文化由大学的组织机构、规章制度等构成,行为文化包涵教师的言传身教、学生的学习实践等等,而精神文化是由价值观念、理想追求、思维模式、道德情感等组成的。[②] 因此,"育人为本"是大学的使命,如何育人是高等教育中

① 吴笑韬、廖云峰:"试论医学院校校园文化建设的基本要求",《广东医学院学报》2010,28(01):98—100.

② 余进军:"医学院校校园文化与医学生的道德培养",《淮北职业技术学院学报》2015,14(01):85—86.

最重要的任务,大学文化的根源也同样是"育人为本"。

"文化"的本质,是"文以载道、道以化人"①,"文化育人"是通过特定的文化教育人、塑造人、培养人,它赋予大学生灵魂以社会理想,促进大学生将人类伟大精神内化于心并实现自身超越。大学校园文化是一种精神,可以形成意识理念,作用于大学生的行为,它深刻影响着大学校园中每一个大学生。主要包含以下几个方面:

(1) 培育精神文化,实现文化认同。大学精神文化的培育,主要在于广大师生能产生思想意识的价值认同,广大师生能拥有趋同的思考方式、价值观念、行为规范、道德标准等价值取向。

(2) 丰富物质文化,实现文化熏陶。营造优雅的校园文化环境、健康积极的校园文化氛围,大学文化在大学生成长成才中提供物质保障,是传承与传播精神文化的物质载体。

(3) 建立制度文化,实现文化引导。大学文化直接或间接催生不同制度的产生和形成,制度是文化的历史沉淀,文化是制度的丰富表现,制度为传播、创造特色校园文化奠定保障。

2. 医学院校特色校园文化的内涵。医学院校的特色校园文化,应当是一种彰显医学专业特色的校园文化。该文化倡导求真求实,勇于追求理想,具有奉献精神,大度包容,是强烈体现人文关怀、与时俱进、仁爱和谐的文化。它是医学院校在自身成长发展过程中,为了适应国家经济社会发展的需求、更好地为病患服务,渐趋积淀与发展而成的独特文化。特色文化的"硬"环境包括医学校园环境体现"大医精诚"的楼宇建筑、人文景观、绿化设施等,它的"软"环境包括体现"医者仁心"的价值观念、师德师风、学习氛围、规章制度、舆论导向等。

医学院校特色校园文化,应当至少包含人文观、发展观与和谐观三种内涵,以下分别具体述之:②

① 杨均华:"'化人'与'人化':现代高职教育视野中的文化通识教育",《郧阳师范高等专科学校学报》2015,35(05):114—116.

② 杨晓强:"高等医学院校校园文化建设的三大特征",《经营管理者》2009年第 19 期。

（1）人文观。医学院校特色校园文化应当关注医学生的素质教育，并体现浓厚的人文关怀。医学中的人文关怀，是指医生在态度和行为中表现出对患者的关心和尊重，充分考虑患者的关注点和价值观。[①]在人类发展历史中，医学占据了重要地位，几乎与人类同时出现。随着医学科技日新月异的发展，重视科学技术、轻视人文关怀的现象日益凸显。目前，医学模式由单一走向复合，即从简单的生物医学模式逐步演变为集生物、心理、社会三者于一身的综合体，在此种情景模式中，医生应当认识到自己不但要帮助病患解除病痛，而且更要让这群鲜活的个体感受到关爱。所谓"妙手仁心"不仅要"医身"，还要"医心"，要让病人切实感受到关爱与尊重。

基于此，医学院校特色文化育人要着重在医学生人文素养与人文关怀精神的方面进行开展。例如，国外医学院校的学生毕业时，就会举行隆重的毕业典礼，它带给人们的不只是庄严与隆重，而且更是对文化的传承、人才的尊重以及知识所蕴含的力量。在日本，护士从学校毕业时，要模拟南丁格尔当提灯女郎，深切感受南丁格尔的精神，用医护人员的真心、爱心、责任心去关爱病人和赢得病人。[②]

（2）发展观。传承和创新是大学校园文化建设中的最重要的主题，即与时俱进的发展同时不断继承和创新。继承，是指一所学校将自身历史中的优秀之处予以吸收与学习，包括理念、学风、制度等等。例如风格不同的校训，统一完整的医学生誓词，都将在学校发展中传承下来，影响着一代又一代的学生。创新，是大学在"培养人才、科学研究、服务社会"三大功能上的自身不断突破。医学院校是培养和输送医疗卫生人才的基地，师生攻坚克难、追求突破、攀登医学极限，都需要创新精神。尽管我国高等教育已由"精英教育"向"大众教育"迈

医学院校特色校园文化内涵探析

---

① Gracey CF，Haidet P，Branch WT，etal. Precepting humanism：strategies forfostering the human dimensions of care in ambulatory settings，AcadMed，2005，80(1).

② 张亚斌、刘小薇："国外医学院校人文素质教育的几点启示"，《医学教育探索》2000 年第 12 期。

进,但作为高等医学教育,必须坚持"医学卓越人才培养"的方向。[①]这意味着,医学院校的特色校园文化必须有利于卓越人才的培养,结合时代背景,与时俱进,帮助医学生形成批判性的思维模式、良好的研究习惯,并激发他们的使命感、责任感与创新能力。

(3)和谐观。"和谐"是中国传统文化中的精髓,与社会大众追求的方向相一致。它的内容涵盖广阔,既有儒家学派提倡"仁义",也有墨家学派提倡"兼爱",还有道家学派提倡"无为",无论是"和为贵"的处世理念,还是"和而不同"的文化观点,都集中体现了主张社会和谐的思想和意愿。医学院校特色校园文化的和谐,主要基于以下两方面:一是和谐文化的生产性。文化氛围能够影响人的思考模式和行为习惯。医学生在和谐文化的熏陶下,更容易培养"以救死扶伤为己任,以保人民健康为目标"的高尚"医德"。二是表现为和谐文化的衔接性。医学院校特色校园文化中的和谐性应当与医院中的和谐文化建立畅通的衔接机制,紧紧围绕患者需求,彰显患者为中心的文化特色,构建和谐的医患关系,继而构建医学院校的和谐校园文化,最终构建整个和谐社会。

(三)医学院校特色校园文化的特征

根据形成于19世纪末20世纪初的"文化圈"理论,高校校园文化圈是从属于社会大文化圈的一种亚文化圈,是具有相同文化特质的高校校园文化丛聚集而成的文化区域,具有完整的文化结构、鲜明的个性特征、深厚的文化积淀和明显的地域空间特征。[②] 医学院校特色校园文化除了具备一般高校校园文化开放性、先进性、包容性、多元性、创新性等普遍共性特征外,还兼具崇尚学术与医术的特征,担任了救死扶伤与教书育人的双重使命,文化内涵更为丰富,体现出鲜明的医学文化特色。主要特征如下:

---

① 林金辉:《潘懋元高等教育思想》,广东高等教育出版社2010年版,第5页。

② 官仲章:"文化圈理论视域下的医学院校校园文化研究",《中国医学伦理学》,2012,25(01):111—113.

1. 交叉性。医学院校特色校园文化很大一部分是医学人文,而医学人文被很多学者定义为"人的科学",从艺术、哲学、历史等多个学科切入来诠释健康、疾病与医学。它是连接医学与人文科学的纽带,是学科之间的交叉和融合,为病患提供周到全面的医疗服务。"医学人文"属于应用人文学,是医学与人文学结合的学科群,如:医学哲学、医学法学、医学心理学、医学沟通学等等。贺达仁先生将医学人文学划分为6大类4个分支约118门课程。① 北京大学医史研究中心主任张大庆教授则主张将医史学、医学哲学、医学伦理学、医学法学以及医学社会学作为医学人文学的核心课程。也有学者认为医学人文主要是围绕医学主题开展的各类行为,包括医务工作者的思维活动、处事方式、价值观念、医疗相关活动等。尽管学者从各种不同角度进行阐述和分析,主张也不尽相同,但对于医学人文是人类对于医学与人文相互联系的探索,是一个学科交叉培养的育人工作这个观点都确认不疑,这也就决定着医学院校特色校园文化必定有着多元文化交叉性的特征。

2. 人文关怀性。医学院校特色校园文化有非常强烈的人文关怀属性。中国古代曾有:"医乃生死所寄,责任匪轻""有识之知人爱人,勤求古训,博采众方"的说法。医学院校特色校园文化在医学和人文两者之间建立了畅通的联系机制,突出了医学的人文关怀特色,促进医学生人性境界提升和理想人格塑造,使其树立医学人文观念。台湾省学者龙应台曾经提出:"人文精神与人文知识有极为关键性的差别,'知而不行'则只停留在知识的层次;一个懂古典音乐、有哲学博士学位的人,不见得不会妄自尊大、草菅人命,但是一个真正有人文素养和人文精神的人,不会违背以人为本的终级关怀"②。医学院校特色校园文化可以促使医学生把所学的专业知识内化成人文精

---

① 曾勇、LeslieJSandlow、鲁映青:"医学人文教育:质疑、困难与出路",《复旦教育论坛》,2010,8(06):88—92。

② 宋宇亮:"医学院校人文教育现状分析及对策研究",《牡丹江师范学院》,2013。

神,并逐渐外化养成日常的行为习惯,形成相对稳固的个体品质。

3.职业性。医学院校特色校园文化与医学职业的特征密不可分。"珍爱生命""立德树人""妙手仁心"常常成为文化活动的主题,这都是医学生走上职业道路所必备的道德素养与精神信仰。同时,历史传统的继承与发展也是医学院校特色校园文化形成的重要来源之一。例如,每年的开学典礼上,都会安排新生诵读医学生誓词的环节;教师在讲台上授课时,也会穿着具有职业特色的白大褂;李时珍、扁鹊等医学名人的塑像也常见于各大医学院校的操场中。

4.双轨性。医学院校特色校园文化的建设离不开"大医文化"的核心价值。所谓"大医文化",源自被尊为"药王"的孙思邈所著《大医精诚》,该文是现有文献中最早论述医师道德修养方面的著作。简言之,"大医文化"包括两个重要方面:一是"精",要求医师具有高超精湛的医术;二是"诚",要求医师要具有诚实的品德。因此,医学院校特色校园文化的建设也要具有双轨性,既要利于学生专业知识与技能的培养,也要激发他们高尚的情操与"立德树人"的胸怀。

5.无声性。医学院校特色校园文化对学生的影响并非大张旗鼓、朝行夕效型,而是具有"内驱力",对学生进行润物细无声般的引导与影响。这种"内驱力"是通过各种行为活动展现其力量的。通过开展爱国主义与党员教育等活动,激发学生的爱国情怀,树立其坚定的理想信念;通过临床实践与授课活动,增强学生的专业技能与知识,提高其实践能力与服务意识;通过开展思政教育与公益性活动,增强学生的奉献精神与意识,完善其人格的形成与发展。总而言之,根据不同的道德情景模式,对医学生道德认知进行修正、补充、提升,促进其道德认知不断提高,使其道德情感得以升华,道德意识得以增强,道德行为得以规范,使医学生的道德行为让人觉得"看上去像个医务工作者",并逐渐具备医务工作者的职业操守。[①]

---

① 孟晖:"学用结合创新高校基层党建工作——以成都大学医护学院党建工作为例",《重庆科技学院学报:社会科学版》2012年第19期。

（四）医学院校特色校园文化构成要素

大学校园文化是一所大学在长期发展、成长过程中逐步形成的一种独特的文化，是师生教工等人员在共同的教学活动中互动形成的。它受到社会整体文化环境的影响，同时也具有一定的独立性。校园文化建设包括物质文化建设、精神文化建设、行为文化建设和制度文化建设。这四个方面的建设全面、协调地发展，将会为学校形成完整的文化现象。[①] 同样地，医学院校特色校园文化建设也由这四个部分组成。

1. 物质文化是医学院校校园文化建设内容的基础。校园物质文化具有很强的直观性，它是校园文化的"硬件"，能够给人以直接而具体的冲击感。因此，医学院校需要在校园环境的设计和建设上多花心思，具有创意。建筑风格、园林设计与景观搭建等应尽可能凸显出医学文化的特色与意义。例如，办公楼、教学楼的墙壁上可以悬挂著名医生的肖像画，或是名人名言，培养与训练学生对楷模的敬仰，尽早树立正确的学习楷模。在许多医学院校的中心操场中，都矗立着李时珍的塑像，这也成为学校的标志与表征，展现出良好的精神风貌。简言之，校园应是一本随处可见可学的医学书，每个设施景观都是一个知识点。

2. 精神文化是医学院校校园文化建设内容的核心。校园文化的精神层面包含高校的历史传统、校风教风学风、价值推崇等。它是校园文化的内核，体现了大学独有的办学宗旨和培养特色，是形成学校品牌和社会形象的核心内容。对医学院校来说，校园文化育人工作中，要着重于培养医学生对医学校园及医学专业的认同感，让每一个学生都能以校为荣，以学医为荣。具体而言包含下列内容：

第一，校风建设。通过培养教师严谨治学、勤恳育人的"教风"，培养学生端正态度、努力进取的"学风"，培养行政人员甘于奉献、求真务实的"政风"，形成良好的校风，打造医学院校的品牌形象。

---

① 李爱平："浅析强化校园文化建设对提升高职院校品牌化的重要性"，《商情》2013年第7期。

第二,思维方式和情感方式的培养。思维方式培养主要指医学生批判性思维和辩证思维的训练,情感培养则主要是培养医学生对专业、行业、院校的热情和激情。

第三,思想道德教育。即医学生在学习实践的基础上,不断树立起坚定的从医理想信念,弘扬医德医风,自觉遵循职业道德和职业操守。

3. 行为文化是医学院校校园文化建设内容的载体。行为文化是指高校行政组织者的管理行为、教师的教学行为以及学生的日常行为所表现出来的同质倾向,是校园文化在师生的行为中的集中表现。[①] 医学院校的特色行为文化应当至少包括以下几个方面:

(1)学术文化建设,医学院校应当经常举办学术文化活动,开拓学生的学术视野。例如,可以邀请知名专家开展讲座、开展专题论坛、举办主题研讨会等等。

(2)专业文化建设。为了实现专业文化建设的目标,应当倡导正确的医学价值观与伦理观,树立医者仁心的理念与价值导向。另外,也要创造专业氛围,引导医学生为将来成为一名合格医师做好充分的心理与专业准备。

(3)艺术文化建设。医学院校可在校园文化活动中将人文教育融入,使学生潜移默化熏陶,提高人文素养。

(4)阵地文化建设。医学科学的实践性强,增强医学生的动手能力,提高综合性专业技能,对夯实临床实习基础尤为重要。基于此,医学院校应当积极组织深入社区、农村的各类诊疗宣讲活动等,为学生创建理论结合实践的平台,使医学院校成为培养实践技能的坚实阵地。

(5)网络文化建设。医学院校的网络文化建设应当从封闭走向开放,建立综合性文化教育网站、组织网络技能比赛,培养医学生使用网络搜集最新资讯与专业知识的能力。

---

① 吴笑韬、廖云峰:"试论医学院校校园文化建设的基本要求",《广东医学院学报》2010 年第 1 期。

4. 制度文化是医学院校校园文化建设内容的保障。制度文化是教学科研规章制度、学生行为准则等组织管理方面的规章的总和。医学院校需要通过制定各种规章制度和行为守则来影响学生，着眼于培养医学生良好的职业工作操守和职业意识。[①] 校园文化建设的顺畅运行，不能够仅仅依赖于道德与自律的力量。所以，在进行有针对性的道德教育和引导的同时，只有不断完善各项规章制度，才能解决校园文化建设中一些不客观、不公正的问题。[②] 医学院校应当建立起一套系统的具有指导性、权威性、可操作性的规章制度，规范师生的行为。

---

① 白志栋等："浅议医学类高职高专校园文化建设的途径——以平凉医学高等专科学学校为例"，《商情》2013年第36期。

② 李俊明等："加强校园文化建设，优化中医药育人环境"，全国中西医结合临床教育会议2011年。

莫利婷①

网络文学改编的"热"互动下大学生思想政治教育的"冷"思考

（上海师范大学　上海　200234）

网络文学自 20 世纪 90 年代诞生以来，仅用 20 余年的时间，便日益成为了中国文坛的重要组成部分。文学创作与网络信息技术的结合，不仅促进了文学事业新局面的开拓，此外，立足于新媒体时代，网络文学改编成影视剧，跨媒介平台的相互联姻促进了网络小说新的产业模式的形成，发展呈现"热"互动，经济效应蔚为大观。然而"热"形势下，网络小说改编影视剧日益凸显的种种矛盾，诸如商业性与文学性的平衡，版权买卖与改编权限问题，改编过程中的"二度创作"挑战等等，更应该引起我们进一步"冷"思考。从"5W"的传播学原理以及分众传播角度出发，大学生群体作为网络文学改编影视剧的主要受众之一，同时也是社会主义核心价值观和优秀传统文化践行传承者，如何抓住网络文学改编影视剧文化这块高地从而更好地对大学生群体进行思想政治教育以及文化素质的培养就显得尤其重要，本文力图给予这样的一种思考和对策。

一、网络文学改编影视剧的发展状况

2004 年，《第一次亲密接触》开启了网络小说改编影视剧的序

---

① 作者简介：莫利婷，上海师范大学人文传播学院，都市文化学专业硕士研究生。

幕。发展至 2015 年,网络小说改编的影视剧,如《花千骨》《芈月传》《何以笙箫默》等火爆荧屏,叫好叫座,改编的收视热潮一浪高过一浪。以最具代表性的《失恋 33 天》文学作品走上大银幕为例,2011 年 11 月,一部改编自网络小说,由电视剧导演滕华涛执导,网络写手鲍琼琼编剧,一开始并不被外界看好的电影《失恋 33 天》,与 2002 年《英雄》开启的中国电影大制作不同的是,《失恋 33 天》投入制作 900 万,却成功击败了《铁甲钢拳》《丁丁历险记》和《猩球崛起》三部超豪华好莱坞大片,斩获票房 3.5 亿,无疑被公认为中国电影史上最成功黑马。电影《失恋 33 天》改编自同名网络小说,其前身是鲍琼琼以"大丽花"为网名在豆瓣网上创作并发表的人气网络小说《小说,或是指南》,讲述的是黄小仙在失恋 33 天中发生的故事。①

2015 年,《琅琊榜》以一部现象级电视剧的姿势,成为了强大 IP 文学资源改编成影视剧的成功典范。《琅琊榜》改编自海晏的同名网络小说,讲述了惊才绝绝、风骨铮铮的一代"麒麟才子"、江左梅郎梅长苏以一己病弱之身为国仇家恨、为赤焰军平反昭雪,为正本清源还天下朗朗乾坤而智斗奸佞,扶持正直新君的故事。该剧甫一登录网络平台,网络播放数据一天就超过了 1.4 亿,点播量也始终占据榜单的第一,并且八集后,评分一向较为严苛的豆瓣上关于《琅琊榜》的评分高达 9.3,同时在《琅琊榜》收官之时,除了问鼎全国收视冠军,网络播放量更是高达 70 亿,截至 2015 年年底,网络播放量超过百亿,话题讨论量达 46.2 亿。②

丹尼尔·贝尔曾说过:"我相信,当代文化正在变成一种视觉文化,而不是一种印刷文化,这是千真万确的事实。"③从某种意义上而言,文学与建立在高科技基础上的电子媒介联姻之后,自然而然就被纳入到产业化运作之中,互联网强大的互动性和连通性打破了多个

---

① 李文浩、姜太军:"产业化背景下网络文学改编剧的契机与挑战——以'失恋 33 天'和'等风来'为例",《江西社会科学》,2014 年第五期:96—101

② 李雪聪:"从〈琅琊榜〉看现象级电视剧的跨媒体传播",《文学教育》,2016,06:178—179

③ 丹尼尔·贝尔:《资本主义文化矛盾》,赵一凡等译,生活·读书·新知三联书店,1989:P155

媒介之间原有的壁垒,网络文学通过改编成影视剧,再进一步发展至网游、漫画等等行业,跨媒介的联姻呈现出"火热"互动的之势。

二、用"5W"模式,分析网络文学改编影视剧的"热"现象

(一)拉斯韦尔的"5W"传播模式

1948年,拉斯韦尔在题为《传播在社会中的解构与功能》的一篇论文中,首次提出了构成传播过程的五个要素,并且按照一定的结构顺序将它们排列起来,形成了著名的传播学"5W"模式或称之为"拉斯韦尔程式"的过程模式。"5W"分别是其英文单词的首字母,Who——传播者,Says What——传播内容,In Which Channel——传播渠道或媒介,To Whom——受众,With What Effect——传播效果,简单来说就是传播者通过某种传播渠道媒介传播一些内容给受众从而起到传播的效果①,模式如下图所示:

基于"5W"的传播学模式,无论是网络文学改编的影视剧的传播者、传播内容、传播渠道,还是庞大的受众基础,亦或是传播效果来分析网络文学改编影视剧这股新潮得以不断"加热"的涌出的原因,具有借鉴意义。

(二)从"5W"要素,分析网络文学改编影视剧"大热"原因

首先,从传播内容来看,网络小说本身就具有数量庞大,题材多样,大众接地气等天然优势。根据艾布拉姆斯"镜与灯"理论,文学作品作为显示客观世界的"镜"和表现主观世界的"灯",作为作者创造

---

① 谢易霖:"基于'5W'模式的网络文学传播研究",广西大学硕士论文,2015。

对象和读者的阅读对象,是一切文学活动得以成为可能的中介,网络文学发展至今,"起点中文网""创世中文网""纵横中文网"或者"红袖添香"等国内众多原创文学网站层出不穷,各大文学网站的作品数以万计,每天都会以指数级速度增加。除了数量的叠加外,作品的类型也各式各样:玄幻与奇幻小说,鬼魅悬疑;武侠与仙侠小说,充满怪异想象;都市情感类小说,始终以极强的"代入感"占据无限终端阅读首位;架空历史类小说,有别于传统文学的写实历史,开创了"穿越流"的非严肃文学,其典型代表是流潋紫的《甄嬛传》、桐华的《步步惊心》,此外,还有诸如科幻、游戏、灵异等,种类多元的网络文学内容为读者打开了一个丰富的阅读世界。

再者,网络文学改编影视剧具有广泛的受众和传播者基础。根据中国互联网信息中心(CNNIC)年度相关报告,截至 2014 年 12 月,我国 30 岁以下网名人数高达 3.633 亿,同时期我国网络文学用户规模为 2.94 亿,网民网络文学使用率为 45.3%,网络文学成为网络娱乐类应用发展中的重要形式;而 CNNIC 调研数据显示,网络文学中有 79.2%的人愿意观看网络文学改编的电影、电视剧。通过上述两份数据显示,网络小说与影视剧跨界合作的受众基数广大,受热捧的网络小说拥有较高的点击率,而点击率意味着大量的"铁杆粉丝",一定量的受众基础,一旦网络小说从"线上"走到"线下",原本网络小说的忠实粉丝也就随之转化为改编剧的受众,作为网络文学跨界发展的亲历者,作家唐家三少说道:"我曾经和我的合作方说过,我的笔名就可以保证一个亿的票房,这就是粉丝经济的力量。"①

此外,庞大的粉丝基础在保障票房的同时,又作为传播者带动了其他人群予以关注。根据哈贝马斯的交往行为理论,我们可以更好地理解各种群体之间的互动关系,任何两个具有言语和行为能力的主体都可以用符号(语言)作为中介达成一种对话关系,具体而言,围绕网络文学改编成影视剧这个巨大 IP,粉丝之间,粉丝与其他潜在可

---

① 徐瑶、任金洲:"从网络小说改编影视剧看跨媒介文化产业的发展",《电视剧研究》,2016,第四期:76—78。

能成为受众之间交互影响。

再者,从传播渠道与宣传角度来看,传播渠道是整个传播行为得以最终完成的手段或者技术,信息高速公路实现了文字转变为图片、声音和影像等多媒介的交融,主要可以概括为以下几类:

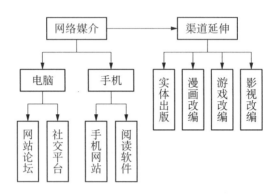

三、网络小说改编影视剧的困境

(一)网络文学及其改编影视剧过程中商业性与文学性的制衡

网络文学的出现,推动了文学的大众化、平民化趋势,通过即时的跟回帖互动,促进了文学反馈机制的形成,然而网络文学自身存在的矛盾也日益凸显出来,近年来关于网络文学商业性与文学性、全民写作与精英文学等争论不绝于耳。

文学作为一种意识形态产物,具有审美的无功利性,表现在,审美并不寻求直接的实际利益满足,这要求作家在创作状态中没有直接的实际目的,并不企求直接得到实际利益。然而,伴随着网络文学面向市场,文学接受由欣赏型走向消费型,"至于能不能成为一个传统作家,也就是按传统的方式去创作,去出书,我想得到了当然也好,我不拒绝名利。"作家李寻欢如是说,网络文学中大量低质量媚俗作品的出现,越来越多的作家以期实现最大的商业价值、"轰动效应",作品的文学性常常被商品性所绑架。

在作品改编成影视剧过程中,更是出现了过度娱乐化、商业化的倾向。如由同名小说改编的电视剧《芈月传》,剧中把原著名字改为

"月"，与史实不符①。剧中难以让人信服的是芈月与黄歇的"忘年恋"更是引发了历史学家的批评与观众的吐槽。网络小说改编影视剧的过程中过度追求娱乐习惯而忽略真实性，不仅会显得低俗，更会影响观众认知。

（二）网络小说的改编和制作带来"二度创作"挑战

一部高人气的网络小说改编成为影视剧，文字转换为影像是一个"惊险的跳跃"，文字和视频在传播特点上存在着一定的差异，以声像为主的电视剧对人物形象、情节设置、场景营造等都需要综合性的考虑。② 网络小说改编剧中不乏像《琅琊榜》之类采用电影级拍摄手法、教科书级别构图画面、服饰道具制作用心的优秀作品，但也仍旧存在一些改编制作劣质化的作品，诸如《花千骨》中，灵虫"糖宝"的低劣特效，《盗墓笔记》演员台词、情节走向等等都备受争议。

（三）网络小说改编剧的版权问题

网络文学与影视产业的跨媒介联姻，在创造巨大利益链条的同时，版权归属的重要性日益凸显，然而步入商品化流通，改编过程中，版权问题不断。首先，大陆网络小说盗版情况严重，盗版网站猖獗，仅仅几分钟，小说内容通过"复制—黏贴"就会被大量"克隆"，作者的知识产权得不到有效的保护；另一方面，改编权与修改权权限不明，逾越权限的现象时有发生；网络传播权引发的权利纠纷以及专门从事网络小说改编影视剧的版权贸易专业人才匮乏等等，都将导致改编过程中潜藏危机，日后纠纷不断。

四、网络文学改编影视剧文化影响下，
对大学生思想政治教育的"冷"思考

（一）网络文学改编影视剧文化对于大学生的影响分析

大学生群体既作为网络文学的主要拥趸者之一，同时也是网络

---

① 马鑫、贾敏："网络小说改编剧的问题及发展策略"，《广电试听》，2016，七月中，71—72。

② 杨敏："'网络小说改编剧'的传播学分析"，《影视传播》，77—85。

文学改编影视剧的主要受众之一。根据艺恩咨询发布的《2008—2009年中国电影观众调研报告》[①]，走进电影院的主要观影人群团体是大学生，其中20—29岁的青年人占到了总数的37.3%。高校大学生作为将来国家民族的希望之所在，是主流意识形态和传统民族精神传播的主要对象，同时这一受众群体对社会家庭的影响力，以及对于社会其他受众群体影响辐射广泛，因此借助影视剧文化加强大学生思想道德素养的培育就显得尤其重要。

大学生群体具有可塑性强、易受影视文化影响的特质，根据拉斯韦尔的"5W"传播模式中传播渠道的分析以及传播学中分众传播理论。人类信息传播经历的第一阶段是"金字塔结构"，即有单一的权威发布源负责传播，而大众被动地接受；第二阶段是"梯级结构"，即由多种媒体发布，受众有选择地接受。[②] 因此，在这种梯级分众传播的模式下，大学生接受影视剧影响的来源就变得多样且复杂，除了传统的教师单一播放，学生被动接受模式以外，电脑、手机，各种影院资源凭借其传播迅速、范围广泛以及下载限制少等特点迅速占据学生大量的空余时间。

影视剧文化如同一只无形的大手，对学生的人生观、道德观、审美观、消费观等都会产生潜移默化的影响，而经典的、好的影视作品能够起到熏陶受众，传播优秀人文精神和人生价值的作用。相反，消极、暴力，崇尚物质的影视作品则足以导致学生群体自我漠视生命价值，疏离人文精神，甚至于消解掉家庭和学校构建起来的正确价值观的负面作用。

（二）影视文化影响下大学生思想政治教育的建议

如果说网络文学作为第一波冲击力已经持续的影响了三四代大学生，那么由大量的网络文学改编而成影视作品则作为当今社会的又一种强势文化，凭借着其直观性、普及性和导向性的特点对大学生

① 艺恩咨询官方网站：http://www.entgroup.com.cn/。
② 张建波："传播学视野下的高校影视文化教育研究"，《当代教育科学》，2011年第1期：58—61。

价值观、人文素养产生了持久的影响。如何有效规避影视文化双刃剑的害处，构建大学生健康、正确的价值观，既是国家社会统筹文化、法制建设的内容之一，也应该是影视媒体制片过程中思考的应有之义，同时作为大学生自身也应该有意识培养优秀理论素养，锻造自我的影视鉴赏能力。

1. 健全影视传播法律法规，全社会弘扬社会主义核心价值观

目前我国在影视剧传播方面的法律法规还不够完善，在很多领域或者做不到"有法可依"，或者因为法规过于复杂、责任主体不明，缺乏操作性因而无法落实。党的十八大明确提出要全面推进依法治国，加快建设社会主义法治国家，习近平总书记在十九大讲话中提到，大力加强法治建设就是要努力让人民群众感受到公平正义，保证公民在经济、文化、社会等各方面权利得到落实。因此，政府需要完善影视文化相关监管法规，通过法律手段规范影视作品的创作、发行和传播，规范影视剧改编市场中的各类行为。将"倡导富强、民主、文明、和谐，倡导自由、平等、公正、法治，倡导爱国、敬业、诚信、友善"的社会主义核心价值观落实到影视文化市场中去，政府始终坚持用诚信敬业的积极观念引领影视作品创作方向，用奖惩方式鼓励创作者生产出兼具教育与娱乐于一体的优秀影视作品，宣传符合社会主义核心价值观的典型作品，营造传承优秀文化、唱响主旋律的社会氛围。

2. 掌握跨界人才、完善产业链，创造艺术性＋文学的改编作品

柠萌影业，是一家成立于 2014 年 12 月 10 日的新型影视公司，然而引人注目的是，它在 2016 年陆续推出的三部电视剧《小别离》《好先生》《寂寞空庭春欲晚》皆大获成功，被业界称之为爆款作品。"柠萌影业"引入合伙人机制，以期掌握跨界人才，从剧本到艺人，从制作到营销，从发行到销售，从技术到娱乐，从投资到衍生⋯⋯柠萌企图"全面包揽"，掌握影视产业链上的每一个核心资源。

无独有偶，盛大文学从文学网站转向影视剧产业制作，其日益形成了完整从网络写手培育到剧本改编制作、内容资源管理等完整产业链模式。跨媒介的融合是一场考验人才和资源之战，掌握跨界人才、完善产业链条方能占据主导地位。

全产业链运营

柠萌影业

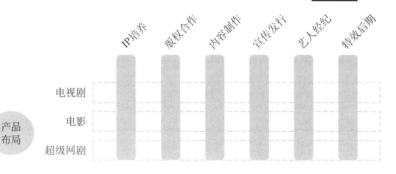

人们从依赖于亲身经历和语言向依赖于视觉、影像、形象等转变,视觉符号取代语言符号并成为占统治地位的文化符号时代正在悄然来临。影视制作方应在尊重原著的基础上进行编剧和制作,具体表现在选定演员与原著角色气质相符;拍摄场景以及情节改编合情合理、忠于原著;拍摄计划、镜头剧本制作精细;影视剧前期拍摄和后期特效水平不断提高完善。在保存原著小说内涵的基础上发掘新的剧情表现角度①,以期实现文学语言向"视听语言"的艺术性转化。

3. 培育良好的道德素养,锻造影视鉴赏能力

培育良好的道德素养,要求当代的大学生能够掌握马克思主义的世界观与方法论,在多元价值取向中明确正确的方向。认真学习毛泽东思想、邓小平理论、"三个代表"重要思想,践行社会主义核心价值观要求,确立自我的价值追求和目标,将个人价值与社会价值紧密地结合起来。自觉认同中国特色社会主义共同理想,贯彻以爱国主义为核心的时代精神和以改革创新为核心的时代精神。提高影视

---

① 马鑫、贾敏:"网络小说改编剧的问题及发展策略"《广电试听》,2016 年七月中:71—72。

剧鉴赏能力,更新自己的文化观念,接受优秀影视文化熏陶,自觉抵制粗制滥造的影视作品;培养鉴赏美与区别丑的能力,对于恶俗、奢靡、低下的低级趣味影视剧有清晰的分辨能力,在自然之美、生活之美和心灵之美中净化内心世界,陶冶高尚情操。①

① 马洪震:"影视文化对大学生价值观的影响及对策研究",辽宁大学硕士论文,2014。

图书在版编目(CIP)数据

理论经纬·2016/何云峰,张文潮主编. —上海:上海三联书店,2018.6
ISBN 978 - 7 - 5426 - 6250 - 7

Ⅰ.①理… Ⅱ.①何…②张… Ⅲ.①中国特色－社会主义建设模式－理论研究 Ⅳ.①D616

中国版本图书馆 CIP 数据核字(2018)第 063254 号

理论经纬·2016

主 编 / 何云峰 张文潮

副 主 编 / 吴跃东 李宇靖

责任编辑 / 杜 鹃

特约编辑 / 周治华

装帧设计 / 一本好书

监 制 / 姚 军

责任校对 / 张大伟

出版发行 / 上海三联书店

　　　　(201199)中国上海市都市路 4855 号 2 座 10 楼

邮购电话 / 021 - 22895557

印 刷 / 上海肖华印务有限公司

版 次 / 2018 年 6 月第 1 版

印 次 / 2018 年 6 月第 1 次印刷

开 本 / 710×1000 1/16

字 数 / 440 千字

印 张 / 26.5

书 号 / ISBN 978 - 7 - 5426 - 6250 - 7/D·382

定 价 / 89.00 元

敬启读者,如发现本书有印装质量问题,请与印刷厂联系 021 - 66012351